浙江法院破产审判十年探索

（2010～2020）

主编／徐建新

副主编／鞠海亭　王雄飞　任一民

法律出版社
LAW PRESS·CHINA

主编简介

徐建新

男，1963年11月生，浙江省衢州市衢江区人，法学博士。现任浙江省高级人民法院党组成员、副院长，一级高级法官。兼任浙江省法官协会副会长、浙江省法学会破产法学研究会会长、浙江省法学会诉讼法学研究会副会长。

1985年毕业于杭州大学（现浙江大学）法律系，获法学学士学位；2002年浙江省委组织部公派赴美国新泽西州肯恩（Kean）大学学习公共管理，2003年获公共管理硕士学位；2006年获浙江大学法学院法律硕士学位；2017年获中国政法大学法学博士学位。

浙江省十四届纪委委员，浙江省十二届政协委员、社会法制委副主任。先后被聘为浙江大学硕士实务导师、西南政法大学兼职硕士研究生导师，浙江工业大学法学院、杭州师范大学法学院、浙江大学宁波理工学院法律系等兼职教授。2012年被授予最高人民法院全国审判业务专家、首批全国法院教学师资库入库成员；2015年被授予浙江省十大优秀中青年法学专家；2015年被聘为浙江省法官检察官遴选委员会委员，2019年连任。

结合法院、检察工作实际，致力于法学理论与司法实践相结合的应用性法学研究，先后在《法律适用》《人民司法》《人民检察》《现代法学》《中国政法大学学报》《人民日报》《大地》《人民法院报》等国家级及省、市级报刊发表学术论文、评论、通讯等100余篇。独著《司法前沿问题思辨与探析》（浙江大学出版社2011年版），主编《破产案件简化审理程序探究》（人民法院出版社2015年版）、《金融借款合同纠纷诉讼实务指引》（人民法院出版社2016年版）、《审判实务研究》（人民法院出版社2001年版）。10多篇论文先后获国家及省、市级学术研讨会、论文评选一等、二等、三等奖，多篇论文被中国人民大学书报资料中心《复印报刊资料》、《司法审判动态与研究》、《新式刑事庭审诉讼实用手册》、《检察文摘》等转载。

副主编简介

鞠海亭

男，1966年8月生，山东平度人。华东政法大学国际法学博士，中国人民大学民商法学博士后。浙江省法学会破产法学研究会副会长，中国人民大学破产法研究中心研究员、中国政法大学金融风险处置研究中心研究员、华东政法大学中国法治战略研究中心研究员。曾任浙江省高级人民法院民五庭副庭长（主持工作）、瑞安市人民法院院长、温州市中级人民法院民二庭庭长。先后获浙江省“十大优秀中青年法学专家”、“全国审判业务专家”、“全国法院十大亮点人物”等荣誉称号。

在温州市中级人民法院工作期间，带领团队创立了以简化破产审判程序和打击“逃废债”为特点的全国闻名的温州破产审判模式。2017年经最高人民法院指派，代表中国法院出席有80多个国家参加的跨国司法研讨会，向全世界推介破产审判中国经验。发表论文60多篇，其中，在核心期刊发表论文13篇，出版专著1部，合著2部，主编2部，副主编1部。7次承担省部级重点调研课题并多次获奖，近10年获省级二等奖以上奖励13项。

王雄飞

男，1980年1月生，浙江建德人。华东政法大学经济法学硕士、上海财经大学法律金融学博士。现任浙江省高级人民法院民五庭副庭长，四级高级法官。兼任浙江省法学会破产法学研究会秘书长。长期从事破产、商事案件审判和调研工作。参加编著《最高人民法院关于企业破产法司法解释（三）理解与适用》《民法典背景下企业民事法律实务》等，参与多份全国性破产业务文件的制订，主要起草《浙江法院个人债务集中清理（类个人破产）工作指引（试行）》等业务文件，主要执笔多个破产相关全省法院重点调研课题，“关于完善企业破产审判指导、监督和协调机制的调研”被《浙江蓝皮书（法治卷）》收录。在《环球法律评论》《法律适用》《公司重整法律评论》《人民法院报》等报刊公开发表论文10余篇。

副主编简介

任一民

男，1971年10月生，浙江宁波人。现任浙江省破产管理人协会会长、浙江省法学会破产法学研究会常务副会长、浙江省律师协会企业破产管理专业委员会主任、浙江京衡律师事务所管理合伙人。兼任中国人民大学法学院硕士研究生导师、破产法研究中心研究员、律师学院兼职教授，上海交通大学破产保护法研究中心副主任，浙江大学光华法学院硕士研究生导师。

对企业重整重组、债务危机化解以及破产法研究方面的诸多理论和实务疑难问题有深入研究，曾在《法学》《法律适用》等法学专业核心期刊发表相关专业论文，连续多年在《钱伯斯亚太法律指南》重整/破产领域获评一等律师。曾受国务院法制办邀请参与中德法治国家对话第十七届法律研讨会并作主题发言，受国家法官学院邀请在其举办的全国法院破产审判司法实务研修班上以“房企破产”为专题授课，受邀在浙江省委党校就“政府如何助力企业实现供给侧结构性改革”作专题授课，多次为浙江、福建、江西、广西等省高级人民法院、地方中级人民法院法官及北京大学、中国人民大学、浙江大学、上海交通大学、华东政法大学等师生授课。

目　录

一、浙江省破产审判报告及典型案例

2020 年浙江法院破产审判工作报告 …… 3
浙江法院个人债务集中清理(类个人破产)工作报告及典型案例 …… 22
2019 年浙江法院破产审判工作报告及十大典型案例 …… 68
2017 年浙江法院破产审判工作报告及十大典型案例 …… 88
2016 年浙江法院破产审判报告及十大典型案例 …… 117
2015 年浙江法院企业破产审判报告及十大典型案例 …… 149
2014 年浙江法院企业破产审判报告及工作典型案例 …… 183
2013 年浙江法院企业破产审判报告及十大典型案例 …… 205
2012 年浙江法院企业破产审判报告及十大典型案例 …… 236
浙江省企业司法重整报告及十大典型案例(2007 年 6 月至 2011 年 11 月) …… 263

二、浙江省破产管理人优秀履职案例

浙江省破产管理人 2020 年度十大优秀履职案例 …… 287
浙江省破产管理人 2019 年度十大优秀履职案例 …… 301

三、浙江省高级人民法院关于破产审判相关的司法规范性文件

关于印发《浙江法院个人债务集中清理(类个人破产)工作指引(试行)》的通知 …… 317

浙江省破产管理人动态管理办法(试行) …… 335
关于统一破产债权确认纠纷案件受理费标准相关事宜的通知 …… 346
关于疫情防控期间稳妥开展企业破产审判工作助力经济社会平稳运行的通知 …… 348
关于主债务人破产后保证人是否停止计息问题的解答 …… 352
关于深化执行与破产程序衔接推进破产清算案件简易审理若干问题的会议纪要(二) …… 353
破产案件管理人指定工作规程 …… 358
浙江省优化营商环境办理破产便利化行动方案 …… 368
关于执行程序与破产程序衔接若干问题的纪要 …… 374
关于规范以清算组形式履行管理人职责等管理人指定工作有关事项的通知 …… 381
关于强化司法职能推进企业兼并重组的意见 …… 383
关于进一步规范管理人动态管理若干事项的通知 …… 389
关于审理公司强制清算案件若干问题的纪要 …… 394
关于在审理企业破产案件中处理涉集资类犯罪刑民交叉若干问题的讨论纪要 …… 399
关于企业破产财产变价、分配若干问题的纪要 …… 402
关于企业破产案件简易审若干问题的纪要 …… 407
关于贯彻落实《浙江省高级人民法院关于规范企业破产案件管理人工作若干问题的意见》若干事项的通知 …… 413
关于规范企业破产案件管理人工作若干问题的意见 …… 416
关于服务金融改革大局依法妥善审理民间借贷纠纷案件的若干意见 …… 423
关于进一步规范破产案件管理人指定工作的通知 …… 427
关于审理涉财务风险企业债务纠纷案件若干问题指导意见 …… 429

四、浙江省与破产相关的其他文件

浙江省人民检察院第六检察部、浙江省破产管理人协会《关于建立破产债权申报中虚假诉讼线索移送处置工作机制的会议纪要》 …… 437

国家税务总局浙江省税务局《关于支持破产便利化行动有关措施的通知》 …… 439
浙江省人民政府办公厅《关于进一步推动企业兼并重组的实施意见》 …… 442
浙江省人民政府办公厅《关于加快处置“僵尸企业”的若干意见》 …… 445
浙江省促进企业兼并重组工作部门联席会议办公室、浙江省高级人民法院、浙江省经济和信息化委员会《关于成立省级“僵尸企业”处置府院联动机制的通知》 …… 450
浙江省促进企业兼并重组工作部门联席办公室等十三个部门《关于处置“僵尸企业”的指导意见》 …… 454
浙江省人民政府办公厅转发浙江银监局《关于浙江银行业分类帮扶困难企业指导意见的通知》 …… 459
浙江省金融办、中国人民银行杭州中心支行、中国银监会浙江监管局《关于防范化解企业资金链、担保链风险促进经济平稳健康发展的实施意见》 …… 464
浙江省人民政府办公厅《关于有效化解企业资金链担保链风险加快银行不良资产处置的意见》 …… 470

一、浙江省破产审判报告及典型案例

2020年浙江法院破产审判工作报告

"法治是最好的营商环境","破产办理"是世界银行营商环境评估指标体系的重要内容。2020年,围绕浙江省委、省政府的总体工作部署,在最高人民法院的有力指导下,浙江法院坚持市场化、法治化方向,以破产审判常态化为工作落脚点,以营造法治化营商环境为工作重心,深入推进破产审判专业化、简易化、信息化,加强和提升破产审判工作水平,服务经济社会发展大局、助力优化营商环境。

一、2020年浙江法院破产审判工作基本情况

(一)受理、审结破产案件数量和案件类型分析

2020年,全省法院共受理破产申请审查案件4083件,经审查后正式立案受理破产案件3428件,占比84.0%。其中破产清算3393件(99.0%)、破产重整35件(1.0%)、破产和解0件;共审结破产案件2828件,其中破产清算2771件(98.0%)、破产重整57件(2.0%)、破产和解0件。

通过对近5年来全省法院破产案件收结案情况的统计(见图1),可以看出:第一,全省法院破产案件收案量和结案量均呈不断增长趋势。2020年,全省法院破产案

件收案量突破3000件,较之前一年度增加44.5%,结案量较之前一年度增加66.0%。主要的原因在于,执行案件移送破产审查工作取得新成效,破产审判常态化取得新进展。第二,审查受理的破产案件中清算案件占绝对比重。2017年占比97.6%、2018年占比96.8%、2019年占比97.4%、2020年占比99.0%。第三,2018年以来,受理和审结破产案件的数量的缺口基本保持稳定,分别为541件、669年、600件,2020年"喇叭"状缺口较2019年有所收窄。但总体来看,破产案件收结案的缺口仍持续存在,全省法院破产案件"案多人少"的矛盾还比较突出。

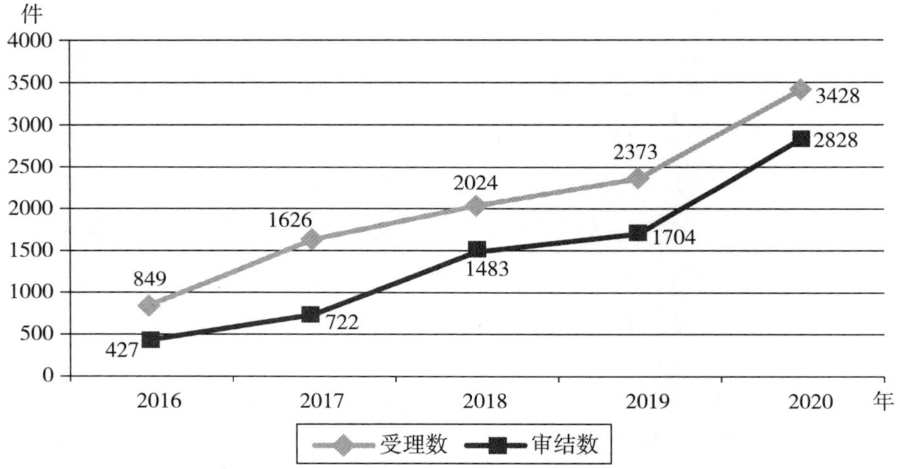

图1 2016~2020年浙江法院破产案件收结案情况

(二)受理、审结破产案件的区域分布情况分析

1.2020年全省法院受理和审结的破产案件区域分布情况

从横向区域分布情况来看,受理、审结破产案件的数量区域不平衡的情况还比较明显。受理案件量前3位是温州、杭州、宁波(见表1、图2);审结案件量前3位是温州、台州、宁波(见表2、图3)。温州的收结案量优势明显,但领先幅度较往年有所收窄,台州、绍兴有明显提升。可以看出,温州、杭州、宁波等地在受理量和审结量上仍处于前列,但与其他地区的差距正在缩小,全省法院破产审判的地域均衡性有所提升。

表 1　2020 年全省法院破产案件受理数量

单位:件

地区	杭州	宁波	温州	嘉兴	湖州	绍兴	金华	衢州	台州	丽水	舟山	合计
案件受理数	501	486	728	154	100	403	420	115	397	80	44	3428

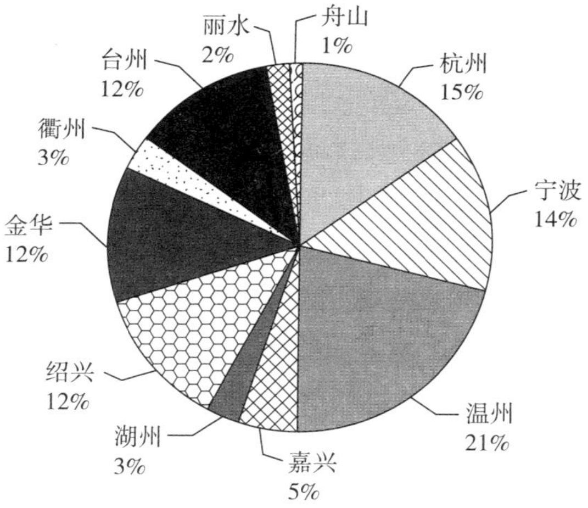

图 2　2020 年全省法院受理破产案件区域分布情况

表 2　2020 年全省法院破产案件审结数量

单位:件

地区	杭州	宁波	温州	嘉兴	湖州	绍兴	金华	衢州	台州	丽水	舟山	合计
案件审结数	345	399	585	98	72	381	344	114	406	56	28	2828

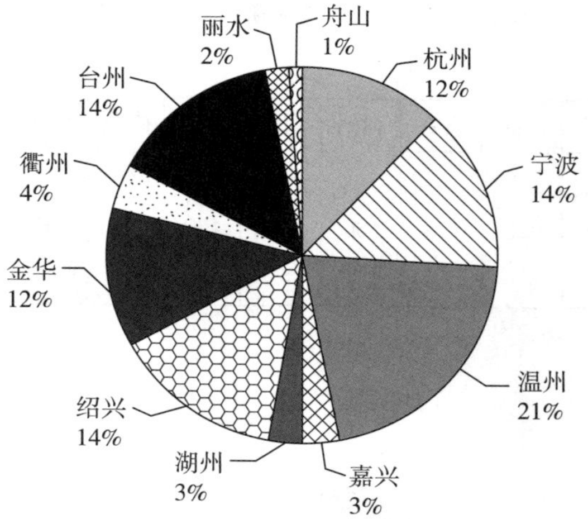

图3　2020年全省法院审结破产案件区域分布情况

2. 近5年全省各地法院受理、审结破产案件的具体情况

从全省各地法院纵向时间轴上受理和审结破产案件的数据对比来看(见图4、图5),在增长速度上,2020年受理案件量增速的前3位分别是绍兴(185.8%)、嘉兴(77.0%)、湖州(75.4%),2020年审结案件量增速的前3位分别是绍兴(164.6%)、台州(136.0%)、宁波(105.7%)。在受理案件数量上,与2019年相比,除衢州有小幅下滑外,其他地区均有所增加。在审结案件数量上,与2019年相比,除丽水基本持平外,其他地区均有所增加。

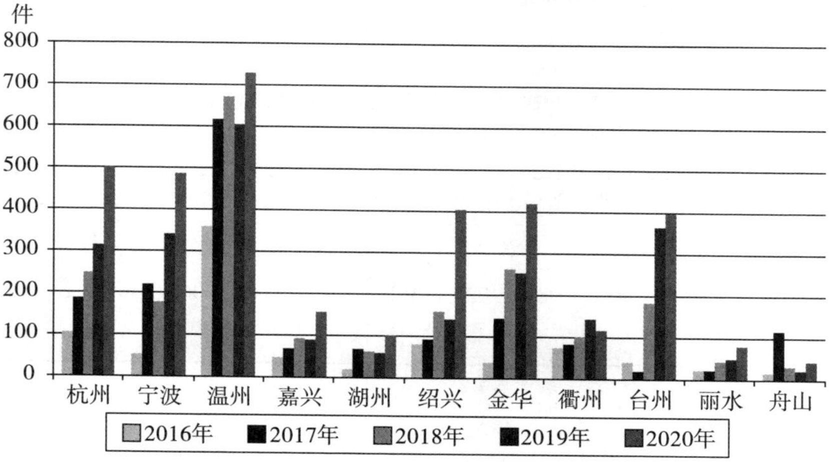

图4　近5年全省各地法院受理破产案件情况

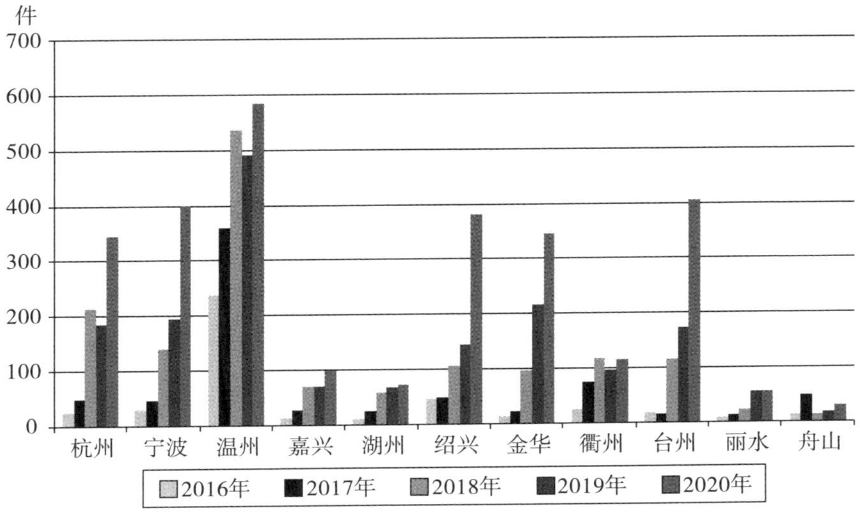

图 5　近 5 年全省各地法院审结破产案件情况

(三)凝聚合力建设高标准市场经济体系,优化营商环境,服务“六稳”“六保”大局

2020 年,全省法院继续提高政治站位,践行司法为民宗旨,服务保障经济社会发展大局的作用。在破产程序中,一批不能适应市场竞争的主体通过破产清算程序实现了有序退出,既清理了“僵尸企业”,又最大限度地维护了债权人的利益。一批仍然具有市场价值的企业通过破产重整等程序,有效地盘活资源,为企业卸下包袱,从而提升企业的市场竞争力,使企业获得新生。通过破产程序,生产要素得以合理有效地在市场中流动,从而提升了市场运行效率,为我省优化营商环境和社会经济发展贡献了司法力量。

2020 年,全省法院共审结破产案件 2828 件,申报债权共 1773.826533 亿元、申报金融债权共 1237.464347 亿元、核销金融债权 929.3937071 亿元、处置房屋面积 809.974858 万平方米、处置土地 7.008626 万亩、安置职工 17,252 人(见表 3)。

表3 2020年全省法院通过破产审判优化资源配置总体情况

地区	审结破产案件申报债权总额/万元	审结破产案件申报金融债权总额/万元	核销金融债权/万元	处置房屋面积/平方米	土地/亩	安置职工人数/人
杭州	1, 174, 674. 867	5, 201, 168. 073	4, 216, 753. 205	2, 571, 227	3634. 788504	5526
宁波	2, 217, 003. 746	448, 223. 1073	213, 344. 067	360, 433. 06	4316. 4645	1561
温州	2, 936, 638	1, 323, 847	1, 147, 472	661, 340	1328. 91	462
嘉兴	1, 048, 486	81, 057. 63	59, 539. 64	520, 662	1332. 16	797
湖州	587, 087. 2	171, 574. 5	76, 997. 49	352, 491. 5	779. 95	1220
绍兴	5, 319, 314. 52	2, 916, 045. 58	1, 870, 845. 91	1, 906, 217. 04	3643. 04	1590
金华	2, 368, 974. 07	1, 427, 999. 76	1, 137, 241. 69	826, 571. 05	1765. 52	2407
衢州	291, 578. 33	195, 748. 75	104, 222. 23	523, 446. 83	950. 867	1598
台州	870, 035. 26	159, 999. 16	125, 448. 73	155, 727. 75	1802. 52	382
丽水	281, 192. 3	98, 796. 41798	26, 277. 0885	54, 929. 34	49, 665. 82	951
舟山	643, 281. 04	350, 183. 49	315, 795. 02	166, 703. 01	866. 22	758
合计	17, 738, 265. 33	12, 374, 643. 47	9, 293, 937. 071	8, 099, 748. 58	70, 086. 26	17, 252

通过破产审判,一批具有较高经济价值的土地、房产等生产要素得以重新配置,从在“僵尸企业”中闲置转变为重新流入市场发挥新的效用,从而有效地提升了市场活力,有力地助推了社会经济发展。全年共安置职工17, 252人,通过破产程序中优先清偿职工工资等措施,切实保障职工利益,维护社会和谐稳定。全省法院通过破产审判工作为建设更高水平市场经济体系,助力浙江省优化营商环境,推动社会经济发展做出应有贡献。

另外,根据阿里拍卖系统数据来看(见表4),2020年浙江全省通过司法拍卖成交标的数前3位的分别是无形资产、机动车及住宅用房,成交额占比前3位的为土地、资产、工业用房。在拍下成交额层面,工业用房拍卖成交30. 06亿元,商业用房拍卖成交23. 51亿元,住宅用房11. 89亿元,土地拍卖成交50. 66亿元。

表 4　2020 年全省法院破产程序商品类目拍卖成交情况

商品类目	成交标的数/件	拍下成交额/元	溢价率/%	成交额占比/%
林权	2	8, 768, 720	20. 80	0. 04
珠宝首饰	10	48, 289, 127	21. 37	0. 23
债权	16	43, 946, 355. 03	1, 251, 001. 07	0. 21
无形资产	760	30, 310, 907. 34	26, 079. 47	0. 15
航空交通	1	7000	0. 00	0. 00
古玩字画	3	143, 140	35. 67	0. 00
其他用房	226	326, 717, 270	33. 64	1. 57
其他	617	1, 661, 823, 526	6832. 54	7. 98
工程	2	850, 000, 000	16. 00	4. 08
船舶	5	8, 862, 730	43. 52	0. 04
股权	98	1, 068, 206, 025	1, 821, 529. 06	5. 13
工业用房	100	3, 006, 763, 602	40. 25	14. 43
其他交通	3	47, 000	64. 88	0. 00
资产	273	4, 953, 048, 742	29, 694. 36	23. 77
机器设备	278	170, 801, 435. 6	87, 852. 54	0. 82
机动车	677	54, 021, 597. 33	42, 657. 52	0. 26
土地	87	5, 066, 186, 050	38. 50	24. 32
商业用房	505	2, 351, 381, 683	16. 94	11. 29
住宅用房	663	1, 189, 104, 152	24. 35	5. 71
总计	4326	20, 838, 429, 062	—	—

从 2020 年浙江省各地区通过司法拍卖成交情况来看(见表 5),杭州市通过司法拍卖成交商品数为 1250 件,成交额占比为 33. 28%,均位列全省首位。

表5　2020年全省法院破产程序标的拍卖成交情况

法院所在城市	成交商品数/件	标的数占比/%	成交额占比/%
嘉兴	300	6.94	11.28
舟山	96	2.22	7.03
台州	290	6.71	3.08
湖州	159	3.68	2.20
绍兴	272	6.29	9.90
温州	822	19.01	7.32
宁波	327	7.56	9.07
衢州	98	2.27	5.67
金华	677	15.65	10.54
杭州	1250	28.90	33.28
丽水	34	0.79	0.66
总计	4325	—	—

二、2020年浙江法院破产审判重点工作

按照市场化、法治化、常态化、专业化、简易化、信息化的总体工作部署,以企业破产为主体,个人债务集中清理为突破口,2020年浙江法院全面深入推进破产审判工作。

(一)继续完善法院内部工作机制,着力提升破产审判工作质效

1. 深化破产案件简易审理机制,努力节约破产程序成本。针对破产审判程序耗时较长、效率不足的痼疾,浙江省高级人民法院经过广泛调研,在2013年《关于企业破产案件简易审理若干问题的纪要》的基础上,于2020年1月正式出台《关于深化执行与破产程序衔接推进破产清算案件简易审理若干问题的会议纪要(二)》,针对简易审理适用范围、个人管理人、破产财产评估、审计的简化、不

宜长期保存的破产和担保财产的变价处置等重点环节作了明确。强调对债权人同意依法制作的破产财产分配方案的书面意思表示可视为对破产财产分配方案的表决意见,并对债权人说明会、执破衔接机制等进行了规范。

2020 年,杭州、宁波、湖州、金华等地法院出台了关于破产案件简易审理的具体操作办法。全省法院在提升简易审理效率、缩短审理时间、扩大适用范围上下功夫、做文章,坚持“繁简分流、繁案精审、简案快审”,进一步简化破产案件审理程序,针对无产可破和债务人下落不明,简化债权人会议流程,实行最短公告期限和债权申报期限,加快推进破产案件审理。宁波、温州等地基本实现简易审理的破产案件在 6 个月内审结,适用简易审理的破产案件占破产案件总量的比例不断提升。如诸暨市人民法院重视破产案件“简易审”构建,2020 年受理的破产案件中 169 件适用破产“简易审”,占比高达 96%。

2. 加强执行案件移送破产审查工作,深化人民法院“立审执破”工作格局。执行程序重在个别清偿,实现申请执行人的清偿权利;破产程序重在公平清偿,集中清理债权债务关系,破产程序也是集中执行和概括执行程序,两者有千丝万缕的联系。自 2016 年起,浙江省高级人民法院每年年初下发关于执行移送破产审查工作的通知。2020 年 4 月,浙江省高级人民法院下发《关于继续深入推进执行和破产程序衔接推动形成人民法院“立审执破”全新工作格局的通知》,对 2019 年工作情况进行通报,并明确 2020 年的工作任务和措施。通过“应移尽移、应查尽查”、执行局与破产审判业务部门的人员和机构整合等措施,大力推进执行和破产程序衔接工作规范化、制度化、专业化。全省法院根据要求,积极推动符合条件的执行案件移送破产审查,充分发挥破产程序的制度价值,着力在执行移送破产的工作格局、协作意识、协同机制上实现新的突破和提升,提升工作实效。

2020 年,全省法院执行移送破产审查件 3661 件,审查后正式立案受理 2898 件,占全部破产案件的 84.54%,共化解执行结案 27,003 件,各项指标较 2019 年度有很大提升。从各中级人民法院的具体情况来看,绍兴、湖州、衢州完成工作任务的情况居前 3 位,尤其是绍兴和湖州工作完成度分别相较 2019 年的 35% 与 68% 有很大提升。在化解执行案件数方面,温州化解数量最多,达到 5242 件(见表 6)。

表6 2020年全省法院执行移送破产案件情况

地区	移送/件	受理/件	指标/件	工作完成度/%	化解执行案件数/件
杭州	596	418	530	78.87	3874
宁波	581	435	357	121.85	3558
温州	868	613	600	102.17	5242
嘉兴	158	141	138	102.17	1218
湖州	104	92	72	127.78	2189
绍兴	456	367	220	166.82	3674
金华	394	374	340	110.00	2075
衢州	117	90	72	125.00	1281
台州	282	263	220	119.55	2847
丽水	83	83	69	120.29	806
舟山	22	22	30	73.33	239
总计	3661	2898	2648	109.44	27,003

(二)继续加强破产审判力量建设,着力提升破产审判专业化水平

2019年,在最高人民法院的关心支持下,浙江省高级人民法院统筹谋划,积极部署,推动杭州、温州两家破产法庭挂牌成立,集中管辖部分破产案件。2020年上半年,为进一步加强破产审判专业性与体系完备性建设,温州破产法庭增加了破产审判团队,推进硬件建设工作,实行了部分破产案件集中管辖,各项配备逐步到位;杭州市中级人民法院在全省范围公开遴选员额法官2名充实破产审判力量;金华市中级人民法院确定由民四庭专职负责破产案件及破产衍生诉讼等的审理工作,配备6名员额法官及1名法官助理。在成立破产法庭的基础上,浙江省高级人民法院持续推动破产专业审判机构建设,不断提升破产审判专业化水平,截至2020年年底,全省有5家中级人民法院、16家基层人民法院设立破产专业审判庭或建立了破产专业审判团队。

根据浙江省破产案件主要在基层人民法院进行审理的实际,浙江省高级人民法院将提升破产审判专业化水平与改革和优化人民法庭布局结合起来,推动全省具备条件的基层人民法院申报破产专业人民法庭。2020年5月,浙江省高

级人民法院下发《关于推动设立破产专业人民法庭的情况调研的通知》,汇总相关报送调研材料。2021 年 2 月 8 日,全省首家办理金融与破产案件的人民法庭——义乌市人民法院福田金融法庭揭牌,管辖全市的金融借款、信用卡、票据等金融纠纷案件,义乌市场监督管理部门核准登记的公司(企业)强制清算和破产案件及相关衍生诉讼案件。

在推进破产审判组织、人才建设的同时,浙江省高级人民法院加强具体破产法律业务的调研指导,针对审判实践中较为突出的法律适用问题,先后出台浙江省高级人民法院民事审判第五庭《关于主债务人破产后保证人是否停止计息问题的解答》(浙高法民五〔2020〕1 号)、浙江省高级人民法院《关于统一破产债权确认纠纷案件受理费标准相关事宜的通知》等业务规范文件,在《案例指导》第 51 期上发布"浙江金盾控股集团有限公司等金盾系八公司合并破产重整案——关联企业实质合并破产的审查和适用"等破产审判专题案例。

(三)继续深化破产审判府院联动机制,助力优化营商环境

《企业破产法》实施以来,浙江法院推动破产审判工作的长期实践表明,破产法配套法律制度的修改完善比企业破产法的修改完善更加迫切、重要,至少同样迫切和重要。2016 年以来,浙江省高级人民法院先后积极推动省政府出台《关于处置"僵尸企业"的指导意见》《推进企业破产审判重点工作及任务分工方案》等文件,在全国范围内率先建立省级层面实质运作的破产审判府院联动机制。2019 年牵头制定《浙江省优化营商环境办理破产便利化行动方案》。2020 年,浙江省高级人民法院继续推动深化省级层面府院联动机制:(1)组织优化,2020 年 2 月 25 日省政府办公厅发布《关于调整和成立部分省政府议事协调机构的通知》(浙政办发〔2020〕5 号),成立"破产审判便利化"府院联动省级联席会议,由常务副省长任召集人,办公室设在省发展改革委,联络组设在高级人民法院。(2)政策协调,联席会议机制全年共召集 4 次"破产审判便利化"府院联席会议联络员会议,针对破产审判实践中较突出的税务、工商登记、不动产管理、信用修复等问题,在前期工作基础上进一步调研形成《"破产审判便利化"省级府院联席会议纪要(一)》并征求各部门意见。针对破产企业的档案处置、管理问题,推动省档案局形成浙江省非国有退出市场企业档案处置指引(试行)的征求意见稿;12 月,浙江省高级人民法院与省银保监局签署《促进金融审判与金融监管有效衔接合

作协议》,建立包括强化破产审判的金融支持在内的常态化对接机制。(3)财政支持,为推动破产专项援助资金在全省全覆盖,提高破产专项援助资金的使用效率和规范化程度,浙江省高级人民法院与省财政厅沟通协调,形成《关于建立浙江省企业破产援助奖补机制的通知》,在全省范围内设立6000万元破产援助奖补资金,并就破产援助奖补资金的管理要求、分配方法、评价与监督机制作出明确。

在省级破产审判府院联动机制持续完善的基础上,全省法院不断推动破产审判府院联动机制向纵深发展,推动提升和优化破产审判相关的政府公共服务和管理职能。杭州市中级人民法院会同杭州市规划和自然资源局、市人力资源和社会保障局出台《关于破产程序中有关事项的司法协作意见(试行)》,对破产企业相关信息查询、资产权属变更登记、欠薪应急周转垫付等事项加强协作。萧山区人民法院和市规划和自然资源局萧山分局协商解决司法拍卖中涉及工业用地使用权即将到期或已到期土地续期事宜。嘉兴市中级人民法院与嘉兴市税务局联合出台《关于企业破产处置涉税问题处理的实施意见》,针对营商环境中涉税关联问题及破产处置中产生的实务困境、操作盲区进行问题梳理,在依法清收税收债权、优化税收征管流程、支持企业破产重整、落实税收优惠政策等方面提出意见。金华市中级人民法院与市自然资源和规划局出台《金华市区工矿仓储用地流转处置实施细则》,对破产程序中的不动产处置相关问题作出了明确,提升破产企业土地、房产的处置效率。

(四)先行先试开展个人债务集中清理工作,为个人破产立法提供浙江样本

1. 前期实践情况。自2018年年底以来,以温州、台州、丽水遂昌为代表的浙江法院个人破产制度的探索便逐步展开。温州、台州等地法院积极开展个人破产制度试点工作,在具有个人破产实质功能的个人债务集中清理案件办理方面实现破冰。丽水市中级人民法院联合遂昌县人民法院为畅通执行不能案件依法退出路径而开展的"个人债务重整"工作,探索出了个人债务重整的遂昌样式。2020年全年,全省法院共受理个人债务集中清理案件291件,其中,台州137件,温州80件,丽水44件,该3个试点地区占比近全省的90%,其他地区案件受理量较少。共计办结个人债务集中清理案件190件,其中,台州86件,温州42件,

丽水 41 件，绍兴 18 件，嘉兴、湖州、金华分别为 1 件。在债务及清偿层面，据不完全统计，2020 年全年，全省个人债务集中清理涉案债务总额共计 4.9519 亿元，其中，担保债务额 1.1556 亿元，普通债务额 3.7963 亿元。共清偿 4150.93 万元，平均清偿率为 8.38%，其中普通债务共清偿 3988.96 万元，清偿率为 10.51%。值得注意的是，温州涉案金额较大，其个人债务集中清理涉案债务金额为 2.978 亿元，约占全省总额的 60%。另外，丽水平均清偿率为 44.53%，绍兴平均清偿率为 37.33%，成效显著。在债权人数层面，全省个人债务集中清理案件涉案债权人共计 1141 人，其中涉及金融债权人共 190 人。在涉及执行案件层面，全省个人债务集中清理案件共涉及执行案件数 1118 件，涉及执行标的金额 5.060938 亿元。

2. 浙江省高级人民法院出台工作指引，稳妥推进个人债务集中清理工作。在国家层面，2019 年 6 月，国家发展改革委等 13 部门印发《加快完善市场主体退出制度改革方案》明确“分步推进建立自然人破产制度”。浙江省委改革委在《2020 年民主法治领域和社会治理体制改革任务清单》中，将“开展个人债务集中清理试点，推动建立个人破产制度”列为重点工作。在上述背景下，浙江省高级人民法院于 2020 年 3 月，确定“关于深化破产审判及个人债务集中清理体制机制改革”为全省法院重点调研课题，温州、台州、丽水等地法院成立专题调研小组，2020 年 9 月 13 日依托浙江省破产管理人协会召开“个人债务清理”研讨会，2020 年 12 月 3 日，浙江省高级人民法院召开专题新闻发布会，发布《浙江法院个人债务集中清理（类个人破产）工作指引（试行）》，并通报《浙江法院个人债务集中清理（类个人破产）工作报告》及典型案例。该工作指引原文在“浙江天平”微信公众号发布后，阅读量在不到一天时间内破 10 万次，达 135,281 次。中央电视台、中国新闻社、《人民法院报》、《浙江日报》、浙江卫视等几十家媒体进行了相关报道，社会总体反映良好。

《浙江法院个人债务集中清理（类个人破产）工作指引（试行）》共有 61 条，基本建立了一套流程，通过债务人申报、接受债权人质询、人民法院依职权调查核实、管理人调查核实等措施，将“有履行能力而拒不履行生效法律文书确定义务”的债务人与“诚实而不幸”的债务人予以区分，在对前者强制执行的基础上，给后者以相对宽松的制度出路。债务人的“诚信”是制度运行的前提基础，如债务人有恶意逃债行为等不诚信行为，则集中清理程序将不予启动或及时终止。该工作指引既给予相关当事人以充分的制度激励，也将个人破产制度与强制执行制度充分衔接。该工作指引出台后,海宁市人民法院、诸暨市人民法院、建德市人民法院、柯桥区人民法院、龙游县人民法院等都在该工作指引基础上发布相关通告,稳妥有序开展个人债务集中清理工作。

(五)应急应变依托信息化推动疫情防控背景下破产审判有序开展

2020 年 2 月 9 日,浙江省高级人民法院第一时间出台《关于疫情防控期间稳妥开展企业破产审判工作助力经济社会平稳运行的通知》,就疫情期间破产案件受理审理、线上申报债权、在线召开债权人会议、协调生产防疫物资企业复工复产等多方面提出具体指导意见。

全省法院积极运用线上方式,以信息化提升破产案件审理质效和保障疫情防控,在线进行债权申报,通过移动微法院、微信群、钉钉群等方式召开债权人会议,监督管理人做好继续经营的破产企业员工的疫情防控。据不完全统计,疫情期间全省法院通过全国企业破产重整案件信息网、移动微法院等在线方式召开债权人会议 300 余次。2020 年 3 月 31 日,最高人民法院发布第二批 8 个全国法院服务和保障疫情防控期间复工复产典型案例,开化县人民法院审理的"浙江源生医药连锁有限公司重整案"入选。在该案中,开化县人民法院推动在重整框架中运用托管制度实现破产企业 36 家门店的经营资源与受托医药公司管理资源的有效对接。

(六)继续加强管理人动态管理,着力提升管理人履职能力和业务水平

1. 加强动态管理。2019 年 10 月,浙江省高级人民法院出台《破产案件管理人指定工作规程》,在分级管理、分类指定、调整竞争方式、增加预重整规定、强化流程监管等方面明确规则。2020 年,全省共有 81 件区域性重大破产案件通过竞争方式指定管理人(见表 7)。

表 7　2020 年全省各地法院以竞争方式选任管理人案件数量情况

地区	杭州	宁波	温州	嘉兴	湖州	绍兴	金华	衢州	台州	丽水	舟山	合计
竞争方式选任管理人/件	7	2	16	2	2	42	1	0	3	0	6	81

2020年7月30日，浙江省高级人民法院出台《浙江省破产管理人动态管理办法（试行）》，对破产管理人动态管理的原则、主管部门、信息化平台建设、管理人依法履职应尽的义务、培训机制、评价机制、考核机制、管理人名册动态调整机制、惩戒办法等方面作了细化规定，以进一步加强对浙江省破产管理人的动态管理，提升管理人履职能力，保障破产审判顺利进行。

2. 加强行业建设。2020年9月，舟山市破产管理人协会成立。至此，全省11个地级市均建立了破产管理人协会，实现了省市两级破产管理人协会的全覆盖。自2013年起，浙江省高级人民法院指导和依托协会开展全省破产管理人培训，2020年9月，浙江省破产管理人协会2020年度实务培训在杭州开班，来自浙江省内各地市的法官、管理人等400余人参加培训。

3. 加强“破产保护”制度、理念和文化的研究宣传。2020年5月，浙江省高级人民法院推动成立浙江省法学会破产法学研究会，并于9月推动第一届长三角破产法治论坛成功举办，最高人民法院和长三角地区法院法官，相关政府部门人员，浙江省法学会、北京大学、中国人民大学、浙江大学、上海交通大学等单位的专家学者和破产管理人代表200余人参加，在破产审判府院联动机制建设、营商环境优化、破产企业拯救、跨区域破产办理等方面取得一定共识。

三、进一步推进破产审判工作面临的主要困难

观察浙江法院长期的破产审判实践可以得出两个基本判断：（1）企业破产法的实施比《企业破产法》修改完善更加迫切、更加重要，至少同样迫切和重要；（2）破产法律配套制度尤其是税收、不动产管理等方面配套制度的修改完善比《企业破产法》本身的修改完善更加迫切、更加重要，至少同样迫切和重要。当前，进一步推进破产审判工作面临的主要困难是企业破产法实施的内外部体制机制不畅、破产配套法律制度不健全。

1. 破产审判力量不足，专业化程度有待进一步提升。（1）“案多人少”矛盾突出。近年来，全省法院统一思想，迎难而上，围绕提升破产审判质效做了大量工作。但要看到，全省破产案件受理量与审结量之间的缺口一直存在，存量破产案件越来越多。特别是2020年，在新冠肺炎疫情冲击之下，浙江作为民营经济大省面临较大的经济下行压力，破产案件数量也相应增加。2020年全年，浙江法

院共受理案件3428件,是2019年同期的1.45倍,审结案件2828件,是2019年的1.66倍。区域性重大涉企债务风险化解任务加重,如"上市公司银亿股份重整案""上市公司众泰汽车股份有限公司申请重整案"等。破产案件审理"案多人少"的矛盾日渐突出,已成为制约全省法院进一步加强和改进破产审判工作的"瓶颈"。(2)审判队伍的专业化程度不足。破产专业审判机构的设立与当前浙江省破产审判实践还不适应,与"建设高标准市场体系"的要求还有很大差距。截至2020年年底,全省共有5家中级人民法院、16家基层人民法院设立破产专业审判庭或破产专业审判团队,该21家法院共有审判人员155人,其中员额法官69人,部分人员还要负责其他金融、衍生诉讼案件的审理。未设立专门机构或审判团队的法院一般由商事审判庭审理破产案件,专业化程度有待提升。特别是近年来,在法院内设机构改革的背景下,有的已设立的破产审判庭又被撤并,在一定程度上削弱了破产审判的力量和专业化程度。(3)人民法院内部工作机制需要进一步理顺。在资产查封和处置、衍生诉讼案件审理、破产财产分配等各环节,破产审判部门与立案部门的管辖依据冲突、与刑事审判部门的刑民交织冲突、与其他民商事审判部门的裁判理念冲突、与执行条线的价值认识冲突等需要进一步协调。此外,破产审判的绩效考核问题也还存在,缺乏统一的破产案件与民事案件折算标准,影响了法官审理破产案件的积极性。

2. 配套法律制度不健全,破产审判府院联动机制有待进一步深化、细化、常态化。总体上浙江法院破产审判府院联动机制建设走在全国前列,但该机制在运行中还存在不少问题。(1)衔接配套不够。尤其是破产财产(不动产)处置、职工安置、税收减免、企业工商登记注销等问题,相关的法律制度与破产程序的特殊性配套衔接严重不足。其中,税务、不动产处理是审判实践中反映比较突出的问题。由于缺乏针对破产企业和破产程序的专门税收规定和政策,导致破产涉税问题处理协调成本高企。比如,破产企业财产处置后的开票问题,制约了财产处置的效率和成功率;又如,重整程序中因债务豁免产生的所得税,严重影响了投资人的积极性,降低了重整成功率等。(2)监督落实不够。针对有的问题已经出台了相关文件,但实际执行和监督落实不力。如有的地区中级人民法院与市税务局联合出台了文件,但在实际执行中对于豁免债务的企业所得税问题、库存账实不符等问题等,法院、管理人、税务部门的认识仍然存在分歧。(3)常态化运行不够。一些地区府院联动机制的合作层次比较低,还停留在具体案件处理,一案一协商、一案一沟通。府院联动机制运行中，特别是面对各种历史遗留问题、涉访涉众涉稳情况，各方在法律和政策的适用上容易发生分歧，党政的支持与干预界限需要进一步厘清。

3. 市场运行中公司治理结构不健全、资产处置难度加大，阻碍破产案件审理有效推进。(1)在实践中，中小民营企业公司治理结构不健全的情况较多，资产混同、挪用、转移等情形较多，关联企业合并破产情形较多，清产核资工作量大。有一定比例的破产案件，特别是“执转破”案件，在破产案件受理时债务人的法定代表人、股东或者实际控制人已下落不明，或者存在账册灭失、财务管理混乱、企业财产与股东个人财产混同等情形，导致管理人未能接收破产企业的资产和账册，影响破产程序的有效推进，也加大了破产案件的审理难度。(2)市场资产收购、重整投资更趋谨慎，重整计划执行不确定性增加。尤其在房地产开发企业破产案件中，因涉及复工建设，在资金紧张、商业行情不确定的情况下，引进优质的投资意向人的难度增加，商业综合体受市场环境影响，意向投资人有所减少。在多个案件的重整计划执行期间，因资产处置、变现的困难，投资人资金周转出现困难，未能按照重整计划及时清偿债务，要求延长重整期限。多地法院资产处置情况不容乐观，多宗资产均是通过政府收储的途径解决，处置价格较低。破产财产尤其是不动产历史遗留问题较多，沟通协调周期长，影响了资产的顺利处置和破产程序的有效推进。

4. 管理人队伍建设有待进一步加强，履职环境有待进一步优化。近年来，浙江省破产管理人队伍建设取得很大进展，但还存在一些短板。第一，管理人的履职能力存在短板。具体表现为部分管理人执业经验不足、综合协调能力不足，工作主动性不够，一些破产案件办理中过度依赖法院的指导。第二，管理人队伍结构需要优化，省、市两级破产管理人的数量、分布与破产审判实践的需求还有差距。一些地区反映出来的管理人指定方法还需要进一步完善，以实现管理人资源与破产案件资源更高效的对接。第三，管理人职责范围需要进一步厘清，企业破产法对管理人履职范围的规定不够具体，与管理人履职环境直接相关的配套法律制度不健全，社会对于管理人的认知度还不高，为管理人履职造成了一定障碍。第四，管理人履职评价体系仍不健全。虽然浙江省高级人民法院已出台《浙江省破产管理人动态管理办法(试行)》，完善了管理人日常监督管理、个案考核、定期考核的考评机制，但对于履职能力不佳、履职中有违规违法行为的破产管理人惩戒、退出等问责机制尚需要在实践中探索细化规则。

5. 破产法律制度供给不足,破产法治有待进一步完善。(1)个人破产立法需要加快推进。浙江省高级人民法院在出台的《浙江法院个人债务集中清理(类个人破产)工作指引(试行)》中将个人债务集中清理定位为“类个人破产”,主要原因在于我国尚没有个人破产制度,个人不能通过破产程序化解债务。个人债务集中清理中,尚无法做到像企业破产一样,凡经债权人会议一定比例表决通过的分配方案、重整方案等,就获得对全体债权人的法律约束力。需要在法律层面加快推进个人破产立法,为“诚实而不幸”的债务人的法定免责、债权人权益保障和社会信用体系建设提供制度支撑。(2)简易破产程序缺乏法律依据。在《企业破产法》没有相关规定的情况下,无论是最高人民法院《全国法院破产审判工作会议纪要》《关于推进破产案件依法高效审理的意见》,还是地方层面如浙江省高级人民法院《关于企业破产案件简易审理若干问题的纪要》《关于深化执行与破产程序衔接推进破产清算案件简易审理若干问题的会议纪要(二)》等规范性文件,都只能在现行法律框架内探索简化程序、提高效率,制度探索空间有限。从全省法院近年来的破产审判数据可以看出,执行移送破产审查案件占比持续高位运行。“执转破”案件中无产可破案件占比较高,对于简易审理的需求尤为强烈,亟待破产法律的修改完善对简易程序有所回应。另外,《企业破产法》及相关司法解释对审判实践中的很多问题的规定还不够细致,特别是房地产企业破产案件中相关疑难问题,如购房户的优先权保护范围、以房抵债及设定担保的权利性质认定,涉及刑事犯罪的财产认定等问题,需要加强研究,在法律修改中加以回应。

四、下一步继续推进破产审判工作的重点部署

2020年10月,党的十九届五中全会提出,“十四五”期间要构建高水平社会主义市场经济体制,激发各类市场主体活力,建设高标准市场体系。2020年12月,浙江省委召开经济工作会议强调要“深化改革,健全民营经济高质量发展机制,建设高标准市场体系,优化营商环境”。下一步,浙江省高级人民法院将继续坚持市场化、法治化导向,加强破产审判专业化、简易化、信息化建设,推进破产审判常态化,为促进经济高质量发展和优化营商环境提供更加有力司法保障。

1. 持续深化破产审判府院联动机制建设,完善破产审判相关配套政策。

2020年2月,浙江省政府成立"破产审判便利化"府院联动联席会议机制。接下来要继续切实推进破产审判府院联动机构、机制等常态化建设。推动在省级层面构建、完善横向"1+1+1",即"机构+机制+文件"模式;在省市县(区)三级构建纵向"1+1+1",即"案件处理+探索创新"模式。全面推进破产审判府院联动机制的深化、细化、常态化和精细化。

2. 持续加强破产审判专业化建设,优化人民法院内部工作体制机制,加强管理人动态管理。重点是加强两支队伍建设:一支是破产审判队伍,另一支是破产管理人队伍。(1)继续探索推进在基层人民法院建立专门审理破产案件的人民法庭工作。上级法院加强业务指导,统一裁判尺度。多措并举、充实力量、优化布局,总体提升破产审判专业化水平。(2)加快完善执行和破产程序衔接等人民法院内部工作机制,探索加快形成"立审执破"一体的人民法院工作新格局。(3)加强管理人动态管理,落实《浙江省破产管理人动态管理办法(试行)》中关于管理人考核等方面的具体要求,提升管理人履职能力。进一步优化管理人履职环境和队伍结构,完善管理人指定的规则和流程。

3. 持续推进破产审判信息化建设,提升破产审判工作整体质效。破产审判信息化是破产审判工作的一项基础设施。下一步,要按照无纸化办公办案工作推进的总体部署,优化破产案件办案系统,继续探索破产案件办理的法官办案平台与管理人工作平台的有效对接,推进债权申报、债权人会议等破产程序环节的线上办理,充分发挥破产审判信息化建设在加强案件管理、提升质效、大数据积累等方面的重要作用。

4. 持续稳妥开展个人债务集中清理工作,推动个人破产条例的地方立法。个人破产制度与社会治理体系完善和治理能力提升、营商环境优化等都密切相关,是市场经济体制的一项"基础设施"。《浙江法院个人债务集中清理(类个人破产)工作指引(试行)》发布后,引起社会各界较大反响,接下来要以个人债务集中清理为推进破产审判工作的新突破口,在全省法院全面稳妥推进这项工作。浙江是民营经济、中小企业大省,具备较好的破产审判工作基础,财产登记、信用体系建设等配套制度初步具备,社会层面对个人破产的接受度也比较高,在继续稳妥推进个人债务集中清理工作的同时,建议、推动浙江省人大争取全国人大授权,启动地方立法。

浙江法院个人债务集中清理(类个人破产)工作报告及典型案例

前　言

2019年2月27日,最高人民法院发布《关于深化人民法院司法体制综合配套改革的意见》,首次提出研究推动建立个人破产制度,并将其作为解决针对个人执行不能案件的重要举措列入“五五改革纲要”(2019～2023年)之中。2019年6月3日,最高人民法院出台《人民法院执行工作纲要》(2019～2023年),明确指出要开展与个人破产制度功能相当的试点工作,为建立个人破产制度打下实践基础。2019年7月16日,国家发展改革委等13部门关于《加快完善市场主体退出制度改革方案》明确要研究建立个人破产制度,重点解决企业破产产生的自然人连带责任担保债务问题。2019年7月26日,国家发展改革委财金司有关负责人就《加快完善市场主体退出制度改革方案》答记者问时表示,改革方案提出分步推进建立自然人破产制度。需要强调两点:首先,个人破产制度是为陷入严重财务困境但诚实守信的个人提供债务重组机会,促进债务人继续创业创新,同时起到防范居民部门债务风险、维护社会稳定的作用,前提是任何人不得恶意逃废债;其次,建立个人破产制度是一项涉及面广、复杂程度高的系统性工作,需立法先行而后逐步推开,当前重点任务是在充分建立社会共识基础上推动个人破产立法。2020 年 5 月 11 日,中共中央、国务院印发了《关于新时代加快完善社会主义市场经济体制的意见》,要求“健全破产制度,改革完善企业破产法律制度,推动个人破产立法,建立健全金融机构市场化退出法规,实现市场主体有序退出”。

目前,我国尚未制定出台个人破产法。[①] 现实中,一部分“诚实而不幸”的债务人陷入困境,丧失再融资、再创业能力,这在一定程度上遏制了社会投资活力,阻碍了社会经济发展。个人破产制度能够为陷入严重财务困境但诚实守信的自然人提供债务重组的机会,有利于债务人的“新生”。此外,通过个人破产,还可以保护破产人的自由财产,对债务人个人进行拯救,恢复其生产经营的能力。

在这样的背景下,浙江法院以“研究推动建立个人破产制度”为目标,对个人破产制度进行地区试点并进行有益探索,在提炼总结实践经验的基础上,先行建立个人债务集中清理的相关工作机制,推动具有个人破产制度功能的个人债务集中清理工作,为个人破产制度立法提供实践素材和浙江样本,助推社会治理体系和治理能力现代化,为浙江建设“重要窗口”贡献司法力量。

一、全省法院个人债务集中清理工作概况

自 2018 年年底,以温州、台州、丽水遂昌为代表的浙江法院个人破产制度的探索便逐步展开。温州、台州等地法院积极开展个人破产制度试点工作,在具有个人破产实质功能的个人债务集中清理案件办理方面实现破冰。丽水市中级人民法院联合遂昌县人民法院为畅通执行不能案件依法退出路径而开展的“个人债务重整”工作,探索出了个人债务重整的遂昌样式。当前,浙江法院个人破产制度的探索正由点到面,积极而稳妥有序的展开。杭州、温州、嘉兴、湖州、绍兴、金华、衢州、台州、丽水均已逐渐开展这项工作。

---

① 世界银行在全球开展了关于各国现行有效的自然人破产的有效法律的初步调查,目的是收集处理该问题的有关法律信息(此调查由世界银行 Adolfo Rouillon 指导,调查结果获取地址:http://siteresources.worldbank.org/EXTGILD/Resources/Jan11 – CI – Rouillon.pdf.)。该调查报告覆盖了 59 个国家,其中 25 个是高收入国家,34 个是中等收入或者低收入国家,调查人数占全球总人口的 67.5%。调查结果表明,一半以上的中等收入和低收入国家没有任何关于自然人破产的法律制度。参见自然人破产处理工作小组:《世界银行自然人破产问题处理报告》,殷慧芬、张达译,中国政法大学出版社 2016 年版,第 2 页。

2020 年全年,全省共受理个人债务集中清理案件 291 件,其中,台州 137 件,温州 80 件,丽水 44 件,该 3 个试点地区占比近全省的 90%,其他地区案件受理量较少。共计办结个人债务集中清理案件 190 件,其中,台州 86 件,温州 42 件,丽水 41 件,绍兴 18 件,嘉兴、湖州、金华分别为 1 件。

在债务及清偿层面,据不完全统计(见表 1),2020 年全省个人债务集中清理涉案债务总额共计 4.9519 亿元,其中,担保债务额 1.1556 亿元,普通债务额 3.7963 亿元。共清偿 4150.93 万元,平均清偿率为 8.38%,其中普通债务共清偿 3988.96 万元,清偿率为 10.51%。值得注意的是,温州涉案金额较大,其个人债务集中清理涉案债务金额为 2.978 亿元,约占全省总额的 60%。另外,丽水平均清偿率为 44.53%,绍兴平均清偿率为 37.33%,成效显著。

表 1　全省法院个人债务集中清理案件情况

<table>
<tr><td colspan="2">案件受理量(件)</td><td>291</td></tr>
<tr><td colspan="2">案件审结量(件)</td><td>190</td></tr>
<tr><td rowspan="2">类型</td><td>与企业破产案件一并受理的案件受理/审结量(件)</td><td>5/2</td></tr>
<tr><td>单独个人债务清理类案件受理/审结量(件)</td><td>286/188</td></tr>
<tr><td rowspan="3">债务总额</td><td>担保债务额(万元)</td><td>11,555.91</td></tr>
<tr><td>普通债务额(万元)</td><td>37,963.65238</td></tr>
<tr><td>共计(万元)</td><td>49,519.56238</td></tr>
<tr><td rowspan="3">清偿金额</td><td>担保债务额(万元)</td><td>161.97</td></tr>
<tr><td>普通债务额(万元)</td><td>3988.965016</td></tr>
<tr><td>共计(万元)</td><td>4150.935016</td></tr>
<tr><td rowspan="3">平均清偿率</td><td>担保债务清偿率(%)</td><td>1.4</td></tr>
<tr><td>普通债务清偿率(%)</td><td>10.51</td></tr>
<tr><td>平均清偿率(%)</td><td>8.38</td></tr>
<tr><td rowspan="2">债权人数</td><td>涉案债权人数(人)</td><td>1141</td></tr>
<tr><td>涉及金融债权人数(人)</td><td>190</td></tr>
<tr><td colspan="2">涉及执行案件数(件)</td><td>1118</td></tr>
<tr><td colspan="2">涉及执行标的金额(万元)</td><td>50,609.38271</td></tr>
</table>

在债权人数层面,全省个人债务集中清理案件涉案债权人共计 1141 人,其

中涉及金融债权人共190人。在涉及执行案件层面,全省个人债务集中清理案件共涉及执行案件数1118件,涉及执行标的金额5.060938亿元。

在出台文件方面,温州、绍兴、金华、丽水、台州等地根据实践情况,并配合府院联动,均出台了相关文件。其中,2019年8月13日,温州市中级人民法院出台《关于个人债务集中清理的实施意见(试行)》,并在前期充分调研沟通的基础上,通过召开府院联席会议形成《企业金融风险处置工作府院联席会议纪要》,明确各相关部门要协助做好个人债务集中清理程序有关事项。2020年4月,温州通过召开府院联席会议形成《在个人债务集中清理工作中探索建立公职管理人制度的府院联席会议纪要》。2019年4月26日,台州市中级人民法院出台《执行程序转个人债务清理程序审理规程(暂行)》,并与人民银行台州中心支行、台州银保监分局联合出台《关于探索个人破产制度推进金融消费者债务清理创新工作的纪要》,积极探索"执行不能"案件制度性退出和金融呆账处置新路径。2020年10月12日,丽水市中级人民法院出台《关于个人债务重整程序的实施意见(试行)》,稳妥、有序推进个人债务重整,促进债务人的经济再生。另外,绍兴新昌、金华永康、丽水遂昌、缙云、景宁、龙泉、松阳等多地基层人民法院均出台有关个人债务集中清理的相关实施意见。

浙江法院的相关试点和实践探索工作起到了星星之火的作用。目前,全国各地陆续试水"个人破产",以不同方式探索债务清理工作,已形成一定的声势。①

① 这些文件分别是:2019年8月13日,温州市中级人民法院印发《关于个人债务集中清理的实施意见(试行)》(温中法〔2019〕45号);2019年7月10日,温州市人民政府办公室印发《企业金融风险处置工作府院联席会议纪要》;2020年4月温州市人民政府办公室印发《在个人债务集中清理工作中探索建立公职管理人制度的府院联席会议纪要》;2019年4月26日,台州市中级人民法院出台《执行程序转个人债务清理程序审理规程(暂行)》(台中法〔2019〕73号);遂昌县人民法院出台《关于个人债务重整的实施意见(试行)》;2020年4月28日,龙泉市人民法院印发《关于个人债务集中清理的实施意见(试行)》(龙法〔2020〕16号);2020年4月30日,缙云县人民法院出台《关于个人债务集中清理的实施意见(试行)》(缙法〔2020〕33号);2020年5月22日,景宁畲族自治县人民法院印发《关于执行程序转个人债务清理程序审理规程(试行)》(景法〔2020〕32号);2020年10月12日丽水市中级人民法院出台《关于个人债务重整程序的实施意见(试行)》(丽中法〔2020〕119号);2020年8月31日,深圳市人民代表大会常务委员会印发《深圳经济特区个人破产条例》;2020年6月16日,泸州市龙马潭区人民法院出台《个人破产和解实施办法(试行)》;2020年3月5日,山东省高青县人民法院出台《关于企业破产中对有关个人债务一并集中清理的意见(试行)》(高法发〔2020〕8号);2019年10月21日,苏州市吴江区人民法院印发《关于个人债务清理的若干规定(试行)》(吴法〔2019〕101号)等。

二、浙江法院的具体工作实践

(一)温州个人债务集中清理相关工作情况

根据浙江省高级人民法院和温州市委部署要求,温州市扎实推进个人债务集中清理试点,先行先试,取得了良好的成效。相关试点经验获央视《经济半小时》、新华社《国内动态清样》报道,并得到时任省委书记车俊批示肯定。

1. 实践情况

自 2018 年以来,温州法院根据部署要求,先行先试,从简要设想到配套机制出台,再从制度设计到实务运用的落地,取得了阶段性进展。

"党委领导、人大监督、府院联动、法院主办、试点先行",是温州市个人债务集中清理工作的重要特点和工作模式。争取授权试点建议得到初步回应、府院联动形成个人债务集中清理的工作合力、法院先行先试取得了阶段性进展则是温州法院的 3 个阶段性进展情况。

(1)争取授权试点建议得到初步回应

2018 年 11 月 7 日,温州市委、市政府印发《关于创建新时代"两个健康"先行区加快民营经济高质量发展的实施意见》,提出"探索个人破产制度改革",要求相关部门研究推进试点工作。根据温州市委部署要求,温州市扎实推进个人债务集中清理试点,在具有个人破产实质功能的个人债务集中清理案件办理方面实现破冰。

通过先后书面层报请示、赴京专题汇报、人大代表建议等形式,向全国人大、最高人民法院争取支持,要求"授权温州开展个人破产制度试点"。2019 年 7 月 17 日,最高人民法院民二庭专程派员赴温州就此建议与全国人大代表会商并作调研。后最高人民法院函件答复,明确已启动相关工作,争取全国人大授权批准开展个人破产制度试点,并希望温州为我国个人破产制度的建立贡献温州智慧和经验。

(2)府院联动形成个人债务集中清理的工作合力

2019 年 6 月 18 日,在前期充分调研沟通的基础上,温州法院通过召开府院联席会议形成《企业金融风险处置工作府院联席会议纪要》,明确各相关部门要协助做好个人债务集中清理程序有关事项。

2019 年 8 月 13 日,温州市中级人民法院出台《关于个人债务集中清理的实施意见(试行)》,对个人债务集中清理程序的具体制度安排和操作规范进行了明确和细化,全市 11 家基层人民法院全面铺开个人债务清理试点工作。

2020 年 4 月 2 日,温州市政府副市长、温州市中级人民法院院长共同组织召开府院联席会议,就在个人债务集中清理工作中探索建立公职管理人制度达成共识,形成《在个人债务集中清理工作中探索建立公职管理人制度的府院联席会议纪要》。

(3)先行先试开展实践取得阶段性进展

温州市中级人民法院出台《关于个人债务集中清理的实施意见(试行)》以来,温州全市法院全面铺开个人债务清理工作。2019 年 9 月 27 日,平阳县人民法院顺利办结“蔡某个人债务集中清理案”。该案被媒体称为“全国首例具备个人破产实质功能和相当程序的个人债务清理案件”。2019 年 12 月 18 日,瓯海区人民法院引导金融债权人以同意采取双重多数决表决规则的方式,变通性表决通过清理方案。

2. 温州个人债务集中清理制度的主要内容

(1)性质及核心特征

温州市的个人债务集中清理制度是借助于现有的执行和解和参与分配等执行制度和理论,参照个人破产的原则和精神进行程序设计,以执行的手段达到个人破产的效果而形成制度规范。

首先,性质上的执行性是温州法院试行的个人债务集中清理制度合法性的基础。温州模式的个人债务集中清理,在本质上是借助于现有法律框架内的一系列执行制度完成的。在个人债务集中清理制度的构建和实施过程中,必须要明确个人债务集中清理制度的执行性。一是法律性质和制度依据上的执行性。温州模式的个人债务集中清理制度,在构建时严格遵守现有执行制度的基本要求,不得损害相关债权人的合法权益,否则存在滥用职权、枉法裁判的法律风险。在个人债务集中清理工作中作出的具体措施,必须严格把握其合法性,找到法理、法律依据。二是措施手段上的执行性。温州模式的个人债务集中清理制度要求债务人需要在法院有执行案件,以借助执行程序开展工作。关于限制债务人的一系列制度设计,如行为限制令等,源于执行制度的限制被执行人高消费措施;以执行中“和解长期履行”的方式结案,可以为将来恢复程序留有法律途径;等等。三是操作模式上的执行性。温州模式下的个人债务集中清理案件在执行系统中立“执清”字号,在执行系统中流转,并借助执行手段开展工作。在案件办理上,根据债务人的不同情况,分为执行部门办理、破产审判部门办理,并推进执破深度融合,推动执行、破产法官组成联合合议庭审理案件。

其次,功能上的破产性是温州法院试行的个人债务集中清理制度的制度价值。在价值选择上,执行制度仅是为保障生效判决的强制力和实现申请执行人的合法权益,而破产的内涵不仅包括对债权人利益的保护,也包括对债务人的救济。在制度外观上,个人债务集中清理制度借鉴和采用了诸多破产程序,尤其是个人破产程序中的特色内容,如自由财产制度、债务豁免制度、管理人制度、失权复权制度等。在制度功能上,不同于个别执行程序,个人债务集中清理是对债务人多个债权债务关系的集中性、概括性的清理、执行,其结果是使多个债权能获得公平、有效的清偿,使“诚实而不幸”的债务人能够获得重新开始的机会,使不诚信的债务人得到应有的惩罚。因此,个人债务集中清理制度区别于个别执行程序,更具有破产法色彩。

最后,温州法院试行的个人债务集中清理制度还有区别于破产、执行的特殊性。一是意思自治取代依法裁决。在现有的执行、破产制度中,法院拥有依法裁决的权力,在破产程序中尤为显著,如在法定条件下裁定批准通过分配方案、重整计划草案等,但在个人债务集中清理制度中,要严格遵守意思自治的原则。二是表决机制上的特殊性。在破产程序中,债权人会议表决采取多数决,只需达到一定的比例即可认为债权人会议决议通过。但在温州的个人债务集中清理模式中,债权人会议的表决应当采取全票决的表决机制,这是个人债务集中清理制度合法性的核心,也是其局限性的重要缘由。

(2)适用具体对象和原则

温州法院从尽可能避免逃废债及制度效力范围等因素出发,对个人债务集中清理实践的适用对象进行了较为严格的把握(见表2)。

表2 温州法院试行的个人债务集中清理制度适用对象

适用		内容
适用主体	自然人	个人债务集中清理制度是为了解决个人破产制度供给缺位的情况下的权宜之策,其适用对象只能是自然人
适用原则	属人管辖原则	个人债务集中清理的适用对象限于具有温州户籍,或者在温州缴纳社会保险满一年,或者在温州有实际经营业务的自然人

续表

适用		内容
主要对象	以商个人为主要对象,但不排除消费者	个人债务集中清理的适用对象主要限于商个人,如企业法人已进入破产程序,对该企业法人负保证责任的自然人,因股东人格或者财产与公司混同而承担清偿责任的自然人,对非法人组织的债务负清偿责任的自然人经营者。但在特殊情况下,对于因生活困难无力偿还债务的自然人和其他自愿提出还款安排并征得全部申请执行人同意的自然人也可以进行个人债务集中清理

对适用对象进行严格把握的原因,一方面,是由于个人债务集中清理制度还在试行阶段,适用对象范围过宽容易造成对“逃废债”的失控局面;另一方面,则是由于温州的个人债务集中清理在效力上仅适用于温州辖区,对涉温州市外的债权人及政府机构,较难作出有效的协调。

另外,温州法院试行的个人债务集中清理制度适用自愿原则及诚信原则(见表3)。

表3 温州法院试行的个人债务集中清理制度适用原则

原则	内容
自愿原则	依申请:被执行人申请且申请执行人同意
	全体决:重大事项均由债权人会议全体表决通过
诚信原则	事前诚信:进行全面如实的财产申报、承诺不进行高消费、没有因拒执行为而被处罚等
	事中诚信:出现或者发现被执行人不诚信行为,立即终止个人债务清理程序,或者驳回申请。并且,若个人债务集中清理方案经过两次债权人会议表决未通过,也应当终止个人债务清理程序
	事后诚信:个人债务集中清理方案履行完毕之后,除非债务全部履行的,否则被执行人仍应当承受一定年限的信用限制

自愿原则遵循意思自治,主要体现在两个方面:一是依申请。在温州个人债务集中清理制度中体现为被执行人申请且申请执行人同意。一方面,考虑到申请执行人没有申请债务清理的动力,并且个人债务集中清理参照个人破产制度,实际上是对被执行人的一种救济制度,是被执行人在强制执行制度下实现重生和获得东山再起的机会;另一方面,由于个人债务集中清理往往意味着对债务人更严苛的诚信要求,甚至需要主动申报相关家属的经济状况,对债务人来说是负

担的加重。因此,在程序的启动上,应由债务人提出申请更为适宜。二是全体决。对于个人债务集中清理程序中涉及的重大事项均由债权人会议全体表决通过,而不采用多数决制度,这体现了当事人的高度自治,对当事人权利的高度尊重。但也存在例外情形下可以多数决,如债权人会议通过全体决决定特定事项由 2/3 以上参与个人债务集中清理程序的无担保债权人同意的,依其约定。这在本质上也是对于当事人意思自治的尊重。

个人债务集中清理参照个人破产制度,其目的是为"诚实而不幸"的被执行人提供救济,申请债务清理的被执行人应当是诚信的。因此,诚信原则由个人债务集中清理制度的破产属性而决定。诚信原则解决的问题主要是,在给予被执行人救济的同时,也要保护债权人利益,避免被执行人利用个人债务集中清理程序进行"逃废债"。诚信原则主要体现在三个方面:一是事前诚信。被执行人如果想通过个人债务集中清理程序寻求救济,实现重生,其应当进行全面如实的财产申报、承诺不进行高消费、没有因拒执行为而被处罚、没有曾经为逃避或者拖延执行而与债权人达成执行和解且因自身原因导致和解协议没有或者不能履行等。二是事中诚信。这主要是对终止个人债务集中清理程序的制度设计,一旦出现或者发现被执行人不诚信行为,立即终止个人债务清理程序,或者驳回申请。并且,如果个人债务集中清理方案经过两次债权人会议表决未通过,也应当终止个人债务清理程序,以避免被执行人滥用该程序拖延执行。三是事后诚信。个人债务集中清理方案履行完毕之后,除非债务全部履行,否则被执行人仍应当承受一定年限的信用限制,包括行为限制和资格限制,以体现其对之前所作承诺的诚意和债权人对其债务免除的对价。

(3)相关特色制度

一是通过金融债权一致性行动制度,激活对银行债权人的债务减免。一方面,金融机构在个人债务集中清理程序中扮演重要角色,如果没有金融机构的参与,个人债务清理程序适用范围将受到极大限制;另一方面,由于对被执行人免除一定债务,金融机构需要承担一定的职业风险,同时也存在较大的"寻租"空间。为了使个人债务集中清理程序能够真正发挥其重要作用,鼓励金融债权案件的债权人采取一致行动,积极参与个人债务集中清理程序。金融债权案件的申请执行人在个人债务集中清理程序中可以根据法律、法规和人民法院或者债务清理管理人的建议,对债务减免的幅度、条件等相关事项采取一致性行动,以此激活银行债务减免制度。

二是通过债务减免制度,化解“担保链”危机。为能实质性化解“担保链”危机,为有创业创新能力的企业家解困松绑,为“诚信而不幸”的债务人获得重生创造机会,个人债务集中清理制度给债务人一定的债务减免,使其在诚信履行的前提下能够从“担保链”中解脱,避免了“一损俱损”。

三是通过终结执行制度,完善执行不能案件的退出机制。个人债务集中清理方案履行完毕的,参与个人债务集中清理程序的执行案件可以根据不同情形分别以执行完毕、终结执行等方式结案。执行完毕的事由可以是和解协议履行完毕,终结执行的事由可以是和解撤回执行申请或者和解长期履行。其法律依据在于,个人债务集中清理程序的构建是立足于执行和解,是一种集中的执行和解,个人债务集中清理方案在法律性质上可以作为一种集中的执行和解协议。和解协议履行完毕的,既可以依执行完毕结案,也可以撤回执行申请。对于个人债务集中清理方案是分期清偿计划的,可以按照和解长期履行结案。

通过这种方式,执行不能案件可以有序退出执行程序。但执行案件退出并不等于给予被执行人逃废债的机会,在个人债务集中清理方案全部履行完毕之日起5年内,发现其在提交清理方案之前有未申报的重大财产,或者存在欺诈、恶意减少债务人财产或者有其他“逃废债”行为的,债权人可以另行主张撤销自己所作的债务减免约定,请求恢复按照原债务额进行清偿。在个人债务集中清理方案履行期间发现或者出现上述情形的,债权人可以请求终止个人债务集中清理程序,并恢复原判决的执行。人民法院将根据情节依法采取罚款、拘留等措施,情节严重的,依法追究刑事责任。

四是通过债权人参与制度,提升债权人获得感和参与感。为了提升债权人在个人债务集中清理程序中的获得感,赋予和强化其4项基本权利。第一,知情权。从程序启动、进行到终止的整个程序,从债务人财产、债务到清偿方案的全部信息,从债务人、债权人、管理人到人民法院的全部措施和行为,均向债权人公开,债权人享有充分的知情权,一旦发现有任何虚假,债权人可以立即要求终止个人债务清理程序。第二,质询权。债权人不仅享有对债务人的质询权,而且可以根据要求向债务人的配偶及其他直系亲属进行质询,以了解债务人的财产状况、债务状况及清偿能力等。第三,表决权。债权人享有对个人债务清理程序中的重大事项的表决权,并且表决意见以全体决为基本原则,以多数决为例外。第四,监督权。债权人对整个过程有监督的权利,并且在个人债务集中清理方案履行完毕之后,还享有对债务人信用限制的监督权,对债务人在提交清理方案之前是否有未申报的重大财产,或者存在欺诈、恶意减少债务人财产或者有其他逃废债行为的监督权。

五是通过债务人权利让渡和义务扩张制度,防止债务人"逃废债"行为。债务人义务的扩张是与其最终享受债务免除的利益相关的,具体表现为:不仅债务人在执行程序负有容忍执行的义务,而且债务人的配偶和直系亲属也负有容忍债权人及人民法院质询和询问并如实陈述的义务。债务人的配偶应当同意接受人民法院对其财产情况的调查,包括视情对其一定年限的银行流水进行调查;必要时,人民法院可要求债务人直系亲属提交承诺书承诺配合或者同意配合财产调查。通过使债务人义务的扩张和让渡,使人民法院能够对其个人及家庭财产状况进行调查,最大限度地防范"逃废债"行为。为此,债务人需在申请启动个人债务集中清理时便取得配偶、直系亲属的同意。

六是通过失权与复权制度、公示与监督机制,促进社会公平和诚信体系建设。在被执行人履行完毕个人债务集中清理方案后一定期限内,对其进行一定范围的行为限制和资格限制,是对债务免除的一种对价,也是对被执行人的一种惩戒。温州个人债务集中清理制度中采用的行为限制令和资格限制令源于现有执行制度,但在某些方面进行了适当突破。例如,为便利债务人为了工作和生活目的所必需的出行需要,对债务人乘坐飞机经济舱、动车二等座及高铁二等座视情况予以允许。

七是通过管理人制度,解决管理人指定及报酬问题。管理人作为参与个人债务集中清理程序,接管、追收和分配破产财产的主体,在个人债务集中清理程序推进过程中扮演极为重要的角色。因此,为明确管理人的主体地位,温州个人债务集中清理制度中规定,由人民法院根据具体情况,直接指定入选人民法院管理人名册中的中介机构负责具体工作,并明确管理人报酬及公告费等必要费用在个人债务集中清理程序中未受清偿部分,参照《温州市市级企业破产援助资金管理和使用办法》的规定,从破产援助资金中支出。

八是探索建立公职管理人制度。为进一步减少指定管理人的成本,同时也响应最高人民法院关于探索建立公职管理人制度的号召,温州市中级人民法院联合温州市司法局等单位探索建立公职管理人制度,并推动出台了全国首个关于公职管理人制度的府院联席会议纪要。

在温州市公职管理人制度的构建中,主要有以下几个方面的内容:一是确定公职管理人"个人担任,机构管理"的模式,由司法行政机关公共法律服务部门为公职管理人的管理机构。从境外可类比的制度设计情况来看,我国香港特别行政区由破产管理署负责破产管理人工作,以个人破产为例,署长在法院作出破产令后担任暂行受托人,破产管理署的工作人员参与完成相关工作,后续可以视情由署长担任受托人,或者委任一名或多名受托人。结合浙江省高级人民法院出台的《关于深化执行与破产程序衔接推进破产清算案件简易审理若干问题的会议纪要(二)》中,对规模较小、债权债务关系又比较简单的企业破产案件,鼓励指定个人担任管理人的精神,个人债务集中清理的法律关系通常不太复杂、财产规模不大,有些甚至无法支付必要费用,因此由个人担任公职管理人,是繁简分流的体现,也符合经济原则。同时,还明确担任公职管理人的资格身份,首先,必须是公职人员;其次,还要考虑管理人的法律专业素养要求。二是规范公职管理人的指定与更换程序。其一,明确公职管理人的适用范围。目前没有对适用公职管理人的案件范围作出限定,而是由法院根据个人债务集中清理案件的具体情况来决定是否指定公职管理人。在由政府预清理时,也可以由公职管理人协助完成事务性工作。其二,允许公职管理人聘用必要工作人员。对聘用必要工作人员的程序,按照是否会给债务人增加费用的不同情形,设置了不同的决定程序。其三,规定公职管理人的更换程序。除参照企业破产案件中管理人更换的相关程序作出规定外,还增加了债务人可以申请的事由。在《关于个人债务集中清理的实施意见(试行)》中,规定了债务人可以和债权人协商一致推选债权人代表履行管理人职责。在实务中,管理人侵害债务人利益的情形也偶有发生。因此,有必要赋予债务人申请更换管理人的权利。三是公职管理人的职责。按照个人债务集中清理实施意见的内容,公职管理人制度对公职管理人职责作出了规定,同时指出公职管理人应当勤勉尽责,及时向人民法院报告工作,并接受债权人的监督。结合企业破产工作起步阶段的管理人履职过程中存在的较普遍的问题,公职管理人制度明确规定了公职管理人履职过程中相关单位的协助义务。此外,公职管理人原则上不收取报酬;对个人债务集中清理过程中产生的必要费用,其在个人债务集中清理程序中未受清偿的部分,从企业破产援助资金支出。

九是引入预清理制度,探索推行庭外重组与庭内重整的衔接。近些年,温州市积极开展企业破产预重整工作,实现法院司法权与政府行政权在危机企业帮扶救助中的相互配合,有效化解了企业担保链风险,缓解当地政府维稳压力,实现企业自我拯救。为借鉴企业破产预重整工作方面的成熟经验,温州在其试行的个人债务集中清理程序中引入预清理机制。明确个人债务集中清理程序中的个案问题,由属地政府处置办牵头协调。对于债权人数众多、金额较大、案情复杂的个人债务集中清理工作,属地政府可进行预清理,并指定入选人民法院管理人名册的中介机构负责具体工作。在预清理期间,人民法院立“引调”案号,对预清理阶段工作进行法律指导和监督。

3. 主要成效

2020年,温州全市法院共计受理个人债务集中清理案件80件,审结42件,涉案债务总额达2.9781亿元,共清偿1392.35万元。涉及执行案件450件,涉及执行标的总额达3.1107亿元。相关试点情况和案例宣传引起了全社会的热议关注。

一是通过“党委领导、人大监督、府院联动、法院主办、试点先行”的模式,充分发挥府院联动机制作用。温州在个人债务集中清理试点过程中,充分发挥府院联动机制的效能,与党政机关密切联动、形成合力,整个试点工作紧紧依靠党委的坚强领导、人大的支持推动和府院持续联动。这一机制可谓是温州破产审判工作的一个重要保障。

二是深化了与相关行政部门的协作和沟通。温州法院在个人债务集中清理过程中,与市司法局、市银保监分局等部门密切协作,保持良好的沟通和互动。温州法院在公职管理人领域与温州市司法局进行多次调研、讨论,形成《在个人债务集中清理工作中探索建立公职管理人制度的府院联席会议纪要》,拟定了一批公职管理人名单,并已积极在个人债务案件中实践。目前,个人债务清理的案件中指定公职管理人的案件已有10余件。在实践中发现的金融债权清理难题,与温州市银保监分局联合调研,通过召开座谈会、制作调研提纲、收集案例听取意见等多种形式,充分听取银行业金融债权人的意见。另外,温州各基层人民法院在个人债务实践中也根据案件需求积极探索与各相关职能部门的合作和创新,如平阳县人民法院参照刑事案件委托社区调查制度,探索在个人债务案件中开展社区调查。

三是注重财产调查,扩大债务人配合义务。个人不同于企业,不具备财务账册等可以直观反映企业财产动向的书面材料,在财产调查上相对更难。这就需要与债务人有财产密切往来的其他相关人员的配合,而该配合义务则需要通过立法去加以调整。温州个人债务集中清理的实践表明,债务人在多大程度上配合管理人的调查,向债权人披露自身财产状况,会直接影响债权人对是否同意清理方案的判断。因此,温州法院在制度设计上将债务人相关家庭成员的配合义务纳入考量范围,是债务人申请启动程序时就需考虑好的问题。

四是兼顾合法性和创新性。温州法院的个人债务集中清理实践一大重要特征便是基于现有的执行制度构建,以保证试点工作的合法性。在保证依法进行的同时,还要注重创新性,让试点工作取得更多有意义的成果。例如,瓯海区人民法院在案件中通过全体债权人表决同意变更表决机制的形式变通通过清理方案等。

(二)台州市个人债务集中清理相关工作情况

1. 实践情况

台州法院于2012年通过对"浙江银象生物工程有限公司破产清算案"的实践,便开始了对个人破产制度的探索。2016年以来,台州法院根据最高人民法院《关于落实"用两到三年时间基本解决执行难问题"的工作纲要》,在强化执行手段、建立财产查控体系、出台联合惩戒机制、加强执行力量配置等方面做出了卓有成效的工作。2016~2018年,执行案件年结案数分别是4.9万件、6.9万件、6.8万件,顺利通过第三方评估,基本解决执行难取得阶段性成果。但是,仍然有相当数量的案件,在通过财产查控并穷尽了执行手段后,仍然处于"执行不能"状态,其中,这些案件中约80%是涉个人执行案件,如果涉个人执行案件不建立有效的退出机制,不仅无助于化解债权债务纠纷,整个社会和司法机关也将因此背负沉重的负担。为此,台州法院开始探索建立制度化的"执行不能"退出长效机制,适当调整个人债务人与债权人之间的债权债务关系,保障债权人公平清偿、集中受偿,给予诚信债务人基本经济生活保障及重生机会,推动社会诚信体系建立,严厉打击虚假破产、欺诈、逃避执行等违法行为。

2016年台州市中级人民法院出台《"无财产可供执行"案件退出机制实施办法(试行)》,在全国首次创新建立执行义务宣誓退出机制,该机制通过甄别债务人诚信,对诚信债务人在义务宣誓保证后给予退出强制执行程序,同时借鉴"自由财产"制度,对被执行人八类生活基本需求财产不予查封冻结,已具有个人破产制度雏形。黄岩区人民法院共对37例被执行人案件予以执行宣誓退出并获得了申请执行人谅解。2018 年 5 月,台州市中级人民法院出台《在执行程序中引入管理人清算机制操作规程》,探索在执行程序中由管理人对被执行人财产及债务状况进行全面调查和清理,在执行中形成法院强制执行与管理人财产及债务状况调查相结合的工作机制。2019 年 4 月,台州市中级人民法院出台《执行程序转个人债务清理程序审理规程(暂行)》,通过建立强制执行程序与债务清理程序衔接机制,进一步优化营商环境,释放社会经济活力。2019 年 9 月,台州市中级人民法院与 3 家城商银行达成共识,探索金融消费者债务清理。2019 年 12 月,台州市中级人民法院与人民银行台州中心支行、台州银保监分局联合出台会议纪要,在金融领域开展金融消费者债务清理。

2. 台州市个人债务集中清理的主要制度内容

台州法院在总结过去 8 年来经验的基础上,于 2019 年 4 月出台《执行程序转个人债务清理程序审理规程(暂行)》,在全国首次建立具有个人破产制度功能的执行程序转个人债务清理程序审理机制,并确立了两种债务处理模式,即个人债务清理机制和个人债务整理机制。

一是明确个人债务清理程序适用条件。明确了财产不足以清偿全部债务或明显缺乏清偿能力的自然人、有字号的个体工商户、个人独资企业、合伙企业均可申请进行债务清理。

二是以解决执行难为切入点,创设执行转个人债务清理衔接程序。经过强制执行程序,仍无财产或财产不足清偿债务的个人债务人,经审查,其遵守强制执行相关要求,能够如实申报财产的,启动对该债务人进行债务清理或债务整理程序;对于未进入执行程序的债务,符合规定的也可申请债务清理。

三是执行系统提供查控便利,明确规范管理人债务清理职责。依法指定管理人,由管理人在执行程序查找财产的基础上,对债务人在一定时期内的财产和债权债务进行全面调查,并根据案件审理需要决定是否实施或解除执行强制措施,包括“限高”“失信名单”和罚款拘留等强制措施,管理人的调查报告将作为法院判断是否予以执行程序终结的依据。

四是拟定两种债务清理方式,最大限度地维护债权人利益。一是债务清理程序,即债务人无财产或财产不足以清偿债务,且未来没有预期收入的,法院依法指定管理人,对债务人财产和债权债务进行全面、公平地清理和偿还;二是债务整理程序,即目前债务人财产不足以清偿债务,但未来有预期收入的,由法院指定管理人,对债务人与债权人之间的债权债务予以调整并达成还债计划,债务人按照还债计划执行。

五是规定“自由财产”范围,保障债务人基本生存权利。为保障债务人基本生活,规定了“自由财产”范围,准予债务人保留。

六是建立债务人宣誓和行为保全制度,对债务人的不诚信行为加强民事制裁和刑事追究力度。裁定终结执行后,由法院作出行为保全令,规定债务人在债务清理结束后的4~6年,限制其实施相关行为,其间如债务人有收入所得,在扣除其基本生活费用后,剩余所得部分的60%应用于清偿债权人,40%归债务人。债务人在上述诚信考验期内遵守行为保全令和法律的相关规定,保全令期限届满后,债务人回归正常的生活、工作和社会活动。如有违反保全令,则恢复执行程序;同时加大对“逃废债”的打击。为了防止债务人借助债务清理程序逃避债务,规程规定对于债务形成有赌博挥霍消费原因、不如实申报财产、不能合理说明财产去向、不配合债务清理工作、未经报告擅自离开住所地、有转移隐匿财产行为、提供虚假信息行为的,法院不受理债务人债务清理的申请。对于已经进入债务清理程序的债务人有以上行为的,法院裁定终结债务清理程序,恢复对债务人的强制执行措施。同时,对债务人上述违规违法行为,加大民事制裁和刑事追究力度。债务清理结束后,法院编制债务人债务清理名册向社会公开债务人债务清理信息,条件成熟时与相关征信系统信息互联。

3. 主要成效

2020年,台州市两级人民法院共受理个人债务清理案件137件。共审结案件86件,类型上主要为以下3类:一是经管理人调查,认定债务人无失信、无转移财产、如实配合调查,提请法院终结个人债务清理程序,并建议法院终结执行程序的;二是经管理人审查,债务人无法联系或不配合调查,提请法院终结债务清理程序并建议恢复对债务人强制执行措施的;三是经管理人调查并进行和解努力,达成债务整理计划的。另外,由于台州法院受理的大部分为无财产可清理的案件,因探索期间没有相应的个人债务清理管理人报酬的规定,台州以管理人援助资金予以部分补贴。其余部分包括遗产债务清理案件,还有相当的财产可供清理,并能支付管理人报酬。涉案债务总额达8749.5878万元,共清偿683.93万元。涉及执行案件395件,涉及执行标的总额达9867.85万元。

从目前工作进展来看,台州法院出台的债务清理机制成效良好。对于诚信债务人而言,可以帮助其摆脱过度负债的困境,重新规划工作与生活;对债权人而言,通过债务清理程序全面调查债务人财产及债权债务状况可以防止债务人转移、隐匿财产,惩罚不诚信债务人;同时,防止债务人对个别债权人进行单方面偏颇清偿,损害大多数债权人的利益,从而实现债权人公平受偿;同时也能警示债权人注意经济活动中可能面临的风险和代价,防止纵容过度负债的情况发生;对社会来说,该制度能为大量的"执行不能"案件提供一个制度性退出路径,与强制执行制度配合形成一个"惩罚失信债务人、宽容诚实债务人"的债务处理新模式,从而有效化解久拖不决的债务纠纷对社会所造成的风险和隐患,维护稳定的社会关系,达到一举多赢的效果。

一是通过管理人财产调查有效弥补执行程序在查找被执行人财产方面存在的不足。台州法院在案件办理过程中,发现存在债务人夫妻通过离婚协议将在外地的财产转移到子女名下的情况以及债务人存在信用卡使用频繁情况等,均移送执行部门进一步查证处理。

二是通过个人债务清理程序有效甄别债务人的诚信度。台州法院在办理的案件中,对于有失信行为及不配合债务清理行为的,均终结清理程序,交回执行部门恢复强制执行措施,加大打击逃避债务清偿的力度。

三是通过个人债务清理程序,给予因债陷入生活困境的债务人重新生活的出路。台州民营经济比较发达,通过前期的案件筛选工作,发现仍然有部分人群处于因债贫困之中。这部分小额债务人无法清偿债务,原因并非单纯的逃避债务,而是其经营和生活失败,又无相应的劳动技能,只能依靠打零工维持基本生活。这部分债务人,债务发生并不频繁,前期申请贷款时,也经过银行相当细致的信贷调查。对于这部分债务人实施债务清理,从而让其恢复正常生活,符合国家脱贫扶贫政策。现实中,社会上还存在因病贫困、因灾贫困情况。通过个人债务清理,免除其剩余债务,有助于债务人回归正常生活。

四是有效解决债务人死亡后的遗产债务清理问题。在实务中,相当一部分债务人死亡后,其遗产不足以清偿债务,在此情况下,债务人的继承人往往放弃继承遗产,导致债权人在主张权利时存在"三无"状况,即无交涉对方、无诉讼对方、无法查明遗产范围和价值。根据法律规定,继承人放弃继承,遗产即成为无主财产,可以按照无主财产制度来处理,但当前无主财产的归属、管理和处理均有待制度的具体化。在债权人无法通过无主财产制度来处理遗产债务的情况下,其往往将放弃继承的继承人作为被告提起诉讼,有些法院以继承人在一定时期内有管理遗产的职责而判决其在遗产范围内承担责任,不仅与继承法相关规定不符,其判决及执行往往损害继承人的合法权益。台州法院探索遗产债务清理,从个案效果来讲,既有助于查明和处置遗产,保护债权人利益,又保障放弃继承的继承人的合法权益。

五是通过个人债务清理宣传个人破产制度,逐步营造“鼓励创新、宽容失败、惩罚失信”的社会氛围。目前,通过个人债务清理案件审理及媒体报道,在台州已引起社会一定程度的关注,部分债务人专门咨询债务清理机制,表明该项机制在台州已开始产生一定的影响。

(三)丽水遂昌个人债务集中清理相关工作情况

2019年9月以来,遂昌县人民法院积极落实上级法院的工作部署和文件精神,将个人破产制度探索与执行工作相结合,对个人破产进行充分调研论证,探索出了一套独具一格的个人破产制度——“个人债务重整”,该制度的设立与实践,为个人债务集中清理提供了新的样本和经验。

1. 实践情况

为贯彻落实最高人民法院《关于深化人民法院司法体制综合配套改革的意见》中关于“建立个人破产制度”的精神,遂昌县人民法院全力以赴展开研究论证,将个人破产制度探索与执行工作相结合,在全国其他兄弟法院探索建立的与“个人债务集中清理”功能相当的个人破产制度样式的基础上,经半年多的努力,探索出了与“个人破产重整”功能相当的个人破产制度样式(以下简称个人债务重整遂昌样式),为我国个人破产立法提供了新的样本和经验,并因打通了执行不能案件退出通道而为有效破解执行难提供了新路径。

从办结的个人债务重整案件的情况来看,完全由市场主导、引入第三方战略投资者的个人债务重整遂昌样式对于破解法院执行难、优化营商环境、促进资源优化配置、修复和增进市场诚信、维护市场经济健康运行等均显示出了明显实效。

2. 遂昌个人债务集中清理的主要制度内容

(1)性质及核心特征

个人债务重整遂昌样式系通过一系列制度设计和引入第三方战略投资者对债务人进行融资,来促使债权人在实现其利益最大化的基础上,自愿接受债务人提出的债务重整方案,从而通过市场的方式(而非法院裁定的方式)打开"互不相让"的债务僵局,既让债权人早日实现债权,又拯救了"诚实而不幸"的债务人,并且在第三方战略投资者的市场运作下,盘活闲置在债务人手中的"僵尸资产"。

个人债务重整遂昌样式的突出特征是引入第三方战略投资者的融资,来让有履行意愿但暂时缺乏履行能力的债务人恢复履行能力,促使债权人在实现其利益最大化的基础上接受债务重整方案而免除债务人部分债务。目前,遂昌县人民法院已与作为第三方战略投资者的稠州银行丽水遂昌支行、遂昌农商银行签订服务合作协议,推出"重整贷"项目,专门为个人债务重整提供融资服务。

(2)具体做法

以遂昌县人民法院"蔡某宝债务重整案"为例,个人债务重整遂昌样式的具体做法基本有以下8个步骤。

一是提出申请。5年前,蔡某宝因前妻经商失败欠下巨额债务,总标的额达到235.6万余元,共涉及6件执行案件。法院穷尽执行措施后,仅执行到位16.9万元,其他均因无财产可执行而程序终结。2019年11月,蔡某宝主动向法院提出书面申请,并重新申报个人财产。

二是资格审查。法院受理蔡某宝的债务重整申请后,对其涉诉涉执案件进行全面审核,确定其在诉讼、执行程序中没有规避执行行为后,将蔡某宝申请债务重整的相关情况通知各债权人。

三是启动个人债务重整程序。债权人接受蔡某宝的债务重整申请后,个人债务重整程序启动。蔡某宝与各债权人达成初步重整方案,即2名亲友债权人免除其全部债务,另4名债权人要求蔡某宝归还剩余本金的50%计40.8万元。

四是引入第三方融资。由第三方对蔡某宝的信用及未来预期收入进行评估,其中与法院签订"重整贷"合作协议的稠州银行向蔡某宝融资30万元,亲友向其融资10.8万元。

五是召开债权人会议。由债权人会议自行评估风险并自主决定是否接受蔡某宝提出的债务重整方案。

六是债务人签署诚信协议。在法院充分警示失信后果后,蔡某宝当众宣誓承诺:若违反诚信协议将终止重整程序并接受相应的民事违约责任和刑事责任制裁。

七是签订重整协议。经债权人会议一致同意后,蔡某宝与债权人、第三方正式签订重整协议。蔡某宝将融资所得一次性清偿4名债权人,其余债权无偿让予稠州银行。

八是信用修复和惩戒。若蔡某宝按约履行协议,经过协议约定的 5 年信用限制期,法院即可对信用进行修复;若发现蔡某宝存在虚假申报、规避执行或违反协议约定等行为,债权人和第三方均有权申请恢复原执行案件的执行,并由法院根据情节依法采取罚款、拘留等措施,直至追究刑事责任(见图 1)。

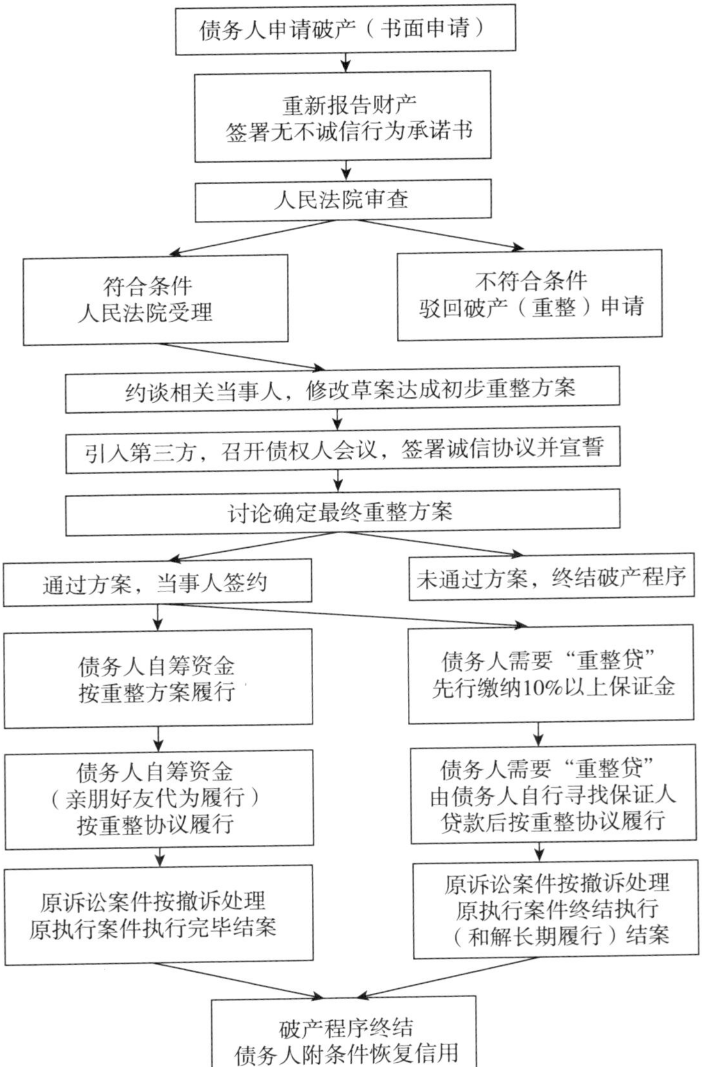

图 1　个人债务重整案件办理流程

3. 主要成效

为推行该制度,遂昌县人民法院成立了专门工作小组,并在遂昌县人民法院执行案件终本库中筛选案件进行首轮测试。截至2020年9月底,遂昌县人民法院共对27名债务人进行了个人债务重整,通过“执转破”“执转破附带审转破”的形式,共化解了65件执行案件和3件诉讼案件。其中,6名债务人通过“重整贷”向金融机构融资102万元用于清偿债务,2名债务人通过向房产中介融资54万元用于清偿债务,其他债务人通过向亲友融资152.6万元用于清偿债务。清偿标的额共448.8万元(其中94.4万元在执行程序中已清偿),共免除27名债务人债务本息539.3万元,平均清偿率45.41%,其中本金清偿率87.1%,64名债权人得以实现债权(见表4)。

表4 遂昌县人民法院个人债务重整案件融资和清偿情况

融资情况	金融机构融资102万元	亲友融资152.6万元	向房产中介融资54万元
清偿情况	清偿标的额448.8万元	平均清偿率45.41%	本金清偿率87.1%

从遂昌县人民法院的实践情况看,完全由市场主导、引入第三方战略投资者的个人债务重整制度对于破解人民法院执行难、推动个人债务集中清理制度构建、优化营商环境、促进资源优化配置、修复和增进市场诚信、维护市场经济健康运行等均显示出了明显实效。

一是有效化解大批执行不能案件,畅通执行不能案件依法退出通道,为切实解决执行难提供新路径。以遂昌县人民法院为例,依照现有的情况来看,预计每年可有效化解300～400件不涉及金融债权的终本案件,“终本案件同期化解率”①可达到30%～40%,从而实现终本案件增幅明显下降的良好效果。如果地方金融机构能够获得不良贷款处置权,则涉金融债权的执行不能案件有望通过个人债务重整遂昌样式得到基本化解,按遂昌县人民法院情况,执行不能案件总量最终可以下降30%～40%。并且,个人债务重整遂昌样式在拯救因连带担保责任而陷入债务困境的公司股东的同时,还进一步畅通了企业“执转破”的市场退出通道,从而实现了企业破产制度与个人破产制度的有效衔接,破解了因股东承担连带责任而导致企业名义上可以破产而实质上难以真正破产的难题,弥补

① 终本案件同期转化率,是指报告期内通过个人债务重整等方式执行完毕的终本案件数占报告期新增终本案件数的比例。

了我国企业破产法的制度缺陷。

二是拯救“不幸”,优化营商环境,助推社会经济发展。个人债务重整遂昌样式能够帮助提供一种市场容错机制,通过宽容失败、拯救“不幸”和“医治”创业创伤来保护社会大众创新创业积极性,故对于优化营商环境、吸引和留住创业创新者具有显著作用。对那些在此次新冠肺炎疫情中陷入债务困境的“诚实而不幸”的人,个人债务重整遂昌样式亦能够及时施以援手,帮其尽快摆脱困境“回归市场、复工复产”,为最终打赢疫情总体战提供有力的司法服务和保障。

三是盘活“僵尸资产”,优化资源配置,提高资源使用效率。个人债务重整遂昌样式引入的第三方战略投资者并不仅限于银行,凡是对闲置在债务僵局(法院终本库)中的债务人资产资源有需求的企业、投资机构、房产中介以及亲朋好友等都可以成为第三方战略投资者。对于第三方战略投资者来说,困在债务僵局(法院终本库)中的债务人并非一无所有,这些闲置在债务人手中的有市场需求的“僵尸资产”包括未来可持续获得的收入、订单、难以上市交易或变现,但仍有投资价值的生产设备、不动产、知识产权、特种行业经营许可证以及债务人的特殊专业技能、各种劳动能力等,以及通过市场融资处置比通过执行拍卖更有利于实现债权人利益的查封财产。第三方战略投资者为债务人提供融资的真正目的,其实就是为了投资债务人手中的“僵尸资产”并通过最大限度地盘活这些资产的潜力来获取足够的收益和回报,进而在客观上促进了资源优化配置,提高了资源使用效率。

四是打开债务僵局,释放市场风险,维护市场经济的健康运行。个人债务重整遂昌样式通过引入第三方战略投资者,用市场化的方式打开了“互不相让”的债务僵局和“连环担保”的债务困局,使债权债务双方以及相关联的利益共同体都能尽快从债务的僵局和链条中解脱出来,重新回归各自正常的生产、生活,从而既实现了整体共赢,又释放了市场风险,维护了市场经济的健康运行。并且,重整的对象必须是有履行意愿但暂时丧失履行和融资能力的仍有市场诚信度的债务人,故为避免将来因难以重整而陷入“债务僵局”,债权人就必须谨慎选择那些将来至少可以重整的对象进行放贷,故个人债务重整遂昌样式还能够倒逼债权人加强债务风险管理,从而规范民间借贷市场,引导民间借贷资本流向有市场诚信度、真正干事创业的市场主体。

五是拯救不幸,严惩“老赖”,修复和增进市场诚信。在个人债务重整遂昌样式的制度框架下,债务人如果愿意诚信地选择债务重整,就有望获得债权人宽容而修复信用走出“债务泥潭”,否则,就会被视为“真正的老赖”而受到信用联合惩戒机制以及刑事责任的严厉惩戒。个人债务重整遂昌样式让债务人知道,只有诚实而尽最大努力去偿债才能获得宽容和拯救,不诚实、不努力偿债则不仅得不到宽容和拯救,而且还会受到严惩,即“良币能获宽容、劣币必受严惩”。个人债务重整遂昌样式通过持续不断地“拯救不幸、严惩老赖”而不断挤压“老赖”的生存空间,进而促使越来越多的债务人告别“老赖”而选择债务重整,从而产生“良币驱逐劣币”的制度效果,增进了市场诚信。

六是推动我国个人破产立法进程。首先,个人债务重整遂昌样式为我国个人破产立法破除“欠债还钱、天经地义”的观念障碍外,让债权人知道,最大限度宽容债务人失败就是最大限度保护债权人自身利益。其次,个人债务重整遂昌样式通过一系列“激励重整、严惩逃债”的制度设计,由市场(债权人和融资方)自主筛选出有履行意愿、渴望获得拯救但暂时缺乏履行能力的债务人,而排除那些试图逃废债务的老赖,从而为“个人破产法”避免沦为“逃债法”提供了破解思路。最后,个人债务重整遂昌样式还在全国其他兄弟法院提供的与“个人破产清算”功能相当的个人破产制度样本(个人债务集中清理)之外,为我国个人破产立法又提供了一个“个人破产重整”的样本和经验,进一步推动了立法进程。

(四)浙江省高级人民法院个人债务集中清理工作的总体部署

浙江省高级人民法院高度重视个人债务集中清理工作,将个人债务集中清理作为社会治理体系和治理能力提升和营商环境优化的重要内容。

2019 年 8 月 30 日,浙江省高级人民法院会同浙江省委改革办、省发展改革委等 10 余家部门联合制定《浙江省优化营商环境办理破产便利化行动方案》,其中明确将积极探索个人破产的试点工作列为主要工作任务之一。2019 年年底,浙江省高级人民法院专门负责金融、破产案件审理、调研的民五庭(金融审判庭)实体化运作,并将个人债务集中清理工作作为一项重要工作内容。2020 年 3 月,浙江省高级人民法院确定“关于深化破产审判及个人债务集中清理体制机制改革”为全省法院重点调研课题,温州、台州、丽水等地法院成立专题调研小组。2020 年 5 月,下发关于深入开展个人债务集中清理及相关课题调研的通知,明确课题参与法院的子课题调研主题及分工任务安排,要求各子课题单位充分关注个人破产制度的理论和各地实践动态,并注意将这些理论研究成果吸纳到课题调研及工作实践中。与此同时,浙江省高级人民法院积极对接、参与最高人民法院牵头的自然人破产的立法工作,总结实践经验,提出立法建议。2020 年 9 月,收集各地子课题调研报告及温州、台州、丽水遂昌三地实践报告及各地典型案例,并汇总整理形成本课题报告。

另外,2020 年 8 月底,完成"个人债务清理工作指引"的资料收集等准备工作,并于 9 月 13 日依托浙江省破产管理人协会召开"个人债务清理"研讨沙龙,研讨浙江省个人债务清理工作指引(讨论稿),征求多方意见。2020 年 10 月,形成浙江法院个人债务集中清理(类个人破产)工作指引(试行)(讨论稿),并征求浙江省高级人民法院相关部门及全省各中级人民法院破产条线意见,后根据各方意见,形成《浙江法院个人债务集中清理(类个人破产)工作指引(试行)》并于 2020 年 11 月 30 日浙江省高级人民法院审判委员会第 2820 次会议通过。2020 年 12 月 2 日,通过"浙江天平"微信公众号预热发布《浙江法院个人债务集中清理(类个人破产)工作指引(试行)》《深度解读|〈浙江法院个人债务集中清理(类个人破产)工作指引〉,应该这样理解!》等文章,其中《浙江法院个人债务集中清理(类个人破产)工作指引》原文阅读量在不到一天时间破 10 万 +,达 135,281 次。2020 年 12 月 3 日,浙江省高级人民法院召开新闻发布会正式发布《浙江法院个人债务集中清理(类个人破产)工作指引》、工作报告及典型案例,获《浙江日报》《人民法院报》等多家媒体深入报道,社会总体反映良好。

三、浙江法院个人债务集中清理工作中重点、难点问题

浙江法院结合已受理、审结的个人债务集中清理案件,发现当前仍存在诸多重点难点问题。

(一)试点创新层级权限不足

温州、台州个人债务集中清理制度是在党政的大力支持下逐渐展开的,但是对于该试点工作的政策支持力度仍有限,不能完全满足审判需求。最高人民法院明确已启动相关工作,支持争取全国人大授权批准开展个人破产制度试点。但目前个人债务集中清理工作与依法授权试点或授权地方立法还有不小差距。

个人债务重整遂昌样式在浙江省高级人民法院、丽水市中级人民法院的指导以及遂昌县委的领导和支持下已取得较好成效,但随着全面“量产”工作的铺开,个人债务重整遂昌样式在逐步释放出制度红利的同时,必然也会遇到各种问题,有些问题仅靠一个基层人民法院的力量往往是难以解决的。

(二)表决机制存在局限性

在现有法律框架内,“债权人会议的多数决制度”和“法院依职权裁定通过清算方案”这两项破产法核心制度无法确立适用,只能代之以“意识自治原则”,这必然会影响个人债务集中清理的效率和效果。从目前实践的反馈看,主要有以下两种问题较突出:

一是金融债权人的表决困境。自然人因担保等原因而承担与生产经营活动相关的负债,已经成为比较突出的问题,影响和制约了民营经济高质量发展和民营企业家的健康成长,也是个人债务集中清理工作首先希望突破的方向。但是,因涉及债务减免,一般需由全体债权人表决通过个人债务集中清理方案,而金融债权人因审批机制等原因,通常会投反对票或弃权票,因此如何争取金融债权人的支持是目前碰到的最大难点问题。在遂昌县人民法院审理的案件中发现,民营企业在向金融机构贷款时,金融机构不仅要求企业提供抵押等物权担保,而且要求企业的老板、股东、亲属等相关自然人提供连带责任担保。在这种情况下,当企业陷入破产危机时,即使通过破产重整程序进行挽救,也是救得了企业救不了老板,同时还会牵连提供担保的其他自然人。在具体案件办理中,相关法院曾多次与地方金融机构债权人沟通,希望能通过让破产债务人承担相应份额的债务来豁免其剩余的保证责任,效果却并不理想。可见,由于地方金融机构无不良资产处置权,无法通过与债务人协商的方式直接豁免债务人的部分债务,这导致但凡涉一件金融债权的终本案件都无法通过个人债务重整制度予以化解。

二是债权结构复杂时的表决困境。在债权人较少以及债权额较小的债权债务关系较简单的案件中,个人债务清理方案相对容易通过。但在债权人数多、债权种类复杂的案件中,由于全体决规则的限制,个人债务清理方案很难获得通过。在夫妻联合清理的案件中,债务关系往往更复杂。

(三)监督机制和“逃废债”打击有待进一步加强

在当前监督体制和法律规范下,对于债务人“逃废债”的行为仍不能完全杜绝,导致债权人对个人债务集中清理案件中债务人的诚信情况不能完全信任,甚至多有抵触。尤其在债务清理方案通过后,对债务人后续的监督机制能否到位、监督措施是否有效,债务人对此无法做到完全放心。另外,在个人债务重整层面,由于地方金融机构的制度限制,现阶段的个人债务重整只能由无金融债务的债务人向法院申请。然而,此类债务人大多是信用较差而导致的无法通过正常渠道向银行融资的低收入人群,其中还有部分人是因为严重透支消费、赌博等恶习而向社会人士借贷最终导致被法院执行,其主观上缺少努力归还债务的能动性和积极性,企图通过个人债务重整程序去逃废债务。这些都在很大程度上影响了个人债务集中清理工作的效果。

同时,目前对于个人债务集中清理程序中出现或发现的"逃废债"行为,法律规制主要是"拒不执行判决、裁定罪",但是该罪名的法定刑较低,对债务人的威慑作用有限。

(四)社会接受度有待进一步提高

就个人债务集中清理工作的实践而言,目前社会接受程度以及普及程度仍有待进一步提高。

一方面,债权人与债务人对此的配合意愿不高。从债权人群体角度看,防止无序抢夺、避免重复追债、公平参与分配,将使收益增加而成本减少。但对于个案的债权人来说,个人债务清理机制并不能带来直接利益,债权人不舍放弃利益也是本性使然。在目前没有法定余债免除制度下,终结执行程序不能有效替代余债免除制度,无法有效建立符合个人破产制度的博弈机制,导致债权人不愿意配合债务清理。同时,债权人尤其是银行业金融机构债权人,对个人债务集中清理乃至个人破产制度仍较抵触,其中不乏对破产制度的误解和排斥。从债务人角度看,部分债务人不了解个人债务清理机制的好处;同时,债务人或多或少存在失信问题,甚至存在逃避债务清偿的行为,这与当前法律制度没有给客观上无法清偿债务的债务人提供制度出路也有一定关系。以台州的统计数据为例,恢复执行程序的案件高达56件,占已审结案件数77%,其中大部分是债务人不配合管理人清算工作,导致无法正常进行债务清理。

另一方面,熟人社会中的人情关系对个人债务清理也有一定影响。在实践中发现,许多债务人的亲朋好友容忍债务人负债状况持续,尽管债务也许无法清偿,但均未通过诉讼向债务人主张。而一旦启动个人债务清理,债权人和债务人将面临债务是否免除问题,这将影响债务人与债权人之间的人情关系,导致债务人不愿意提供全部债务清册,部分债权人不愿意参加债务清理。

(五)强制执行在一定程度上过于刚性,影响个人债务清理

个人破产制度与强制执行制度具有千丝万缕的联系,尤其是在我国尚未建立个人破产制度的情况下,执行程序在某种程度上承担了破产替代制度的功能。在我国,执行程序承担破产制度的功能是两个相互联系因素作用的结果。一方面,由于破产制度进入门槛高、当事人使用制度成本高,因此导致对破产制度的需求低。另一方面,国家对执行制度大力投入,使执行程序进入门槛低、效率相对较高,并且许多协调和组织及制度运行的成本由法院承担而不是由当事人承担。这些特点大大降低了当事人使用执行程序的成本,刺激了当事人通过执行程序解决事实上是破产问题的动机。① 国际上对个人破产法律制度的考察也表明,也许最直接的解决个人破产问题的制度本质上是一种延伸,尤其是在执行债权和财产权的程序体系中,是执行制度的最后阶段。②

在实务中,会出现强制执行措施不当实施情况。例如,不区分执行不能的原因,一概将没有履行债务的被执行人列入失信名单。同时,执行程序无法解决财产去向和债务清理问题,只能以强制措施来促使债务人履行义务。更值得关注的是,过度的强制执行至少会对债权人在心理上造成过分依赖强制执行程序的“幻觉”,影响债权人对债权回收风险的正确认识。

(六)相关实务问题需要进一步明确

一是夫妻一方债务清理问题。夫妻一方申请债务清理,对家庭共有财产与个人财产的区分,夫妻双方是否都负有区分财产的责任;未申请债务清理的另一方配偶是否负有配合清算义务,均无法律明确规定。另外,夫妻共同破产抑或是夫妻共同财产破产,与婚姻法有关共同财产、共同债务的规定有密切关联,需要

---

① 参见唐应茂:《为什么执行程序处理破产问题?》,载《北京大学学报(哲学社会科学版)》2008年第6期。

② 参见自然人破产处理工作小组起草:《世界银行自然人破产问题处理报告》,殷慧芬、张达译,中国政法大学出版社2016年版,第10页。

进一步厘清。

二是农民、农村承包经营户的个人债务清理问题。由于我国的土地所有权二元制及客观上存在城乡差别,在自由财产保留方面,涉及宅基地及地上房屋、承包经营中的生产投入等是否保留、如何保留、保留额度,以及农作物收成处置等问题,均需要作出特别规定。

三是个人债务清理的管理账户设立问题。目前,银行的规定只允许设立企业破产管理人账户,尚无法开立个人债务清理管理人账户,且也无法刻制印章,给管理人履职带来一定的障碍。

理论上的重点问题在于,自然人破产与拟制主体破产的区分问题。在自然人作为债务人的破产案件中,与其中固有的“人的因素”密切相关,这一问题需要从自然人破产的独特视角和他们特定的需求、动机以及其他特点出发,进行深入研究。而且,这里的“人的因素”,必须置于中国的背景来研究中国人在个人破产制度构建中的财产豁免、免责、行为保全等具体问题。

四、浙江法院个人债务集中清理机制的实然路径

在设计和实施自然人破产法律制度的过程中,并非所有情况都能适用同一模式。不同国家、地区,甚至个人,对债务处理、市场风险、免责的宗教、道德、文化及经济意义等方面的看法存在很大差异。目前,浙江法院具有个人破产制度功能的个人债务集中清理机制的试点工作已经发挥了一些作用。一方面,债权人在个人债务集中清理机制中能够获得公平清偿,而非执行程序中的“先到先得”;另一方面,个人债务集中清理机制为债权人提供集中受偿的程序,①即“优化集体破产制度的最简方式是消除在众多个别执行诉讼和债务人财产减价出售过程中固有的浪费。如果没有集体破产制度,每个债权人则须调查债务人的财

---

① 程序设计的制度激励功能非常重要。以美国破产法为例,其第13章是关于个人消费债务人的再生的主要一章。对于亟须破产救济的个人,最终的选择一般是第7章“清算”与第13章“债务整理”,而非第11章“重整”与第13章“债务整理”。在美国国会看来,第13章程序对债务人与其债权人双方都是有利的。对于债权人,第13章的吸引力主要在于其债权将获得更高的清偿预期。对于债务人来说,可以留存其非豁免财产,且由于对债权人的清偿比例更高,债务人在破产程序终结后将拥有更好的信用评级。参见[美]查尔斯·J.泰步:《美国破产法新论》(第3版)(下册),韩长印、何欢、王之洲译,中国政法大学出版社2017年版,第1322页。

产并自己负担调查费用”。① 通过集中受偿,集中进行财产调查、处置,增加破产财产价值,降低追债成本,全面了结所有债务。下一步,需要有更完善的制度设计以形成带有更多浙江特色的个人债务集中清理机制。

(一)通过执行程序与清理程序的衔接进行财产处置

根据《民事诉讼法》第241条、第242条、第244条的规定,债务人需要主动申报财产,法院有权查询被执行人的存款、债券、股票、基金份额等财产情况并有权查封、扣押、冻结、拍卖、变卖被执行人应当履行义务部分的财产。而在财产处置方面,通常利用公共平台进行网络拍卖。2019年浙江全省法院网拍破产标的7323个,成交240亿元,平均溢价率为62.6%。据此,当前我国的执行财产查控处置已经能够实现清理过程中的基本功能。另外,对于难以变价的财产,若债务人原有执行案件的,也可以通过执行法院进行财产变价处置,在债务清理程序中分配。下一步,稳妥有序在全省推进个人债务集中清理工作,在人民法院内部尤其是要加强执行部门与破产审判部门在人员、财产申报、查控、处置等方面的衔接配合。

(二)充分关注财产申报、调查、核实等强制执行制度中的个人破产因素

由于当前许多破产债务人很可能会通过转移、藏匿财产等形式来逃避债务,因此,个人债务清理制度中的财产申报、调查、核实过程显得尤为重要。在实践操作中,强化人民法院依职权调查、管理人多途径现场调查等方式,通过债务人工作单位、居住地村(居)委会等社会力量进行必要查证,同时要求债务人自愿接受债权人质询等,对债务人的诚信情况、财产情况等进行全方位的核实。

以执行程序中的财产申报制度为例,这原本属于典型的破产制度。财产申报制度作为一项强制执行制度存在自身的逻辑问题:其一,按照强制执行的制度设计,应当根本无须报告,直接强制执行即可;其二,作为一项强制执行制度,债务人财产申报义务如何确定,报告多少?执行标的1000元、1万元甚或几十万元、几千万元,被执行人的报告义务是否相同?还是只需要报告与执行金额相匹

① 自然人破产处理工作小组起草:《世界银行自然人破产问题处理报告》,殷慧芬、张达译,中国政法大学出版社2016年版,第26页。

配的财产数额,即执行金额为10万元,被执行人只需要申报10万元的财产?类似财产申报制度,强制执行制度中至少还有“生活必需品”制度①、参与分配制度②、终结本次执行制度等,系具有个人破产制度因素的执行制度,同时也是中国个人破产制度建立和实施的本土资源,应当予以充分关注。这一内容在《浙江法院个人债务集中清理(类个人破产)工作指引(试行)》中有充分体现。

(三)加大信用惩戒力度

《民事诉讼法》第255条规定,被执行人不履行法律文书确定的义务的,人民法院可以对其采取或者通知有关单位协助采取限制出境,在征信系统记录、通过媒体公布不履行义务信息以及法律规定的其他措施。另外,最高人民法院《关于限制被执行人高消费及有关消费的若干规定》《关于公布失信被执行人名单信息的若干规定》,以及由国家发展改革委牵头,最高人民法院、中国人民银行、中共中央组织部等44家单位联合签署的《关于对失信被执行人实施联合惩戒的合作备忘录》均加强了信用惩戒,虽然此处使用的措辞均为“失信被执行人”,但是由于此类文件出台背景为执行语境下。因此,此处应当可以理解为无法履行债务且未主动申报财产情况等的债务人。根据实际惩戒履行情况来看,截至2019年年底,实际落实的基本为限制乘坐飞机与限制乘坐高铁,其他类型的落实仍然较少甚至没有。因此,在个人债务集中清理制度中,针对相关消费行为,可以从适用对象、启动程序、监管方式、惩戒内容等方面进一步对债务人进行消费等方面的行为限制。

(四)探索合理的附条件债务免除制度和信用限制制度

对于诚信的、主动诚实申报的债务人,应当探索相对合理的债务免除制度,

---

① 《民事诉讼法》第244条第1款规定,被执行人未按执行通知履行法律文书确定的义务,人民法院有权查封、扣押、冻结、拍卖、变卖被执行人应当履行义务部分的财产。但应当保留被执行人及其所扶养家属的生活必需品。这项制度有点类似个人破产制度中的“豁免财产”制度。

② 参与分配的被执行人须为公民或其他组织,从各国立法例上观之,对参与分配的被执行人并无此种限制,因为破产与参与分配毕竟是两种不同的制度。我国作如此规定,是因为参与分配和破产为适用条件之一都是资不抵债。确定被执行人只有公民或其他组织才具有参与分配义务主体资格,还因为在目前我国尚无调整公民或其他组织资不抵债时清偿数个债务问题的法律规定,在实务中无法处理。参见杨立新:《民事执行程序中的参与分配制度》,载《法律科学(西北政法大学学报)》1994年第1期。

也可以将债权人附条件的债务免除承诺作为启动个人债务集中清理工作的条件之一,通过执行案件的终结来实质性地达到破产制度中债务免责的法律效果。对于信用限制,以美国的实践为例,破产记录会跟随个人长达7年之久,在此期限内,当信用机构查询到相应记录时,都会因此“前科”拒绝或限制与债务人的交易,时限到期后,再根据相应情况进行信用修复。

无论如何,浙江法院的实践只是刚刚开始的探索。① 在探索过程中,我们希望能够为中国个人破产制度的建立、运行提供一些实践素材和经验的积累。下一步,针对工作实践中出现的问题,全省法院将强化“三地一窗口”的使命担当,充分发挥审判职能,为化解个人债务危机、优化营商环境、加强社会诚信体系建设提供更加强有力的司法保障。一是稳妥有序在全省推进个人债务集中清理工作,在人民法院内部加强执行部门与破产审判部门在人员、财产申报、查控、处置等方面的衔接配合。二是推动配套制度的完善,通过府院联动机制平台,探索发挥政府相关部门在个人债务集中清理中的公共服务职能作用,如公职管理人、专项资金、财产信息查询、信用联合惩戒等。三是积极推动个人破产的地方立法。

附件:

2020年浙江法院个人债务集中清理典型案例

一、“蔡某个人债务集中清理案”

【关键词】破产企业股东连带责任;具备个人破产实质功能和相当程序

【受理法院】平阳县人民法院

【债务人户籍地】瑞安市××街道××路××幢××号

【管理人】温州诚达会计师事务所

---

① 历史因素是个人破产制度,同时也是几乎所有制度建立和有效运行的重要因素。以英国的个人破产制度为例,其是在近500年的历史演进中逐步确立起来的。因此,个人破产制度中的每一个具体的制度规则,都有历史的渊源,其虽然经常会根据经济发展变化作出调整,但背后的原理和逻辑是要受到历史发展过程约束的。不仅如此,历史积淀下来的个人破产制度非常注重细节规则的设计。以破产限制措施为例,经年累月的立法积累,让破产限制令和破产限制承诺约束下的债务人在各个重要的方面都会受到任职资格的限制,这些不是破产法的逐项规定,而是体现在各个行业领域的立法之中。参见徐阳光:《英国个人破产与债务清理制度》,法律出版社2020年版,第12~13页。

【基本案情】

债务人蔡某原系温州某机械公司持股30%及负责销售的股东,该公司因经营不善,不能清偿到期债务,于2016年5月3日被平阳县人民法院裁定破产清算。清算过程中,担任执行董事、法定代表人的控股股东躲避送达,没有向管理人提供完整的账本账册,导致该破产企业最终未能完成清算义务。经生效裁判文书认定,蔡某与控股股东均应对该破产企业原债务214万元承担连带清偿责任。经查,蔡某和其配偶胡某每月各自的收入约4000元,蔡某在其现就职的另一家企业瑞安市某机械有限公司持有1%的股权(实际出资额5800元),还有一辆已报废的摩托车及零星存款。蔡某被列为被执行人之后,因其长期患有高血压和肾脏疾病,且其孩子正就读于某大学,整个家庭入不敷出、花销巨大,确无能力清偿上述巨额债务。平阳县人民法院于2019年8月12日裁定受理"蔡某个人债务集中清理案",该案债权申报确认共有4名债权人有表决权,均是涉及上述破产企业的债权人进入清理程序,其主要债权构成为货款、租金损失赔偿、违约金、借款等。

【清理情况】

2019年9月24日,平阳县人民法院主持召开第一次债权人会议。蔡某宣读了《无不诚信行为承诺书》,同时提出在18个月内一次性按1.5%的清偿比例即以3.2万余元清偿214万元的方案。各债权人详细查阅了债务人病历和财产明细清单,在充分了解债务人身体和经济状况后,即针对债务人债务和财产数量、去向及是否有隐瞒财产的问题提出质询,由管理人和债务人一一答复。会议上,债权人提出债务人"是否有财产"及"赚钱了"能否偿还欠款及若有"逃废债如何处置"的问题,一时无法解决。经法院主持,最终调整和完善了债务集中清理方案。第一,"破产财产"如何核查?除执行部门前期常规调查外,该案债务人配偶署名同意接受财产调查,法院另出具协助调查函给管理人,对其家庭保险、股票、基金、支付宝均予以查询。如发现蔡某在支付宝"借呗"中以借还借,确实经济困难。在债权人会议中则充分赋予债权人知情权、质询权、表决权、监督权4项权利,全方位核查债务人个人及家庭财产状况。第二,"赚钱了"怎么分?该案创新运用激励创业的理念,得到了各方理解支持,即在清偿3.2万元之日起6年内,若其家庭年收入超过12万元,超过部分的50%将用于清偿全体债权人未受清偿的债务。自清偿3.2万元之日起满3年后,恢复债务人蔡某个人信用。第三,"逃废债”如何处置？该案设计了附条件债务豁免的清理方案,即发现债务人未申报的重大财产,或有不诚信的“逃废债”行为,则放弃债权的承诺失效。在6年信用考察期中,债务人必须接受持续的行为限制和监督,于每年的12月30日前向法院或管理人申报家庭年收入和债务偿还情况,并接受债权人与社会各界的监督与核查。同时,法院即向债务人蔡某发出“行为限制令”,主要内容是限制高消费行为等。以上措施消除了债权人的顾虑,最终清理方案得到全体通过。

【典型意义】

该案在办理过程中,参照企业破产制度,引入破产管理人,由管理人对债务人个人及家庭财产状况进行核查,发布债权申报公告,向债权人会议报告财产核查情况。表决机制上参考《企业破产法》第97条,清理方案中融入了自由财产(为债务人保留必要的生活费和医疗费)、债务豁免、失权复权、免责考察期等个人破产制度理念。初步实现了与个人破产制度相当的功能和价值取向,被评为“2019年度温州市优化营商环境十大典型案例”,是较全面地体现温州法院个人债务集中清理试点方案多项特色功能的典型案例。经省委政法委微信公众号“平安鼎”、省高级人民法院微信公众号“浙江天平”转发,微博相关话题浏览量达8000多万次。被各大媒体称为“全国‘个人破产’第一案”,经新华社、《人民日报》、央视网、《法制日报》等媒体纷纷报道后,该案例被新华社《国内动态清样》刊用,央视《经济半小时》专题栏目进行了播出。

二、“李某成个人债务集中清理案”

【关键词】双重多数决规则;金融债权

【受理法院】温州市瓯海区人民法院

【债务人户籍地】温州市瓯海区××街道××村××巷××号

【管理人】浙江泽商律师事务所

【基本案情】

债务人李某成在温州市瓯海区连续经营多家企业,并以个人名义借款用于公司经营,后因经营不善欠下巨额债务,自2012年起,共有21位债权人(其中2家为金融机构)陆续向瓯海区人民法院提起诉讼,涉及债权金额达20,565,060元。上述判决生效后,各债权人依法向人民法院申请强制执行,法院执行过程中发现李某成名下有房屋一处,经组织对房产进行拍卖,3次均流拍,也无债权人同意进行抵债,后上述执行案件均因无法执行而终结程序。2018 年,李某成名下的房屋被当地政府征收。2019 年,当地政府确认债务人李某成可得安置补偿款 9,462,228 元。为此,多名债权人于 2019 年陆续向人民法院申请对李某成恢复强制执行。同时,债务人李某成向人民法院申请进行个人债务集中清理。2019 年 8 月 7 日,瓯海区人民法院受理“李某成个人债务集中清理案”,并参照企业破产法的规定,从管理人名册中摇号指定管理人。

【清理情况】

瓯海区人民法院受理该案后,经财产调查,查明债务人名下所有财产:(1)房屋一处,该房屋已经被温州市瓯海区人民政府×街道办事处征收,债务人李某成可得安置补偿款 9,462,228 元;(2)街道×村委会发放的退二进三指标款 157,161 元;(3)初始登记于 2001 年的小轿车一辆;(4)银行存款 41,023 元。通过前往广州实地了解,债务人李某成与其妻子现在广州市一家商铺从事销售工作,主要收入为工资加提成为主,月收入约为六七千元。家有 67 岁的母亲需要赡养,有 11 岁未成年子女需要抚养。

在清理中,瓯海区人民法院注重宣传个人债务集中清理的目的及债务人诚信的基本要求,促使债务人主动向管理人反映其持有的公司股权及应收款项。

2019 年 9 月 30 日,瓯海区人民法院主持召开第一次债权人会议,经查明的 21 户债权人全部到会。其中有 2 户金融机构债权人,债权金额 2,295,408 元,均系普通债权,占全部债权金额的 11.16%。会上通报了债务人的财产、债权债务、家庭、工作等情况;全体债权人 100% 表决通过了表决规则:由参与债权人会议的半数以上人数通过,且该债权额需占无财产担保债权额 2/3 以上,表决即为通过。后债权人会议依据表决规则对李某成的个人债务集中清理方案进行表决,其中金融机构等几位债权人要求延后表决,最终同意清理方案的债权人人数占 90.48%,其所代表的无财产担保债权总额占 88.84%,通过了该清理方案。方案中,李某成除将 9,660,412 元款项用于清偿以外,另承诺再向全体债权人增加清偿率 2%,即 411,301.2 元,故清偿率由 46.455% 增加至 48.455%。债权人同意李某成按约清偿后,自愿放弃对其剩余债务主张权利,同时李某成亦承诺个人债务集中清理方案全部履行完毕之日起 5 年内,发现债务人存在未申报的重大财产,或者存在欺诈、恶意减少债务人财产或者有其他“逃废债”行为的,或者严重违反行为限制令的,债权人可以请求恢复按照原债务额进行清偿。2019 年 12 月

18日,瓯海区人民法院依法向债务人李某成发出行为限制令,同时裁定认可李某成的个人债务集中清理方案,终结对李某成在本次清理所涉案件中的执行。

李某成个人债务集中清理案件的办结,集中清理了李某成的全部债务,在个人债务集中清理方案履行完毕满3年,且不存在法院限制令中的行为的条件下,可以申请法院恢复信用,免除了李某成的后顾之忧,给予其重新进入市场经营的机会。

【典型意义】

该案是基于当前金融机构债权人内部层级审批制度和核销政策限制,所做的表决规则创新,实现对金融债权豁免难题的突破,具有较强的路径探索和实践复制价值。因金融机构债权人内部层级审批制度和核销政策限制,虽明知通过个人债务集中清理程序相较执行程序可以获得更高的清偿率,金融机构债权人也不敢随意表决豁免债务人部分债权。

该案清理过程中,瓯海区人民法院探索适用依债权人约定确定表决规则,引导金融债权人以同意采取双重多数决表决规则的方式,变通性表决通过清理方案,促成债权人、债务人及社会效益共赢。瓯海区人民法院为此设定了个人债务集中清理的表决规则,即由参与个人债务集中清理债权人会议的半数以上人数通过,且该债权额占无财产担保债权总额2/3以上,表决通过即为通过,但该表决规则需全体债权人100%表决通过。金融机构债权人同意该表决规则,上述规则经全体债权人100%通过。金融机构债权人后续表决弃权,但个人债务集中清理方案按规则仍可以通过。使各债权人均获得了46.455%的清偿,同时债务人承诺在原清偿基础上再向全体债权人增加清偿率2%,金融机构的债权按比例清偿完毕后,可通过相应程序进行核销。同时,该案个人债务的成功清理,有效化解21件执行案件,涉及债权金额2000余万元,实现了原本"执行不能"案件的有序退出,为被执行人为自然人的"执行不能"退出机制提供了有效路径。

三、"金某义个人债务集中清理案"

【关键词】第三人代偿

【受理法院】永嘉县人民法院

【债务人户籍地】永嘉县××镇××村

【基本案情】

债务人金某义因经营不善致资不抵债,经生效裁判文书认定的债务共计4

笔,本金合计1,857,000元,4起案件均立案执行。在执行过程中,永嘉县人民法院通过全国法院网络执行查控系统依法向全国各金融机构、不动产登记服务中心、车辆管理部门、市场监督管理部门等相关部门查询被执行人的财产情况,并向被执行人住所地调查了解被执行人的财产线索及去向。发现金某义名下的财产如下:坐落于永嘉县上塘×村联建×单元×室的房屋,因权证瑕疵,经发函给永嘉县自然资源规划局征询处置意见,该局复函建议暂不予处置;另有位于×村的老屋一间;被执行人无其他可供执行财产及固定收入,难以清偿债务本息。

【清理情况】

在个人债务清理中,金某义提出由其亲戚(第三人)一次性代为清偿部分本金,债权人放弃部分本金及全部利息的方案。经协商,最终由金某义偿还债权人之一的谷某业35万元(本金清偿率58.34%),余款全部放弃;其余3位债权人清偿本金20%,余款全部放弃。债权人一方经表决通过上述清理方案,同时明确自清理方案全部履行完毕之日起5年内,若发现债务人未申报的重大财产,或者存在欺诈、恶意减少债务人财产或者其他"逃废债"行为的,债权人可以请求恢复按照原债务额进行清偿。现第三人代偿内容已履行完毕。

【典型意义】

因个人债务清理申请人还款能力不足,由其亲属作为第三人代偿部分款项,是该案债务人和债权人能达成清理方案的关键,也是个人债务清理能够顺利开展的有效推动力。个人债务清理方案可以约定由第三人直接向债权人支付款项或者以第三人财产履行。该案清理过程中,永嘉县人民法院积极引导当事人,通过第三人代偿的方式,既能为债权人挽回部分损失,也能促成债务人重启生活。

四、"钱某柱、杨某秋个人债务集中清理案"

【关键词】夫妻债务联合清理;清偿率调节难度大;清理失败

【受理法院】乐清市人民法院

【债务人户籍地】乐清市××街道××村

【管理人】浙江震瓯律师事务所

【基本案情】

钱某柱、杨某秋原系夫妻关系,在两人债务纠纷陆续进入诉讼及执行程序后于2016年10月离婚。两人均系2017年已宣告破产的温州××电器有限公司的股东,其作为被执行人被申请立案强制执行的夫妻共同债务案件共11件,因企业经营亏损,无力履行11个案件的金钱给付义务,其资产不足以清偿全部债务,仅曾于2018年12月将提取的杨某秋工资55,349.33元按照各债权本金比例进行了分配、受偿。

钱某柱、杨某秋分别向乐清市人民法院提出个人债务集中清理申请,乐清市人民法院先后于2019年9月9日、11月23日裁定受理并指定管理人。因系共同债务,(2019)浙0382执清3号、4号两案合并清理。

【清理情况】

两案债权申报公告分别于2019年11月24日、26日刊登在《温州商报》《法制日报》,债权申报期限截至2019年12月25日,并公告于2019年12月26日在乐清市人民法院召开第一次债权人会议。截至到期日,管理人收到经乐清市人民法院司法确认的11位债权人的申报材料;债权孳息暂算至2019年12月26日,审核确认申报的债权额合计2,311,805.2元,其中债权本金合计1,949,234.75元。经管理人调查,申请人钱某柱名下有坐落于乐清市××街道××村的旧房,且为集体土地使用权单证;钱某柱名下有长安牌轻型普通货车一辆、帕萨特牌小型轿车一辆,均在2017年左右被交警部门扣押;钱某柱无存款,现无固定工资无固定经济收入;杨某秋为××中学教师,法院保留其每月1500元基本生活保障费用,其余工资收入均由法院扣留、提取;目前尚未发现两人有其他财产。

2019年12月26日上午,乐清市人民法院召开两案第一次债权人会议,全体债权人到场,当场对温州××电器有限公司厂房被政府部门拆除的赔偿款项、设备去向、应收款去向等向两申请人发问,两申请人予以答复。之后,管理人宣读基于申请人实际履行能力及方案的可行性而制定的个人债务集中清理方案,主要内容为:此为一次性清理方案;11笔债权孳息暂算至2019年12月26日的债权总额为2,311,805.2元,拟定清偿率为10%;两申请人配合处置乐清市××街道××村的单证不动产,变现款与法院已经扣划尚未分配的杨某秋工资用于清偿全体债权人,各债权人按债权比例受偿;若不动产在本清理方案通过之日起6个月内未处置成功的,两申请人承诺自行筹集不少于10%清偿率的资金用于清偿债权人;若不动产变现款及扣划的工资款不足清偿10%债权的,两申请人承诺自行筹集资金补足10%的清偿率。在债权人会议上,全体债权人均不同意10%

的清偿率,各债权人提出的清偿率在分期付款的情况下最高达75%。后经过商议,债权人提出方案:在长期分期付款的前提下清偿率为50%,半年内清偿10%的债务(期间主要处置不动产),之后8年内每年清偿5%债权。对此方案,两申请人答复尚需考虑。

债权人会议后,经过管理人多次沟通,两申请人明确不同意总清偿率50%的分期付款方案,同时表示愿意继续配合法院处置不动产。至此,因双方就清理方案无法达成一致,该案债务清理失败,清理程序终结。

【典型意义】

该案清理过程中反映出当前个人债务集中清理试点工作中存在的难点问题:

(1)不同类型债权的清偿率难以协调一致。各项债权因其发生的基础法律关系不同,款项性质不同,如该案各债权涉民间借贷关系产生的借款、劳动关系产生的劳动报酬、买卖合同关系产生的货款等,各债权人对清偿比例的心理预期、接受能力均不同,为最终达成清偿方案增加了难度。

(2)全体表决难以取得一致。在实践中,多个债权人对债务人的谅解程度及其对债务的豁免尺度不尽相同,只要个别债权人不同意清偿方案或清偿比例就意味着全盘否定,至于是否能够实现不同债权人不同清偿率进而实现集中清理债务,因人而异、因案而异。该案债权人会议现场,要求高清偿率的债权人直接游说同意低清偿率的债权人改变意向。

(3)债权人对债务人信任度较低。在该案中,债权人对两申请人关于厂房拆除赔偿款、设备、应收款去向的说法表示不认同,因此提出较高的清偿率要求;而此前两申请人对于债务清偿不积极、不端正的态度亦是导致丧失债权人信任和同情的重要原因。在债权人不信任、不理解的情况下,如果能够赋予管理人一定的职权调查债务人及其近亲属的财产情况,包括银行账户明细等,可进一步防止债务人隐瞒、转移财产,亦能让债权人认同债务人的实际财产情况,对债务人清偿能力有清醒的认识。

(4)未经司法确认债权存在清偿难点。个人债务集中清理机制对未经司法确认债权的清偿尚无程序上的设计,缺乏法律制度支撑。债务人容易误认为"个人破产"后再起诉的或未诉的债务都无须清偿,该案中两申请人在明确了解到未纳入清理程序的其他债权仍然要偿还后,明显降低了集中清理本次债务的意愿。

综上,该案虽清理失败,但从中反映出一些普遍性问题,需要进一步研究、分析论证并寻找对策,积累实践经验推进个人债务集中清理工作。

五、"蔡某宝个人债务重整案"

【关键词】市场化;引入第三方战略投资;恢复履行能力;切实解决执行难

【受理法院】遂昌县人民法院

【债务人户籍地】遂昌县××街道××路××弄××号

【基本案情】

蔡某宝系遂昌县政府公务员。因妻子经商失败欠下巨额债务,离婚后妻子一走了之,杳无音信,于是债权人纷纷找上蔡某宝。前妻借钱经商是经过蔡某宝同意的,蔡某宝觉得,无论如何也得将这些债务还掉,于是四处借款还债。蔡某宝虽然通过变卖家产还清了部分欠款,但还是剩下129.91万元借款本金没有还清。债权人看蔡某宝再也没有能力还款,于是纷纷诉至遂昌县人民法院。2015年3月至2016年5月,法院作出5份判决和1份调解。由于蔡某宝没有能力履行生效裁判文书确定的义务,债权人全部向法院申请执行。2015年4月至2016年7月,法院受理蔡某宝执行案件6件。在执行程序中,法院查明,蔡某宝除工资外没有其他可供执行的财产。在保留必要的生活费后,对其收入予以扣留用于清偿债务,全部执行案件以终结本次执行程序方式结案。

【清理情况】

2019年11月25日,蔡某宝向遂昌县人民法院申请进行个人债务重整,申报了财产、债务、婚姻等情况,并签署诚信重整承诺书。经审查,法院未发现蔡某宝有隐匿财产等规避执行行为,决定受理蔡某宝个人债务重整申请。截至当日,蔡某宝在遂昌县人民法院共有6起未履行完毕的执行案件,债务总额为2,356,039.24元(其中本金1,299,100元,利息1,056,939.24元),蔡某宝在申请个人债务重整之前,已被法院扣留工资收入168,629元用于清偿债务,尚有2,187,410.24元债务未归还。

当日,法院将蔡某宝申请个人债务重整的相关情况及债权人在个人债务重整程序中的权利义务告知债权人。经债权人对债务人的充分调查、了解,双方当事人达成初步重整方案,其中2名债权人自愿放弃所有债权[唐某财(债务人同事)放弃425,421.97元本息,蔡某某(债务人侄女)放弃188,479.73元本息],其余4名债权人同意蔡某宝支付剩余本金81万余元的50%即40.5万元。

由于蔡某宝在进入诉讼程序前已自行处置财产用于清偿债务,且被法院执行多年,除工资外无其他任何财产可供执行。2019年12月10日,遂昌县人民法院将蔡某宝的情况通报相关金融机构。稠州银行经过对蔡某宝及其担保人的审核,同意通过“重整贷”融资30万元给蔡某宝。2019年12月11日,蔡某宝向亲友融资10万余元,并缴纳到法院执行账户,作为其履行债务的“首付款”。

2019年12月12日,遂昌县人民法院召开债权人会议,债权人和蔡某宝、稠州银行代表、蔡某宝的3名保证人均参加会议。会上,蔡某宝签订诚信协议,并当场进行宣誓,承诺没有隐匿财产、规避执行并诚信履约,否则依法承担罚款、拘留、刑事等法律责任。最终,债权人、债务人、稠州银行、保证人四方达成《债务重整协议》,同意蔡某宝自行筹集107,557.04元,银行融资30万元,共计407,557.04元用于清偿债务;4名债权人将债权无偿让予给稠州银行。2019年12月27日,蔡某宝及其保证人根据《债务重整协议》约定,与银行签订“重整贷”借款合同,约定借款金额为30万元,年利率9.0045%,借款期限自2019年12月27日至2024年12月19日,借款用途为用于偿还其被执行债务。2019年12月31日,遂昌县人民法院解除对蔡某宝工资收入的扣留。

2020年1月2日,30万元贷款按约支付至遂昌县人民法院账户。2020年1月3日,遂昌县人民法院按照《债务重整协议》中约定的清偿方案,将407,557.04元款项支付给4名债权人。2020年1月15日,遂昌县人民法院将蔡某宝作为被执行人的终本案件报执行完毕2件、终结执行4件结案,6个终本案件全部化解。遂昌县人民法院还向蔡某宝送达了行为限制令,限制其在信用恢复前的部分行为。至此,蔡某宝个人债务重整案办结。

蔡某宝按约归还贷款,并经过协议约定的信用限制期(该案件为5年)后,如未发现其有虚假申报、规避执行等违法行为,法院将对蔡某宝的信用修复至其相当于履行完毕状态,并解除行为限制。

【典型意义】

“蔡某宝个人债务重整案”是坚持市场化、法治化理念,充分发挥第三方作用,让有履行意愿但暂时缺乏履行能力的被执行人恢复履行能力,有效化解终本案件的典型案例。

(1)坚持市场理念,突破个人债务重整的“瓶颈”。蔡某宝能否通过债务重整而被"拯救",交由相关主体即债权人、担保人和融资方等自主判断,人民法院通过个人债务重整为各方提供协商谈判的平台。在该案中,有2名债权人是蔡某宝的亲友,出于私人感情,同意免除债务。另4名债权人,也是蔡某宝的熟人,对蔡某宝的情况非常了解,知道其确实没有履行能力,更没有规避执行行为。4年多来的强制执行,蔡某宝只履行了本金的12.98%,即16万多元,每年清偿率不到3%。现在蔡某宝一次性清偿40万余元,占该4名债权人本金的43.91%。债权人通过个人债务重整,拿到了"现钱",实现了债权人利益最大化。

(2)通过引入第三方,让有履行意愿但暂时缺乏履行能力的被执行人恢复履行能力。在该案中,蔡某宝原来负债近130万元,而且都是年利率24%的高利息借款。还了4年半,蔡某宝的债务从130万元上升到235万元。根据蔡某宝的收入,一辈子也还不清债务。经过债务重整,蔡某宝的债务下降到40万余元,而且其中10万元是向亲友融资的,不用支付利息也不着急还,其真正需要尽快偿还的是年利率9%的银行融资款。遂昌县人民法院的个人债务重整,不仅让债务人恢复履行能力,还增强了其履行债务的主动性、积极性。

(3)畅通执行不能退出通道,有效解决执行难题。通过蔡某宝个人债务重整,共化解6件终本案件,其中2件以执行完毕结案,另4件以终结方式结案,待其重整协议履行完毕后,再以执行完毕方式结案。该案将个人债务集中清理的工作探索与破解执行难目标相结合,畅通了执行不能退出通道,有效解决执行难题。

六、"杨某清、潘某珠个人债务重整案"

【关键词】夫妻共同债务;房产中介;盘活资产;"执转破"附带"审转破"

【受理法院】遂昌县人民法院

【债务人户籍地】遂昌县××乡××村××号

【基本案情】

杨某清与潘某珠2人系夫妻关系,因经营大排档不善欠下多笔债务,2人名下仅有的一处房产处于抵押状态,并被法院查封。杨某清与潘某珠2人在遂昌县人民法院共有7件未履行完毕的执行案件及1件诉讼案件,涉案普通债权标的共计337,982.48元,其中本金270,000元,利息67,982.48元,在执行程序只清偿了6177.7元。

【清理情况】

2020年1月19日,杨某清与潘某珠向遂昌县人民法院申请个人债务重整,并申报财产、债务、婚姻等情况,签署无规避执行诚信参加债务重整的承诺书。同时,提出重整方案(草案),主要内容:将唯一住房自行处置后,首先用于清偿优先债权及处置费用(中介佣金),然后给全体普通债权人分配,不足部分请债权人免除。经法院审查,未发现其有隐匿财产等规避执行行为,决定受理杨某清、潘某珠个人债务重整申请。

债权人同意杨某清与潘某珠提出的重整方案(草案)。如果对2人的房产进行司法拍卖,不仅周期长,所得价款还可能无法清偿所有债务。于是,法院组织召开债权人会议。经协商,债权人同意债务人自行委托中介公司出售房屋,但出售价需得到债权人代表的同意,并要求法院在收到款项后,再解除查封。抵押银行代表列席债权人会议,同意债务人提出的方案,表示在收到还款后立即解除抵押权。债务人遂与房屋中介公司联系出售事宜,双方约定,由房屋中介公司向2债务人融资,清偿重整协议约定的债务后,房产中介公司获得债务人的房产处置权。通过房产中介公司的融资,杨某清与潘某珠的债务得以清偿。该案共执行到247,437.7元,清偿率为73.21%,豁免了当事人90,544.78元的债务,本金清偿率91.64%。

2020年3月4日,遂昌县人民法院将杨某清与潘某珠作为被执行人的7件终本案件报执行完毕结案,1件诉讼案件以撤诉方式结案。遂昌县人民法院按协议约定,对杨某清与潘某珠的信用修复至其相当于履行完毕状态,并解除行为限制。

【典型意义】

"杨某清、潘某珠个人债务重整案"是夫妻共同债务一并处理,通过第三方的市场化运作盘活查封资产,切实解决执行难的典型案例。

(1)坚持夫妻共同债务一并进行个人债务重整原则。杨某清与潘某珠所负的债务均是在夫妻共同经营中产生的债务,依法属于夫妻共同债务。在个人债务重整中,强调的是"个人"即自然人,但是当债务属于夫妻共同债务时,应当将夫妻双方作为一个整体来对待,将"自然人"扩大解释为"夫妻"双方。如果是家庭成员共同参加经营的个体工商户等主体进入个人债务重整程序时,因债务属于家庭共同债务,故还可以将"自然人"的概念扩大解释为全体"家庭成员"。这样对“夫妻”双方、“家庭成员”一并进行债务重整,有利于纠纷的整体化解,达到“案结事了人和”的目的。

(2)通过第三方的市场化运作盘活查封资产,切实解决执行难。在该案中,杨某清与潘某珠的唯一可执行财产系其房屋,而该房屋已经被法院查封,还有抵押权。如果通过正常司法程序处置,进入评估、拍卖程序,不但周期长,而且成交价不确定。对债务人来说,不仅成交价不能自己掌握,还增加了交易费用和处置期间新增的利息。对债权人来说,由于拍卖的不确定性,其对债权清偿率和清偿时间也没法掌握。因此,引入第三方通过市场化运作盘活查封资产,对双方当事人都实现了利益最大化。债务人的有市场需求的财产资源包括未来可持续获得的收入、难以变现或上市交易但仍有投资价值的生产设备、不动产、知识产权、特种行业经营许可资质以及债务人的特殊专业技能等。

(3)实现“执转破”附带“审转破”。在该案中,杨某清与潘某珠2人通过个人债务的一揽子重整,实现7件执行终本案件的“执转破”和1件诉讼案件的“审转破”,真正实现了个人债务集中清理的制度目的。

七、“黄某华个人债务集中清理案”

【关键词】偏颇性清偿;未如实申报;恢复强制执行

【受理法院】台州市中级人民法院

【债务人户籍地】台州市黄岩区××街道××村××号

【管理人】浙江利群律师事务所

【基本案情】

黄某华,男,1957年出生,原从事羊毛衫制作、销售行业,因经营不善、大额货款无法收回等原因导致经营状况恶化,加之债务人身体健康状况不佳,逐渐丧失劳动、工作能力,最终陷入债务困境,无法清偿债务。

【清理情况】

2019年3月29日,债权人以债务人黄某华不能清偿到期债务和明显缺乏清偿能力为由,以执行程序转破产程序方式,申请对债务人进行个人债务集中清理。2019年4月1日,台州市中级人民法院裁定受理申请,在媒体上发布受理和债权申报公告,并指定管理人。管理人经指定后,对黄某华的财产及债权债务进行了调查。经对债权审核,共有3户债权人向管理人申报了4笔债权,确认债权总金额为419,331元,债权性质均为普通债权。管理人向债务人了解其财产和债务情况,债务人表示除申报的债权人外,其还有众多同村的债权人,但这些债权人出于各种考虑,始终未提起诉讼,也不申报债权。管理人在债务人的配合下调查了其微信、支付宝的款项进出情况。法院通过“点对点”查控系统结合管理人实地走访等手段调查债务人的财产情况,并未发现债务人存在明确的财产。但是,根据债权人反映,债务人隐瞒了村中分红的情况。管理人根据债权人提供的线索,调查发现债务人所在的村集体存在不定期发放村民分红的情况,但对于该分红的金额及去向问题,债务人未如实向管理人作出解释和说明。同时,根据债务人自身的陈述,其对于未起诉的债权人还存在偏颇清偿的情况。管理人根据调查结果,认为债务人未向人民法院及管理人如实申报全部的财产及收入情况,无法认定其诚信处置和清偿债务,且债务人还存在偏颇清偿等不当行为。据此,管理人于2019年5月5日提请台州市中级人民法院终结个人债务清理程序,并建议不终结执行程序。台州市中级人民法院于2019年5月6日作出裁定,终结黄某华债务清理程序,并交由执行部门恢复执行措施。

【典型意义】

该案经对债务人进行债务清理,发现债务人存在未如实申报全部财产收入及存在偏颇清偿等不当行为,导致无法取得债权人谅解,不宜认定其为诚信债务人,最终人民法院终结债务清理程序后,交由执行部门对其恢复执行。对于个人债务清理程序来说,该案是一个很好的反面例证,给那些心存侥幸的债务人敲响警钟,也向社会传递出非常明确的信号:只要债务人确实属于“诚实而不幸”的债务人,在通过个人债务清理程序后,债务人就可以免于强制执行;但是如果债务人心存侥幸,故意隐瞒或者未如实报告财产和债务情况,甚至对部分债权人进行偏颇清偿,损害其他债权人利益的,那么个人债务清理就是很好的“照妖镜”,让隐匿财产、偏颇清偿等行为“显形”,严厉打击躲避债务清偿的行为。

八、“柯某文个人债务集中清理案”

【关键词】经营失败;诚信债务人;终结执行程序;首例债务免除

【受理法院】台州市中级人民法院

【债务人户籍地】台州市黄岩区××街道××路××号

【管理人】浙江鼎联律师事务所

【基本案情】

柯某文自16岁开始一直从事木制工艺品代加工,为生产经营所需向3家银行借款,后因生意亏损无力偿还,沉重的债务也使柯某文的生活陷入困境,2011年柯某文与妻子许某协议离婚。后债权人将其起诉至法院,2013年柯某文被法院纳入失信人员名单并被实施限制高消费等强制执行措施,银行账户被冻结,出行不能乘坐飞机、高铁,无法再从事木制工艺品代加工业务,只能靠打零工维持生计。柯某文目前居住的房屋为立地3层楼房一间。上述房屋的宅基地登记在柯某文名下,建筑占地面积45平方米,权属性质为集体建设用地使用权,为家庭共有,因涉及农村集体土地,目前无法处置。柯某文所欠债务未予清偿。

【清理情况】

2019年3月29日,债权人台州银行股份有限公司(以下简称台州银行)以柯某文不能清偿到期债务和明显缺乏清偿能力为由,以执行程序转破产程序方式,申请对柯某文进行个人债务集中清理。2019年4月1日,台州市中级人民法院裁定受理台州银行对柯某文的个人债务集中清理申请,同日指定管理人,并在媒体上发布债务清理和债权申报公告。管理人接受指定后,对柯某文的家庭背景、工作情况、银行账户、不动产等进行调查,并多次走访当地村委会、村民。管理人了解到,柯某文的负债确系因生意亏损造成,没有赌博等不良嗜好,目前无固定工作,靠打零工和女儿的资助维持基本生活。在管理人调查期间,柯某文积极配合管理人团队对其展开的财产调查工作,如实陈述债务发生和亏损原因,以及家庭情况和财产状况。经管理人财产调查,柯某文名下仅有农村房屋的一半产权及生活用品,无其他财产。债权人有3家,合计申报债权金额为480,410.43元。管理人经调查认为柯某文系诚信债务人,不存在失信行为。该案债权债务清楚,3家债权人对管理人提交的财产调查报告和财产处置方案及保留自由财产未提出异议。管理人于2019年4月29日提请台州市中级人民法院终结个人债务清理程序,并建议终结对柯某文的执行程序。台州市中级人民法院于2019年4月29日裁定终结柯某文个人债务清理程序,并向柯某文签发行为保全令,保全令保留当前无法处置的农村住房在将来可处置时应清偿债务的要求。执行部门据此组织柯某文进行义务保证宣誓。管理人、债权人均出席并见证债务人的宣誓仪式。柯某文宣誓:承诺自己将严格遵守保全令所规定的行为限制,保证诚实做人,诚信做事。随后,管理人向债权人发送监督告知书,向柯某文住所地村民委员会寄送协助监督柯某文行为保全令的函,告知各方在行为保全令期间有权监督,同时对柯某文执行案件予以终结。

【典型意义】

该案在债务清理后终结执行程序,以终结执行程序替代发挥个人破产免责制度的功能。

(1)"诚实而不幸"的债务人因经营亏损陷入债务危机,背负沉重债务,看不到生活的希望。通过引入具有个人破产要素的"个人债务清理"概念,参照破产法律制度,指定管理人对部分执行程序中的债务人财产进行全面清查。在完成执行退出义务宣誓和遵守行为保全令的前提下,终结对债务人的执行程序,并接受管理人和债权人的共同监督。

(2)人民法院强制执行案件的办理也面临"案多人少"的困境,导致执行人员未能及时、全面查清被执行人财产状况。个人债务清理程序中,管理人可以协助人民法院更加及时、全面地调查被执行人财产线索。

(3)保留债务人基本生活财产,保障债务人生存权利和尊严。通过个人债务清理,给诚信债务人重新生活的机会,在全社会营造"鼓励创业,宽容失败"的氛围,为净化信用环境,推动诚信社会创造条件。

2019年浙江法院破产审判工作报告及十大典型案例

党的十九大提出,要贯彻新发展理念,建设现代化经济体系,推动经济高质量发展。2019年12月,中央经济工作会议强调,要加快形成市场化、法治化、国际化的一流营商环境。同月,浙江省委召开经济工作会议强调,要进一步优化营商环境,为企业解忧、助力、赋能。法治是最好的营商环境。2019年,围绕浙江省委、省政府工作部署,在最高人民法院有力指导下,浙江省高级人民法院坚持市场化、法治化导向,以推动常态化为工作落脚点,深化完善破产审判工作体制机制,继续充分发挥破产审判在完善市场主体救治和退出机制、实现优胜劣汰、促进资源优化配置等方面的重要作用,为经济高质量发展提供有力高水平司法服务和保障。

一、2019年浙江法院破产审判工作基本情况

1. 受理、审结破产案件数量和案件类型分析

2019年,全省法院共受理破产申请审查案件2777件,法院经审查后正式立案受理破产案件2373件,占比85.5%。其中破产清算2318件(97.7%)、破产重整54件(2.3%)、破产和解1件;共审结破产案件1704件,其

中破产清算 1654 件(97.1%)、破产重整 48 件(2.8%)、破产和解 2 件(0.1%)(见图 1)。

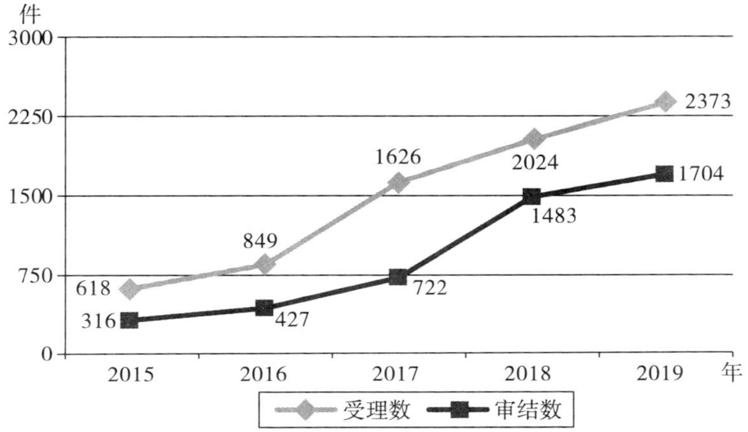

图 1 2015～2019 年浙江法院破产案件收结案情况

从近 5 年全省法院受理和审结的破产案件情况(见图 1)可见四大特征:

其一,基本数量逐年上升,受理案件数量 2017 年突破 1000 件,2018 年突破 2000 件。收案数量的逐年攀升体现了破产市场化的推进成果,也体现了“执转破”数量增多及工作成效;

其二,收结案数总体快速增长,2016 年受理和审结的数量比 2015 年分别上升 37.4% 和 35.1%,2017 年受理和审结的数量比 2016 年分别上升 91.5% 和 69.1%,2018 年受理和审结的数量比 2017 年分别上升 24.5% 和 105.4%,而 2019 年受理和审结的数量比 2018 年分别上升 17.2% 和 14.9%;

其三,受理和审结的破产案件中清算案件占绝对多数,2017 年占比 97.6%、2018 年占比 96.8%、2019 年占比 97.4%;

其四,2015～2017 年受理和审结破产案件的数量的缺口逐年增大,从图 1 看呈“喇叭”状,2018 年起缺口有所收缩,2015～2017 年法院的存案工作压力大增,案多人少矛盾突出,2017 年以来,随着审结案件数量提升,收、结案缺口有所缩小,但考虑到在审案件体量总体较大、历年存案累积规模较大、破产审判力量有限等因素,破产案件存案工作量压力持续加大。

2. 受理、审结破产案件的区域分布情况分析

从横向区域分布情况(见表 1、表 2,图 2、图 3)来看,受益于破产审判专业化

工作的有力推进,温州受理案件占到全省总量的26%,审结案件占到29%,宁波、杭州、金华稳居其后。值得注意的是,受理、审结破产案件的数量区域不平衡的情况依然存在,受理案件量最多的有605件,最少的只有20件;审结案件量最多的有490件,最少的只有18件,这与地区经济特点、发展程度、破产审判工作的部署和推进等有一定关系。

表1 2019年全省法院受理破产案件区域分布情况

单位:件

地区	杭州	宁波	温州	嘉兴	湖州	绍兴	金华	衢州	台州	丽水	舟山	合计
案件受理数	312	339	605	87	57	141	253	144	366	49	20	2373

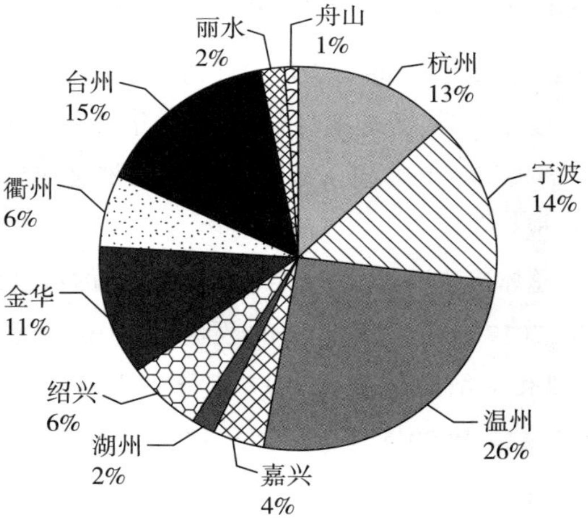

图2 2019年全省法院受理破产案件区域分布情况

表2 2019年全省法院审结破产案件区域分布情况

单位:件

地区	杭州	宁波	温州	嘉兴	湖州	绍兴	金华	衢州	台州	丽水	舟山	合计
案件审结数	184	194	490	69	66	144	215	97	172	55	18	1704

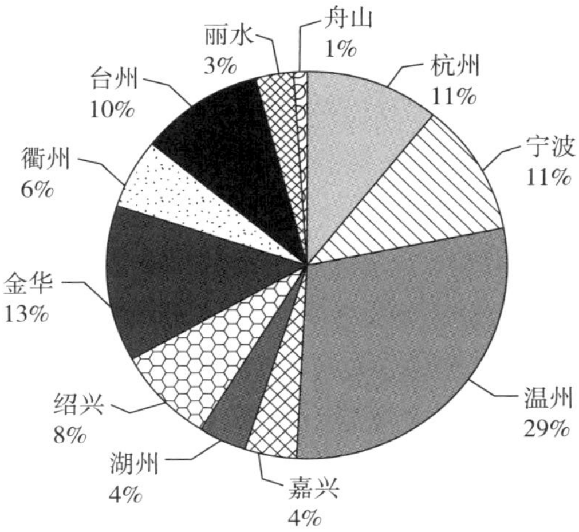

图 3　2019 年全省法院审结破产案件区域分布情况

近 5 年全省法院各地区受理、审结破产案件的具体情况（见图 4、图 5）：

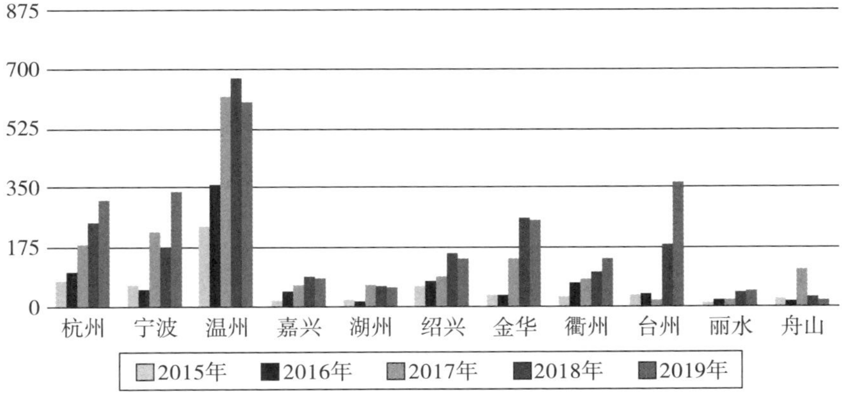

图 4　近 5 年全省法院各地区受理破产案件情况

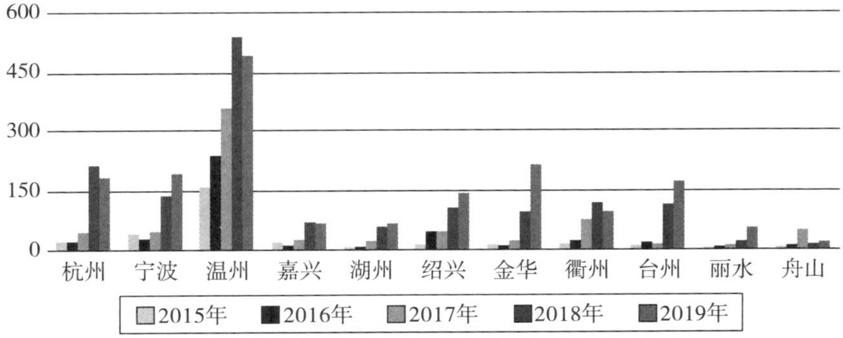

图 5　近 5 年全省法院各地区审结破产案件情况

从全省法院各地区纵向时间轴上受理和审结破产案件的数据(见图4、图5)对比来看,受理案件量2019年比2018年有明显涨幅的是宁波、台州,分别增长91.5%、100%;审结案件量2019年比2018年有明显涨幅的是金华、丽水,分别增长126%、150%。从图4、图5的情况可以看出,虽然温州受理、审结案件数量还是最多的,但2019年杭州、宁波、温州、金华、台州等地案件数量上的差距大幅缩小,地区之间的不平衡显著改善,浙江全省破产审判工作逐步全面铺开。

3. 破产案件审理质效稳步提升,创新探索实践稳步推进

在破产案件受理总量不断攀升的同时,全省法院破产案件审理的质效得以稳步提升,2019年审理了一批具有一定影响力的破产案件。最高人民法院推出2019年度人民法院十大商事案件,绍兴市上虞区人民法院审理的"浙江金盾系破产重整案"位列其中。84亿元债务获得公平、有序清偿,区域性金融风险得到有效化解。为了更好推动债务人自主参与重整重组程序,2018年年底,温州市中级人民法院推动市政府出台《企业金融风险处置工作府院联席会议纪要》(温政办函〔2018〕41号),专门针对预重整的相关联席机制等作了明确。为山农股份有限公司、河田集团等预重整案件的探索提供了技术支撑。

为探索个人破产立法提供实践经验,2019年温州、台州两地的个人债务集中清理工作有力推进:2019年4月台州市中级人民法院出台《执行程序转个人债务清理程序审理规程(暂行)》,2019年7月温州市人民政府办公厅印发个人债务集中清理试点府院联席会议纪要;2019年8月温州市中级人民法院出台《关于个人债务集中清理的实施意见(试行)》。

到2019年年底,温州全市法院立"执清"字号案件25件,审结11件;台州两级法院共受理个人债务清理案件117件,审结23件。积累了个人债务清理的初步经验。

4. 破产审判助力资源市场化配置和营商环境优化

近年来,浙江省高级人民法院积极统筹部署、持续着力推进市场化、法治化破产审判工作,服务供给侧结构性改革和经济转型升级。各级法院通过破产审判推进资源要素重新配置,加快推进处置"僵尸企业",积极化解不良资产及企业资金链担保链风险,实现市场出清,盘活存量资产,助力浙江省经济高质量发展和转型升级。

表 3 2019 年全省各地法院通过破产审判优化资源配置总体情况

地区	处置金融债权/亿元	处置房屋/万平方米	土地/亩	安置职工人数/人	竞争方式指定管理人/件
杭州	139.5100494	142.351563	4135.895	4746	13
宁波	52.2506073	39.419739	1139.37549	5455	27
温州	86.8238	41.253978	651.56	1760	7
嘉兴	35.435053	135.58	1509.34	882	2
湖州	26.06159954	57.077642	1225.1252	2238	24
绍兴	161.0962	215	4015	2157	5
金华	60.33698	42.823153	1333.76	6482	62
衢州	13.37	33.69	1667.88	807	11
台州	28.436	25.7353	1172	567	8
丽水	4.083338489	25.11618436	2566.298	102	0
舟山	20.635	9.318166	1073.46	646	4
合计	628.0386278	767.3657254	20489.69369	25,842	163

由表 3 可知,2019 年全省法院通过审结 1704 件破产案件,共处置金融债权 628.0386278 亿元,房屋 767.3657254 万平方米,土地 20,489.69369 亩,通过破产程序释放土地、房产等经济资源,实现“腾笼换鸟”,有效助推经济转型升级。共安置职工 25,842 人,更好地保证职工切身利益,维护社会稳定。全省法院通过司法手段化解企业债务纠纷,优化社会资源配置,实现优胜劣汰,服务经济社会发展大局。

二、2019 年浙江法院破产审判重点工作部署和推进

1. 加强破产审判专业化建设,优化营商环境

为进一步加强破产审判专业化建设,为营商环境优化提供组织保障,根据破产审判工作的开展情况,浙江省高级人民法院在年初即统一谋划,部署破产法庭的申报工作,得到最高人民法院的高度重视和支持。2019 年 4 月浙江省高级人民法院向最高人民法院提出了设立破产法庭的申请。2019 年 11 月 25 日,最高

人民法院批复同意杭州市、温州市中级人民法院内设审理破产案件的专门审判机构并集中管辖部分破产案件。2019 年 12 月 24 日,浙江省委编办批复同意。2019 年 12 月 28 日,全国唯一一个地级市破产法庭温州破产法庭正式揭牌成立。2019 年 12 月 31 日,杭州破产法庭正式揭牌成立。

杭州、温州破产法庭的设立:一是落实中央经济工作会议精神,深化供给侧结构性改革的重要举措,有助于出清产能过剩行业,培育经济新动能;二是优化营商环境,服务经济高质量发展的现实需要,为挽救涉困企业,出清"僵尸企业"提供更加有力的司法保障;三是提升破产审判专业化水平的必然要求,有利于优化审判资源配置。杭州市中级人民法院在设立破产法庭的基础上,于 2019 年 11 月下发《关于进一步加强破产审判专业化建设的通知》,建立破产案件专人审理机制,由专门业务庭或固定员额法官专职审理破产案件,并对破产法官实行区别考核。为加强对全省法院破产审判工作的指导监督,浙江省高级人民法院民五庭(挂金融审判庭牌子)于 10 月实体化运作,负责金融、破产两大类案件的审理和调研指导。

2. 完善法院内部工作机制建设,提升审判质效

深化破产案件简易审机制,努力节约破产程序成本。针对破产程序效率不高的突出问题,浙江省高级人民法院加强简易审理的调研指导,在 2013 年《关于企业破产案件简易审若干问题的纪要》基础上,形成《关于深化执行与破产程序衔接推进破产清算案件简易审理若干问题的会议纪要(二)》的征求意见稿,对案件适用范围,个人管理人,破产财产评估、审计的简化,季节性商品等不宜长期保存的破产财产和担保财产的变价处置等重点环节作了明确。尤其是强调对债权人同意依法制作的破产财产分配方案的书面意思表示可视为对破产财产分配方案的表决意见作出明确,并对债权人说明会、将执行的简易优势对接破产程序等机制进行探索,以指导全省法院提升破产案件办理效率。杭州、湖州、金华等地法院也针对破产案件简易审理问题出台了相应的文件。

深入推进"执转破"工作,推动构建人民法院立、审、执、破工作格局。"执转破"工作的开展,对打通解决执行难"最后一公里"、清理"僵尸企业"、建立健全市场主体退出机制、维护健康有序的市场经济秩序有着重要意义。2016 年浙江省高级人民法院出台《关于执行程序与破产程序衔接若干问题的纪要》(浙高法〔2016〕62 号)以来,2017 年、2018 年、2019 年浙江省高级人民法院先后下发关于

执行移送破产审查工作的通知，通报上年工作任务完成情况，明确各中级人民法院辖区内当年执行移送破产的指标任务，并对财产查控、移送要求等相关业务问题进行细化规定，提高思想认识，完善工作机制，强力推进“执转破”工作。2019年，全省法院执行移送破产审查件2266件，审查后正式立案受理1895件，占全部破产案件的79.9%，共化解执行结案22,502件。

3. 明确优化营商环境主题，深化破产审判府院联动机制

在实质性运作省级层面破产审判府院联动机制基础上进一步推进完善省级破产审判府院联动制度。早在2016年，浙江省高级人民法院积极推动省政府出台《关于处置“僵尸企业”的指导意见》《推进企业破产审判重点工作及任务分工方案》等文件，率先在全国建立起省级层面实质运作的破产审判府院联动机制。2017年推动出台《浙江省人民政府办公厅关于加快“僵尸企业”处置的若干意见》，从强化机制、减轻税费、财政支持等方面提出更细化的要求。2019年，浙江省高级人民法院提交《关于优化省级破产审判府院联动机制推动浙江破产企业处置工作继续走在全国前列的报告》，提出优化省级破产审判府院联席会议制度等建议并得到袁家军省长批示肯定。2019年8月31日，浙江省高级人民法院与省委改革办、省发展改革委、省公安厅、省财政厅等10余家单位联合制定的《浙江省优化营商环境办理破产便利化行动方案》印发。该方案从加强部门合作、创新工作机制、推进破产案件简易审等多方面明确工作任务、牵头单位、时间节点等，推进浙江破产审判工作市场化、法治化、常态化。温州、湖州等地先后出台《温州市优化营商环境办理破产便利化行动方案》《湖州市优化营商环境推进破产便利化实施办法》。

推动全面设立破产专项资金，解决破产程序启动和推进的经费保障问题。债务人企业进入破产程序时无产可破或缺乏启动资金的情况仍占相当比例，一方面导致破产程序无法推进，另一方面也会导致管理人在办理此类案件时无法获得报酬甚至因破产事务的推进而需要垫付部分支出。破产专项基金的设立能够更好地助力破产程序启动和推动，也是政府提供破产审判公共服务的重要职能。《浙江省优化营商环境办理破产便利化行动方案》明确，省财政厅牵头指导有条件的市、县（市、区）于12月底前设立专项破产援助资金，解决无产可破或者缺乏启动资金的企业破产程序启动和推进问题。截至2019年年底，全省11个地区、76个县（县级市或区）设立了5万元到500万元不等的破产专项资金，总计额

度1.28亿元。温州、湖州、嘉兴、金华等地已经实现全覆盖。

破产审判的配套政策逐渐深化、细化。在省级层面出台破产审判府院联动总体意见的基础上,各地积极探索,在金融、税收、资产处置、工商登记等方面的配套政策逐步深化、细化。2019年11月,杭州市中级人民法院与中国人民银行杭州中心支行签署发布《关于深化合作共同推进企业破产(重整)工作若干问题的纪要》(杭中法〔2019〕120号),对重整企业信用修复、管理人设立银行账户、管理人对债务人即相关主体的银行账户调查权的行使等进行明确,鼓励金融机构为破产企业继续经营融资提供支持,为管理人履职创造更好条件。金华市中级人民法院与市税务局出台《企业破产程序中有关税收问题的会议纪要》,对破产程序中的有关税收问题进行明确。诸暨市人民法院与国家税务总局诸暨税务局共同出台《关于在执行程序与破产程序中建立税费征缴协作机制的实施意见》。萧山区人民法院推动区政府出台《杭州萧山区工业用地使用权出让续期办法(修订)》,对破产企业土地到期如何续期的问题作出规定。在南湖区人民法院的积极推动下,南湖区营商办牵头下发《南湖区优化营商环境推进企业破产注销"一件事""最多跑一次"改革方案》,着力解决长期困扰破产审判的企业注销问题,构成更便捷、高效的部门联办模式,推动实现企业破产注销"一件事"一站式联办、一体化服务等。

4. 进一步规范破产管理人队伍,稳步推进破产管理人工作

在人民法院、债权人等监督之下,破产管理人负责全面接管破产财产,进行保管、清理、变价和分配等破产事务,在市场化、法治化导向破产审判中发挥日益重要的作用。

扩充省级管理人队伍,规范管理人选任。适应破产案件数量大幅上升的趋势,在原管理人名册基础上完成了省级破产管理人的扩编工作,省级管理人增加至64家,满足了全省破产审判工作的客观需要。为进一步规范破产管理人选任工作,2019年10月浙江省高级人民法院制定《破产案件管理人指定工作规程》。一是分级管理,按照机构规模、执业能力业绩等因素,将管理人分为省级和市级,分别在全省或全市范围内承办破产案件。二是分类指定,将破产案件按照债务人企业资产负债情况等分为重大、普通和小额3类,重大案件通过竞争方式指定管理人,普通和小额案件通过随机方式指定。三是调整竞争方式,对竞争环节前七位优先顺位设定进行优化调整。四是增加预重整规定,预重整程序可由债务

人或主要债权人申请启动，管理人由法院、主要债权人和债务人共同选任，并接受法院指导监督。五是强化流程监管、加强指导监督。浙江省高级人民法院和各中级人民法院审判管理部门负责管理人名册编制、管理人指定，以及管理人履职指导监督等，浙江省高级人民法院及各中级、基层人民法院破产业务庭负责管理人办理破产案件的指导监督协调、管理人个案履职评价等。

加强管理人行业自律。2018 年年底，省破产管理人协会正式成立。2019 年，绍兴市、衢州市、丽水市破产管理人协会成立，全省 10 个地级市成立了市级破产管理人协会。省、市级破产管理人协会的成立，有效搭建起破产管理人与人民法院、行政机关之间沟通合作交流平台，为加强行业自律、提升其专业能力和职业素养、推动优化营商环境提供了重要的组织保障。2019 年，全省有 163 件区域性重大破产案件通过竞争方式指定管理人，其中，金华共 62 件，约占全省总量的 40%（见表 4）。

表 4　2019 年全省各地法院以竞争方式选任管理人案件数量情况

地区	杭州	宁波	温州	嘉兴	湖州	绍兴	金华	衢州	台州	丽水	舟山	合计
竞争方式选任管理人案件数/件	13	27	7	2	24	5	62	11	8	0	4	163

组织破产管理人培训，提升执业水平和业务能力。浙江省高级人民法院于 2013 年下发《关于规范企业破产案件管理人工作若干问题的意见》，依托浙江省律师协会在职培训平台共开展了 5 期破产业务专题培训，3000 余人次参加。2019 年，浙江省高级人民法院指导，浙江省破产管理人协会主办，浙江省律师协会企业破产管理专业委员会、浙江省注册会计师协会破产管理人业务专家委员会协办 2019 年度实务培训，来自省内外、各地市法院和管理人系统的 700 余名代表参加，加强了行业间沟通与交流，有效提升破产管理人的履职能力和专业水平。

三、破产审判中存在的主要障碍和困难

破产审判工作的推进需要直面问题,浙江法院也正是在不断解决问题的过程中持续深入推进工作。

1. 法律制度层面,破产制度"缺胳膊少腿"的问题日益凸显

"缺胳膊",是指当前《企业破产法》中尚未建立简易破产程序,虽然最高人民法院《全国法院破产审判工作会议纪要》明确要求建立破产案件审理的繁简分流机制,但简易程序还缺乏法律依据。从审判实践的角度看,以浙江为例,2019年浙江法院受理的破产案件达到2373件,其中清算案件2318件(97.7%),在清算案件中"无产可破"或者仅有少量破产财产的破产案件数量占据相当比例,审判实践对于破产案件简易审理的制度需求日益强烈。审判组织、债权申报、债权人会议权限等只能在现行法律框架内探索简易审理,空间有限,制约了破产审判的效率。"少腿",是指尚未建立个人破产制度,自然人无法通过个人破产程序化解个人债务危机,个人债务人的债权人亦无法借助个人破产程序获得公平清偿,彻底化解资金链担保链风险的制度成本高企。执行领域已有的参与分配、失信被执行人惩戒等制度,在效力层次、法定效果上都无法与个人破产制度相提并论。也正因为个人破产制度的缺失,企业主无法获得保证责任等的法定豁免,使破产程序大打折扣。

当然,也还存在一些具体的法律适用问题,比如,破产程序中合同解除权的认定、以房抵债的权利性质、购房户优先权的保护范围、涉及刑事犯罪的财产认定、破产衍生诉讼案件的收费等问题,不同地方处理思路不一,增加了破产案件审理的难度。

2. 破产制度的社会认知度和接受度仍然不足

《企业破产法》已施行多年,对于进入程序的债务人企业,很好地起到了规范企业破产程序、公平清理债权债务、保护债权人和债务人合法权益的作用,也更好地维护了社会主义市场经济秩序。但总体而言,社会各界对破产制度的认识程度和接受度仍然不足,就浙江而言,不同地域、不同群体对破产制度的认识尚存较大差异,这也是导致破产审判工作开展不平衡的一个重要原因。部分企业主因种种因素宁可背着骂名"跑路",也不敢破产、不愿破产;部分债权人"谈破色

变”,不愿意主动申请债务人进入破产程序;认为企业破产影响地方形象的错误认识在一些地方、一些部门和一些人员的观念中还存在。虽然浙江法院近年来受理的破产案件数量逐年攀升,在全国法院受理的破产案件中占据相当比重,但相比每年被吊销、注销营业执照的市场主体数量,仍是冰山一角。

3. 配套制度层面,破产审判的公共服务和配套制度不够完善

从性质来看,破产审判面临的问题主要是两大类:一类是前述法律问题,另一类是非法律的政策协调问题。总体来看,非法律的政策协调问题更加突出。浙江虽已率先建立了省级层面破产审判府院联动机制,但有许多方面还待进一步优化。

(1)覆盖面需要进一步拓展。以破产专项资金为例,2019 年,全省有 76 个县市区设立了专项资金 1.28 亿元,已经取得了很大进展,但离全覆盖还有差距,资金的额度、使用和管理办法也不统一。

(2)政策匹配不足。比较突出的如税收问题,因缺乏针对破产企业的税务调整和优惠政策,企业重整成本居高不下,影响了重整的成功率和重整效果。破产清算程序中处置破产财产时,有的案件中因税务机关对相关税费照常征收导致大额税费的产生,出现破产企业因为大宗破产财产处置而成为“纳税大户”的尴尬局面。《关于支持破产便利化行动有关措施的通知》(浙税发〔2019〕87 号)发布之后,情况有所改善,但豁免债务的企业所得税问题、库存账实不符的纳税问题等重点问题仍未得到解决。当然,有的问题需要进行法律的修改,这就非省级层面能有效应对。再如,一些破产财产尤其是不动产因手续、审批等存在瑕疵,在处置过户过程中涉及土地、房产等多个行政部门,程序上受限较多,手续办理较为困难。

(3)政策落实不到位。前期已经出台的一些破产审判对接的政策,还没有得到很好的落实,或者各地在政策理解上还不统一。

4. 法院审理工作层面,专业化建设受到影响,资产处置问题仍然突出

内设机构改革与破产审判专业化的矛盾突出:

(1)随着“执行转破产”工作的加强、“僵尸企业”重点处置的推进,破产审判专业组织、破产审判力量正急待配齐配强,但许多法院现在又面临探索内设机构改革和大民事审判的形势,部分法院原本已设立的破产审判庭被合并,破产审判机构的独立性受到很大影响。

(2)破产审判的专业性有所削弱。内设机构改革后,部分基层人民法院实行民商事案件打通分案的模式,一方面,破产案件审理的专业性受到不利影响;另一方面,在案件审理期限与绩效考核的压力之下,破产审判法官对破产案件的审理就难免要让步于有审理期限要求的案件,破产审判专业性和案件审理效率都受到削弱。

案件审理中资产处置困难的问题依然较突出,成为案件审理顺利推进的重大障碍,主要体现在以下几个方面:

(1)中小民营企业公司治理结构不健全,资产混同、挪用、转移等情形较常见,关联企业合并破产情形多发,清产核资工作量大。

(2)行业监管缺位,如房地产行业中的预售资金监管不力,违章建筑、违规销售等情形,增加了资产处置的复杂性。

(3)破产财产存在历史遗留问题或瑕疵的情况较多,资产顺利处置需要政府职能部门的支持配合,沟通协调周期长。

(4)非经营性资产和共同共有资产处置难,如涉及职工宿舍、归属约定不明的共建房产等,资产权属确定、分割难度大。

(5)刑民交叉情形较多,如杭州市余杭区人民法院审理的"中都系"企业、杭州谛都置业有限公司、杭州豪立实业有限公司等破产案件中,企业的实际控制人均涉嫌非法吸收公众存款罪,资产处置的刑民程序衔接、企业主的个人资产与企业资产区分等问题突出,财产处置难度大。

5. 管理人队伍履职能力、动态管理尚存"短板"

存在部分管理人实战经验少、执业能力不强、执业经验不足,影响了工作质效的情况,又存在部分管理人过分依赖法院的指导,缺乏独立完成破产事务的能力,导致法院负担过重的情况。另外,管理人业务水平不高与管理人团队也有很大的关系,一些社会中介机构缺乏足够的破产业务专业人才,未组建专门的管理人团队,一些管理人团队管理不规范,缺乏相应的业务培训、考核机制,从而导致在破产程序中发挥作用不够充分,无法胜任管理人职责。少数管理人职业道德水平不高,甚至发生滥用职权、故意拖延、谋取不当利益等情形。

虽然已经建立了省、市两级的管理人分级管理机制,但对管理人开展履职评价,设立针对管理人日常管理监督、个案考核、定期考核的考评机制和对于履职能力不佳、履职中有违规违法行为的破产管理人惩戒、清退措施等问责机制尚不完善,缺乏一个系统精准的考核评价制度来激励、约束管理人高效履职。

四、下一步继续推进破产审判的重点工作

针对实践中的突出问题,在前期工作基础上,下一步浙江省高级人民法院将围绕省委、省政府的决策部署,在最高人民法院有力指导下,坚持市场化、法治化导向,以推进常态化为工作落脚点,加强破产审判专业化、简易化、信息化建设,对疫情可能引发的经济影响提前研判和部署,全面深入破产审判,服务优化浙江省营商环境和经济高质量发展。

1. 在人民法院内部持续不断推进破产审判专业化、简易化和信息化建设

(1)坚持推进破产审判专业化。司法改革的背景下破产审判工作不能削弱,应当进一步强化。专业化既包括机构的专业化,也包括队伍的专业化。加大审判队伍培训力度,注重培养专业破产法官,专门审理破产案件;要鼓励条件成熟的法院通过设立破产审判庭、破产法庭的方式,不断推进破产审判专业化。加强破产专门法律问题研究,适时统一裁判尺度。

(2)大力推进破产案件简易审理工作。随着破产案件数量的大幅增长,案件的繁简分流、繁案精审、简案快审的需求日益突出。随着执行和破产程序衔接工作的推进,在"大执行、小破产,强执行、弱破产,简执行、繁破产"工作格局下,如何有效发挥执行和破产程序的合力,利用已有的执行制度、执行队伍和执行措施助力于破产案件简易审理,需要结合前期实践,进一步重点研究和推进。继续稳妥有序推进个人债务集中清理工作的探索,对前期温州、台州开展工作实践进行归纳总结,形成可复制可推广的经验,为个人破产立法提供实践样本。

(3)大力推进破产审判信息化。在法律文书送达、通知和召开债权人会议、破产财产查控、破产财产网络司法拍卖等方面,充分利用现代科技手段,切实提升破产审判工作效率和管理水平。

2. 持续不断推进外部破产审判配套体制机制的建设和完善

要充分发挥基层人民法院的探路作用,尊重和保护其首创精神。破产案件审理中的相关问题,比如,税负过重、税收管理程序与破产程序不对接等首先暴露在审判一线,解决问题的探索实践也首先发生在审判一线。要注意充分发挥破产管理人协会的作用,破产管理人在具体破产事务的执行过程中,对于破产程

序中的职工权益保障、税费申报和缴纳、不动产交易过户、债务人企业财产接管等履职中存在的困难和问题有最切身的体会。

以落实《浙江省优化营商环境办理破产便利化行动方案》和召开破产审判府院联席会议为重要抓手,省、市、县三级要分工负责,各有侧重。(1)省级主要负责推广成熟经验和制定政策,并且负责政策的解释适用、监督和落实。(2)市级层面主要负责总结探索地区经验。(3)县级层面主要负责试点、探索和在案件办理中落实省、市已近出台的政策。破产审判府院联动机制建设的1.0版是个案协调,2.0版是府院联动,3.0版是依法行政,落脚点是依法行政。

3. 持续不断加强破产管理人队伍建设

加强破产管理人动态管理工作。充分听取破产案件中债权人、重整投资人、债务人企业股东、政府部门等社会各界对管理人工作的意见和建议,充分发挥省市级破产管理人协会的作用,以与工作量和工作绩效相匹配的报酬加强破产管理人履职保障;以考核评价机制的建设和完善强化破产管理人履职约束;以府院联动机制建设优化管理人的履职环境。继续依托浙江省破产管理人协会、省律师协会、省注册会计师协会等平台,开展破产管理业务培训和调研,提升管理人履职能力和业务水平。适时推进更大范围内管理人指定的合作交流,在更广区域推动形成统一、开放、竞争、有序的管理人市场。

附件:

2019年浙江法院破产审判十大典型案例

一、“浙江金盾控股集团有限公司等金盾系8家公司合并破产重整案”

【关键词】市场化法治化;地区金融风险化解;府院联动

以浙江金盾控股集团有限公司为中心的金盾系企业主要生产制造消防器材、天然气压缩无缝气瓶及高压管道等,是国内先进能源装备系统供应商,也是上虞地区优势产能企业。因前期盲目扩张,后期财务成本、设备折旧、市场形势等多种因素叠加导致企业陷入经营危机。2018年1月底,实际控制人坠楼身亡,企业危机爆发。2018年3月,债权人、债务人分别对金盾系8家公司提出破产申请。上虞法院经审查后于2018年4月起陆续裁定受理金盾系6家公司重整。

2019年5月成功引入世界500强、中国500强企业等4家投资人。2019年6月初,金盾系8家公司重整计划草案通过;6月底,上虞法院裁定批准金盾系8家公司重整计划并终止重整程序。

二、“浙江省海运集团温州海运有限公司破产清算案”

【关键词】国有企业;“僵尸企业”;破产清算;航运

浙江省海运集团温州海运有限公司(以下简称温州海运公司)隶属于浙江省交通投资集团公司,1950年10月成立,注册资本1.8亿元。2000年改制为国有控股职工参股的有限责任公司,股东为浙江省海运集团有限公司(以下简称浙江海运公司)和职工持股会。2008年以来,受全球航运市场持续低迷影响,公司经营形势急转直下,股东通过借款等方式输入资金超12亿元,但未见好转,2015年亏损1.7亿元,账面亏损累计4.57亿元。浙江海运公司于2016年8月向温州市中级人民法院申请温州海运公司破产清算,温州市中级人民法院裁定受理并指定管理人。2016年10月,温州市中级人民法院依法裁定宣告温州海运公司破产。截至2017年2月21日,5艘船舶第一次拍卖全部成交,金额达1.5693亿元,其中“海油6船”的溢价率高达105%。温州海运公司涉及人员2000余人,法院指导、监督管理人妥善制定职工安置方案。2019年6月,职工安置、破产财产分配完毕,温州市中级人民法院裁定终结破产程序。

三、“富阳钓鱼实业有限公司等2家公司合并破产清算案”

【关键词】“拆执破”衔接机制;自主清算;拆破结合

富阳钓鱼实业有限公司(以下简称钓鱼实业)成立于2003年,是一家老牌造纸企业。2016年,富阳区启动江南新城建设战略,钓鱼实业被列入拆迁范围。2018年1月,钓鱼实业签订拆迁补偿协议,约定补偿款为2.47亿余元。因资金链、担保链风险等,钓鱼实业自2015年起长期处于高负债经营,企业拆迁后诉讼、执行案件明显增多。富阳区人民法院引导钓鱼实业通过拆迁、执行、破产衔接机制清理企业债权债务,加快拆迁进度及“僵尸企业”的市场退出。2018年4月,钓鱼实业及其关联公司杭州合欣投资有限公司(以下简称合欣公司,2家公司统称钓鱼公司)向涉搬迁企业善后化解处置工作指导组(以下简称工作组)申请启动“拆、执、破”衔接机制,富阳区人民法院裁定受理,并通过挑选方式摇号随机指定管理人。首笔拆迁资金1.73亿余元于2018年9月到位;2018年11月完成第一次破产财产分配工作;2019年9月,法院裁定终结破产程序。

四、“浙江每日会农业开发有限公司破产清算案”

【关键词】重整式清算;乡村振兴;风险防范

浙江每日会农业开发有限公司(以下简称每日会公司)位于常山县同弓乡,注册资本1000万元,主要经营苗木花卉的种植与销售、农业技术开发与利用等涉农产业,占地770亩,是当地农业领域的“龙头”企业。因规模盲目扩张、经营管理不善等发生债务危机,无力支付到期债务且停产歇业,债权人申请破产清算。常山县人民法院于2017年4月裁定受理该案,并指定联合管理人。每日会公司债务总额3250余万元,净资产仅存一些附属集体土地上的商品苗木和零星建筑物,评估价为1309万元,且处于停产歇业状态,资不抵债且明显缺乏清偿能力,法院于2019年4月依法裁定宣告破产。最终,战略投资人以1309万元成功竞买每日会公司全部资产,与162家农户续签土地流转合同。分配结果显示,除抵押权人100%受偿,36位农民工欠薪74.5511万元和162家农户土地流转费45万余元均100%受偿。

五、“舟山豪舟物资仓储有限公司等豪舟系12家公司合并破产重整案”

【关键词】合并破产;资产混同;府院联动;网络债权人会议

舟山豪舟物资仓储有限公司及其10多家关联公司(以下简称豪舟系公司)合计注册资本48,837万元,实际控制人为朱某某、张某某夫妇。豪舟系公司围绕矿建材料形成较成熟产业链,经营业务包括石料开采、加工、运输,商品混凝土预拌,工程管桩和水泥构件制造,港口物流等。2015年下半年以来,因银行收贷及授信贷款未发放、民间借贷利率高企等原因,陷入债务危机。经债权人申请,2018年7月,定海区人民法院分别受理舟山豪舟物资仓储有限公司、舟山骅首物流有限公司、舟山市豪舟建材有限公司、舟山豪舟混凝土预拌有限公司、舟山进华物流有限公司与舟山亘鑫水泥构件有限公司6家公司破产重整,并指定管理人。该案涉及债权人350余户、债务规模超21亿元。法院于2018年7月裁定6家公司合并重整;2018年8月,将豪舟控股集团股份有限公司等另6家公司纳入合并范围。针对债务人名下核心资产采矿权产权瑕疵问题,定海区人民法院与区农林部门形成统一意见后报浙江省高级人民法院与省林业局,最终实现采矿权合规化。

六、"湖州汇泰置业有限公司破产清算案"

【关键词】共益债务;建设工程价款优先权;多项优先权平衡保护

湖州汇泰置业有限公司(以下简称汇泰公司)成立于2009年,系房地产开发企业,注册资本28,600万元。其开发的星汇半岛小区二期项目建设面积28万平方米,共有1957套住宅、43套商铺、980个车位,2014年交付使用。由于汇泰公司自有资金不足,拖欠巨额工程款、物业维修基金和质保金,小区建筑存在质量问题。该公司还涉及大量诉讼、执行案件。2017年4月湖州市中级人民法院裁定受理汇泰公司破产清算案件并指定吴兴区人民法院审理。债权申报期内共有53家债权人申报债权16亿元,破产财产为530余套空置房源及190个车位,评估价为7.45亿元,其中95%以上资产已设定抵押,项目欠缴1000余万元物业专项维修基金及房屋保修金,空置房源拖欠近250万元物业费。资产不仅无法清偿债权,处理不当还会严重影响已入驻业主权益和空置商品房变现价值。最终,物业维修基金及房屋保修金作为共益债务、拖欠物业费全额受偿;工程价款优先权在商品房所对应房屋变现价款中获得全额受偿;抵押债权在土地变现价款及剩余房屋变现价款中优先受偿,平均受偿率达30%。

七、"浙江正宇机电有限公司破产清算案"

【关键词】不动产处置;破产财产价值最大化

浙江正宇机电有限公司(以下简称正宇公司)成立于1994年,曾是全国最大的变型机、农用车生产企业之一。2006年,企业转向电动汽车产品行业,受制于市场因素,产品严重积压。后公司资金链断裂,工厂停工停产。2014年,正宇公司与其最大额抵押债权人达成协议,由该抵押权人接管厂房,结果加深各债权人间矛盾。2015年7月,正宇公司向永康市人民法院申请破产清算。2015年8月,永康市人民法院裁定受理破产清算申请;2019年8月裁定终结破产程序。以评估价在网络平台进行拍卖后,4家企业参与竞拍,最终以溢价150%成交。

八、“诸暨市浩英纺织有限公司破产清算案”

【关键词】简易审理;执行程序与破产程序衔接

2016年前后,诸暨市浩英纺织有限公司(以下简称浩英公司)因企业违建整改、企业主民间借贷等,导致资金链断裂停止经营。此后,债权人纷纷起诉、申请仲裁。2019年6月,诸暨市人民法院执行局征得申请执行人同意移送破产审查。2019年7月,诸暨市人民法院裁定受理浩英公司破产清算申请,并指定管理人。经核查,公司主要资产为一宗土地使用权且已设定抵押,企业债务多为民间借贷,涉及金额约650万元。2019年8月,在债权人会议召开前管理人发布拍卖公告,以评估价326.91万元公开拍卖案涉土地;2019年10月,案涉土地使用权以评估价第一次拍卖即成交,诸暨市人民法院裁定宣告浩英公司破产。2019年11月,诸暨市人民法院裁定认可破产财产分配方案,且管理人最终分配完毕。抵押债权、职工债权、税收债权实现全额清偿,普通债权清偿率达30.2%。

九、“衢州凯士力鞋业有限公司破产清算案”

【关键词】诉破衔接;政府垫资化解欠薪;土地分割处置

衢州凯士力鞋业有限公司(以下简称凯士力公司)成立于2004年4月,公司经营范围为鞋制造、销售,制鞋材料加工等。因大量民间借贷融资,资金链断裂,导致诉讼案件频发,资产被查封保全,公司生产停顿,不能如期发放工资。衢江区人民法院在诉讼案件审理中发现凯士力公司短时间内诉讼案件多发,已陷入资不抵债,向其释明、引导进入破产审查程序。2018年2月,衢江区人民法院裁定受理凯士力公司破产清算案,并指定管理人。经核查,劳动债权合计2,019,557.5元(管委会垫付1,182,242元)。公司名下部分土地出租,其租金由债权人姜某收取,作为其为公司提供担保费用。破产案件受理后管理人对公司与债权人姜某间的协议依法行使合同解除权。又因空地出租行为发生在抵押权设立后,抵押权人以承租人为被告提起诉讼,法院通过调解以抵押权人补偿5万元方式解除租赁合同。公司名下一块土地建有房屋,另一块为空地,法院与规划及国土部门沟通,推动落实土地分割处置方案,通过网络拍卖,空地以高于评估价100万元价格成交,溢价25%;另一部分土地厂房以评估价80%成交,成交总价为14,333,678元。

十、“浙江盛丰塑胶有限公司破产和解案”

【关键词】预和解;庭外协议效力;表决规则;衔接机制

浙江盛丰塑胶有限公司(以下简称盛丰公司)成立于1999年,注册资本3000万元,是一家具有高新技术资质的民营生产型企业。近5年来,产品年销售收入均达亿元以上,有员工190人,但因自身经营不善以及对外担保等原因陷入困境。据专项审计报告显示,截至2019年3月31日,盛丰公司资产总额1.05亿余元,负债总额1.7亿余元,此外还为其他企业提供担保,并已进入执行程序。2019年5月,盛丰公司以不能清偿到期债务且资不抵债为由向瑞安市人民法院提出破产和解申请,并提出和解协议草案。瑞安市人民法院于2019年6月裁定受理并指定管理人。最终,债权人会议以较高比例通过和解协议;2019年8月,瑞安市人民法院依法裁定认可盛丰公司和解协议并终止和解程序。

2017 年浙江法院破产审判工作报告及十大典型案例

2017 年是浙江省实施“十三五”规划的重要一年,也是供给侧结构性改革的深化之年。党的十九大报告提出,要贯彻新发展理念,建设现代化经济体系,要紧紧围绕高质量发展这条主线,服务和保障供给侧结构性改革。浙江省委经济工作会议指出要不折不扣落实中央提出的要求,结合浙江实际,聚焦转型升级,坚决打破拖累浙江经济发展的坛坛罐罐。浙江省高级人民法院积极贯彻落实工作部署,围绕服务供给侧结构性改革和经济转型升级,统筹谋划,深入推进全省法院开展市场化、法治化、常态化破产审判工作。

一、2017 年浙江法院破产审判工作基本情况

(一)受理、审结破产案件数量增长趋势明显

2017 年,全省法院共受理破产申请审查案件 2006 件,法院经审查后正式立案受理破产案件 1626 件,其中破产清算 1587 件、破产重整 38 件、破产和解 1 件;共审结破产案件 722 件,其中破产清算 641 件、破产重整 78 件、破产和解 2 件(见图 1)。受理和审结的破产案件数量均居全国第一。

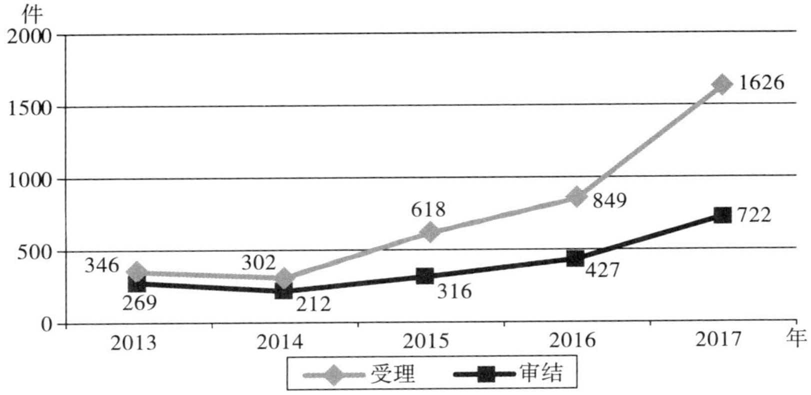

图 1　近 5 年浙江法院受理破产案件情况

从近 5 年全省法院受理和审结的破产案件情况(见图 1)来看:其一,数量上升的趋势非常明显,破产案件立案难问题逐步得到缓解,尤其是 2017 年受理和审结的数量分别比 2016 年上升 91.5% 和 69%;其二,受理和审结的破产案件中清算案件占绝对比重,分别占比 97.6% 和 88.8%,这个与经济生活中真正具有重整价值的企业数量占比的情况是基本吻合的;其三,受理和审结破产案件的数量的缺口逐年增大,从图 1 来看呈"喇叭"状,尤其是近 3 年差额分别为 302 件、422 件和 904 件,法院的存案工作压力大增,案多人少矛盾日益突出。

(二)受理、审结破产案件的区域分布

1. 2017 年,全省法院受理和审结的破产案件区域分布如图 2、图 3 所示:

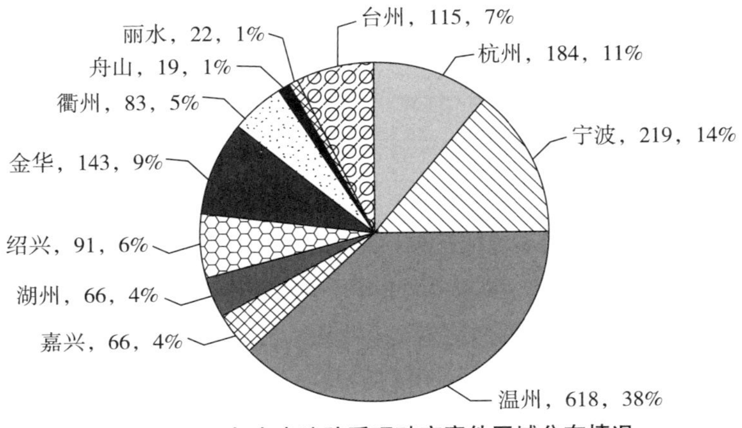

图 2　2017 年全省法院受理破产案件区域分布情况

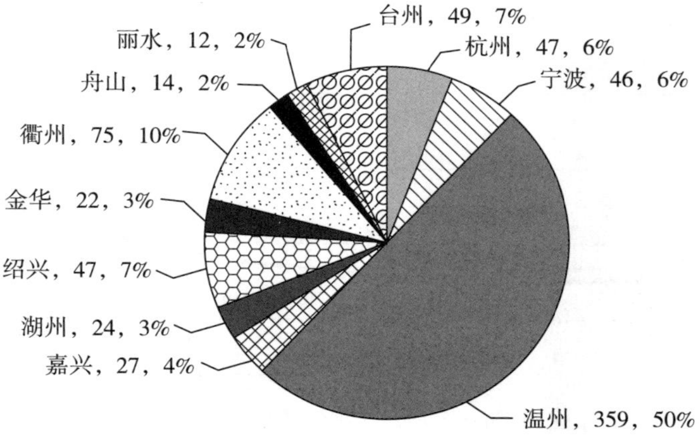

图3　2017年全省法院审结破产案件区域分布情况

从横向区域分布情况(见图2、图3)来看,受理、审结破产案件的数量区域不平衡的情况还比较明显,受益于破产审判专业化工作的有力推进,温州受理案件占到全省总量的38%,审结案件占到50%。当然,在关注案件数量的同时,还需要关注案件的影响力,对于破产案件的债务人资产总额、涉债权总额、债权人数、职工人数等情况也需要作具体分析。

2. 近5年全省法院各地区受理、审结破产案件的具体情况如图4、图5所示:

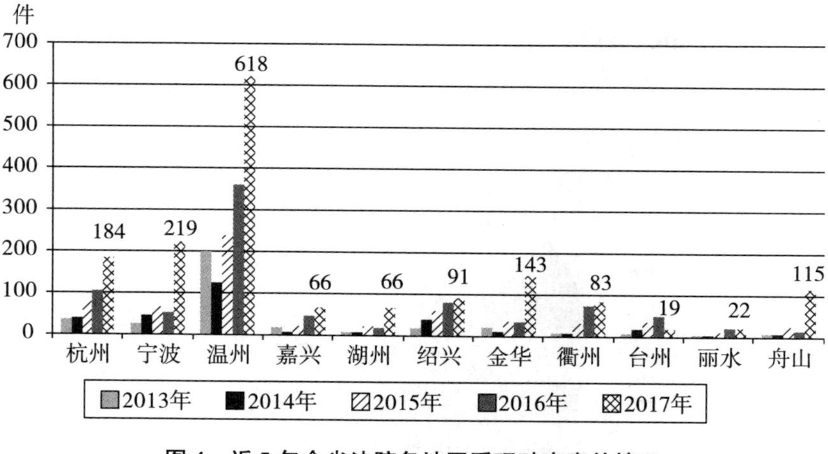

图4　近5年全省法院各地区受理破产案件情况

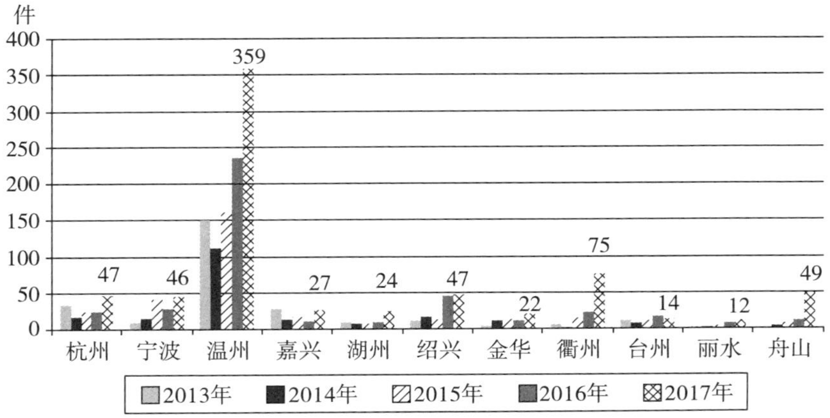

图5　近5年全省法院各地区审结破产案件情况

从全省法院各地区纵向时间轴上受理和审结破产案件的数据（见图4、图5）对比来看，受理案件量2017年比2016年有明显涨幅的是舟山、宁波和金华，分别增长721%、313%和297%；审结案件量2017年比2016年有明显涨幅的是舟山、衢州和湖州，分别增长345%、226%和167%。当然，这里面也有基数较低的因素。

（三）通过破产审判服务经济社会发展成效明显

通过破产审判服务供给侧结构性改革和经济转型升级是人民法院发挥司法职能服务经济社会发展大局的重要内容。通过人民法院破产审理程序，集中清理债权债务，一些不适应市场、不具有发展前景的企业通过清算程序退出市场；一些仍具有市场价值的企业通过重整、和解程序维持有效生产力，实现了土地、房产等经济要素的市场重新有效配置。

表1　全省各地区法院通过破产审判优化资源配置总体情况

地区	处置金融债权/亿元	处置房屋/万平方米	土地/亩	安置职工人数/人	竞争方式指定管理人/件
杭州	3.91382504	130.2286	1592.58	474	15
宁波	52.9584	27.2012	1682.98	882	13
温州	55.24	19.2363	303.35	439	5

续表

地区	处置金融债权/亿元	处置房屋/万平方米	土地/亩	安置职工人数/人	竞争方式指定管理人/件
嘉兴	20.736	30.9117	836.28	1911	0
湖州	15.22	33.55	947	1169	0
绍兴	201	84.97	2386	4727	43
金华	12.12164603	18.199	255.68	256	26
衢州	19.02	65.83	1451.51	2551	6
台州	6.7	13.12	175.69	360	7
丽水	7.46726819	3.846	71.19	353	12
舟山	38.38044849	20.2218	295.21	375	0
合计	432.7576	447.3146	9997.47	13,497	127

对上述数据(见表1)进行具体分析,2017年全省法院通过审结722件破产案件,坚决打破拖累浙江省经济转型升级的"坛坛罐罐",共处置金融债权432.757588亿元,据金融监管部门反馈的情况,截至2017年年末,浙江省银行业不良贷款余额1478亿余元,通过两个数据的比较可以发现,通过破产审判化解银行不良资产已经占据了相当的比重,成为浙江省化解不良资产、化解企业资金链担保链风险、优化金融环境的重要途径。全省法院通过破产程序共处置房屋447.3146万平方米,释放土地资源9997.47亩,为浙江省经济转型升级、"腾笼换鸟"提供了重要的制度通道。共安置职工13,497人,在破产程序中通过加强法院与政府的联动等举措妥善处理再就业等社会问题。

二、2017年浙江省高级人民法院破产审判重点工作部署和推进

2016年年底,浙江省高级人民法院在全省法院"三大机制"建设推进会上对破产审判工作作出部署:要进一步完善破产审判机制,加快"僵尸企业"司法处置,依法保障生产要素的优化配置,依法维护金融安全,维护公平有序的市场竞争秩序,助力供给侧结构性改革。全省法院积极贯彻落实,全面、深入推进市场化、法治化和常态化破产审判工作。

（一）在全国率先在省级层面实质运作破产审判府院联动机制的基础上，进一步深化破产审判府院联动机制

2016年，浙江省高级人民法院积极推动省政府先后出台《关于处置“僵尸企业”的指导意见》、《关于成立省级“僵尸企业”处置府院联动机制的通知》和《推进企业破产审判重点工作及任务分工方案》，成为全国首个在省级层面实质运作破产审判府院联动机制的省份。文件明确各市、县（市、区）政府要主动与法院建立府院联动机制，积极对接最高人民法院和浙江省高级人民法院有关市场化、法治化、常态化破产审判工作的部署。通过制定省级各部门任务分工方案，落实政府的维稳属地责任及经费保障、税收、信用修复等方面的公共服务职能。到2017年年底，全省11个地区中已经有9个出台专门的破产审判府院联动机制文件并成立相应的协调机构，其中温州市中级人民法院从2014年开始，温州市政府先后出台了3份破产审判专题会议纪要，有力推动了破产审判外部环境的优化。

2017年，在原有工作基础上，浙江省高级人民法院继续推动出台《浙江省人民政府办公厅关于加快“僵尸企业”处置的若干意见》，就“僵尸企业”处置和破产审判中落实和完善税收、金融、土地管理和财政等政策问题提出了更细化的具体要求。（1）税收方面，明确允许担保代偿税前扣除，担保企业为“僵尸企业”代偿款项，符合税收法律规定的，代偿损失在税前扣除；规范司法拍卖中交易双方的纳税义务；明确破产程序中处置破产财产的，税务部门不得预征企业所得税等。（2）重整企业信用修复方面，中国人民银行杭州中心支行专门下发《关于金融支持企业破产重整工作的指导意见》，明确要积极认可破产重整企业“大事记”“信息主体声明”的内容，对于重整成功后企业的正常融资（包括开具各类保函、承兑汇票等）需求，应予以支持，不能以征信系统内原不良信用记录而一票否决。（3）破产经费支持方面，推动、指导有条件有需要的市、县安排企业破产审判相关专项经费，建立多渠道筹资机制，制定相关管理办法，用于解决无产可破“僵尸企业”的破产审判启动和资金周转、援助问题。到2017年年底，全省已经有9个地级市、38个县（县级市或区）设立了10万元到500万元不等的破产专项资金，总计额度近7000万元，其中湖州两级财政共拨付1300万元专项资金，在全省率先实现全市“全覆盖”；温州已经在专项资金中使用525.3万元。

(二)在破产案件审理方式改革试点工作基础上,以办理浙江省政协重点提案为契机,进一步在全省复制推广温州破产审判工作经验

最高人民法院于2014年年底下发《关于在部分人民法院开展破产案件审理方式改革试点工作的通知》,在全国选择了11家法院开展破产审判改革试点工作,浙江省温州市中级人民法院、杭州市余杭区人民法院和衢州江山市人民法院3家单位同时入选改革试点单位行列,充分体现了最高人民法院对浙江省破产审判工作的肯定和支持。浙江省高级人民法院坚决落实最高人民法院的部署,支持、指导试点法院工作的开展。2015年5月,最高人民法院民二庭一行在江山市人民法院召开现场调研会;7月,最高人民法院在温州召开了破产案件审理方式改革试点法院经验交流会;12月,由中国人民大学破产法研究中心和杭州余杭区人民法院主办的中国破产法论坛——房地产企业破产法律问题专题研讨会在余杭举行。这些工作的开展,推动了试点法院破产审判工作上了一个新台阶。2016年浙江省委深改组第十二次会议专门听取温州破产审判情况报告,并列为可复制可推广的经验要求进行推广。2017年8月17日、18日,以办理浙江省政协"关于推进我省'僵尸企业'司法处置的建议"重点提案为契机,浙江省高级人民法院专门在温州召开温州破产审判工作经验推广会,全省各中级人民法院和各基层人民法院代表参加。温州市中级人民法院将近年来出台的府院联动机制、破产财产网络司法拍卖、税收问题会议纪要等方面的文件汇编成册,并编写5年破产审判报告,在会议上进行交流、推广,进一步推动全省法院破产审判工作。浙江省高级人民法院还要求温州市各级人民法院在推进破产预重整、破产案件简化审理等方面结合新形势的发展需要,不断开拓创新,继续走在前列。

(三)在全国率先在省级层面出台执破衔接专门业务文件的基础上,进一步推动执破衔接工作向纵深开展

执破衔接不仅是化解"执行难"问题的重要制度通道,同时也能为破产审判提供案源,从而推进供给侧结构性改革。对此浙江省高级人民法院高度重视,于2016年5月出台了《关于执行程序与破产程序衔接若干问题的纪要》,在全国高级人民法院中是第一家,该纪要就执行移送破产审查的材料、指定管理人、参与分配的限制适用、执破衔接工作的监督等内容进行了明确,为最高人民法院制定

司法解释提供了实践样本。2017 年年初,最高人民法院出台《关于执行案件移送破产审查若干问题的指导意见》后,浙江省高级人民法院积极贯彻落实,在 6 月专门下发《关于进一步推动执行案件移送破产审查工作的通知》,要求全省法院:(1)思想上要高度重视,指出依法加强执行移送破产审查工作,不但有利于消化长期执行未结案,是实现两到三年基本解决执行难的重要途径,更要从有序清理“僵尸企业”、优化市场资源配置,司法为国家供给侧结构性改革提供保障的高度,对内加强协调,对外做好宣传解释工作,对符合条件的案件做到“应移尽移,应立尽立”。(2)明确工作目标任务,结合各中级人民法院辖区近 3 年的执行程序终结案件数、温州 2016 年移送破产审查案件数,综合考量浙江省破产审判力量的情况,确定 2017 年全年执行案件移送破产审查应当受理的破产案件的总数量,并将工作任务进行分解,量化到各中级人民法院辖区。(3)完善工作机制,结合浙江省破产审判工作在基层法院普遍开展的实际,明确受理执行移送破产审查的法院应为对破产案件有管辖权的法院。并要求执行法院(或法院内部的执行部门)要加强与破产案件受理法院(或法院内部的破产审判部门)在财产查控和处置等方面的协作配合。(4)建立执行案件移送破产审查工作通报考核机制。要求各中级人民法院掌握辖区基层人民法院执行移送破产审查工作的态势,进行季度通报,浙江省高级人民法院进行年终通报考核。

2017 年,全省法院执行移送破产审查 1640 件,审查后正式立案受理件 1223 件,比 2016 年上升 213.6%,执行移送破产审查受理案件数占全部破产案件的 75%,共化解执行结案 26,831 件,比 2016 年上升 302.7%。

(四)在全面开展破产审判工作基础上,进一步提升破产审判专业化水平

审判专业化是破产审判工作常态、长效开展的关键环节和重要保障。2017 年浙江省高级人民法院在提升破产审判专业化水平方面主要开展了以下工作:(1)健全破产审判机构和加强破产审判力量。综合考虑浙江省的经济社会发展水平、年度破产案件受理数量和员额法官数量,鼓励有条件的中级人民法院单独设立破产审判庭,条件尚不具备的,可归口商事审判庭负责,但必须保证有一个专门的合议庭审理破产案件。各基层人民法院应当有专门的审判团队审理破产案件。截至 2017 年年底,全省已经有 4 家中级人民法院、14 家基层人民法院设立了单独的破产审判庭,共 18 家,占到全国 97 家的 18.6%。(2)推进破产财产

处置工作,推动设立全国首个破产财产网络司法拍卖专门接口。2017年5月27日,浙江省高级人民法院推动全国首个破产财产网拍专门接口在淘宝网司法拍卖平台启用。该破产网拍通道以“破”字标识,区别于执行网拍,通过建立一个充分尊重债权人意思自治、明确变价主体为管理人(人民法院负责监督)、设置灵活变价规则的专门破产网拍处置通道,实现破产财产的高效处置。2017年6月13日,富阳区人民法院审理的“浙江泰科铁塔有限公司破产清算案”的相关土地使用权、房屋通过该接口成功实施网拍,成交总价6554万元,超出起拍价1045万元,溢价率达18.97%,受到管理人和债权人的广泛好评。从浙江省高级人民法院推进这项工作的前后数据对比来看,2016年4月到2017年4月,全年成交760.78亿元,破产财产成交金额为19.31亿元,占到2.5%;在推动破产财产专门接口这项工作以后,2017年全年浙江全省的网络司法拍卖成交金额为918.16亿元,破产财产拍卖成交金额为164.63亿元,占17.93%,平均每个拍品成交金额为683.82万元。(3)积极探索有效的重整方式,完善重整程序,保护企业生产力。浙江省高级人民法院积极指导推进全省法院在破产重整案件中进行方法创新、制度创新:一是探索预重整模式,通过债权人主导参照重整程序设计预重整的程序性方案并召开已知债权人会议,以预重整期间形成的资产重组方案为基础制定重整计划草案,在法院受理重整案件前就实质性完成大部分重整工作,进而提高重整案件审理效率。二是探索重整式清算,保护企业有效生产力,强调重整是资源配置,清算也是资源配置。如绍兴市柯桥区人民法院审理的“浙江南方石化工业有限公司等三公司破产清算系列案”,在破产清算程序中进行设备、场地、技术等资产的整体出售,并实现1000余名职工的再就业,实现了实质性重整的效果,该案也被最高人民法院列入全国法院十大破产典型案例在“人民法院优化企业破产法治环境、服务经济高质量发展”新闻发布会上发布。

(五)在建立全国数量最大的破产管理人队伍的基础上,进一步完善管理人动态管理

在破产审判中,管理人是接管破产财产、接受债权申报、按照债权人会议表决通过的破产财产处置、分配方案进行破产财产处置和分配等具体破产事务的执行者,其履职能力、水平与破产审判的顺利推进密切相关。按照最高人民法院的工作部署,通过2007年、2012年两次编制管理人名册,270家中介机构和23名

个人入册;2016 年准予 17 家省外优质社会中介机构备案在浙江省履职,已经形成了迄今在全国数量最多的管理人队伍,为企业破产法的深入实施创造了有利条件。2017 年,浙江省高级人民法院在破产管理人方面主要开展了以下工作:(1)指导成立管理人协会,推进管理人行业管理。浙江省高级人民法院在前期指导温州、杭州、绍兴等地成立管理人协会的基础上,于 2017 年 6 月下发《关于编制中级法院辖区管理人名册等事项的通知》,推进全省各地成立管理人协会,台州、宁波相继成立。(2)推动各中级人民法院编制辖区内管理人名册。为适应破产审判工作开展的实际,浙江省高级人民法院明确要求各中级人民法院根据需要,依照企业破产法和最高人民法院《关于审理企业破产案件指定管理人的规定》编制中级人民法院辖区内管理人名册。截至 2017 年年底,温州、湖州等地相继完成了中级人民法院辖区管理人名册的增编工作。(3)继续推进在省内常态化开展区域性重大破产案件的竞争方式指定管理人工作。2014 年 3 月浙江省高级人民法院下发《关于进一步规范管理人动态管理若干事项的通知》,在全国率先启动高级人民法院主导的通过竞争方式指定区域性重大破产案件管理人。在总结前期经验基础上,2016 年 5 月浙江省高级人民法院下发《破产案件管理人指定工作规程(试行)》,明确了竞争方式和随机方式、接受推荐方式指定管理人的操作细则。2017 年,全省有 127 件区域性重大破产案件通过竞争方式指定管理人。(4)开展管理人培训,提升管理人执业水平和履职能力。2013 年《关于规范企业破产案件管理人工作若干问题的意见》下发以来到 2017 年,浙江省高级人民法院依托浙江省律师协会在职培训平台共开展了 5 期破产业务专题培训,省内外律师事务所、会计师事务所、破产管理人中介机构成员及相关机构人士 3000 余人次参加,加强了行业沟通和交流,有效提升管理人的专业水平和执业能力。总体而言,在破产管理人制度方面,浙江已经形成"数量最大、分级管理、引进省外机构、竞争方式指定和推进破产管理人协会自律管理"的良性格局。

三、破产审判中存在的主要困难

在推进企业破产法实施和企业破产审判工作中,浙江省主要存在七个方面的观念及体制、机制障碍:(1)破产保护(企业拯救)文化的薄弱;(2)政府公共服务和社会管理职能作用的发挥不到位,存在缺位和越位的情形;(3)中小企业公司治理结构不规范,财务账册不全,公司股东、公司和关联企业财产严重混同等问题较严重;(4)金融生态环境不尽理想,中小企业直接融资比例偏低;(5)破产管理人队伍的培育有待加强;(6)法院自身对企业破产审判工作的谋划和布局思路需要进一步厘清;(7)企业破产法及相关法律的适用与协调问题需要进一步解决。具体来讲,破产审判中存在的主要困难有以下四个方面。

(一)破产审判中的政府公共服务职能需要进一步优化

浙江的破产审判府院联动机制建设走在全国前列,但还需要进一步优化:(1)常态化的府院联动机制还没有在全省全覆盖,部分地区在审理重大破产案件中,还只能就个案与政府相关部门就维稳、政策协调等问题进行沟通。(2)税收等法律制度需要针对破产情形作出特别安排。一是清算程序中税负过重,杭州市萧山区人民法院审理的"浙江红剑集团有限公司及关联公司合并破产案",其关联公司之一的杭州红山化纤有限公司破产财产以4017万元拍卖成交,缴纳相关税费合计656.93万元,一个破产企业居然名列萧山区年度纳税榜第512位。二是重整程序税负安排不合理与债务豁免相关的税收,税务部门仍要求征收,给重整企业造成巨额负担,原财务账册中的税务问题无法切断,导致重整困难重重。(3)涉及破产财产中不动产(土地、房产)的处置问题突出,破产企业建筑违章、用地违章等情形下财产处置需要政府加大协调力度。

(二)法院内部工作机制需要进一步优化

存在的主要困难是:(1)破产审判专业化。随着司法改革的推进,一些基层人民法院在不同程度上出现了一些新情况:一是人员调整和变动较大,在一定程度上影响了工作的连续性和破产审判法官的专业性;二是案件打通分案,办理破产案件的法官还需要办理其他类型民事案件,弱化了专业性,分散了办案精力。(2)破产审判绩效考核。尚未普遍建立破产案件单独考核的机制。一些法院对破产审判法官在年终评先、评优等绩效考核中,一件破产案件只按一件普通民事案件计算,严重挫伤了破产审判法官的办案积极性。(3)破产案件简易审理工作需要进一步推进。法院内部立案、执行和破产审判部门的协调衔接还需要进一步加强,总体上讲,破产案件办理的效率有进一步提高的空间。(4)还有一些具体的法律适用问题、工作协调问题需要加强调研。比如,破产案件审理中强制执行措施手段不足，涉嫌“逃废债”等犯罪行为的情况下刑事和民事程序沟通不畅，合并破产实体标准难以把握，破产案件受理后对债务人企业的财产保全措施解除规定难以落实等。

（三）中小企业公司治理结构失范情形严重阻碍破产程序推进

浙江是中小民营企业大省，但中小民营企业所存在的家族式经营所带来的治理结构失范的问题也严重阻碍了后续破产程序的推进。(1)财务管理不规范。公司存在内外两本账簿的情形较严重，外账为规避税务、工商而设置，内账则用于企业股东内部结算。(2)债务人法定代表人不配合或下落不明，财务账册、企业印章、文书档案等下落不明情况较多。(3)债权债务确认难度高。法定代表人从企业取得财产或金钱不入账，利用企业名义对外借款、公款私存、虚构债务，应收款、应付款不入账，账册混乱，公司财产和股东个人财产混同情况严重。(4)经营行为不规范，转移或隐匿财产手段隐蔽，资金性质认定存在困难等。这些问题都为后续企业进入破产程序后资产、债权债务的清理埋下隐患，导致破产程序推进困难重重。

（四）管理人动态管理工作还需要进一步提升

一是管理人的法律地位尚未得到行政机关和社会各界的普遍认可，导致管理人履职不畅；二是管理人的专业履职能力和执业水平还有很大提升的空间；三是从全省范围来看，尚未建立健全的管理人监督和考核机制，导致一些管理人工作中存在的损害债权人等利害关系人利益的行为没有受到有效制约，尤其是在受理和审结破产案件数量大幅上升、破产审判逐步步入常态化的背景下，这一问题更加突出。

四、下一步继续推进破产审判的重点工作

下一步，浙江省高级人民法院将继续在最高人民法院的有力指导下，围绕浙江省委、省政府中心工作，针对破产审判实践中存在的突出问题，出实招、求实效，继续着力打造浙江破产审判工作品牌。

一是要继续花大力气完善法院内部的工作体制机制，推进破产案件简易审

理。积极学习、贯彻落实最高人民法院发布的《全国法院破产审判工作会议纪要》,从以下几个方面完善法院内部工作体制机制:(1)进一步推进破产审判专业化建设,努力在机构专业化和队伍专业化方面继续走在全国前列,尤其是要结合司法改革的背景,进一步探索、总结破产审判工作规律,研究建立符合破产审判实际的绩效考核机制。(2)要进一步推进破产案件简化审理机制,对破产案件也要繁简分流,对于资产体量不大、债权人人数较少、债权债务关系清晰的破产案件,无产可破的案件,可以在债权申报、债权人会议合并、简化公告方式等方面简化审理,提高破产案件审理效率。(3)要强力推进执行和破产程序衔接工作。在法院内部要加强执行部门和破产审判部门的协调配合:一方面要积极推进执行案件移送破产审查制度,继续采取考核考评等有力措施大力推进;另一方面也要注意充分发挥执行程序目前在财产查控和处置等方面的重要作用,两个程序要形成合力。

二是要继续花大力气推进破产审判信息化。法院案多人少矛盾突出,要向信息化和大数据要生产力,把破产审判信息化作为建设“智慧法院”的重要内容。(1)整合浙江省的法院办案平台和最高人民法院破产重整案件信息平台,尽快解决两个平台兼容和数据互通的问题。(2)要大力推进破产财产网络司法拍卖,要加快将破产财产网络拍卖的专门接口推广到全省,破解破产案件财产处置的“肠梗阻”。浙江省高级人民法院将结合破产财产网拍接口试运行情况,尽快出台破产财产网络司法拍卖工作规程,提升破产财产网拍工作的规范化和制度化水平。(3)继续鼓励管理人在破产案件办理中通过微信公众号、视频会议等在线方式提升债权申报、债权人知情权保障、召开债权人会议等工作的效率和效果。

三是要继续花大力气推动和完善破产审判府院联席会议机制。(1)要结合破产案件主要在中级和基层人民法院的实际,推动还没有建立常态化府院联动机制、还没有出台相关文件的地区中级人民法院或基层人民法院主动对接地方党政,建章立制,全面推开。(2)要加强调研总结,从浙江省高级人民法院的角度看,要将试点地区的成熟经验,比如,税收、工商登记等方面的细化规定,尽快联合省国税局等相关部门以会议纪要等形式推广到全省,以提高这项工作的实效,避免重复建设。(3)要加强整合,从横向来看,在省级层面,工商、税务、人民银行等部门都已经出台了与破产审判相关的业务指导文件;从纵向来看,省、市、县三级联动的框架也已经初步形成。但无论是横向和纵向,在机构、政策措施等方面都需要加强整合、形成合力。

四是要继续花大力气完善破产管理人动态管理制度。要进一步推进破产管理人省、市两级分级管理制度;已经推动温州、杭州、绍兴、台州等地成立破产管理人协会的基础上,浙江省高级人民法院要推动省破产管理人协会的成立,充分发挥协会在行业自律、业务培训、沟通交流等方面的作用。要结合破产案件是非诉案件的特性,探索一些创新做法,如设立管理人工作办公室等,更加有效地沟通法院的破产审判工作和管理人的破产事务执行工作。面对破产审判工作全面深化的形势,人民法院要完善管理人监督和考核机制:一方面,要探索加强人民法院、债权人会议、行业组织等主体对管理人工作的考核和监督;另一方面,要对勤勉履职的管理人在报酬、资质提升等方面给予激励,充分发挥管理人作为破产审判重要社会力量的作用。

附件:

2017 年度浙江法院破产审判十大案例

一、"浙江南方石化工业有限公司等 3 家公司破产清算案"

【关键词】清算式重整;联合管理人模式;程序合并

【受理法院】绍兴市柯桥区人民法院

【管理人】浙江点金律师事务所、江苏百年东吴律师事务所、诸暨天宇会计师事务所有限公司组成的联合管理人

【基本案情】浙江南方石化工业有限公司(以下简称南方石化)、浙江南方控股集团有限公司、浙江中波实业股份有限公司系绍兴地区最早一批集化纤、纺织、经贸为一体的民营企业,3 家公司受同一实际控制人控制。其中,南方石化年产值 20 亿余元,纳税近 2 亿元,曾入选中国民营企业 500 强。由于受行业周期性低谷及互保等影响,2016 年上述 3 家公司出现债务危机。2016 年 11 月 1 日,浙江省绍兴市柯桥区人民法院(以下简称柯桥法院)裁定分别受理上述 3 家公司的破产清算申请,并通过竞争方式指定联合管理人。

【审理情况】由于南方石化等 3 家公司单体规模大、债务规模大,难以通过重整方式招募投资人,但具有完整的生产产能、较高的技术能力,具备产业转型和

招商引资的基础。据此,该案采取"破产不停产、招商引资"的方案,在破产清算的制度框架内,有效清理企业的债务负担,阻却担保链蔓延,实现债权债务清理;后由政府根据地方产业转型升级需要,以招商引资的方式,引入战略性买家,实现"产能重整,腾笼换鸟"。

该案的管理人由3家机构担任,各家机构之间各有特色和优势,具备联合、分工的基础。为此,柯桥法院通过府院联席会议、管理人会议、要求管理人定期制作案件情况报告等制度措施,及时推进管理人工作,协调解决履职过程中的障碍,确保管理人确实、有效履职。

3家企业共接受债权申报54.96亿元,裁定确认30.55亿元,临时确认24.41亿元。其中,南方石化接受债权申报18.58亿元,裁定确认9.24亿元,临时确认9.34亿元。鉴于3家企业存在关联关系、主要债权人高度重合以及南方石化"破产不停产"等实际情况,柯桥法院指导管理人在充分尊重债权人权利的基础上,积极扩展债权人会议职能,将债务人同意或债务人被宣告破产作为《债务人破产财产变价方案》实施条件,提前至第一次债权人会议上表决通过,有效减少会议次数。同时,为程序节约、降低成本,柯桥法院确定3家企业"合并开会、分别表决"的方案。2017年1月14日,柯桥法院召开南方石化等3家企业第一次债权人会议,高票通过了各项方案。2017年2月23日,柯桥法院宣告南方石化等3家企业破产。

2017年3月10日,破产财产进行网络司法拍卖,3家企业550亩土地、26万平方米厂房及相关石化设备等破产财产以6.88亿余元一次拍卖成交。根据通过的《破产财产分配方案》,职工债权获全额清偿,普通债权的清偿率达14.74%。破产财产买受人以不低于原工作待遇的方式接受员工,1310余名员工中1100余人留任,一线员工全部安置。该案从宣告破产到拍卖成交,仅用时54天;从立案受理到完成财产分配仅用时10个半月。

【典型意义】该案是在清算程序中保留有效生产力,维持职工就业,实现区域产业整合和转型升级的典型案例。审理中,通过运用政府的产业和招商政策,利用闲置土地70余亩,增加数亿投入上马年产50万吨FDY(全拉伸丝)差别化纤维项目,并通过托管和委托加工方式,确保"破产不停产",维持职工就业;资产处置中,通过债权人会议授权管理人将3家企业资产可单独或合并打包,实现资产快速市场化处置和实质性的重整效果。此外,该案也是通过程序集约,以非实质合并方式审理的关联企业系列破产清算案件。对于尚未达到法人人格高度混同的关联企业破产案件，采取联合管理人履职模式，探索对重大程序性事项尤其是债权人会议进行合并，提高审理效率。

二、“湖州安立化工科技有限公司破产重整转清算案”

【关键词】重整转清算；刑民协同进行债权认定；护卫绿水青山

【受理法院】湖州市安吉县人民法院

【管理人】安吉华信会计师事务所有限公司

【基本案情】湖州安立化工科技有限公司（以下简称安立公司）主要营业范围为1,3–环已二酮生产销售、医药中间体研发、化工产品销售。由于产品研发费用和公司运营费用大部分来自民间借贷，占债务总额70%以上，过高的财务成本导致公司严重亏损，影响了新产品中试和资质审批，最终导致资金链断裂。考虑到安立公司之前研发的新的农药产品呋喃甲胺具备一定的市场价值，且化工企业各项资质审批手续极为繁杂，从保护债权人利益角度。经债权人申请，安吉县人民法院裁定受理对安立公司破产重整案件，并通过随机方式摇号指定管理人。

【审理情况】经债权申报和登记，共接受申报97家（不含职工债权），申报金额3.1亿元，其中民间借贷债权申报金额高达2.6亿元，大多为公司法定代表人或其他关联方的个人借款提供担保所形成的担保负债。民间借贷债权人群体中，涉及21位退休员工，年龄较大，若处理不当，养老钱可能受到较大损失。另因公司早已停产，拖欠10余家供应商货款，各类矛盾叠加，维稳压力巨大。

1. 识别重整前景，迅速转换程序。刚进入破产程序时，安吉县人民法院在收到同意继续营业申请后，经征询债权人、企业经营管理层、合作方多方意见，许可债务人企业继续营业。但此后企业经营管理层产生分歧，原有意向投资者的投资意向也发生变化。管理人对外发布公告，重新招募意向重整投资人，但无人报名。针对债权人提出部分注资和部分债转股相结合的重整方案，安吉县人民法院就该方案进行听证，并配合意向投资者就公司资产状况、技术工艺等展开进一步调查。因商业考虑，原意向投资者最终选择退出。期限届满后，鉴于公司经过市场检验不具备重整价值，裁定宣告破产。后公司资产通过淘宝网络整体拍卖，以2000万元出清。

2. 刑民协同，打击虚假申报债权。在债权审查中，管理人发现企业法定代表人及部分工作人员的个人账户与企业账户之间资金往来频繁,同时很多民间债权人申报时不能全面提供清晰的款项往来凭证。安吉县人民法院基于公司法定代表人何某宏涉嫌非法吸收公众存款罪,立即移送公安机关立案侦查。为防止虚假申报,公司的民间借贷债权一律经过公安机关的调查并出具意见后,管理人再行出具债权审查意见。经甄别后,民间借贷债权人对管理人出具的债权审查意见均表示认可。

3. 妥善处理危化品,护卫绿水青山。管理人接管后,厂区内仍然存放着氢氧化钠、废氨水等大批化工危化品、半成品、废液废料,且正处盛夏高温时期,公司停工后极易发生泄漏,可能造成严重污染。接到安监局的责令整改通知后,安吉县人民法院立即与管理人紧急磋商应对。根据浙江省高级人民法院《关于企业破产财产、变价、分配若干问题的纪要》的规定,对该等不宜简单公开变现处置的资产,征询相关机构后,形成资产维护和后续处理的预案。在相关保障措施到位后,选择湖州当地一家专业的危化品处理机构对化学品和废液废料进行封存并搬离现场,消除环保和安全隐患。

【典型意义】(1)注重规范转换程序。根据案件类型、特点及企业经营情况等因素,经市场检验,发现企业不具备重整价值和挽救可能时,立即由重整程序转为清算程序,提升破产程序的效率,及时变现盘活存量资产。(2)积极探索企业破产综合处置工作体系。通过常态化府院联动模式,保障破产程序中各项工作的及时性和联动性,严厉打击虚假债权申报,切实保护全体债权人的权益。(3)资产处置严格落实环保措施。以"守护绿水青山 强化司法保障"为己任,不断提升绿色发展司法保障水平,切实维护人民群众环境权益,为践行"两山"思想、建设"中国最美县域"做出贡献。

三、"杭州新星实业有限公司执行转破产清算案"

【关键词】"执转破";资产处置;债权审核

【受理法院】杭州市下城区人民法院

【管理人】浙江天册律师事务所

【基本案情】杭州新星实业有限公司(以下简称新星公司)于1988年3月26日成立,2001年10月10日由集体所有制企业转制为有限责任公司。自2008年开始,新星公司陆续在多家法院涉案35起,并相继进入强制执行程序,涉案标的达8.2亿元。新星公司名下财产除新鑫大厦外,无其他财产可供执行,但新鑫大厦存在违章加建、与周边企业存在权属纠纷、建设审批材料不全等情况,始终无法办理不动产权属登记手续。经杭州市中级人民法院3次拍卖,保留价降至1.61亿元,仍无人参拍,变卖也无人问津,抵押权人不同意以物抵债、支付差价,执行程序陷入僵局。杭州市中级人民法院在征得3名债权人同意后,将其相关执行案件移送破产审查。2016年3月31日,杭州市下城区人民法院(以下简称下城法院)裁定受理"新星公司破产清算案",并经摇号指定浙江天册律师事务所为管理人。

【审理情况】受理破产申请后,下城法院立即通知相关法院中止诉讼、执行程序,解除财产保全措施,由管理人接管新星公司全部资产。(1)着力化解债权人矛盾。该案债权人多为民间借贷债权人,矛盾突出,互相举报虚假债务的情况层出不穷。为此,下城法院双管齐下:一方面,明确告知债权人提出异议的程序,同时划定期限避免异议权无限期行使;另一方面,严格审查,逐一调取原审理法院的全部诉讼材料,要求被异议人提供相应证据材料并出具保证书,最终确认经移送公安机关审查无误后的债权,打消了债权人的疑虑,为债权人会议的有效召开奠定良好基础。(2)多措并举推进破产财产处置。一是积极协调新鑫大厦的承租人,由管理人收取大厦租金18,770,693.59元;二是对破产财产进行网络司法拍卖,最终以1.77亿元拍卖成交;三是督促管理人再次催收取得第二期租赁期限届满前剩余租金10,287,925.73元;四是实现破产财产价值的最大化。租赁期限届满后,在承租人承诺无条件腾空的前提下,管理人与承租人及时协商租赁关系变更为不固定期限租赁,由此,管理人继续收取了第三期租金3,641,741.95元。(3)依法纳税。引导税务部门进行清税申报,同时监督管理人主动申报、清缴相应税款,有效避免了以往大量存在的因税务问题影响破产企业最终注销的情况发生。2017年9月29日,《财产分配书面表决方案》获债权人表决通过。新星公司财产分配方案已执行完毕,优先债权、职工债权、税收债权均获得100%清偿,普通债权清偿率达到11.0596%。

【典型意义】该案系执行不能案件有效衔接破产程序,通过严格审查债权、积极接轨"互联网+"、有效化解执行积案、公平保护各方合法权益、充分发挥破产程序的制度价值、精准解决"执行难"问题的典型案例。新星公司主要资产存在严重瑕疵难以变现,债权人矛盾迭发难以协调,单纯依靠强制执行程序很难解决。通过执行转破产工作机制,一是打破僵局实现定分止争,结束了长达8年的执行僵局,直接消化执行积案35件;二是整合资源提高清偿比例,由法院协调各相关部门,充分利用破产管理人在商业谈判上的职业专长,并借助司法网拍等信息化手段,整合多方资源形成合力,实现资产处置价值最大化;三是依法促进"僵尸企业"市场出清,充分发挥司法职能,将符合破产条件且整体执行不能的企业进行依法出清,释放了房产等有效生产要素,实现资源优化配置。

四、"庄吉集团有限公司等4家公司破产重整案"

【关键词】实质合并重整;审慎适用强制批准权;信用修复

【受理法院】温州市中级人民法院

【管理人】浙江京衡律师事务所、浙江韦宁会计师事务所有限公司

【基本案情】庄吉服装是温州地区知名服装品牌,庄吉集团有限公司(以下简称庄吉集团)、温州庄吉集团工业园区有限公司(以下简称园区公司)、温州庄吉服装销售有限公司(以下简称销售公司)、温州庄吉服装有限公司(以下简称服装公司)4家企业长期经营服装业务,且服装主营业务一直经营良好。但因盲目扩张,投资了并不熟悉的造船行业,2014年受整体经济下行影响,不但导致投入造船业的巨额资金血本无归,更引发了债务人的银行信用危机。2014年10月9日,除服装公司外,其余3家公司向浙江省温州市中级人民法院(以下简称温州中院)申请破产重整。2015年2月27日,温州中院裁定受理庄吉集团、园区公司、销售公司3家企业的重整申请,并根据企业关联程度较高的情况,通过竞争方式指定同一管理人。

【审理情况】该案中债权人共有41人,申报债权约20亿元,确认约18亿元。2015年8月20日,管理人请求温州中院将重整计划草案提交期限延长3个月。2016年1月27日,服装公司亦进入重整程序。由于4家企业存在人格高度混同的情形,符合合并重整的条件,且合并重整有利于公平清偿债务,符合《企业破产法》的立法宗旨。经债权人会议表决,4家企业的债权人会议通过了合并重整的决议,温州中院对管理人提出的实质合并重整申请予以准许。随后管理人制定整体性的重整计划草案,并在债权人会议表决的过程中获得了绝大部分债权人的认可,仅出资人组部分股东不同意。经与持反对意见的股东沟通,其之所以反对主要是对大股东经营决策失误有怨言,对重整计划本身并无多大意见。2016

年3月17日，经温州中院审判委员会讨论决定，温州中院裁定批准该重整计划草案。在重整计划草案通过后，温州中院及时根据《中共温州市委专题会议纪要》[(2016)9号文件]对重整企业进行信用修复，使重整企业隔断历史不良征信记录、恢复正常使用包括基本户在内的银行账户、正常开展税务活动、解除法院执行部门的相关执行措施，为重整企业营造了良好的经营环境。

【典型意义】该案是法院依法审慎适用重整计划草案强制批准权、积极协调保障企业重整后正常经营的典型案例。在实践中，一些企业在重整计划通过后，因相关配套制度的缺失又重新陷入困境。因此，重整是否成功，并不仅仅体现在重整计划的通过上，虽然重整司法程序在法院裁定批准后终止，但重整后的企业能否迅速恢复生机，还需要在信用修复等方面予以支持，使其顺利恢复生产经营活动，才是完整发挥重整制度价值的关键。在该案中，在庄吉服装系列公司重整计划通过后，温州中院积极协调，为重整后的庄吉服装系列公司赢得良好经营环境。庄吉服装品牌得以保留和发展，庄吉服装系列公司在重整成功后的第一个年度即成为当地第一纳税大户。此外，根据重整计划，抵押债权人可快速实现债权，普通债权的清偿率由破产清算条件下的0.65%提升至超过5%，且可快速获得分配，而职工债权、税收债权按照清偿方案100%受偿，维护了各方主体利益平衡以及整体利益最大化。

五、“江山三星铜材线缆有限公司等5家公司破产重整案”

【关键词】实质合并；核心资产重整；清算资产剥离

【受理法院】江山市人民法院

【管理人】浙江京衡律师事务所、浙江中桥律师事务所组成的联合管理人

【基本案情】江山三星铜材线缆有限公司（以下简称三星公司）、浙江星安投资集团有限公司、江山市星安房地产有限公司、江山市星安铜业有限公司、江山市星翔电工器材料有限公司等5家公司（以下简称三星系公司）系江山市知名企业，其所有的“三星虎”商标系浙江省著名商标，三星虎牌漆包铜圆线被认定为“衢州名牌产品”“浙江名牌产品”。近年来，受经济下行、跨行业投资及深陷担保链危机的影响，公司流动资金严重不足，无力清偿到期债务。2016年4月，三星公司因无力偿还到期债务且资不抵债向江山市人民法院申请破产重整，江山市人民法院先后受理5家公司的破产重整案件，并通过竞争方式指定浙江京衡

律师事务所、浙江中桥律师事务所为联合管理人。

【审理情况】因5家公司在财务、资产、负债、组织机构及人员等方面存在严重混同,经向已知债权人发送合并重整征求意见函和公开听证程序,最终适用实质合并原则裁定对上述5家公司进行合并重整。经统计,申报债权达5.35亿元,债权人150多家。第一次债权人会议于2016年6月3日召开,完成指定债权人会议主席、选举债权人委员会成员等议程,并表决通过《债务人财产管理和变价方案》《债权人委员会议事规则》《债权人会议邮寄和书面表决方案》3个工作方案。

2016年12月16日,召开第二次债权人会议。共分5组进行表决,其中职工组、税收组、普通债权组、出资人组均当场表决通过重整计划草案。担保债权组因大多是金融机构,需请示上级行等待答复,故申请延期表决。为确保战略投资人在春节前能顺利接盘,江山市人民法院在会后指导管理人积极主动与担保债权人协商,通过有效沟通及时促成表决。最终在政府相关部门的协助下,该组债权人在会后两周内即完成了全部表决并通过重整计划草案。最终管理人以各表决组均通过重整计划草案为由向法院提出批准重整计划的申请。

2016年12月30日,江山市人民法院裁定批准"三星系公司破产重整案"的重整计划。当日,投资者出资8550万元的收购合同正式签订。2017年1月5日,重整企业与投资者顺利完成交接工作,"三星系公司破产重整案"进入重整计划执行阶段。

【典型意义】该案是通过核心资产重整、清算资产剥离模式盘活破产工业企业的典型案例。三星系公司中只有"三星"和"星翔"两家公司仍在生产营利,且该两家公司经过多年经营,积累了较好的口碑和较强的市场竞争力,同时其主要客户资源和核心经营管理团队均保存完整,即便在经济下行的环境中,还是具备一定的盈利能力。鉴于此,该案以优化重整企业资源,盘活生产要素为目标,积极引入战略投资者重整上述两家企业仍具活力的主营业务,同时剥离劣质资产,将两家公司的非重整资产并入其他3家公司的资产,一并作为清算资产进行剥离,达到市场出清、优化资源配置、提高破产清偿率的效果,同时也较好地发挥了重整制度的拯救功能。

六、"浙江友谊特种钢有限公司破产重整案"

【关键词】供给侧结构性改革背景下浙江省首例钢铁企业破产重整案件;清

算转重整;充分发掘破产企业“隐性”资源提升重整价值

【受理法院】诸暨市人民法院

【管理人】浙江大公律师事务所、浙江中兴会计师事务所有限公司组成的联合管理人

【基本案情】2013年上半年以来,浙江友谊特种钢有限公司(以下简称特种钢公司)受行业不景气、钢材价格下跌等因素影响,同时企业依赖银行贷款规模扩张过快,涉及关联企业10多家,财务成本增加,导致资金链断裂。自2013年以来,企业停止向债权人清偿债务并停止经营,债权人纷纷向法院、仲裁机构进行诉讼、仲裁并申请强制执行。2015年3月5日,绍兴市中级人民法院根据特种钢公司的申请裁定受理“特种钢公司破产清算案”,后经浙江省高级人民法院批复,于2015年4月17日裁定将该案件移交诸暨市人民法院审理,并通过竞争方式指定管理人。

【审理情况】2015年7月4日,诸暨市人民法院召开第一次债权人会议。会议审核了申报的债权,裁定确认了100笔无争议债权并确定了32笔临时债权,共涉及金额近13亿元。在供给侧结构性改革背景下,结合特种钢公司自身情况,经向政府职能部门了解,诸暨市人民法院发现特种钢公司所生产的钢材系合金钢,市场需求巨大,且特种钢公司大量资产已经设定抵押,在资产处置后职工债权清偿比例低,普通债权清偿率为零。另外,公司生产特种钢的资质系专属“隐性”资产,具有较高的市场价值,但若公司被破产清算,则该资质将难以保留。鉴于上述原因,诸暨市人民法院及时调整特种钢公司破产案件的办案思路,指导管理人开展了下述工作:(1)多管齐下,一是通过各大媒体寻找投资人,二是向行业内企业进行重点推介,招募重整投资人。(2)继续接受债权申报,及时与各债权人取得联系,就重整事项进行沟通并取得债权人的支持。(3)将新的企业处置思路及时与债务人及相关股东进行沟通。此后,管理人刊登招募公告,在2015年7月29日至2016年8月16日,先后与3家投资人进行了磋商。特种钢公司实际控制人和股东也向管理人表示为推进重整计划顺利进行愿意将自身股权作清零处理。2017年4月20日,杭州龙昊实业投资有限公司通过竞价被确定为重整投资人。2017年5月18日,特种钢公司的股东依法提出破产重整申请。重整计划草案有3个重点:(1)投资人支付1.185亿元偿债资金,获得100%股权,并取得了新公司所必需的土地、机器设备及资质。(2)未纳入重整范围的资产通过成立

新的公司进行统一处理。(3)未纳入重整范围的资产及其处置后的所得和投资人投入的偿债资金向各债权人清偿。2017年5月31日，诸暨市人民法院裁定特种钢公司由破产清算转入破产重整程序。2017年6月3日，召开第二次债权人会议，经过两次投票表决通过重整计划。2017年6月12日，诸暨市人民法院裁定批准重整计划并终止重整程序。

【典型意义】该案是以市场化、法治化破产审判方式服务供给侧结构性改革实现企业提质增效的典型案例，系供给侧结构性改革以来浙江省首例钢铁企业破产重整案件。人民法院发挥重整程序的拯救作用，以市场化方式引入重整投资人，提高债权清偿率。抵押债权以资产评估价为限足额清偿；职工债权、税收债权100%清偿；普通债权在破产清算情况下清偿率为零，在破产重整情况下第一次分配时普通债权10万元以下部分清偿率达到40%，10万元以上部分达到2.5%。全面解决职工安置问题，原职工在同等条件下均已优先返聘回重整后的企业。以此为契机，优化资源配置，推动企业转型升级。新特种钢公司计划利用废钢再生能源，生产高端特种钢，并投入3亿元建立废钢回收的加工基地，2017年已完成前期准备工作。

七、“浙江长兴金陵医院破产清算转重整案”

【关键词】民办非企业单位；“执转破”；清算转重整

【受理法院】湖州市长兴县人民法院

【管理人】浙江东方绿洲律师事务所

【基本案情】浙江长兴金陵医院(以下简称金陵医院)系长兴县一家民营二级综合性医院，属民办非企业单位。自2012年起，钱某莺利用对金陵医院的绝对控制权，以医院名义对外大量融资，随意调度医院营业收入款，财务管理制度形同虚设。金陵医院由于巨额负债而引发大量诉讼，以及设备陈旧、医疗力量配备严重不足等原因，最终导致无法正常营业。2016年12月12日，债权人以金陵医院不能清偿到期债务，并且资产不足以清偿全部债务，已严重资不抵债为由，申请要求将执行程序转入破产清算程序。长兴县人民法院于2017年1月3日依法裁定受理，并通过随机方式摇号指定管理人。

【审理情况】金陵医院的营业场所系租赁使用，且已拖欠租金逾300万元，其他自有资产经盘点确认，评估价仅为560余万元。启动破产程序后，法院和管理人针对金陵医院的实际情况，进行综合分析和研判后认为，如破产清算对医院资产简单变现，连职工债权都无法全额受偿，普通债权清偿率为零。二级综合性医院的资质有一定的价值，只有通过引进有实力的重整投资者，才能最大限度地保护全体债权人的利益。为此，法院和管理人积极引进意向投资者，经过公开招募，2017年6月20日，举行投资者公开竞价会，最终由浙江和而生实业有限公司以4050万元最高报价竞得，溢价率62%。

2017年7月10日，召开第二次债权人会议，高票通过重整计划（草案），投资者以4050万元参与金陵医院的重整，重新聘用医疗管理团队，改善医院治理结构及经营模式，保留医疗资质等无形资产，不仅能够实现资产价值的最大化，而且有助于医院的重生和债权人利益的最大化。虽现行法律对金陵医院民办非企业单位能否重整未作出明确的规定，但金陵医院重整计划的通过和执行，会使金陵医院实现重生，这与《企业破产法》设置重整制度的立法宗旨相一致。鉴于上述考虑，长兴县人民法院参照《企业破产法》规定的重整程序，裁定对金陵医院进行重整。2017年9月9日，金陵医院正式全部移交投资方接管。

【典型意义】金陵医院破产清算转重整案的成功，使100余件执行案件全部化解，这是长兴县人民法院切实落实最高人民法院《关于执行案件移送破产审查若干问题的指导意见》，深入推进执行转破产工作，助力“提前基本解决执行难”的最好例证。金陵医院得以重整成功，也是长兴县人民法院对民营医院参照《企业破产法》重整的一次大胆探索，不仅使破产费用与共益债务以及371名职工的866万元职工债权全额清偿，而且209家普通债权人1.5亿元的债权本金第一期清偿比例达到10%以上。金陵医院通过司法重整获得新生，既最大限度地保护全体债权人的利益，又使医疗资质、装修设施等有效生产力得以保留，使医院凤凰涅槃、重焕生机，实现了法律效益、社会效益和经济效益的“三效合一”。

八、“浙江衢州康保医疗器材有限公司破产重整案”

【关键词】优选投资人；劳动债权人申请重整；府院联动；债委会充分参与决策；强制批准重整计划草案

【受理法院】衢州市柯城区人民法院

【管理人】浙江中桥律师事务所

【基本案情】浙江衢州康保医疗器材有限公司（以下简称康保公司）成立于

2004年,注册资本528万元,主要从事医用化验和基础设备器具、医用高分子材料及制品等的制造与销售。2016年以来,康保公司因过度投资,资金链断裂,拖欠劳工工资近200万元。2016年12月8日,部分劳动债权人以康保公司不能清偿到期债务、资产不足以清偿全部债务,但有重整可能为由,向衢州市柯城区人民法院提出重整申请。经审查,康保公司对外负债达9000万元以上,企业资产评估价值为2367万元(含经营权估价500万元),严重资不抵债。若破产清算,经营权就不具备任何价值,连劳动债权都无法全额清偿。经了解,医疗器材生产许可证的审批条件较严格,康保公司是浙西唯一一家国家定点生产一次性医疗器械的企业,行业发展前景较好,且硬件设施齐全,生产条件完备。2016年12月30日,柯城区人民法院裁定受理对康保公司的重整申请,并通过随机方式抽签指定管理人。

【审理情况】管理人于2017年3月25日发布招募公告,寻找潜在投资人。2017年5月2日,柯城区人民法院牵头召集意向投资人、集聚区、市药监局、地税直属分局等参加座谈会,充分向意向投资人披露产业政策、税务征收稽查等方面的规范要求和政策制度。同时,因康保公司是特殊监管行业企业,且该地块产业存在特殊政策限制,经与主管部门及债委会充分沟通确定遴选规则。2017年5月6日,经过公开竞标,最终确定沈某葵与浙江坤维医药有限公司为战略投资人,偿债资金报价为2688万元,比康保公司评估价值溢价321万元。

2017年5月12日,召开第二次债权人会议,对战略投资人提交的康保公司重整计划草案进行表决。经表决,出资人组、税款债权组、普通小额债权组以及劳动债权组均100%全票表决通过,普通大额债权组94.71%高票表决通过。担保债权组共有3名债权人,仅中国信达资产管理股份有限公司浙江省分公司(以下简称信达公司)未表决。因信达公司债权额在担保债权组占比98.32%,其未表决致使担保债权组表决未获通过。后经充分沟通,信达公司未对重整计划草案提出异议,同时考虑到康保公司医疗器材生产许可证急需办理年审换证工作,逾期将失去重整机会。综合上述情形,法院依法审慎及时强制批准重整计划草案,实现债权人利益最大化。重整过程中,债委会先后召开6次会议对相关事项进行决策。初选之后实际入围的两家投资人报价分别为2788万元、2688万元,债委会依据价高者得原则先确定高价者为第一顺位投资人,并要求其限期补充提供担保材料。后因该投资人不符合招募公告条件,债委会经讨论作出决议,最终确定第二顺位投资人为康保公司的战略投资人。

【典型意义】(1)充分发挥府院联动机制的作用,在积极争取产业政策主管部门政策支持的同时,全方位披露医疗器材行业经营风险及产业政策特殊要求,实现盘活优质生产资源与配合市内产业政策规划双赢。(2)充分尊重债权人意思自治,突出债委会兼具公平与效率的价值功能,较好地发挥了债委会的作用。该案从受理到裁定批准重整计划,历时不足半年,有效突破了重整程序耗时长、成本高的困境,取得了较好的社会效果。(3)优选投资人。由于该案重整对象是特殊监管行业的企业,对战略投资人的选择未简单参照出价因素来确定,而是就企业重整可行性、市场潜力、投资人的资金实力、技术研发能力、管理团队等多方面进行考察,好中选优,确保了遴选出的投资人具备重整能力,达到了通过重整救活企业、盘活优质资源的目的。

九、“浙江春洲铝业有限公司等3公司破产重整案”

【关键词】省外关联企业合并重整;个人资产合并处置;分阶段分类别清偿

【受理法院】永康市人民法院

【管理人】浙江京衡律师事务所、永康天正会计师事务所组成的联合管理人

【基本案情】浙江春洲铝业有限公司(以下简称春洲铝业公司)成立于1997年,专业生产销售铝制咖啡壶、压铸锅等,产品全部出口,在欧美市场中具有一定知名度。企业连续18年系纳税百强或优胜企业。因企业运营良好,有充足资金,2011年始公司开始盲目对外投资,资金链断裂,致使多家银行收贷,或将诱发其担保圈内本地3家龙头企业的资金链担保链风险。2016年5月24日,春洲铝业公司向永康市人民法院申请破产重整,于2016年6月1日被裁定受理,并通过竞争方式指定管理人。

【审理情况】经审计发现,春洲铝业公司与浙江春洲盖特家居用品有限公司(以下简称春洲盖特公司)、上海春洲家居用品有限公司(以下简称上海春洲公司)法人人格高度混同,关联程度较高,遂多次实地考察,并就合并重整事项召开听证会后,于2016年8月10日裁定春洲铝业公司、春洲盖特公司和上海春洲公司合并重整。

因春洲铝业公司财产与法定代表人个人财产高度混同,经实际控制人书面同意,裁定将春洲公司实际控制人夫妻个人财产纳入破产财产一并处置。

合并重整后,有效收回春洲盖特公司的对外投资,签订股权转让协议,变现股权投资及债权转让款2700万元。管理长期搁置的上海春洲公司不动产,通过政府周转金交纳补偿款,协调土地产权遗留问题。对上海春洲公司的土地使用权及建筑物处置价值达到8000万元以上。

根据清产核资结果和债权申报审查情况,拟定了针对制造业产业和土地资产的不同类别资产分别引进重整投资者的重整计划。适当提高小额债权人的清偿比例,一次性清偿。对大额债权实行分期清偿。

审理中,及时充分公开重整信息,鼓励债权人参与实地考察、决策。重整方案表决前,分类别逐一走访、介绍,尽可能争取债权人支持。通过对各类别债权人的充分解释沟通,重整方案获各表决组表决通过。2017年5月4日,永康市人民法院裁定批准重整计划。执行期间,成功引入产业投资者,为重整企业进行信用修复、转贷等,营造了良好的外部经营环境,普通债权清偿比例得以大幅提高。如果公司无法得以破产保护,其清偿率为8%,通过重整,提高企业财产价值,将清偿率提高到15%以上,最高清偿率达30%,从而最大限度地保障了全体债权人的权益。

【典型意义】该案是通过重整保护工业制造企业有效生产力,盘活民营企业资源,取得债权人支持,从而走出困境的典型案例,为当地民营企业化解自身危机,缓解互保企业"两链"风险提供参照模式。通过重整实现了:(1)有效收回对外投资,避免资产价值贬损。对春洲盖特公司的股权投资及债权转让款变现2700万元。(2)发挥破产作为"两链"风险处置的重要平台的作用。有效缓解担保单位的还款压力,对防止债务危机蔓延起到了积极作用。通过破产平台协商,缓解春洲铝业公司的3个互保圈企业的担保责任。(3)实现生产经营稳定。重整期间能够维持生产,保留住核心技术力量、销售团队。重整后,由重整投资者进行接管,重整企业扭亏为盈,重现生机。

十、"浙江三工汽车零部件有限公司破产和解案"

【关键词】"府院联动式"预重整机制;失信修复为条件的破产和解或重整机制;个人管理人

【受理法院】瑞安市人民法院

【管理人】周光

【基本案情】浙江三工汽车零部件有限公司(以下简称三工公司)是温州市重点骨干企业,在汽车发动机冷却水泵、机油泵等产品的生产上具有雄厚的技术力量。近年来,企业因受对外担保债务所累导致经营困难。2016年中,三工公司向瑞安市处置办提出帮扶申请。瑞安市处置办经甄选将其列为帮扶企业。之后,瑞安市处置办与瑞安市人民法院以全力快速推动企业再生为目的,建立“府院联动式”预重整机制,探索适用“政府预重整+司法和解或重整”的企业帮扶模式。

预重整过程中,瑞安市处置办依法对债务人情况进行全面摸底、研究和解方案并促成债务人与债权人等达成共识。预重整结束后,瑞安市人民法院裁定受理三工公司破产和解申请。瑞安市人民法院推选了瑞安市外的5家管理人提交温州市中级人民法院通过随机方式摇号指定管理人,并要求管理人在选择评估机构、审计机构时回避瑞安地区的中介机构。

【审理情况】经资产评估,三工公司资产为96,651,932.52元,无争议债权286,545,412.26元,估算普通债权清偿率为8.79%。但经审计发现存在资产非正常减损37,211,958.38元。

第一次债权人会议之时,债务人提出的和解方案是:免除债务利息,公司自身债务转贷或分期全部清偿;免除债务利息,部分担保债务(被担保企业已破产或被起诉的)清偿率10.27%;部分担保债务(被担保企业仍正常经营的)继续担保。该方案经表决通过,但瑞安市人民法院认为三工公司没有修正审计中发现的问题,对和解协议暂未认可。2017年2月,债务人将上述对外担保债务清偿率提高至18.77%,并制定和解协议经债权人表决通过。2017年6月5日,瑞安市人民法院裁定认可三工公司和解协议及附件。

在该案审理过程中,瑞安市人民法院提出“以失信修复为条件的破产和解或重整机制”,即对于具有市场重整价值的失信企业,若企业能主动修正或管理人能依法追回所减损的财产,而债权人等对此无异议的,可依法进行和解或重整。故在债务人第一次向法院申请认可和解协议之时,瑞安市人民法院认为,和解协议没有对企业的失信行为进行修正,建议债务人通过和解协议草案修正失信行为造成的财产损失。

在债务人第二次向法院申请认可和解协议和附件时,瑞安市人民法院认为,三工公司拟定的和解协议内容全面、合法且经债权人会议表决通过,之后补充拟定的和解协议将企业不诚信经营行为予以修正,提高了部分债权的清偿率,更好地保护了债权人的利益。故对和解协议及附件予以认可。

【典型意义】(1)“府院联动式”预重整机制。将预重整制度、府院联动机制、司法和解或重整制度三者有效结合,弥补单一制度的短板,形成行政权、司法权明确分工又相互协作的有效企业帮扶模式。首先,发挥政府协调和保障职能,解决金融债权谈判困难的问题。在实践中,地方银行囿于审批权限等因素,不愿与企业先行谈判偿债计划。由政府在预重整阶段充当协调者的角色达成初步方案,后通过司法和解、重整确认赋予其法律强制力,消除金融债权人权责分担的顾虑。其次,缩短破产审判周期,在司法程序中确认预重整的谈判成果,缩短和解、重整程序时间,有效地将破产负面影响消解至最低程度。最后,充分发挥政府公共服务职能,解决和解、重整方案执行问题,由政府先期解决和解方案执行中将牵涉到的企业信用修复、税费缴纳等问题。(2)以失信修复为条件的破产和解或重整机制。瑞安市人民法院提出以失信修复为条件的破产和解或重整机制,有效地破解了对失信企业适用和解或重整程序的难题,在保障债权人利益的前提下成功挽救具备再生能力的优质企业。

2016年浙江法院破产审判报告及十大典型案例

2016年既是实施“十三五”规划的开局之年，也是推进供给侧结构性改革的攻坚之年。2015年年底，中央经济工作会议指出，要积极稳妥化解产能过剩，要按照企业主体、政府推动、市场引导、依法处置的办法，因地制宜、分类有序处置。要依法为实施市场化破产程序创造条件，加快破产清算案件审理。2016年浙江省政府工作报告也提出，要建立健全优胜劣汰机制，对“僵尸企业”通过兼并重组、债务重组乃至破产清算实现市场出清。继续关停落后产能、整治“低小散”。2016年年初，最高人民法院在杭州召开全国部分法院依法处置“僵尸企业”调研及工作座谈会，充分肯定浙江破产审判所取得的成绩，并对下一步工作进行部署，2016年还陆续出台了《关于依法开展破产案件审理积极稳妥推进破产企业救治和清算工作的通知》《关于破产案件立案受理有关问题的通知》等文件。围绕浙江省委、省政府和最高人民法院的工作部署，浙江法院在2016年继续深入推进市场化、法治化破产审判工作，并逐渐向常态化迈进。

一、全省法院破产案件审理总体情况

2016年，全省法院共受理破产案件849件，同比增长

37.4%,其中清算案件767件、重整案件78件、和解案件4件。全省法院共审结破产案件427件,同比增长35.1%,其中清算案件363件、重整案件62件、和解案件2件。

(一)全省法院受理破产案件情况

1. 近3年全省各地区法院受理破产案件情况如图1所示:

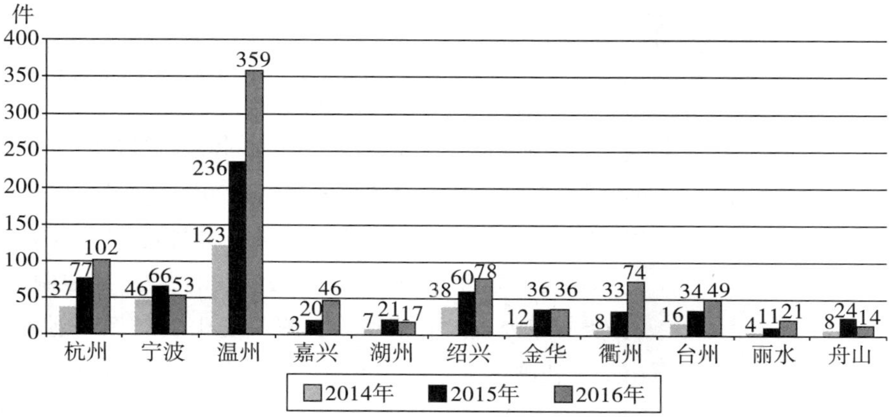

图1 2014年、2015年、2016年全省各地区法院受理破产案件情况

根据图1分析:(1)从案件受理数量来看,与2015年相比,除宁波、湖州、舟山三个地区2016年的案件受理数量有小幅下滑外,金华地区持平,其他地区均呈上升态势。(2)从增长的速度来看,近3年增长速度最快的为衢州、嘉兴和丽水地区。温州地区在基数已经较大的基础上,2016年受理案件数量仍增长52%。

2. 从全省各地法院受理破产案件的情况来看,全省法院受理破产案件数前10的法院如表1所示:

表1 2016年全省法院受理破产案件数前10的法院

单位:件

瑞安市人民法院	瓯海区人民法院	温州市中级人民法院	鹿城区人民法院	乐清市人民法院	萧山区人民法院	永嘉县人民法院	诸暨市人民法院	龙湾区人民法院	杭州市中级人民法院
101	48	46	39	32	30	29	25	23	22

(1)据了解,2016 年单个法院受理破产案件超过百件的全国仅两家法院,即深圳市中级人民法院和瑞安市人民法院,而有所不同的是,深圳市中级人民法院实行全市范围内破产案件的集中管辖,而瑞安市人民法院则不存在这种情况。(2)2016 年,全省法院受理破产案件数量前 10 的法院,温州地区十居其七,与温州地区总量大也是相对应的。

3. 从破产案件受理的来源来看,2016 年全省法院受理破产案件有一个较突出的情况,即执行程序移送破产审查并最终受理破产案件的情况较明显。从 2016 年执行案件移送破产审查的情况分析,全省法院执行案件移送破产审查案件 452 件(涉及执行案件 8307 件),共受理 390 件(涉及案件 6663 件),占到 2016 年受理破产案件总数的 45.9%。

(二)全省法院审结破产案件情况

1. 近 3 年全省各地法院审结破产案件情况如图 2 所示:

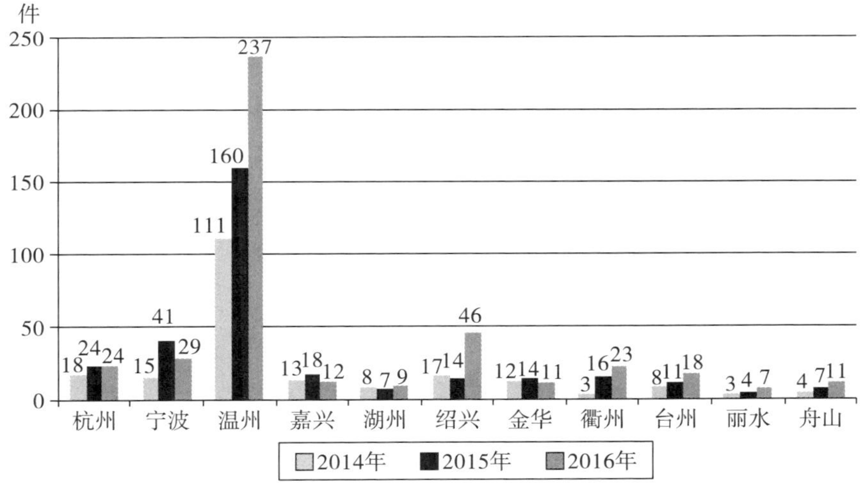

图 2　2014 年、2015 年、2016 年全省各地区法院审结破产案件情况

根据图 2 分析,绍兴审结破产案件增长最迅速,2016 年同比增长 228.6%。温州在基数已经较大的情况下,2016 年审结破产案件也实现了 48% 的增幅。

2. 从全省各个法院审结破产案件的情况来看,全省法院审结破产案件数前 10 的法院如表 2 所示:

表 2　2016 年全省法院审结破产案件数前 10 的法院

单位:件

瓯海区人民法院	瑞安市人民法院	鹿城区人民法院	温州市中级人民法院	永嘉县人民法院	乐清市人民法院	龙湾区人民法院	平阳县人民法院	越城区人民法院	诸暨市人民法院
49	36	35	33	25	19	15	14	11	11

全省法院审结破产案件排名前八的法院均为温州地区的法院。越城区人民法院和诸暨市人民法院审结破产案件数量也位列前 10,也与图 2 反映的情况相对应。

3. 截至 2016 年年底,全省法院未结破产案件共 1121 件,其中 12 个月以上未结案数 494 件,18 个月以上未结案数 288 件,3 年以上未结案数 100 件。全省法院未审结破产案件数前 10 的法院如表 3 所示:

表 3　截至 2016 年年底全省法院未审结破产案件数前 10 的法院

单位:件

瑞安市人民法院	萧山区人民法院	柯桥区人民法院	鹿城区人民法院	温州市中级人民法院	余杭区人民法院	诸暨市人民法院	杭州市中级人民法院	龙湾区人民法院	慈溪市人民法院
110	52	47	41	39	30	30	27	27	23

二、浙江省高级人民法院总体部署,全省法院深入推进市场化、法治化、常态化破产审判工作

2016 年年初,浙江省高级人民法院党组在全省法院院长会议上就对破产审判工作进行了全面部署,将“聚焦‘僵尸企业’处置,进一步加强破产审判”作为 2016 年全省法院要突出抓好的四项工作之一,要求依法受理企业破产案件。要依法打通民事执行程序向破产程序转化的通道,使执行转破产成为依法受理破产案件的重要途径。要充分运用清理“僵尸企业”的有利契机,用足用好各项政策措施,推动建立破产费用保障、破产企业税收优惠等配套机制。

2016 年 2 月 24 日至 25 日,最高人民法院在杭州召开全国部分法院依法处置“僵尸企业”调研及工作座谈会,时任最高人民法院审委会专职委员杜万华出

席会议并讲话。来自全国24个省、自治区、直辖市的部分法官和浙江省经信委、中国人民银行杭州中心支行、银监局、发改委、国资委、金融办等有关负责人参加。杜万华专委在总结讲话中充分肯定浙江法院破产审判工作所取得的成绩，要求各级人民法院牢固树立服务意识，积极适应经济发展新常态，依法稳妥处置“僵尸企业”，服务供给侧结构性改革。要根据市场化的要求建立破产重整企业的识别机制，对“僵尸企业”分类评估、分别处置；要建立破产企业重整信息平台机制，运用现代信息化手段最大限度地促进企业重整成功，促进经济资源在更广阔的范围内配置；要建立企业破产工作统一协调机制，在党委有力领导和政府相关职能部门支持下，保障处置工作有序开展、稳妥推进；要建立合法有序的利益衡平机制，依法处理好职工工资、国家税收、担保债权、普通债权的顺序和实现方式问题。

全省法院积极贯彻落实，主要从司法平台、府院联动、专业管理和金融创新四个方面深入推进市场化、法治化、常态化破产审判工作。

（一）司法平台：进一步健全和优化法院内部破产审判工作机制

1. 加强破产审判专业化队伍建设。2016年5月，最高人民法院下发《关于依法开展破产案件审理积极稳妥推进破产企业救治和清算工作的通知》，要求加快建立专门清算与破产审判庭。浙江省高级人民法院积极贯彻落实推进这项工作。截至2016年年底，全省有3家中级人民法院、12家基层人民法院设立了单独的破产审判庭。

2. 完善执破衔接工作机制，大力推进执行案件移送破产审查工作。2016年5月，浙江省高级人民法院在全国率先出台了《关于执行程序和破产程序衔接若干问题的纪要》。该纪要以贯彻民事诉讼法司法解释所确立的执行程序和破产程序衔接的原则规定为主旨，围绕破产审判工作和“基本解决执行难”的工作部署，明确执破衔接工作应遵循合法合规、协作配合、高效便捷、强化监督4项工作原则，就执破衔接工作的启动与释明、执行法院之间以及执行法院与破产管辖法院之间执破衔接工作等内容提出了工作指引。该纪要的相关内容被吸收进最高人民法院《关于执行案件移送破产审查若干问题的指导意见》之中。温州市中级人民法院在《关于执行移送破产程序的会议纪要》的基础上出台《关于执行移送破产程序的会议纪要（二）》，明确了执行移送破产的案件范围，要求优先考虑时间因素和财产因素,强调移送工作在解决执行难、促使债权人利益最大化方面的实质效果;提出了涉诉涉执查询的方式方法,分别指出了破产案件预审查阶段、立案阶段、审理阶段的债务人涉诉涉执查询的方式方法;加强了执破对接,提出了在一定条件下通过执行查控系统查控破产财产、授权执行部门继续进行资产处置相关工作,也提出了破产财产的保管方式、进入破产程序时债务人财产变价款的处置及过户手续的办理方式;强化了执行征信修复体系,明确债务人企业重整成功后,管理人函告相关法院执行部门,请求消除重整企业执行失信记录的,相关法院执行部门应予以准许并及时办理相关手续。2016 年全省法院执行案件移送破产审查案件 452 件(涉及执行案件 8307 件),共受理 390 件(涉及案件 6663 件)。

3. 加强业务交流和指导。全省法院协力强化破产审判的监督、指导和协调机制,除破产案件审理过程中对一些重点疑难问题进行共同研究外,浙江省高级人民法院和全省各中级人民法院还总结经验,适时出台业务指导文件(见表 4)。

表 4　2016 年全省法院破产业务文件汇总

浙江省高级人民法院	《关于执行程序和破产程序衔接若干问题的纪要》
	《破产案件管理人指定工作规程(试行)》
杭州市中级人民法院	《与破产有关的疑难问题的解答(一)》
	《关于确定破产案件管理人报酬的相关意见(试行)》
温州市中级人民法院	在《关于执行移送破产程序的会议纪要》的基础上出台《关于执行移送破产程序的会议纪要(二)》
	《关于通过网络司法拍卖平台处置企业破产财产的会议纪要》
嘉兴市中级人民法院	《关于规范执行案件移送破产审查的意见(试行)》
湖州市中级人民法院	《关于审理破产案件有关问题的讨论纪要》
衢州市中级人民法院	编印《企业破产实务指南》
	《关于规范执行程序与破产程序衔接工作的操作指引(试行)》
台州市中级人民法院	《关于企业破产案件简易审理规程》
	《关于执行程序和破产程序衔接工作操作规程》
舟山市中级人民法院	《关于航运、造船企业破产案件的审理指引》

2016年5月,最高人民法院公布了人民法院依法审理破产案件、推进供给侧结构性改革十大典型案例,浙江省湖州安吉县人民法院审理的“浙江安吉同泰皮革有限公司执行转破产清算案”和绍兴市中级人民法院审理的“浙江玻璃股份有限公司及其关联公司合并破产案”入选,入选数量为全国第一。

(二)府院联动:进一步完善破产审判外部环境

1. 率先在全国建立省级层面实质性运作的府院联动机制。2016年3月,浙江省政府出台《关于加快供给侧结构性改革的意见》,提出要在5年内基本实现市场出清的目标。浙江省高级人民法院以推进破产审判府院联动机制为抓手,依托浙江省促进兼并重组工作部门联席会议的工作机制,积极建言献策,推动出台府院联动的框架性文件。2016年6月,浙江省并购办联合浙江省高级人民法院等13个部门单位出台《关于处置“僵尸企业”的指导意见》,强调要运用法治思维和法治方式,充分发挥企业破产法在“僵尸企业”处置中的作用,支持法院依法独立行使审判权。该意见明确,各市、县(市、区)政府要主动与法院建立府院联动机制,积极对接最高人民法院和浙江省高级人民法院有关市场化、法治化、常态化破产审判工作的部署,落实政府的维稳属地责任及公共服务和社会管理职能。该意见还就在“僵尸企业”处置和破产审判中落实和完善税收、金融、土地管理和财政等政策问题提出了具体意见。2016年11月,浙江省并购办还出台了《关于成立省级“僵尸企业”处置府院联动机制的通知》和《推进企业破产审判从重点工作及任务分工方案》等重要文件,细化了省有关部门在法院推进破产审判工作中的公共服务职能。省级层面破产审判府院联动机制的建立和实质性运作,是深化浙江省破产审判的基础性工作。

2. 率先在省级层面实质运作府院联席制度,全省各地区破产审判府院联动机制进一步深化。我们对全省各地区2016年破产审判府院联动机制建设的情况进行了汇总,总体上,是在原来基础上有了进一步提升:一是内容更加细化、深化,如温州地区对于破产审判府院联动机制的内容进行了工商登记等方面更细化的探索;二是更多地区探索设立破产审判协调小组等协调性的机构(见表5);三是陆续出台相关文件(见表5),巩固合作成果;四是破产专项资金的设立逐步得到推广(见表6)。

表5　2016年全省部分地区破产审判府院联动机制建设情况汇总

地区	组织机构	文件
杭州市	涉众型破产案件维稳综合协调处置领导小组	—
富阳区	区防范和化解企业资金链风险协调处置组	—
建德市	涉困企业协调处置工作领导小组	《建德市加快工业企业“腾笼换鸟”“退低进高”促进经济转型升级的实施办法》
余杭区	2016年开始,余杭区成立企业破产综合处置工作领导小组,下设企业破产综合处置协调办公室	《关于专题研究企业破产综合处置工作的府院联席会议纪要》
萧山区	化解企业风险促进经济平稳发展工作领导小组办公室	—
温州市	2014年,建立企业破产处置工作联席会议制度,将市企业破产处置工作领导小组下设办公室与市处置办进行整合	2014年7月21日,温州市中级人民法院与温州市市场监管局在温州市中级人民法院举行了签约仪式并出台《温州市市场监督管理局协助人民法院执行企业破产相关登记操作规范》;7月22日,温州市中级人民法院与中国人民银行温州市中心支行联合印发了《关于贯彻落实“共同推动供给侧结构性改革　防范金融风险的合作框架协议”的会议纪要》
嘉兴市	—	嘉兴市中级人民法院与中国人民银行嘉兴市中心支行于2016年11月11日签署《关于共同推进供给侧结构性改革　防范金融风险的合作框架协议》
湖州市	湖州市企业破产处置工作协调小组(2015年)	《湖州市企业破产协调处置工作机制(试行)》
		湖州市中级人民法院与中国人民银行湖州市中心支行签订《关于共同推动供给侧结构性改革　防范金融风险的合作框架协议》

续表

地区	组织机构	文件
绍兴市	成立包括发展改革委、人力社保局、财政局等 25 个政府部门相关领导为成员的破产协调处置工作领导小组	2016 年年初正式出台了《绍兴市企业破产协调处置工作机制(试行)》
		与绍兴市中国人民银行共同起草并联合出台了《共同推动供给侧结构性改革防范金融风险的行动计划》
台州市	—	分别与 12 家相关职能部门共同制定《关于分类处置“僵尸企业”的实施意见》文件,与台州市中国人民银行制定《关于共同推动供给侧结构性改革 防范金融风险的合作框架协议》

表 6 2016 年全省各地区设立破产专项资金情况

地区	额度	文件
杭州市	500 万元	《杭州市企业破产保障项目经费管理和使用暂行办法》
富阳区	—	《破产管理人专项基金管理和使用办法(试行)》
余杭区	200 万元	《杭州市余杭区企业破产援助专项资金管理和使用暂行办法》
湖州市	两级财政拨付 1300 万元,在全省率先实现全市“全覆盖”	《管理人报酬保障和援助基金管理办法》
金华市	200 万元	《金华市市级破产基金管理和援助办法》
衢州市	200 万元工业企业破产管理人专项资金	衢州市中级人民法院会同市经信委、市财政(地税)局出台《市级工业企业破产管理人专项资金管理和使用办法(暂行)》,还与市律师协会、市注册会计师协会联合制定《衢州市管理人报酬援助资金管理规程(试行)》
台州市	市级 200 万元,椒江区、温岭市也分别设立 100 万元、200 万元破产援助资金	—

(三)专业管理:进一步加强破产管理人团队建设

1. 出台《破产案件管理人指定工作规程(试行)》,实现区域性重大破产案件竞争方式指定管理人常态化,进一步规范管理人动态管理机制。2016年5月,在总结前期工作的基础上,浙江省高级人民法院出台《破产案件管理人指定工作规程(试行)》,该规程围绕"有利于破产审判常态化推进"、"有利于管理人市场培育"、"有利于确保司法廉洁、防范利益输送"和"具有可操作性"的要求,就破产案件通过随机、竞争等方式指定管理人提出了可操作性意见。2016年6月6日该规程实施以来,截至2016年年底全省法院共38次通过竞争方式指定区域性重大破产案件管理人。

根据上述规程,浙江省高级人民法院首次引进17家来自北京、上海和江苏的优质中介机构参加省内区域性重大破产案件管理人指定的竞争。浙江省高级人民法院民二庭、司法鉴定处共同牵头完成了2016年度全省法院重点调研课题《破产管理人履职情况调研》。

2. 组织培训和专题论坛,提升管理人履职能力。浙江省高级人民法院继续依托省律师协会、省注册会计师协会的继续教育平台开展管理人培训。继杭州市余杭区人民法院、温州瑞安市人民法院会同中国人民大学破产法研究中心举办第一届、第二届"中国破产法论坛"的专题研讨后,浙江省高级人民法院还推动省律师协会召开造船、航运企业破产法律问题专题研讨会,省内外的破产管理人机构积极参与,就造船、航运企业破产案件审理中的常见法律疑难问题展开深入研讨,并形成了相关的案件审理指引等成果。

3. 加强破产管理人行业自律。为构建管理人交流平台,加强行业自律建设,在相关中级人民法院指导下,温州、绍兴和杭州等地陆续成立了管理人协会(或互助会)。协会主要承担以下职责:(1)反映会员诉求,维护会员权益;(2)搭建平台,加强信息沟通,开展业务培训;(3)代表全体破产管理人协调各级法院、司法行政、财税机关及其他相关部门的工作等。

(四)金融创新:进一步探索破解破产企业的融资"瓶颈"

1. 积极探索破解重整企业信用修复难题。破产重整企业的融资问题始终是困扰破产重整进程的重要因素,这一问题又细分为两个方面:一是重整过程中的融资问题,二是重整成功后的企业信用修复。2016 年 10 月,浙江省高级人民法院与中国人民银行杭州市中心支行签署《关于推动供给侧结构性改革防范金融风险的合作框架协议》,框架协议对强化信息共享、打击"逃废债"、推动企业财产执行、解决企业信用修复难题、提升金融机构参与破产程序积极性、优化破产审判金融环境、深化"点对点"网络查控机制等明确了意见。温州市中级人民法院与中国人民银行温州市中心支行联合印发《关于贯彻落实"共同推动供给侧结构性改革 防范金融风险的合作框架协议"的会议纪要》,就完善重整企业信用修复机制问题专门明确,对于重整成功后需要对其信用记录进行修复的企业,中国人民银行温州市中心支行应根据管理人提出申请并由法院出具相关函件的情况下通过添加"大事记"或"信息主体声明"等手段对企业的重整情况进行说明;债务人企业重整计划经人民法院裁定批准且债务清偿执行完毕后,中国人民银行温州市中心支行将及时协调相关商业银行按照程序重新上报债权债务关系,征信系统内原信贷记录将展示为结清状态,对于企业重整程序的顺利推进意义重大。

2. 破产财产网络司法拍卖试点推进。从广义上看,破产程序中的融资问题既包括重整企业的融资,也包括清算企业的财产处置。在执行程序拍卖的基础上,浙江法院探索推进破产财产的网络司法拍卖。据淘宝网统计,2016 年 4 月至 2017 年 4 月,全国 11 个省份 103 家法院在淘宝进行破产财产的网络司法拍卖,成交标的数约 600 件,成交金额 60 亿元,成交标的平均溢价率 52.23%。

三、破产审判工作中存在的问题

2016 年,全省法院审理破产案件过程中,一些多年来持续存在的问题依然没有得到妥善解决,比如,关联企业合并破产的程序和实体问题,破产程序中的刑民交叉问题,因财务账册不清、股东等不配合而导致的债务人企业资产清理难题,破产程序中税费负担成本过高问题等,随着破产案件数量逐年上升,这些问题更加突出。还有一些问题本来没有显现或者说不太突出,但因为破产案件受理数量上升、执行移送破产审查工作推进等因素而逐渐显现。

1. 破产案件受理标准低、审理难度高、审理力量不匹配、相关制度不配套的矛盾更加突出。2016 年是中央推进供给侧结构性改革的攻坚之年,也是最高人民法院大力推进破产审判、多措并举的一年。最高人民法院下发《关于破产案件立案受理有关问题的通知》,强调“不得在法定条件外设置附加条件,限制剥夺当事人的破产申请权,阻止破产案件立案受理”。浙江法院积极贯彻落实最高人民法院和省委、省政府的工作部署,依法审查受理破产案件,全年共受理849件,占到全国法院的15%。但是,破产案件审理过程中的诸多难题均未破解,从法院内部说审理力量不匹配、绩效考核不配套;从法院外部说,相关制度如税收等难题依然存在,导致破产案件未结案数大量增加。2015年年底全省法院破产案件未结案数699件,2016年年底上升到1121件,增长60%。绍兴市中级人民法院就反映,在债权人提出破产申请的情形下,对一些符合破产案件受理条件,但又涉及大量职工安置、有群体性信访隐患的破产申请,如何既坚持依法受理又做好维护社会稳定工作,是考验司法智慧的难题。

2. 破产衍生诉讼增加与破产程序协调和衔接的问题更加突出。随着破产案件受理数量的增加,破产衍生诉讼增长的幅度更大。破产衍生诉讼案件的审理进程、审理结果与破产程序的协调和衔接成为一个需要重点关注的问题。嘉兴市中级人民法院反映,如桐乡市人民法院受理的“浙江凯旋万豪置业有限公司破产清算案”“浙江德美彩印有限公司破产清算案”,均涉及大量衍生诉讼,主要包括买卖合同、确认债务人行为无效、撤销权、抵销权、债权确认之诉、取回权纠纷等,其中“浙江德美彩印有限公司破产清算案”共审结衍生诉讼24件,为破产企业挽回损失7600万元;但同时,由于较多案件经过一审、二审方能结案,严重影响破产案件的审理进程。

3. 破产案件简易审理的需求将更加突出。随着破产案件受理数量的增加,破产案件的差异性将表现得更加明显,既有资产达上亿元甚至几十亿元、债权债务关系复杂、债权人数众多的重大破产案件,又有大量“无资产、无人员、无账册”的“无产可破”破产案件。而在法律制度上,只有一部统一的《企业破产法》,其规定的受理、指定管理人(受理同时)、通知已知债权人并予以公告(裁定受理之日起25日内)、管理人接管、债权申报(自发布受理破产申请公告之日起计算30日至3个月)、召开债权人会议(债权申报期限届满之日起15日)等程序对于所有进入破产程序的企业法人一体适用,并没有简易程序的规定。破产案件受理数量的增加、破产案件的差异性与破产程序的统一性之间的矛盾将更加突出。

4. 执行程序与破产程序的衔接需求将更加突出。随着执行移送破产审查工作的进一步推进和制度的完善,执行移送破产审查案件量将大幅上升。如何更好处理执行程序与破产程序的关系已经成为破产理论和实务的重要课题。比如,对于债务人企业财产查控的问题,管理人接管债务人企业后,需进行财产状况调查,但在实务中困难重重。而执行部门的网上查控系统实际上可以解决管理人很大一部分的调查工作。如何有效借助执行的网上财产查控系统破解破产案件财产查控的难题,需要深入探讨。再如,网络司法拍卖的问题,最高人民法院的执行网拍规定没有考虑破产案件的特殊性,有些案件的评估可能比较复杂,但评估价值不一定高,如公司股权评估。债权人会议认为不需要评估而委托网拍,但执行部门认为按网拍规定,必须先由法院从名录中选取评估机构进行评估,否则不予受理网拍。这实际上加大清算工作负担,增加了清算成本。

5. 进一步加强对管理人的个案和常态监督、考核的需求将更加突出。《企业破产法》第 27 条规定,管理人应当勤勉尽责,忠实执行职务。但破产案件办理周期较长,有些工作无法量化,且尚缺乏常态的管理人工作评价机构和评价体系,债权人会议制度也较松散,如何监督管理人是否勤勉工作,需要有一个相对客观的管理评价机制及奖惩退出制度。随着破产案件数量的大幅增加,这一需求将更加突出。

四、下一步重点工作安排

随着破产案件受理数量大幅增加,破产审判中的各类问题将更集中、更突出,2017 年是破产审判迎难而上的一年,机遇与挑战并存。按照浙江省高级人民法院党组的统一部署,浙江法院在原有工作基础上,继续重点推进以下几项工作。

(一)深入、细化推进府院联动机制

银行解除查封、破产程序中的税收优惠、工商注销登记、破产程序中的股权变更登记等问题,都属于相关法律与《企业破产法》的对接问题,需要通过顶层设计和优化管理人履职的外部政府公共服务职能予以逐步解决。在供给侧结构性改革和依法处置“僵尸企业”工作深入推进的背景下,相关政府部门愈来愈认识到破产审判工作的重要意义。在前期大量工作的基础上,浙江依托省促进企业兼并重组工作部门联席会议机制,已经出台《关于处置“僵尸企业”的指导意见》

和《推进企业破产审判重点工作及任务分工方案》,在责任分解方案中,对于成立破产管理人基金、加大破产企业税收支持、简化破产企业工商登记等均有明确的任务和落实责任单位。浙江已经率先在省级层面实质运作破产审判的府院联席制度,全省各地区破产审判府院联动机制进一步深化。但是,全省各地区这项工作推进程度还有较大差别,有的地区还刚刚建立,有的地区已经在合作框架基础上深入破产审判的具体问题的对接,如温州。下一步,这项工作要继续与省并购办"僵尸企业"处置工作对接,边试点,边成熟、复制、推广,在县(县级市)或市试点可行的方案,适时在省级层面推广,降低制度运行成本,提高效率。

(二)大力推进破产财产网络司法拍卖

执行程序中的网络司法拍卖与破产程序中破产财产网络拍卖法律行为性质不同,前者是法院自行拍卖的一种公法行为,后者为管理人通过网络平台进行拍卖的私法行为。这就产生以下区别:(1)前者不适用拍卖法的规定;后者原则上应适用拍卖法的规定。(2)人民法院已按规定对拍卖标的的相关信息予以公示和特别提示,且在拍卖公告中不能保证拍卖财产真伪或者品质的,不承担瑕疵担保责任;破产程序的网络拍卖出卖人原则上应承担瑕疵担保责任。(3)前者拍卖成交后买受人悔拍的,交纳的保证金不予退还,但原则上不承担前后拍卖差价的赔偿责任;后者拍卖成交后买受人悔拍的,除交纳的保证金不予退还外,原则上还应承担前后拍卖差价的赔偿责任。(4)前者只能降价两次,两次拍卖流拍的,进行变卖;后者原则上不受两次拍卖的限制。下一步,我们将考虑适时修改《关于企业破产财产变价、分配若干问题的纪要》,或者单独制定破产财产网络司法拍卖的业务指导文件,大力推进破产财产的网络司法拍卖。

(三)修改《破产管理人指定工作规程(试行)》,重点完善管理人动态管理机制

在总结竞争方式指定管理人工作经验的基础上,浙江省高级人民法院已经于 2016 年 5 月出台了《破产管理人指定工作规程(试行)》。前已述及,到 2016 年年底,已经按照新规程开展了 38 次竞争方式指定管理人工作。浙江省已经建立了一支在数量上居于全国首位的管理人队伍和管理人分级制度。但是,作为管理人制度的重要内容之一的退出机制成为管理人制度的短板。下一步,将结

合全国法院重整案件信息平台运行和浙江省破产审判信息化工作的推进，着力完善管理人的履职报告制度、完善债权人会议和法院的管理人评价机制，以这些内容作为管理人评价的重要依据，逐步完善管理人动态管理机制。

附件：

2016年浙江法院破产审判十大典型案例

一、“温州庄吉集团有限公司等4家公司合并破产重整案”

【受理法院】温州市中级人民法院

【关键词】合并审理；程序联动；营运价值维持；债权人知情权保障

【基本案情】庄吉集团有限公司、温州庄吉集团工业园区有限公司、温州庄吉服装销售有限公司、温州庄吉服装有限公司（以下合称庄吉服装系公司），为民营企业庄吉集团旗下的4家关联公司。庄吉集团有限公司因运营庄吉服装品牌而闻名全国，由于投资造船业失利而陷入债务危机，牵连其服装业务。温州市中级人民法院于2015年2月27日分别裁定庄吉集团有限公司、温州庄吉集团工业园区有限公司、温州庄吉服装销售有限公司重整，并指定管理人。因庄吉服装系公司系同一实际控制人控制下的关联企业，且核心资产均为庄吉服装品牌及相关资产，程序上法院在审理时采取同一合议庭、指定同一管理人、债权申报期限和债权人会议等同步进行的方式处理；实体上，对于进入重整程序前已经合资设立的品牌经营公司，在重整程序中维持该公司相对独立的运营；重整计划根据重整投资者收购核心资产的范围，确定庄吉服装系公司合并重整，部分由投资者承接，部分清算的重组模式。该案申报债权19亿余元，经由重整，普通债权清偿比例从0.65%提升至5%以上，实现资产价值最大化，维持延续了“庄吉”这一民族品牌，获得债权人的高度认可。

1. 同一实际控制人控制的不同产业的公司分别破产，联动审理。

庄吉系列公司主营业务分别为服装业务和造船业务。鉴于两项业务关联度极低，人民法院在受理破产重整案件时，就对两大主营业务所涉公司分别实施重整。即对与服装产业相关的关联公司指定同一管理人、同步开展债权申报和债权人会议的模式，对于造船业务相关的关联公司则另行指定同一管理人、同步开展债权申报和债权人会议的模式,并且两大产业的系列公司由同一合议庭审理,以利于案件的联动审理,共同推进。

2. 涉及商业判断的主营业务维持方案,通过债权人意思自治来形成判断作出决策。

庄吉西服的品牌在西服业内具有相当知名度。为维持品牌价值,庄吉公司进入重整程序前,曾与第三方合资设立品牌经营公司相对独立运营。这一运营模式客观上有利于庄吉品牌价值与核心业务的维持。债权人曾对该公司的设立和运营是否存在低价处置资产事项等存在疑问,如简单采取诉讼方式解决,可能不利于该品牌经营公司的有效运营。对此,人民法院指导管理人就此问题展开利弊分析,经由债权人委员会扩大会议讨论的方式形成了业务经营继续维持,股权价值继续与合作方谈判的方案,使该品牌经营公司在重整期间未曾中断,保持相对独立性,有效避免客户订单流失、品牌美誉度降低等风险,并取得了较好的盈利。

3. 重整投资者引进事宜引导债权人全程参与,使曾竭力反对重整的金融机构债权人高度认可重整方案。

在投资者引进过程中,法院指导管理人注重信息的公开以及随时保持与债权人的沟通,无论是意向投资者的征集、投资者招募方案的确定,还是投资者谈判进程的推进、重整投资者的选定和报价方案的确定,都做到债权人的全程参与和全面介入。特别是重整投资者的报价方案,管理人先征求主要债权人意见,邀请债权人代表参与谈判,并借助债权人引荐投资者所提供的报价方案,促成与现有投资者最终重整报价方案的确定。正是相关金融机构债权人在重整程序中的全面参与,使重整程序启动前曾竭力反对庄吉公司破产重整的金融机构债权人,转而积极认可和支持提交债权人会议讨论的重整计划草案。

二、“浙江远洋运输股份有限公司破产清算案”

【受理法院】杭州市中级人民法院

【关键词】国有企业破产;职工安置;外籍船舶处置

【基本案情】浙江远洋运输股份有限公司(以下简称远洋公司)系浙江省成立最早、规模最大的国际航运企业。2008年国际金融危机以来,因国内外航运市场持续低迷,该公司陷入严重经营困境,成为典型的“僵尸企业”。根据中央和浙江省委、省政府要求,2016年5月开始,浙江省交通投资集团有限公司(以下简称交投集团)对水运板块进行改革重组,计划让下属远洋公司、温州海运、台州海运3家企业进入破产清算程序。2016年7月20日,交投集团作为债权人向杭州市中级人民法院提出对远洋公司进行破产清算的申请。2016年7月28日,杭州市中级人民法院裁定立案受理交投集团的申请,并于当日通过竞争方式指定管理人。远洋公司债权人共14家,债务金额达109亿元,涉职工290人、持股职工233人。2016年9月23日,法院主持召开第一次债权人会议,会议表决通过《破产财产变价方案》《债务人财产管理方案》。2016年10月25日,裁定宣告远洋公司破产。2016年11月16日,远洋公司职工安置工作基本结束。2017年1月17日,实际属远洋公司资产的12艘外籍远洋船舶全部处置完毕并向收购方交付。至此,远洋公司破产清算案的重点、难点问题基本解决。总体上,程序推进平稳、有序、快速,效果良好。

【重点工作】一是积极争取垫款偿付职工债权,灵活实现妥善安置。杭州市中级人民法院始终将职工安置事务作为重中之重。案件受理前即加强与远洋公司及其主管单位交投集团的沟通、协调,指导制定可行的职工安置预案。为使职工安置能顺利进行,尽可能减少维稳压力,以安置方案为基础,远洋公司上级主管单位交投集团垫付资金,在破产宣告后破产财产分配之前即先行对职工债权进行清偿,以确保职工安置平稳完成。对垫付款债权,则按职工债权地位对待。这一处理思路,在合法合理的基础上,较好地把握了原则性和灵活性的统一。二是立足保值、安全、效率,破解外籍船舶处置难题。根据国际航运实际需要,远洋公司通过在我国香港特别行政区设立全资子公司浙江远洋(香港)有限公司,再由浙江远洋(香港)有限公司在巴拿马设立多家单船公司方式,实际持有12艘大型巴拿马籍远洋船舶。各单船公司在融资过程中签署的贷款协议分别适用了英国法律与我国香港特别行政区法律,并配套了复杂各异的担保形式,船舶上设立抵押,远洋公司均为保证人。远洋公司破产清算程序中,与各船舶有关的债务,债权人银行均根据协议约定向远洋公司申报了债权。故该12艘大型远洋船舶的处置必须与远洋公司破产清算程序同步推进。在决定选择何种处置路径、何种变价方式之前,从经济利益、安全维护、船员稳定等各角度进行分析后,第一次债权人会议之前,决定由债务人远洋公司继续营业,让船舶继续航行而不是停泊港口待售。尽管航运市场下行波动剧烈,但远洋公司继续营业基本实现了财务收支平衡,较好地维护了船舶的资产价值和全体债权人的利益。在保全船舶资产价值前提下,管理人对各单船公司的登记设立资料、船舶的建造、船舶的融资等方面进行深入调查和研究,并向香港特别行政区律师、巴拿马律师分别就在英国法律、我国香港特别行政区法律下船舶处置的债务清偿问题、巴拿马单船公司法律规制和船舶资产归属问题进行意见咨询。后经反复论证、再三权衡认为,如否认浙江远洋(香港)有限公司、各巴拿马单船公司法人人格,将12艘外籍船舶统一纳入远洋公司破产财产范围内进行处置,则将涉及中国内地、香港特别行政区、巴拿马三地司法程序,法律效果上存在极大不确定性,且会产生极高的时间成本与司法成本,不利于破产清算程序的推进,而同时,国际航运市场行情持续低迷,二手船舶价格不振,如不能及时处置,12艘船舶变现价值存在进一步降低的可能。为维护远洋公司全体债权人的利益及船舶抵押权人的利益,杭州市中级人民法院指导管理人加快推进船舶处置程序,并确定以单船公司作为处置主体,按照国际船舶交易惯例进行船舶处置的路径。按照这一路径,巴拿马单船公司授权管理人处置该12艘船舶,管理人采取公开市场询价并通过船舶经纪人与买家之间居间磋商的国际二手船舶交易惯例进行变价。距远洋公司被破产宣告后不到3个月,这些船舶即处置完毕,远洋公司破产清算案中的资产处置难题破解。

三、“湖州港城置业有限公司破产清算案”

【受理法院】湖州市吴兴区人民法院

【本案要旨】房地产开发企业破产案件面临一些共性问题,如购房者权益保障,购房者、有财产担保债权人、工程款债权人等权利顺位冲突,已签订的商品房买卖合同及按揭贷款合同处理问题。(1)对于购房者,遵循最高人民法院《关于建设工程价款优先受偿权问题的批复》的基本精神,审查其“生存权益”的存在与否,有“生存权益”的购房消费者将获得优先于有财产担保债权人、工程款债权人的清偿顺位。(2)对于工程款债权人,依据施工合同约定的支付进度,审查其支付期限和数额,对于施工单位协助开发商或其股东套取开发企业资金特别是商品房预售监管资金的,则其不得主张未实际获得工程款,其应对自身过错承担惩罚性后果。(3)对于开发商股东,关注其注册资本到位情况,对股东中有非银行金融机构的,重点审查其投资性质,如果此种机构通过股权变更登记、企业监管等方式使第三人产生合理信赖的,不得依据其与开发商之间的隐蔽交易和合同约定,对抗第三方和其他债权人的合法权利。

【基本案情】湖州港城置业有限公司(以下简称港城置业)成立于2009年8月28日,注册资本为1.8亿元。港城置业主营业务为房地产开发经营,开发楼盘“凯旋国际”。凯旋国际前期开发投入即对外巨额融资,财务成本极高,港城置业可售房源1233套,在工程停建时已经签订预售合同1091套,除近600套属于正常销售外,其余部分均为借款提供担保或以房抵债形式,港城置业已经缺乏后续资金来源完成工程建设并交付房屋,公司运营陷入停滞状态,法定代表人也因涉嫌非法吸收公众存款罪被采取强制措施。2015年8月4日,湖州市中级人民法院裁定受理“港城置业破产清算案”,后指定吴兴区人民法院审理。港城置业第一次债权人会议于2015年11月15日召开,包括购房消费者等群体在内700多家债权人参加会议,会议表决通过的《破产财产变价和分配方案》,港城置业开发的凯旋国际整体资产经过3次拍卖,最终以4.68亿元成交。拍卖成交后,吴兴区人民法院依法作出过户裁定并向国土部门发出协助执行通知书,办理资产移交、过户工作。拍卖成交后不足2个月,该楼盘已经重新开工,成为房地产开发企业破产、烂尾楼处置的成功案例。该案近600户购房消费者自主决定是否继续交房,1/3选择退还全部购房款项,2/3选择继续和新的接盘方重新签订新的商品房买卖合同。

【典型意义】该案债权类型几乎囊括了房地产开发企业所能遇及的各种类型和情况,包括购房者、工程款债权人、金融机构债权人、民间借贷债权人。购房者中又涉及正常购房、以房抵债、以商品房买卖合同作为担保、假按揭等情形;工程款债权人涉及商品房预售资金监管、工程款债权人主体认定等问题。在该案中,坚持“生存权益”第一位保障的原则,审查购房消费者的标准包括商品房买卖合同签订、不属于抵债或担保等。购买凯旋国际非住宅房屋的购房者不属于购房消费者范围。涉及以房抵债或以商品房买卖合同作为担保的情形,无论是以房抵债还是以商品房买卖合同作为担保,既是当事人之间的意思自治,也需考虑开发商破产清算的客观现实,在港城置业进入破产清算无法继续建设交房的情形下,涉及的此类商品房买卖合同仍按照基础的借款、担保、工程款等法律关系审查认定。港城置业的股东之一新华信托股份有限公司,主张“名股实债”并申报债权,但一方面相关协议的内容和履行都证明其属于港城置业股东,另一方面即使港城置业和新华信托有“名股实债”相关约定,但此种内外有别、名不副实的交易模式不能侵害第三人、其他债权人的合理信赖,吴兴区人民法院一审判决新华信托的债权主张不成立。民间借贷债权人方面,在公安机关前期调查的基础上,确定了无论是否被纳入刑事案件,无论是否以个人名义借款(资金投入公司之间),无论是否进行以房抵债,均按照"损失额"标准审查认定债权。资产处置方面,对港城置业开发的凯旋国际的土地使用权和在建工程款进行了整体处置,使与意向投资者的交接标的、税费政策、场内工程余料等都有明确的切割、分担。

四、"谛航集团有限公司破产和解案"

【受理法院】舟山市中级人民法院

【关键词】破产审判工作前置;关联公司替代性破产;担保债务置换;庭外重组;债权银行委员会

【背景事实】谛航集团有限公司的关联企业——浙江天禄石油天然气有限公司、舟山中际化工有限公司及浙江天禄能源有限公司(以下合称天禄能源公司)是以从事石油储运、物流为主营业务的油品、化工品仓储企业。公司库区位于舟山市本岛西部岑港镇马目,建设总库容296.4万立方米及码头等配套附属设施,项目已列入浙江省"十二五"能源发展规划,发展前景看好。但天禄能源公司的负债规模过高(自有负债28亿元,对外担保负债则高达64亿元),对外担保的64亿元负债中,因主债务人盈利能力薄弱,已无力支付贷款利息。

经由多方努力,专业从事石油仓储投资的国际知名财务投资者Global Terminal Holding(China)Limited(以下简称宝星资本,总部位于澳大利亚)愿意在天禄能源公司对外担保负债剥离的前提下,向天禄能源公司的境外母公司Tyloo Oil & Gas International Holdings Corporation(以下简称开曼公司)注资入股8.829亿元人民币,取得约40%的股权,并愿意后续引进境外融资,推进项目二期建设。按其投资预案操作,天禄能源公司的资产总价值将达到人民币49亿元,远超出境内投资者给定的收购价格。在初步意向沟通后,该投资者引进事宜得到了众多债权人的认可和支持。

【审理经过】

一是法院破产审判工作前置,工作组引进专业团队化解"僵尸企业"处置难题。天禄能源公司自爆发债务危机后,舟山市委、市政府高度重视,特别成立了工作组。针对意向投资者给出的较高报价方案以及设定的前置条件,舟山市中级人民法院将部分工作前置,对于处置中面临的专业性问题建议工作组引入专业的破产团队进行处理。专业律师团队介入后,针对天禄能源公司的客观状况,以确保担保债权银行利益不受损、置换担保条件不弱化为前提设计了多套方案,在反复征求主要债权人意见,形成了通过天禄能源公司的关联企业即谛航集团有限公司作为担保置换平台公司来完成天禄能源公司债务重组工作的总体方案。

为顺利引进投资者,更好沟通协调债权银行,工作组推动组建了天禄能源公司债权银行委员会,共同商讨天禄能源重组方案。当主要债权银行就重组方案达成原则性共识后,谛航集团有限公司向舟山市中级人民法院提交了破产和解预登记的申请。在预登记期间,对律师团队设计的重组预案进行了反复的沟通、讨论,工作组还分别向省银监局、省金融办和宁波市银监局、宁波市金融办协调沟通,召集各家银行的省级分行领导共同研讨重组预案,进一步细化完善方案。

二是庭外谈判与庭内和解并行,庭外重组确立预案,破产和解锁定方案。2016年8月中旬,宝星资本的8.829亿元资金如约打进共管账户。在债权银行委员会的支持下,谛航集团有限公司于2016年8月24日向舟山市中级人民法院提交了破产和解申请,基于前期预登记程序中,舟山市中级人民法院已经参与了部分债权银行的沟通会,经依法审查后,在2016年9月2日裁定受理了“谛航集团有限公司破产和解案”。由于该案所涉主要债权人均为金融机构,涉案标的金额巨大,均涉及向上级行乃至总行报批的问题。舟山市中级人民法院组建了以分管副院长为审判长的合议庭,同时协调管理人和债权银行倒排工作计划(第一次债权人会议时间定于2016年10月9日),快速推进内部报批流程,争取在最短时间完成内部审批流程并通过和解协议。

2016年9月30日,天禄能源公司的债权银行委员会召开会议,经由出席会议的债权银行代表表决,2/3以上的债权银行投了赞成票,表决通过了天禄能源公司债务重组方案,确立了以谛航公司作为担保债务置换平台,并以实际控制人控制的BVI公司对天禄能源公司的分红收益等权益质押保障天禄能源担保负债的总体方案。该次会议上,由于部分债权银行尚未完成总行报批流程,经由部分债权银行的申请,舟山市中级人民法院同意将债权人会议延后至2016年10月12日召开。

2016年10月12日,第一次债权人会议召开,16家债权人中的14家债权人委派代表出席了会议,该次会议表决通过了谛航集团有限公司的和解协议。舟山市中级人民法院经审查,于2016年11月3日裁定认可了谛航集团有限公司的和解协议。

【工作实效】从案件受理到裁定认可“谛航集团”的和解协议,仅仅用时62天。一是通过模拟破产清算方式确立重组方案,债权人利益得以最大化。充分运用多种担保物权创设手段,全面保障债权银行权益。比如,应收账款及分红款质押的设定,股权转让款的转让,分红路径及分红资金的监管等措施的安排,这些都为和解协议的通过及后续的执行提供了有力保障。二是通过关联企业重组,困境企业营运资产得以有效保留。发生债务危机的天禄能源公司从始至终没有进入破产保护程序,使企业避免了进入破产程序对生产经营及投资者引进的不利影响。三是推进了全市不良贷款压降,化解“两链”风险。天禄能源公司担保债务高达64亿元,对全市不良贷款压降、改善全市金融生态环境影响重大。

五、“浙江昌达实业有限公司破产重整案”

【受理法院】庆元市人民法院

【关键词】府院联动;债权人利益最大化;争取银行债权组最大让利;化解“两链”风险;设立破产援助资金

【背景事实】浙江昌达实业有限公司(以下简称昌达实业)成立于2008年10月14日,坐落于浙江省庆元县菊水工业园区,注册资金5000万元,厂区占地面积103亩,系庆元县重点工业企业。公司经营范围为机制纸及纸板制造,纸制品、纸箱制造、销售等。近年来,由于公司盲目扩大投资,经营管理不善,于2015年9月全面停产。据审计报告显示,公司已资不抵债,凭自身能力无法恢复生产。昌达实业涉及债权人312户、联保企业17家,处置不当极易引发工人失业、信访维稳、“两链”断裂等诸多后续问题。昌达实业遂于2016年1月20日以资产不足以清偿全部债务为由向庆元市人民法院提出重整申请,2016年1月28日,庆元市人民法院依法裁定受理“昌达实业破产重整案”并指定管理人。

【审理经过】一是建立长效联动机制。推动建立由法院、发改、工商、公安、财政、人社、国土、住建、银行业金融机构等20余家单位参与的企业破产处置工作联席会议制度,成立“两链”风险防范和企业帮扶解困工作领导小组,形成法院、管理人、政府工作组随时沟通机制。二是争取党政支持与帮扶。推动县政府出台针对性的“一企一策”帮扶政策,包括拨付资金补助管理人报酬、补助法院办案经费、给予昌达实业连续3年产业扶持奖励。推动党委、政府4次出台专题会议纪要,协调解决税收、环保、联保等实际问题。三是引进战略投资者。在党政支持下,企业先后与龙游、温州、台州、富阳等地5个投资团队商谈合作方案,最终浙江方圆纸业有限公司同意以合作经营模式参与昌达实业破产重整。四是把握时机,缩短审理期间。“昌达实业破产案”有两个重要时间节点:一为必须于2016年3月31日前缴清昌达实业欠税、恢复纳税信用等级;二为需推动重整计划草案尽早经债权人会议表决通过,促使投资方提前入驻恢复生产。在多方努力协调下,企业在规定时间内缴清了欠税款,将纳税信用等级恢复到B级,重新获得资源综合利用退税政策享受资格。同时,在不到两个月时间内,政府工作组、管理人逐一走访分布在福建、江西等13个省份的175位普通债权人,疏导情绪、分析利弊,争取获得理解支持,并在此期间完成了公司资产核查,各债权组债权申报、审核、确认及重整计划草案拟订等工作,从而在2016年3月22日召开的第一次债权人会议上,使税收债权组、职工债权组、普通债权组均表决通过了重整计划草案。五是争取银行债务组最大让利。破产团队20余次与各债权银行及其市分行、省分行、总行谈判协商,争取到企业在重整计划执行期间不偿还贷款本金、只支付利息,贷款利率则按中国人民银行同期贷款基准利率计算,推动了银行债权组一致表决通过重整计划草案,促使庆元市人民法院能于2016年6月16日裁定批准昌达实业重整计划并终止昌达实业重整程序。六是化解企业互保难题。涉及与昌达实业互保的企业有17家,其产值占全县工业产值的26.5%,税收占全县工业税收的16.74%,工人占全县工业就业人数的18.31%,互保金额约为1.39亿元,面对如此形势,争取县委、县政府出面协调,并形成专题会议纪要,避免互保企业因担保追偿而关停倒闭。

【工作实效】“昌达实业破产重整案”仅召开一次债权人会议,用时139天即成功审结丽水市首例工业企业破产重整案件。一是促使312户债权人在内的各方当事人利益最大化,实现税收债权、职工债权一次性100%清偿,普通债权5年受偿率从0提高到40%,银行债权保本收息,最大限度地减轻企业财务负担。二是信访苗头隐患被逐一化解,集资户、供货商、工人息诉罢访,维护社会稳定。三是成功阻断了“两链”风险向与其互保1.39亿元的17家规上企业蔓延扩散,避免引发地方金融经济断崖式衰退。四是昌达实业得以轻装上阵,提前恢复生产,自5月恢复生产以来,生产经营状况良好。

六、“义乌市丹溪酒业破产重整案”

【受理法院】义乌市人民法院

【工作亮点】破产重整程序与政府招商政策的结合;大型债权人会议中报到、统计、选举、表决等环节的委托公证;大规模民间借贷债权人的应对

【背景事实】义乌市丹溪酒业有限公司(以下简称丹溪酒业)是国内唯一一家专业生产红曲酒的企业,也是义乌市唯一一家“中华老字号”企业,拥有红色红曲霉菌株丹溪－1、2、3号等多项发明专利。由于该公司长期依靠举债经营,加上销售业绩下滑,固定资产投入过大,导致公司资金链断裂。2015年年初以来,相继有50余名民间借贷和金融借贷债权人向法院提起诉讼。上述判决生效后相继进入执行程序,丹溪酒业的大多数资产被法院查封,面临被拍卖的风险。

【审理经过】2015年12月25日,丹溪酒业以资产不足以清偿全部债务为由向义乌市人民法院申请破产重整。2016年1月23日,义乌市人民法院裁定受理丹溪酒业破产重整申请,并指定管理人。丹溪酒业经审查确认有675家债权人,债务金额1.3亿元,其中最大的债权群体是民间借贷债权人,涉及571人,0.86亿元。民间借贷债权人中老年人比例高,其中60岁以上的就有367人,75岁以上的有94人,年纪最大的已经91岁。这些债权人基本上是农民,文化程度低,其中还有部分残疾人。用于出借的款项多是债权人一辈子积蓄。大部分债权人对破产缺乏了解,其中破产重整受理前已进入执行程序的民间借贷债权人抵触情绪特别大。针对上述情况,义乌市人民法院以债权人会议和重整投资人的招募作为破产重整审理工作的两个中心,在细节上下功夫,让债权人切身参与到破产重整工作中。温馨提醒债权人参会时间、交通方式、携带证件等注意事项;事先送达授权委托书,方便年老体弱的债权人委托他人参会;印制会议说明,让债权人事先了解会议要解决的问题;加强对信访对象的会前沟通稳控。同时,在债权人会议中创新增设了方言释法的环节,精心挑选业务能力强、经验阅历丰富、长期在基层工作、能娴熟讲义乌土话的法律工作者,用义乌方言为债权人释法宣传,宣讲开好债权人会议的意义,讲解破产重整的好处,解释重整计划中的关键内容等。此外,为了保障全体参会人员的人身安全,减少意外伤亡损失,义乌市人民法院专门为两次债权人会议向中国人民财产保险股份有限公司投保了公众责任险。为了提高债权人会议的效率,增强选举和表决结果的公信力,委托义乌

市公证处对债权人会议的报到、发票、投票、收票和计票环节进行现场公证，使债权人会议的计票环节可以安排在另外的场所进行，实现与债权人会议的其他议程同步进行。第一次债权人会议后，义乌市人民法院督促管理人多渠道发布投资人招募公告，吸引了中酒泰富（北京）投资有限公司、浙江森宇实业有限公司和济南红高粱酒业有限公司等实力企业正式报名。在义乌市政府现有招商政策的基础上，积极向市政府争取最大限度的优惠政策，将丹溪酒业的破产重整和市政府的招商引资工作进行有机结合，利用招商引资的优惠政策增加重整丹溪酒业的"外在价值"，历经数月谈判，管理人最终与中酒泰富（北京）投资有限公司签订了重组协议，并制定了重整计划草案。第二次债权人会议前，督促管理人积极引导银行及税务部门提前完成内部审批。2016年11月23日，丹溪酒业第二次债权人会议分组表决通过了重整计划草案。2016年12月5日，义乌市人民法院裁定批准重整计划。

【重整实效】根据丹溪酒业重整计划，丹溪酒业有财产担保债权、劳动债权、税收债权都全额清偿，普通债权的清偿率从破产清算情况下的39.5%提高到100%，开创了破产案件普通债权清偿率的新纪录。丹溪酒业的重整成功，盘活丹溪酒业现有资产8000余万元，让675名债权人获得全额清偿，同时投资人还承诺将投入10亿元用于扩大重整后丹溪酒业的经营规模，实现了政府招商、百姓民生、企业发展、社会稳定的多赢结果，显示出破产重整制度在破解"僵尸企业"过程中所起到的"点石成金"的作用，积累了宝贵经验。

七、"浙江鼎盛交通建设有限公司破产重整案"

【受理法院】绍兴市越城区人民法院

【关键词】建筑企业重整；债务人自行管理财产和营业；竞争方式引入投资者

【背景事实】浙江鼎盛交通建设有限公司（以下简称鼎盛公司）成立于2001年6月21日，注册资本为22,088万元。公司经营范围：交通工程建设、市政工程、隧道、堤坝、码头工程建设，公路、桥梁加固维修、养护；房屋建筑工程施工；交通安全设施制造安装、公路绿化等。2015年4月15日，鼎盛公司以企业经营状况恶化、陷入担保危机为由请求绍兴市人民政府进行企业帮扶。2015年5月19日、7月2日，市帮扶办召集越城区政府、市银监局及相关单位召开协调会。2015年11月25日，鼎盛公司以不能清偿到期债务、明显缺乏清偿能力为由向绍兴市越城区人民法院提出重整申请。2015年12月14日,法院裁定受理同时指定管理人,之后根据鼎盛公司的实际经营状况确立采用在管理人监督下,债务人自行管理财产和营业的模式。

【审理经过】案件受理后法院高度重视,确定案件承办人与管理人、管理人与债务人每周一次例会的工作机制。(1)确定工程财产独立于公司运作的方案。鼎盛公司是具有公路一级资质的建筑企业,重整涉及债权人、债务人、职工、实际施工人、民工等众多当事人的利益。重整中牵涉的工程达46个,其中8个在建工程、38个缺陷责任期工程。上述工程分布在全国5个省份,其中省级工程12个、市级工程20余个,且多为市政工程。法院充分认识到保护实际施工人利益的重要性,若前述"8+38"个工程的实际施工人被定性为普通债权人,其债权必然不能足额受偿,直接影响实际施工人对在建工程继续投入的积极性,甚至造成工程瘫痪、农民工维权等问题。经多次探讨、论证,最终确定"8+38"个工程财产独立于公司运作的方案,并在第一次债权人会议中交由会议表决通过;在与重整投资人签订的股权转让协议中明确约定若重整成功,上述"8+38"个工程将直接交由战略投资人管理,鼎盛公司将继续履行与实际施工人之间的内部承包合同。(2)设立重整投资人评标委员会。为充分保证重整投资人招募的公平性,促使债权人了解、理解管理人工作,2016年3月19日的第一次债权人会议通过债务人重整工作预案,明确重整投资人的招募设立评标委员会,由管理人和债权人代表组成。管理人制定评标规则,并根据债权人报名情况,成立由管理人和2名债权人组成的评标委员会。2016年8月18日,在绍兴市越州公证处的见证下,经评标委员会评标,宇航交通建设集团有限公司以最高报价13,888,000元中标,成为鼎盛公司破产重整案的重整投资人。(3)坚持市场化导向提前引入战略投资人。在确定以转让债务人100%股权的存续式重整方式后,为使债权人更直观判断重整与清算的优劣,确定提前招募战略投资人的模式。管理人及时制定报名须知、评标规则及最低报价限额及说明等一系列招募资料。同时,为促使投资人全面认识债务人的重整价值,管理人逐一走访本地有意向重整债务人的企业。通过前期充分沟通,重整投资人对债务人现状及重整价值充分了解后,重整投资人以溢价61,488,888元的报价中标。(4)慎重行使强制批准权。2016年9月10日,法院召开第二次债权人会议,债务人提交重整计划草案,其中出资人组(100%)、普通债权组(78.26%)现场表决通过重整计划草案,但担保债权组未通过该草案。经管理人、债务人与担保债权组协商，管理人通知该债权组于2016年9月29日再次表决，因该组债权人仅2人，其中1人拒绝再次表决，致担保债权组未能通过重整计划草案。管理人进一步向未表决通过的债权人做好解释工作，在慎重考量债务人重整的必要性和债权人利益平衡的基础上，法院于2016年10月8日裁定批准重整计划草案，终止重整程序。

【阶段成效】鼎盛公司破产重整期间生产经营稳定，重整程序历时10个月，债务人在重整期间未发生在建工程或缺陷期工程质量问题或实际施工人信访、农民工罢工等稳定问题。现重整投资人资金已全部到位。根据重整计划，普通债权的首次清偿率为10%，之后根据待定及不确定债权的最终认定、对外债权的催收等情况还可以追加清偿。通过本次重整，鼎盛公司的“8+38”个工程能够继续进行下去，职工劳动关系得以维持，公路建筑一级资质得以保留，债务人企业最终获得新生。

八、“中博建设集团有限公司破产重整案”

【受理法院】温岭市人民法院

【本案要旨】(1)是否进行重整，应比较企业在重整或清算情形下普通债权人的受偿比例，主要看该企业是否具有相当价值的无形资产。无形资产既可以是行业发展前景、发明专利、企业商誉或商业秘密，也可以是企业拥有的非物质性稀缺资源，如与承包工程相关的门槛很高的行业资质等。对企业无形资产有无价值的判断必须接受市场的检验，有市场才有价值，且要考虑重整计划草案是否有足够的说服力，使债权人接受并予以表决通过。(2)该案通过竞争方式选定具有丰富破产重整经验尤其是有过类似行业重整成功经历、强大的团队规模、能引进重整资金，做好建设工程继续施工方面的管理人。

【背景事实】中博建设集团有限公司(以下简称中博建设公司)系温岭一家大型建筑公司，成立于1969年，是拥有国家房屋建筑工程施工总承包特级资质、建筑行业(建筑工程)甲级设计资质，并具备多项专业施工资质和房地产二级资质的大型建设集团，公司注册资本30,300万元。但近年来在外不断盲目投资，长期高负债运营，且受利比亚战争影响，其在利比亚承建的工程已全部停工，且其已建设的工程也被炮火毁坏殆尽，对外担保数额巨大。据债务人反映其自有负债规模已高达23.7059亿元，而其公司的资产总额为13.7747亿元，其资产已不足以偿付全部债务。2016年3月3日,中博建设公司以不能清偿到期债务,并且资产不足以清偿全部债务为由向温岭市人民法院申请破产重整。

【审理经过】收到破产重整申请后,温岭市人民法院综合分析债务人陷入困境的原因、经营状况及市场发展前景,认为债务人在建筑领域耕耘多年,承建了多个重大建筑工程项目,在浙江、湖北、江苏、山西、安徽等地已形成了较好的行业美誉度,且债务人拥有国家房屋建筑工程施工总承包特级资质、建筑行业(建筑工程)甲级设计资质,具有较高的无形价值,债务人虽处于资不抵债的状况,但是具有通过重整获得新生的可能。故温岭市人民法院于2016年3月7日作出(2016)浙1081民破1号民事裁定书,裁定受理中博建设公司破产重整案。

鉴于公司法定代表人陈某玲涉嫌合同诈骗罪被羁押,破产重整程序涉及建设工程继续施工管理、债权人众多,债权金额巨大,资产处置、应收款回收困难,诉讼较多,且处理结果具有一定的不确定性,需要管理人具有较雄厚的实力、较强大的团队、较丰富的破产管理经验、较突出的破产管理业绩,以及较能适应债务人业务特点的其他条件。故温岭市人民法院决定采取以竞争方式指定管理人,并着重管理人的行业管理经验。

在温岭市人民法院的支持下,管理人接管债务人在温岭、武汉的财产和营业事务。鉴于公司债权人涉及全国各地,主要集中在武汉、台州两地,管理人分别在《法制日报》《长江商报》《台州日报》上刊登破产重整的公告及债权申报截止时间。管理人工程组人员前往各地对工程进展情况进行实地调查,开展谈话笔录、发送账户变更函、回收公司印章等一系列工作。同时,根据工程实际情况,管理人协助承包人续建工程展开一系列工作,收取管理费作为债务人财产,增加债权清偿比例。

2016年6月16日,第一次债权人会议召开,会议选举产生了债权人委员会成员,并表决通过《对债务人进行清算式重整的报告》等,确定了中博建设公司继续营业并进行清算式重整的大方向。

2016年9月18日,管理人在《浙江日报》《湖北日报》《人民法院报》上发布投资人招募公告。2016年10月11日,管理人召开投资人公开竞标会议,上海博大园林建设发展有限公司以4200万元的价格中标,管理人当场与其签订投资协议。

债权申报期间,共有378家债权人向管理人申报债权,申报总额为71.96亿元，其中银行金融债权为14.12亿元，民间借贷债权为17.06亿元，与工程有关的债权35.29亿元。管理人于2016年11月8日向温岭市人民法院提交了《重整计划(草案)》，并于同日召开第二次债权人会议。特定财产担保债权组、税收债权组均以全票通过《重整计划(草案)》，普通债权组以76.3%债权人人数和70.77%债权额表决通过《重整计划(草案)》。根据重整计划，偿债资金来源为管理人引入投资人的注资、交接前债务人的经营收入、现有资产变现及应收账款清收所得。2016年12月7日，温岭市人民法院裁定批准中博建设公司重整计划(草案)，终止重整程序，“中博建设公司破产重整案”进入重整计划执行阶段。

九、“安吉丰华置业有限公司合并破产清算转重整案”

【受理法院】安吉县人民法院

【工作亮点】清算转重整程序；通过共益债务为破产程序融资提供司法保障；引进境外资本，打通其参与境内不良资产一级市场投资通道；建立府院联动，坚持“信息公开、依法处置”化解社会矛盾

【审理经过】安吉丰华置业有限公司和丰华花园酒店(安吉)有限公司两家公司因控股股东主营海运业务持续低迷，以及自身房地产开发处于市场下行期，企业资金链断裂而陷入债务危机。经债权人申请，安吉县人民法院于2014年10月27日裁定受理安吉丰华置业有限公司破产清算；并于2014年11月13日裁定安吉丰华置业有限公司与丰华花园酒店(安吉)有限公司合并破产清算。经债权申报，共有232家债权人申报债权41.2亿元，后审查确认债权27.9亿元。由于已交房141户购房户无法办理权证，已签订预售合同的184户购房户交房遥遥无期，同时项目陷入全面停建状态，10余家施工单位拖欠民工工资，各类矛盾叠加，维稳压力巨大。

(1)支持创新金融产品筹集“共益融资”，通过设定共益债务为破产程序融资提供法律保障。为避免因工程停建、“烂尾”而导致资产价值大幅贬损，同时保障购房户民生，借助共益债务机制，通过浙江金融资产交易中心的创新金融产品，向社会投资者募集资金2亿元用于已售房屋的工程续建。通过在债权人会议表决通过的《财产管理和变价方案》中明确“丰华两家公司向第三方平台公司进行融资，该等融资作为共益债务，优先于其他类别债权人获得清偿”，消除破产程序融资的法律风险。得益于共益融资的成功引入，丰华项目已售部分标段已

全部竣工验收,184户预售合同购房者顺利交房,另外141户已交房购房者也全部取得房屋权证。

(2)建立府院联动机制,以"信息公开、依法处置"为工作准则,平稳化解涉稳风险。安吉县人民法院对于案件的各种不稳定因素(以房屋预售购房户、工程债权人为甚)提前进行了深入、细致的调查了解,并与当地政府建立府院联动机制,联同管理人制定应对预案。面对购房户要求按时交房、按时办证、违约赔偿等诉求,工程债权人要求支付工程款以解决欠付的农民工工资等的诉求,法院、政府、管理人进行充分的信息公开,让权利人充分地表达诉求,府院联动进行充分的法律论证分析,依法做好解释沟通工作。除召开债权人会议外,在安吉县人民法院的主持下,住建局质监科、县公安局、管理人一同专门召开购房户交房事项通报会,由管理人向全体购房户通报交房相关事项;由安吉县住房和城乡建设局通报《丰华天逸城一期续建工程项目建设及竣工验收情况》;由管理人接受众购房户的现场提问,并进行解答;由法院对续建交房的依据、原购房合同的效力问题、房屋质量问题、产权证书办理问题、公积金办理问题、逾期违约金问题、规划配套变更问题、契税、车位赔偿问题等法律问题一一解答。有效提升了法院的公信力,充分保障购房户知情权,平稳化解了购房户群体事件。

(3)成功引进境外投资人参与房地产企业破产重整,法院为境外资金结汇、用于清偿破产债权提供法律支持。通过投资者招募工作,恒天国际发展有限公司(注册地为我国香港特别行政区)以8亿元对价成为丰华两家公司的重整投资人(鉴于此,破产清算亦依法转入重整程序)。由于境外投资人投资境内的房地产企业面临一些限制,如各地商务主管部门不得审批涉及房地产开发经营业务的投资性公司、境内房地产企业不可以借入外债等规定,同时境外投资者并购境内房地产企业还需要经过省商务厅、市外管局等的审批,较一般的重组更复杂。而境外投资者的并购资金如何进入境内合法结汇并用于清偿破产债权成为首要难题。经过多次协商沟通,最终确定以法院向外管局发《告知函》说明并购增资款用途、外管局对《告知函》予以承认的方式结汇,专项用于债务人支付重整计划规定的破产债权、破产费用、共益债务等支出。在合法合规的前提下,法院的能动司法为重整计划的顺利执行提供了有利条件。

十、“艾科赛仑有限公司破产重整案”

【受理法院】衢州市衢江区人民法院

【关键词】债务人自救;切断担保链;审慎“强裁”

【工作亮点】投资人引入无望情况下引导债务人企业自救;运用重整计划草案合理调整债权,切断企业担保链;充分保护金融债权;为继续营业的借款作为共益债务且优先于抵押权清偿;协商一致基础上审慎强制裁定批准重整计划

【审理经过】艾科赛仑有限公司(以下简称艾科公司)坐落于衢州市衢江区临湖北路18号,公司注册资本金为人民币1.2亿元,系一家研发和生产各种高档特种纸的区重点企业。2016年7月3日,艾科公司以公司资产不足以清偿全部债务并缺乏对到期债务的清偿能力,但具有重整可能为由,向衢州市衢江区人民法院提出重整申请。

经审查,艾科公司对外负债34,182万元(其中为他人担保债务20,823万元),企业资产评估价值9327万元,净资产为-24,854.6055万元,已经严重资不抵债,若直接破产清算,不仅普通债权人清偿率为零,抵押债权人亦无法足额受偿。但艾科公司系国内仅有5家生产特种描图纸的企业之一,且在进入破产程序前已完成第二次技术改造,生产成本远低于竞争对手,具有一定的营利前景,在此基础上管理人开展招募战略投资人工作。在投资人招募未果且艾科公司实际控制人表明自救决心的情况下,迅速转变思路,调整为债务人自救。

一是管理人制作债务人《偿债能力分析报告》,明确破产清算的清偿比例,引导债权人作出理性选择。

二是合理制定债权受偿方案。首先,分类受偿,切断企业担保链。根据债权性质,劳动债权及税收债权组按照100%清偿、普通债权区分为大额(主要为对外担保债权)和小额(主要为供应商货款)普通债权,分别按照0.5%和10%清偿。对外担保债权的债权人一般可通过主债务人提供的抵押财产获得部分清偿,且其考虑到若不投赞成票,根据管理人提供的《偿债能力分析报告》,清算情况下无法获得任何清偿,最终大额普通债权组以85.87%比例高票通过了《重整计划草案》。债务人企业仅需支付120万元切断2亿多元的担保债务,为企业轻装上阵奠定基础。其次,运用延期清偿等手段合法调整抵押权。某银行衢州分行系该案最重要的债权人,也是重整计划的主要推动者,在重整草案制定前后管理人多

次召集艾科公司实际控制人与某银行衢州分行、省行代表深入磋商。了解到该银行衢州分行希望以一定权利让渡实现企业重整将8000余万元不良贷款转化为正常贷款的真实意愿后,将该银行衢州分行及另一位抵押债权人的债权受偿数额由审核确定的债权额调整为抵押物评估价值的数额,并在重整计划中明确债务人应按抵押债权人要求配合办理结清欠息、以贷还贷及原抵押物继续抵押担保等手续,同时支付延期清偿利息,就此破解抵押债权人困于金融监管考核体制障碍无法投赞成票的尴尬现状,并为法院强制批准重整计划草案奠定基础。

三是督促债务人制定合理的营业整合内容,严格适用强裁法定要件。在多方协商基础上债务人提交第一次债权人大会表决重整计划草案,仅有一家担保债权人未投赞成票。后衢江区人民法院进一步组织相关利益主体协商,在各方均得到妥善安排基础上,审慎考量各方面情况和《企业破产法》第87条的规定,经专业法官会议讨论后,于2016年11月30日强制批准通过重整计划草案。首先,抵押债权组的债权调整及受偿方案符合强裁要件。按前所述,抵押债权就特定财产将获全部清偿,其因延期清偿所受损失得到公平补偿,其担保权未受到实质性损害。其次,债务人的经营方案具有可行性。在该案中债务人营业情况良好,因担保链问题现金流严重缺乏。经充分协商,抵押债权人同意债务人为营业需要在1000万元额度内对外借款,款项性质为共益债务,优先于抵押债权清偿,破解了流动资金难题。最后,重整计划草案中包括严格的资金监管方案。对外借款具体用途需由债务人提出书面申请,列明付款金额、收款人、合同、协议等,在管理人审核后支付。必要时,管理人应向法院汇报并征询主要债权人意见,以确保对债务人经营使用资金的监控。

截至2016年年底,该企业已经恢复生产,订单及销售情况良好,某银行衢州分行清欠息及贷款平移工作完成,重整计划有序执行。

2015年浙江法院企业破产审判报告及十大典型案例

2014年9月，浙江省高级人民法院下发《关于强化司法职能推进企业兼并重组的意见》，浙江省高级人民法院党组向省委报送了《关于及时依法处置"僵尸企业"盘活存量资产加快我省经济转型升级的报告》，在全国法院率先部署"僵尸企业"的司法处置工作。2015年，是浙江法院落实依法处置"僵尸企业"部署、深化推进破产审判工作的一年。这一年，面对外部错综复杂的宏观环境和法院内部持续攀升的案件压力，①浙江省高级人民法院主动适应经济发展新常态，全面、积极贯彻落实最高人民法院和浙江省委、省政府的工作部署，统筹、稳妥、有序推进，浙江法院企业破产审判工作在原先"市场导向、司法主导、简易审理、执破结合"的基础上，逐步迈入常态化的轨道。

---

① 2015年，全省法院新收各类案件134.35万件，审执结案件127.21万件，同比分别上升18.09%和13.68%。收结案数均为全国第二，一线办案法官年人均结案218件，是全国平均数的2.2倍，居全国第一。

一、2015 年浙江法院企业破产审判工作总体情况

(一)全省法院受理、审结企业破产案件的数量实现跨越式增长

1. 2015 年受理、审结企业破产案件情况

2015 年全省法院共受理企业破产案件 618 件,比 2014 年增长 104.6%,其中:(1)案件类型分布:破产清算案件 473 件,占 76.5%;破产重整案件 145 件,占 23.5%。(2)案件地域分布:杭州 77 件、宁波 66 件、温州 236 件、嘉兴 20 件、湖州 21 件、绍兴 60 件、金华 36 件、衢州 33 件、台州 34 件、丽水 11 件、舟山 24 件(见图 1)。

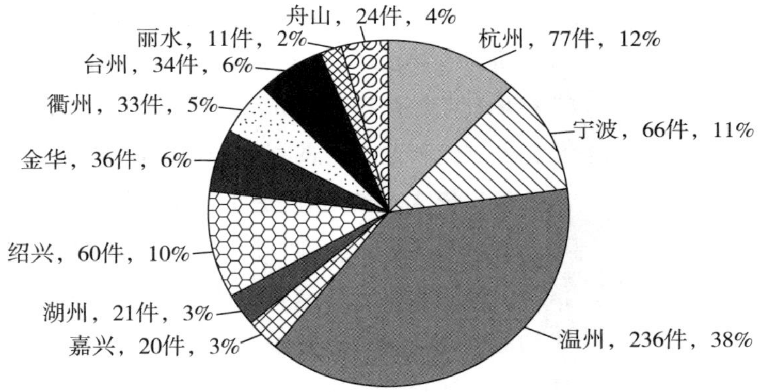

图 1　全省各地区法院受理破产案件分布情况

2015 年全省法院审结企业破产案件 316 件,比 2014 年增长 49.1%,其中:杭州 24 件、宁波 41 件、温州 160 件、嘉兴 18 件、湖州 7 件、绍兴 14 件、金华 14 件、衢州 16 件、台州 11 件、丽水 4 件、舟山 7 件(见图 2)。

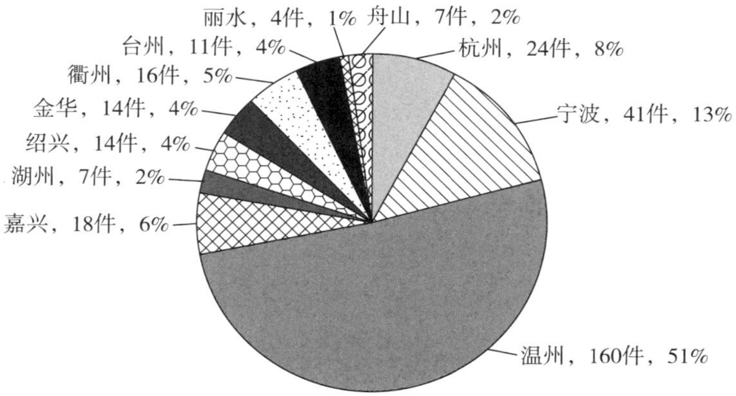

图 2　全省各地区法院审结破产案件分布情况

2. 2007 年《企业破产法》实施以来，2013 年、2015 年破产案件数量实现了两次跨越式增长（见图 3）。

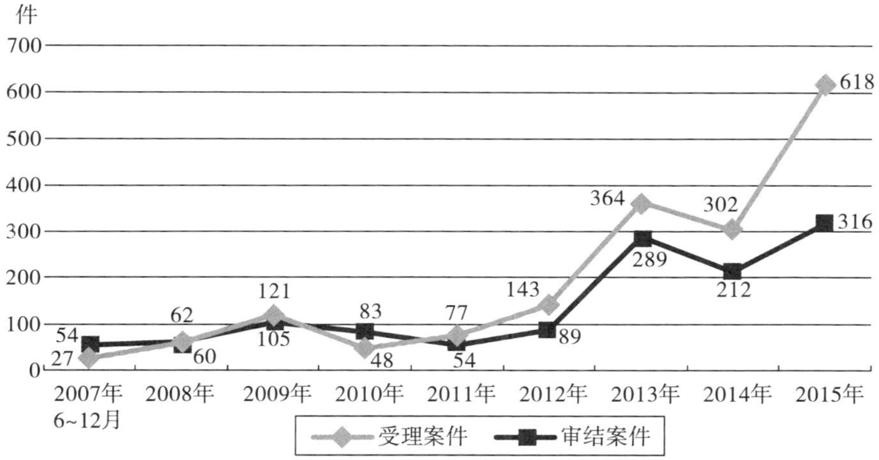

图 3　2007 年《企业破产法》实施以来受理和审结企业破产案件趋势

从图 3 中可以看出，浙江法院受理企业破产案件的数量在 2013 年、2015 年两次出现跨越式增长。具体来说，2013 年受理案件数量从 2012 年的 143 件增长到 364 件；2015 年受理案件数量从 2014 年的 302 件增长到 618 件。但 2013 年与 2015 年的情况有所差异：2013 年受理案件数量的增长主要原因在于，温州受理破产案件数量实现了突破;[①] 2015 年受理案件数量的增长则是因为全省各地法院的破产案件受理数量均出现了较大幅度的增长(见图 4)。

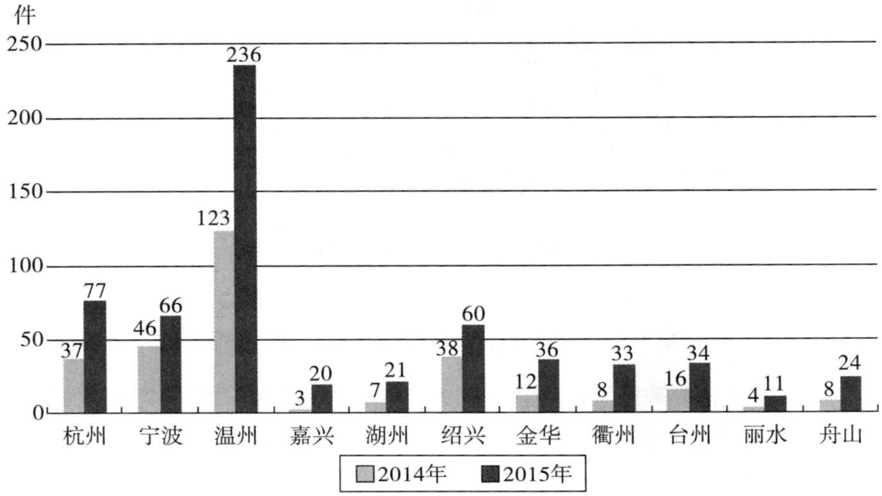

图 4　2014 年、2015 年全省各地区受理企业破产案件对比

(二)2015 年企业破产审判工作中出现了一些新的重要因素

1. 法院内部工作机制的顶层设计:执破衔接打通了破产案件受理的另一个制度接口。2015 年 1 月 30 日最高人民法院公布了《关于适用〈中华人民共和国民事诉讼法〉的解释》并于 2015 年 2 月 4 日施行(已于 2020 年修正),其中第 513 条至第 516 条规定了执行程序与破产程序衔接的相关内容。[②] 这些规定一来为执行案件向破产程序移送提供了法律依据;二来如果当事人不同意,作为被执行人的企业法人不得再适用参与分配制度,而是应当按照债权性质与财产保全和执行中查封、扣押、冻结财产的先后顺序清偿。据调研,截至 2015 年 12 月 22 日,温州两级法院通过执破衔接与执行移送破产程序,共移送 113 件,审查以后受理

---

① 温州地区法院 2012 年受理破产案件 31 件,2013 年受理 198 件。

② 最高人民法院《关于适用〈中华人民共和国民事诉讼法〉的解释》第 513 条规定,在执行中,作为被执行人的企业法人符合《企业破产法》第 2 条第 1 款规定情形的,执行法院经申请执行人之一或者被执行人同意,应当裁定中止对该被执行人的执行,将执行案件相关材料移送被执行人住所地人民法院。

进入破产程序的88件，占受理破产案件总数的37.3%。2015年衢州有20余件破产案件是由执行法官引导当事人申请进入破产程序，超过受理案件总数的2/3。

2. 法院内部工作机制的组织保障更加受到重视：逐步加强专业审判力量。随着企业破产案件数量的逐年大幅增长，原先的破产审判力量已经难以保障破产审判工作的正常、有序开展。2015年，全省部分地区法院在设置破产审判专门机构、保障破产审判专业力量方面已经开展了相关工作，如：(1)杭州：杭州市中级人民法院成立了专门的破产合议庭，专门审理企业破产案件，不再审理其他案件；杭州市富阳区人民法院在破产合议庭的基础上，向富阳区委、区政府申请批准设立了民事审判第四庭审理破产案件。(2)宁波、衢州：两市中级人民法院和部分基层人民法院设置专门的破产案件合议庭。(3)温州：继温州市中级人民法院破产审判庭于2015年5月正式挂牌成立后，共有5个基层人民法院设立了专门的破产审判庭审理破产案件。(4)绍兴：2013年5月以来，绍兴市中级人民法院及各基层人民法院陆续成立金融审判庭，发挥专业化和集约化优势，集中审理破产案件和金融案件。反之，在专业破产审判力量得以保障的情况下，企业破产审判工作也能更加顺利地推进。

3. 法院外部协调机制日趋形成：府院联席机制为强化破产案件审理中政府的公共服务职能提供了重要的沟通和协调平台。通过《关于有效化解企业资金链担保链风险加快银行不良资产处置的意见》(浙政办发〔2013〕113号)和《关于防范化解企业资金链、担保链风险促进经济平稳健康发展的实施意见》(浙金融办〔2014〕51号)两个文件，浙江省高级人民法院已经推动在省级层面初步构建政府风险处置与企业破产程序对接及相关政策协调的制度框架和沟通平台。[①] 2015年以来，优化企业破产审判的政府公共服务职能在持续、深入地推进，主要表现在：(1)地市级层面常态化的府院联席机制逐步建立；(2)具体支持措施上逐步细化，一些地区落实职能部门、落实经费支持、落实税收等具体的政策协调得以明确。

2015年全省11个地区在破产审判中的政府公共服务职能的落实可以基本分为3类情形：(1)1.0版：重大企业破产案件协调。即政府只针对重大企业破产

---

① 具体内容反映在2014年全省法院重点调研课题"关于完善企业破产审判指导、监督和协调机制的调研"中。

案件进行维稳、政策协调等公共服务,尚未就府院协调形成相关文件。如杭州、宁波、嘉兴、金华、台州、丽水地区。(2)2.0版:通过会议纪要等形式将破产案件审理中政府应当提供的相应公共服务等内容落实到书面文件中,形成相关会议纪要等。如湖州、绍兴、衢州、舟山地区。(3)3.0版:在会议纪要等框架性文件基础上,就破产程序中的税费问题、重整企业的信用修复问题、破产企业违章建筑处置中的问题等重点、难点问题形成专门性文件,使破产案件审理过程中遇到具体问题有章可循、有据可查,降低协调成本。如温州市中级人民法院与温州市地方税务局、温州市国家税务局分别于2014年12月25日、2015年6月15日共同签署《关于破产程序和执行程序中有关税费问题的会议纪要》《关于破产程序和执行程序中有关税收问题的会议纪要》,在地方层面探索破解企业破产案件审理中的税费难题。

4. 外围宏观经济环境因素影响:房地产企业破产案件受理数量持续上升。2015年,受宏观经济影响,房地产行业下行压力持续加大,尤其在二三线城市。进入破产程序的房地产企业明显增多,2015年全省法院共受理房地产行业的企业破产案件50件,占比8.1%。其中:杭州14件、金华8件、温州7件、湖州5件、绍兴4件、宁波3件、衢州3件、台州2件、舟山2件、嘉兴1件、丽水1件。

房地产企业破产案件的审理具有"三多"的特征:(1)债权人种类繁多:房地产企业破产案件往往涉及建设工程款债权人、民间借贷债权人、购房户债权人、金融债权人等多种类型,利益平衡极其复杂;(2)需要协调的事项繁多:房地产企业破产案件往往涉及尚未完工的房地产项目,清算或者重整过程中需要协调房地产交易过程中的税费减免、相关手续和权证的办理等众多事项;(3)具体的疑难法律适用问题繁多:如购房户债权的清偿顺位如何认定、担保物权如何优先得以实现①等。面对房地产企业破产案件迅速增长的态势,需要结合房地产企业破

① 温州市中级人民法院破产审判庭就反映了如下问题:《企业破产法》第61条明确规定,破产财产变价方案由债权人会议讨论表决。最高人民法院《关于适用〈中华人民共和国企业破产法〉若干问题的规定(二)》(已于2020年修正)第3条规定,债务人已依法设定担保物权的特定财产应当认定为债务人财产。据此,对于设定担保物权的特定财产,变价方案应由债权人会议讨论表决,由此可能导致担保财产的处置面临重重困难。对未涉及刑事的破产案件,鉴于担保财产的变价、分配方案均需要债权人会议讨论决定,普通债权人往往通过对评估价格提出异议、拒不出席会议、拒不同意变价或分配方案、普通债权人单独召开债权人会议作出不利于担保权人的决议等方式给担保权人施压,以达到分一杯羹的非法目的。在实践中存在普通债权人一致同意和多数同意延期变价的情形。

产案件审理的特点,积极探索通过加强府院联席机制强化政府对相关问题的协调力度,需要加强对房地产企业破产案件审理中具体法律适用问题的调研。2015 年,浙江省高级人民法院针对这些问题积极采取措施,有力推动了房地产企业破产案件的审理。

(三)企业破产案件审理中依然存在"瓶颈"

从 2015 年全省法院审理企业破产案件的情况来看,依然存在一些突出问题。有些问题如破产案件的启动费用问题,部分地区已经采取了相应的措施并被实践证明是有效的,但有些问题还一直存在,并且尚未找到有效的解决办法。

1. 破产案件的启动费用问题。杭州、嘉兴、绍兴、丽水等地法院均反映,企业破产程序的启动需要一定的资金,包括破产案件审理中发生的公告费、印章刻制费、合理的差旅费、管理运营费用等。《企业破产法》对破产案件受理的启动费用问题规定并不明确。在实务中,破产企业的账面上往往已无足够启动破产程序的资金,在一定程度上影响管理人开展相关工作的积极性和破产程序的顺利推进。

2. 政府、法院与管理人角色不明、职责不清。政府应当提供破产审判中的公共服务,如维稳、档案存放等;法院是破产程序的主导者,应当有效监督管理人,并对一些重要事项依法作出相应裁定等法律文书;管理人是破产事务的具体执行者,债权审查、决定尚未履行完毕合同的继续履行、继续营业的监督、重整方案的提出等工作,均应由管理人承担。但在司法实践中,法院往往承担了过重的职责,消耗了大量人力、物力以及司法资源:(1)法院与管理人的角色错位。一些本应由管理人自主决定或者先行决定的事项由法院决定,导致角色错位。(2)法院与政府的角色错位。由于管理人的职责尚未得到社会的普遍认可,政府在破产审判中的很多公共服务职能也缺少细化的可操作性规定,法院往往还承担起协调管理人与各行政机关、社会机构的关系,给法院增加了大量的非审判性事务。

3. 破产财产处置问题。破产财产处置是破产案件审理中的核心问题,其处置的顺利与否关乎破产案件审理程序能否有效推进。浙江法院的司法实践中,反映出来的与破产财产处置相关的主要问题分为以下两个层面:(1)实体性问题。一是破产财产本身权属存在瑕疵,如破产企业的违章建筑,处置之前需要先行与政府相关部门沟通协调;二是破产财产存在担保物权的情况下是否可以先行或者单独处置的问题,如果将担保物归入破产财产,而破产财产的处置方案需要提交债权人会议表决通过,普通债权人表决通过的方案往往会损害担保物权人的利益,如何平衡;等等。(2)程序性问题。浙江法院在执行中已经普遍采用网络司法拍卖的方式,破产财产网络司法拍卖也在积极推动中。有些法院反映,破产财产的网络司法拍卖与执行程序中的网络司法拍卖,在流程、材料提交等方面应有所区别(如破产程序中网络司法拍卖的委托方应是管理人而非具体审理破产案件的商事审判庭等),但还需要进一步明确。

4. 重整案件受理的审查标准问题。重整制度是运行成本较高、程序较复杂的制度,法院应当结合债务人企业所属的产业前景、企业运营情况、财务指标等因素综合判断重整的可行性;应当牢固树立重整是资源优化配置、清算也是资源优化配置的理念。但在司法实践中还存在对于重整标准把握不准的问题。据调查,2015 年玉环及温岭两地法院受理重整案件共 10 件,占台州市辖区内两级法院受理重整案件的近 60%。经调研,两家法院对债权人或债务人申请破产重整均不作必要审查,直接裁定予以受理,并认为破产重整程序优先于破产清算。对本不应适用重整程序的债务人企业适用重整程序,一方面徒耗司法资源,另一方面也会因为重整程序往往用时更长、成本更高,而损害债权人的利益。

还有一些问题属于"非典型性"问题,这类问题虽然不具有普遍性,但也具有一定的研究价值。如舟山市中级人民法院反映的破产程序中"拼船"资金性质的界定问题等。①

二、浙江省高级人民法院对于企业破产审判工作的部署和推进

(一)全面部署:重点课题调研与工作推进高度契合

2015 年年初,浙江省高级人民法院确定"关于建立企业破产案件常态化审理

---

① "拼船"是舟山渔区的一种交易习惯。经营船舶需要大量资金,海上风险也很大,基于共担风险、共享收益的需要,"拼船"也就成为从事海上经营中较普遍的选择。企业进入破产程序后,这些债权是股份、借款还是其他性质的债权,较难区分,相关法律也没有明确规定。从具体案件反映的情况看,这些"拼船"投资款中有的明确限定系投入某船舶,有的系投入某类船舶;有的笼统挂靠在显名股东名下,有的系投资在公司名下;有的单船核算,有的核算单位不清;投资时间长短不一,有的已经拿过分红,有的将分红款累计在投资款中而未实际拿过分红。"拼船"具体情况非常复杂,导致对破产债权的性质界定难度较大。

机制的调研”作为全省法院重点调研课题,课题调研与企业破产审判工作推进高度契合:(1)调研中发现问题和解决问题。调研中,发现企业破产案件常态化审理工作的推进主要存在七个方面的体制机制性障碍:①破产保护(企业拯救)文化的缺失;②政府公共服务和社会管理职能作用的发挥不到位,存在缺位和越位的情形;③中小企业公司治理结构不规范,企业主、公司和关联企业财产严重混同的情况比较普遍;④金融生态环境欠佳,中小企业直接融资比例偏低,银企关系趋于紧张;⑤破产管理人队伍的培育有待加强;⑥法院自身对企业破产审判工作的谋划和布局思路需要进一步厘清;⑦企业破产法及相关法律的适用与协调问题需要进一步研究。浙江省高级人民法院对于企业破产审判工作的部署和推进也是围绕这上述七个方面的问题展开的。(2)调研中加强指导监督。①完善指导监督平台,以内网上的“企业破产审判动态”为指导监督平台,设置“审判监督”“管理人动态管理”“经验交流”等栏目,实时更新。②强化个案监督,主要通过案件审理、指定管辖、管理人指定、重大破产案件协调等途径进行破产案件个案指导监督。(3)调研成果转化。在调研的基础上,浙江省高级人民法院起草了《管理人指定工作规程(试行)》《关于执行程序和破产程序衔接若干问题的讨论纪要》两个征求意见稿。

(二)抓好入口:强调企业破产案件依法受理

1. 依法确定破产案件审查受理条件。要求严格落实《企业破产法》和最高人民法院《关于适用〈中华人民共和国企业破产法〉若干问题的规定(一)》(以下简称《企业破产法解释(一)》)的规定,不得在法律和司法解释之外制定企业破产案件受理标准。2014 年 9 月,浙江省高级人民法院下发的《关于强化司法职能推进企业兼并重组的意见》(浙高法〔2014〕140 号)第 4 条明确,要求全省法院依法受理优化企业兼并重组市场环境过程中发生的企业破产(含司法重整)等各类案件,无法定理由不得拒绝受理,不得拖延审理。2015 年年初,徐杰常务副院长(编者注:时任)在全省法院院长会议上的总结讲话中再次强调:各级法院不要在法律、司法解释之外另行制定企业破产案件的受理条件。

2. 加强个案审判监督。浙江省高级人民法院通过二审案件的审理加强破产审查案件的审判监督,并将裁判要旨和裁判文书上传“企业破产审判动态”,加强对全省法院审查企业破产案件工作的指导。如在“上诉人庄吉集团有限公司第六公司不服不予受理破产重整申请裁定上诉案”中,[①]浙江省高级人民法院阐明了两点裁判要旨:(1)人民法院应严格依照法律、司法解释的要求审查受理企业破产申请,不应在法律、司法解释之外设置其他企业破产案件受理条件。[②] (2)在审查债务人重整申请时,人民法院可以对涉及债务人重整可行性的相关事实进行适当调查,防止因案件受理后重整程序的过度拖延导致债权人、债务人和其他利害关系人的损失扩大和司法资源的不必要耗费。但是,如债务人企业已经具备破产原因,受理重整申请法院对于重整可能性的初步判断,以及部分债权人对债务人申请的反对态度,不是不予受理重整申请的法定理由。人民法院可以结合案件的相关背景情况,先行裁定受理重整申请,并在债务人企业进入破产程序后,通过债权人会议表决意见等适当方式,对是否继续债务人企业的重整进程作出合理判断。

3. 明确破产案件受理审查中的几个重点问题。(1)关于审计报告的提交问题,应当明确,在申请审查受理阶段,债务人是否提交审计报告并非审查受理的必要材料和必要条件。调研中发现,部分法院依据最高人民法院《关于审理企业破产案件若干问题的规定》(法释〔2002〕23号)第6条规定,[③]要求债务人申请破产的,必须提交审计报告。对此问题,虽然目前该规定并没有明确废止,但该规定系对1986年《企业破产法(试行)》的司法解释,故其中与现行《企业破产法》及司法解释不相符合的规定应当不再适用。对于是否需要提交审计报告的问题,《企业破产法解释(一)》第3条作了规定,债务人的资产负债表,或者审计报告、资产评估报告等显示其全部资产不足以偿付全部负债的,人民法院应当认定债务人资产不足以清偿全部债务,但有相反证据足以证明债务人资产能够偿付全部负债的除外。[④] (2)关于在破产申请受理后是否可以“撤回申请”的问题。

---

① 浙江省高级人民法院民事裁定书,(2015)浙破(预)终字第6号。该案例也被列入本报告附件中的十大典型案例,详情可参阅案例的内容。

② 《企业破产法解释(一)》第2条、第3条、第4条分别对破产原因中“不能清偿到期债务”、“资产不足以清偿全部债务”和“明显缺乏清偿能力”的认定标准作出了解释。

③ 最高人民法院《关于审理企业破产案件若干问题的规定》第6条规定,债务人申请破产,应当向人民法院提交下列材料:……(五)企业亏损情况的书面说明,并附审计报告……

④ 通常用来判断债务人是否资不抵债的标准为资产负债表,其反映了企业资产、负债、所有者权益的总体规模和结构,以此判断债务人的资产状况具有明确性和客观性。但是考虑到资产负债表反映的企业资产价值具有期限性和不确定性,在其由企业自行制订的情况下甚至可能存在严重的虚假情况,因此,司法解释同时规定审计报告或者资产评估报告等也可作为判断债务人资产总额是否资不抵债的依据。参见《依法受理审理案件 充分发挥企业破产法应有作用——最高人民法院民二庭负责人就〈破产法解释(一)〉答记者问》,载《人民法院报》2011年9月26日,第2版、第4版。

调研中发现，部分法院在受理企业破产申请后又准许申请人撤回申请。如2015年7月14日，瑞安市人民法院裁定受理申请人蔡丰余对被申请人瑞安市驰润塑业有限公司的破产清算申请，[①]后又于2015年8月3日，裁定准予申请人蔡丰余撤回对瑞安市驰润塑业有限公司破产清算申请。[②] 对这一问题，《企业破产法》第9条规定，人民法院受理破产申请前，申请人可以请求撤回申请。该法第12条第2款规定，人民法院受理破产申请后至破产宣告前，经审查发现债务人不符合该法第2条规定情形的，可以裁定驳回申请。申请人对裁定不服的，可以自裁定送达之日起10日内向上一级人民法院提起上诉。(3)对于人员下落不明或者财产状况不清、“无产可破”的债务人企业，债权人提出申请的，要严格依照最高人民法院《关于债权人对人员下落不明或者财产状况不清的债务人申请破产清算案件如何处理的批复》(法释〔2008〕10号)，依法审查受理企业破产申请。需要强调的是：一是债务人能否依据《企业破产法》第11条第2款的规定向人民法院提交财产状况说明、债权债务清册等相关材料，并不影响对债权人申请的受理。二是债务人的有关人员不履行法定义务，人民法院可依据有关法律规定追究其相应法律责任；其行为导致无法清算或者造成损失，有关权利人起诉请求其承担相应民事责任的，人民法院应依法予以支持。

(三)协调指导：支持企业破产案件审理方式改革试点工作

2014年年底，最高人民法院下发《关于在部分人民法院开展破产案件审理方式改革试点工作的通知》，在全国选择了21家法院开展企业破产案件审理方式改革试点工作，浙江省温州市中级人民法院、杭州市余杭区人民法院和江山市人民法院同时入选改革试点单位行列。浙江省高级人民法院积极落实最高人民法院的部署，支持、指导试点法院工作的开展。(1)2015年5月，最高人民法院民事审判第二庭付金联副庭长一行在江山市人民法院召开了企业破产审判工作现场调研会。(2)2015年7月，最高人民法院在温州召开了全国破产案件审理方式改革试点法院经验交流会，并就执行程序和破产程序衔接的一个征求意见稿进行了深入研讨，也为浙江开展这方面工作提供了智力支持。(3)2015

① (2015)温瑞破(预)字第21-1号。

② 瑞安市人民法院民事裁定书，(2015)温瑞破字第16号。

年12月,在浙江省高级人民法院积极推动下,由中国人民大学破产法研究中心和杭州市余杭区人民法院主办的“中国破产法论坛——房地产企业破产专题研讨会”在余杭举行,会议专门针对房地产企业破产案件审理过程中的相关问题进行了深入研讨,杭州市余杭区人民法院起草了《房地产企业破产案件审理操作规程(试行)》提交会议讨论。这些工作的开展,推动了试点法院破产审判工作上了一个新台阶,也为浙江企业破产审判工作的推进提供了先行经验和典型样本。

(四)重点推进:竞争方式指定管理人工作的常态化开展

从2014年3月10日浙江省高级人民法院下发《关于进一步规范管理人动态管理若干事项的通知》(浙高法鉴〔2014〕3号)到2015年年底,全省通过竞争方式指定管理人88次,分别是:杭州21次;宁波10次;温州6次;绍兴16次;舟山8次;衢州8次;台州4次;湖州7次;嘉兴3次;金华4次;丽水1次。这一工作取得了积极成效:(1)实现了地区全覆盖,指定异地管理人占比高。全省11个地区均已经开展这项工作,促进了破产管理人的异地执业,有利于更好地通过市场实现管理人资源的优化配置。在88次竞争方式指定管理人中,产生异地管理人46家,[①]占比为52.3%。(2)促进省级管理人之间的公平竞争,逐步实现破产管理人报酬的市场化。88次竞争方式指定管理人,22家省级管理人被指定的次数汇总情况如表1所示。通过竞争,可以促进通过市场方式确定管理人报酬制度的形成。(3)鼓励律师事务所和会计师事务所组成联合管理人,减少管理人在履职过程中聘请相关专业人员的财务费用。据统计,88次竞争方式指定管理人中有74次指定了联合管理人,占84.1%;74次指定的联合管理人中,又有69次是律师事务所与会计师事务所组成联合管理人,占总数的78.4%。(4)通过省级管理人与市级管理人的联合,提升市级管理人的履职能力,从而带动浙江全体破产管理人执业水平的提升。据统计,88次竞争方式指定管理人,有72家市级管理人通过与省级管理人联合的方式承办了企业破产案件。

---

① 被选任的管理人如果是联合管理人,其中有一家是异地管理人的,在统计中也作为“产生异地管理人”。

表 1 22 家省级管理人通过竞争方式被指定为管理人情况统计

省级管理人履职资料库社会中介机构	被指定次数
浙江天册律师事务所(杭州)	6
国浩律师集团(杭州)事务所(杭州)	9
浙江六和律师事务所(杭州)	1
京衡律师集团事务所(杭州)	9
北京市金杜律师事务所杭州分所(杭州)	6
北京大成(宁波)律师事务所(宁波)	3
北京炜衡(宁波)律师事务所(宁波)	4
浙江光正大律师事务所(温州)	6
浙江人民联合律师事务所(温州)	1
浙江嘉瑞成律师事务所(温州)	2
浙江子城律师事务所(嘉兴)	3
浙江大公律师事务所(绍兴)	5
浙江越光律师事务所(绍兴)	1
浙江青风律师事务所(衢州)	1
天健会计师事务所(特殊普通合伙)(杭州)	2
浙江韦宁会计师事务所有限公司(杭州)	5
浙江至诚会计师事务所有限公司(杭州)	4
浙江中汇会计师事务所有限公司(杭州)	6
浙江天平会计师事务所有限公司(杭州)	10
浙江德威会计师事务所有限公司(宁波)	5
温州中源会计师事务所有限公司(温州)	5
浙江中兴会计师事务所有限公司(绍兴)	15

三、全省 11 个地区企业破产审判工作的总体评估

为更好地评估全省 11 个地区企业破产审判工作的开展情况,结合近年的重点课题调研情况,浙江省高级人民法院设定了 5 个指标,即破产案件受理情况、

破产相关业务文件制定情况、破产审判专业力量、竞争方式指定管理人工作情况、府院联席机制建设情况,对全省企业破产审判工作情况进行评估。

(一)企业破产案件受理情况

表2 企业破产案件受理情况

法院	杭州市中级人民法院	宁波市中级人民法院	温州市中级人民法院	嘉兴市中级人民法院	湖州市中级人民法院	绍兴市中级人民法院	金华市中级人民法院	衢州市中级人民法院	台州市中级人民法院	丽水市中级人民法院	舟山市中级人民法院
受理案件数量/件	9	21	32	1	3	7	7	3	1	2	5
得分	8	9	10	1	4	7	7	4	1	2	5

(二)企业破产相关业务文件制定情况

表3 企业破产相关业务文件制定情况

法院	相关业务文件	得分
杭州市中级人民法院	杭州市中级人民法院民事审判第二庭《关于破产案件审理中有关问题的理解(立案方面)》	2
宁波市中级人民法院	无	0
温州市中级人民法院	《关于执行移送破产程序的会议纪要》	10
	《关于案件折算办法的会议纪要》	
	与温州市地方税务局共同签署《关于破产程序和执行程序中有关税费问题的会议纪要》	
	与温州市国家税务局共同签署《关于破产程序和执行程序中有关税收问题的会议纪要》	
	《关于通过网络司法拍卖平台处置企业破产财产的会议纪要》	

续表

法院	相关业务文件	得分
嘉兴市中级人民法院	《关于规范执行案件移送破产审查的意见(试行)》	2
湖州市中级人民法院	推动湖州市政府出台《湖州市企业破产协调处置工作机制(试行)》	4
	《审理破产案件有关问题的讨论纪要》	
绍兴市中级人民法院	推动绍兴市政府出台《绍兴市企业破产协调处置工作机制(试行)》	4
	与绍兴市司法局联合推动出台《绍兴市企业破产管理人互助会章程》	
金华市中级人民法院	无	0
衢州市中级人民法院	会同衢州市经济和信息化委员会、衢州市财政局出台《衢州市市级工业企业破产管理人专项资金管理和使用办法(暂行)》	8
	与衢州市律师协会、衢州市注册会计师协会制定了《衢州市管理人报酬援助资金管理规程(试行)》	
	《关于破产案件简易审操作规程(试行)》	
	《关于破产案件审判管理的若干意见(试行)》	
台州市中级人民法院	无	0
丽水市中级人民法院	无	0
舟山市中级人民法院	推动舟山市政府就强化落实破产审判中政府的公共服务职能出台《舟山市人民政府专题会议纪要》	4
	会同舟山市财政局共同制定《关于市级企业破产应急启动周转资金的管理和使用办法》	

(三)破产审判专业力量

表4　破产审判专业力量情况

地区	破产审判专业力量	得分
温州	继温州市中级人民法院破产审判庭于2015年5月正式挂牌成立后，共有5个基层人民法院设立了专门的破产审判庭审理破产案件	10
杭州	杭州市中级人民法院成立了专门的破产合议庭，专门审理企业破产案件，不再审理其他案件；富阳区人民法院在破产合议庭的基础上，向富阳区委、区政府申请批准设立了民事审判第四庭审理破产案件	8
绍兴	2013年5月以来，绍兴市中级人民法院及各基层人民法院陆续成立金融审判庭，发挥专业化和集约化优势，集中审理破产案件和金融案件	6
宁波、衢州	两市中级人民法院和部分基层人民法院设置专门的破产案件合议庭	4
嘉兴、湖州、金华、台州、丽水、舟山	企业破产案件由民事审判第二庭一并审理，不作区分	2

(四)竞争方式指定管理人工作情况

2014年3月10日浙江省高级人民法院下发《关于进一步规范管理人动态管理若干事项的通知》(浙高法鉴〔2014〕3号)以来，截至2015年年底，全省已经通过竞争方式指定企业破产案件管理人86次，分别是：杭州19次；宁波10次；温州6次；绍兴16次；舟山8次；衢州8次；台州4次；湖州7次；嘉兴3次；金华4次；丽水1次。具体如表5所示。

表5　竞争方式指定管理人工作情况

法院	杭州市中级人民法院	宁波市中级人民法院	温州市中级人民法院	嘉兴市中级人民法院	湖州市中级人民法院	绍兴市中级人民法院	金华市中级人民法院	衢州市中级人民法院	台州市中级人民法院	丽水市中级人民法院	舟山市中级人民法院
竞争方式次数	21	10	6	3	7	16	4	8	4	1	8
得分	10	8	4	3	5	9	3	7	3	1	7

(五)府院联席机制建设情况

表6　2014年下半年以来全省各地落实破产审判中政府公共服务职能情况汇总

地区	得分	文件	组织保障	资金支持	政策协调
温州	10	温州市政府办公室印发《企业破产处置工作联席会议纪要》	建立企业破产处置工作联席会议制度，将市企业破产处置工作领导小组下设办公室与市处置办进行整合	成立破产援助专项资金。《温州市市级企业破产援助资金管理和使用办法》，温州市财政局拨付200万元作为破产援助专项资金，用于支付在破产程序中产生的相关费用和管理人报酬。关于经费使用，温州市中级人民法院于2014年10月9日专门印发《关于使用企业破产援助资金支付破产费用及管理人报酬的意见》(温中法办〔2014〕16号)	对于以下问题：破产企业涉税处理问题，税务部门及时、主动申报税收债权问题，破产重整后企业信用调整和重整计划通过问题，破产企业涉及违法建筑厂房市场化处置和划拨用地地上建筑物进入市场问题，债权人抢控破产企业财产处置、查找破产企业股东和管理人员信息及破产企业财产移交程序简化问题，破产企业工商注销登记问题，破产重整中医药企业参与招投标问题，破产企业车辆违法记录消除问题，分别提出有针对性的要求。因为涉税问题是破产案件审理中的重点和难点问题而专门出台了文件

续表

地区	得分	文件	组织保障	资金支持	政策协调
湖州	8	《湖州市企业破产协调处置工作机制(试行)》(湖政办函〔2015〕3号)	湖州市企业破产处置工作协调小组	企业破产处置资金(湖州市财政局安排200万元)	对于以下问题:破产企业职工社会保险问题,破产企业税收相关问题,破产企业工商登记问题,涉案责任人员查控、债权和流失资产核查问题,破产企业房地产等资产市场化处置问题,管理人开户及重整后企业信用问题,破产企业欠缴水、电、燃气等费用问题,管理人信息查询问题,分别提出针对性的要求
舟山	8	《舟山市人民政府专题会议纪要》(〔2015〕16号)	企业进入破产程序后,前期的"两链"风险处置工作组即为企业破产处置工作协调组	由舟山市财政局安排企业破产应急启动周转资金150万元,舟山市中级人民法院会同舟山市财政局共同制定《关于市级企业破产应急启动周转资金的管理和使用办法》	对于以下问题:破产企业涉税、涉费问题,破产企业相关资产进入市场问题,涉案责任人员查控、债权和流失资产核查问题,管理人开户及重整后企业信用问题,破产企业工商登记问题,破产企业船舶处置过程中的相关问题,分别提出针对性的要求
衢州	8	2015年5月12日,衢州市中级人民法院向衢州市委、市政府提交《关于推进"僵尸企业"司法处置、助推我市经济转型升级的报告》,相关领导已批示同意建立200万元企业破产管理人基金,《关于建立企业破产重组盘活工作协调领导小组和企业破产重组盘活工作组的方案》正在制订过程中			
绍兴	8	2015年4月,绍兴市中级人民法院向绍兴市政府提交《关于要求解决相关困难促进金融不良资产司法处置的报告》,后绍兴市政府召集编委办、经济和信息化委员会、国土局及商务局等部门就建立县级金融审判庭问题、建立涉案资产信息联合发布平台等问题确定解决方案并已经落实。推动市政府出台《绍兴市企业破产协调处置工作机制(试行)》			
杭州、宁波、嘉兴、金华、台州、丽水	6	尚未就破产审判中的政府公共服务职能出台相应文件,主要针对重大案件进行个案协调			

对上述5项指标的得分情况进行汇总,分别是:杭州8+2+8+10+6=34;宁波9+0+4+8+6=27;温州10+10+10+4+10=44;嘉兴1+2+2+3+6=14;湖州4+4+2+5+8=23;绍兴7+4+6+9+8=34;金华7+0+2+3+6=18;衢州4+8+4+7+8=31;台州1+0+2+3+6=12;丽水2+0+2+1+6=11;舟山5+4+2+7+8=26。

四、结　　语

党的十八届五中全会通过了《中共中央关于制定国民经济和社会发展第十三个五年规划的建议》,提出要"更加注重运用市场机制、经济手段、法治办法化解产能过剩,加大政策引导力度,完善企业退出机制"。中央经济工作会议强调要把积极稳妥处置"僵尸企业"作为化解产能过剩的"牛鼻子",司法部门要依法为实施市场化破产程序创造条件。企业破产审判工作迎来了最好的历史发展机遇期。下一步,浙江法院企业破产审判工作的推进将积极贯彻落实中央、浙江省委的工作部署,并从以下几个方面继续深化、细化:(1)及时出台"破产管理人指定工作规程(试行)""关于执行程序和破产程序衔接若干问题的讨论纪要"两个规范性文件,使管理人制度更加成熟,执破衔接这项工作有章可循。(2)密切关注和及时跟进最高人民法院正在谋划实施的"全国法院破产重整信息平台"这项工作,完善浙江省法院破产案件的审判业务系统,积极促进浙江法院企业破产审判工作中的司法公开。(3)开展2016年全省法院重点调研课题"关于管理人履职工作的调研",在前期分级管理的基础上,探索适时扩大省级管理人队伍,完善个案中管理人的考核机制。(4)进一步推动各中级人民法院与当地政府构建和完善破产审判中的府院联席机制,优化浙江省企业破产审判的外部环境。(5)监督指导中级人民法院结合当地实际启动清算和破产案件审判庭建设工作,强化企业破产审判工作的组织保障。

附件:

2015年浙江法院企业破产审判十大典型案例

一、“上诉人庄吉集团有限公司等6家公司不服不予受理重整申请裁定上诉系列案”

【受理法院】浙江省高级人民法院

【关键词】重整案件的审查受理

【审理经过】庄吉集团有限公司(以下简称庄吉集团)设立于1996年5月17日,注册资本1.01亿元,实收资本1.01亿元,经营范围包括服装、鞋、皮具、针纺织品的制造、销售等。温州庄吉服装销售有限公司、温州庄吉置业有限公司、温州庄吉集团工业园区有限公司、浙江庄吉船业有限公司、温州远东船舶有限公司与庄吉集团系关联企业。6家公司实际控制人均为郑某忠。2014年10月9日,庄吉集团等6家公司向温州市中级人民法院申请重整。

温州市中级人民法院分别于2014年10月30日、31日召集庄吉集团等6家公司的股东、已知主要债权人、职工代表等进行听证审查。一审中查明,2013年8月15日,庄吉集团与济宁如意投资有限公司签订合作协议共同设立新公司,并约定新公司向温州庄吉集团工业园区有限公司、温州庄吉服装销售有限公司购买除土地、房产、应收应付款外的所有资产(包括但不限于生产设备、销售网络及软件、专利等)。后又签订补充协议,约定庄吉集团以其合法持有的包括但不限于带有“庄吉”中文、英文、汉语拼音的字号、商标、图形等无形资产对新公司进行增加出资等。上述协议已在实际履行中。

一审法院经审查认为,人民法院应当结合债务人企业所属产业前景、陷入困境的原因、企业财务指标等因素综合判断其重整成功的可能性。庄吉集团的主营服装制造销售业务及相关无形资产等已转让给其他企业,庄吉集团至今仍不能就上述主营业务及资产转让事宜提出切实可行的处置方案,在此基础上提出的重整计划框架不具有可行性。对于两家船舶公司来说,目前温州船舶制造行业的整体运行态势并不确定,现又无明确表示愿意投资的意向投资人,两家船舶公司至今亦不能提出切实可行的重整计划框架,其持续经营并盈利的前景存在明显的不确定性。另外,6家公司分别占已知债权额52.55%、74.88%、58.11%、47.87%、61.2%、61.47%的债权人明确表示反对重整或对重整不表态。于2014年12月18日裁定不予受理重整申请。

庄吉集团等6家公司不服一审裁定,向浙江省高级人民法院提起上诉。二审期间,浙江省高级人民法院召集听证。郑某忠对6家公司的债务结构、公司的重整思路和前期工作情况作了说明,确认6家公司均具备破产清算原因,并明确6家公司申请重整是为了尽可能挽救企业,承诺不会通过破产程序逃废债务。

二审法院审理认为,(1)人民法院应严格依照法律、司法解释的要求审查受理企业破产申请,不应在法律、司法解释之外设置其他企业破产案件受理条件。①(2)在审查债务人重整申请时,人民法院可以对涉及债务人的重整可行性的相关事实进行适当调查,防止债权人、债务人和其他利害关系人的损失扩大和司法资源的不必要耗费。但是,如债务人已经具备破产原因,受理重整申请法院对于重整可能性的初步判断,以及部分债权人对债务人申请的反对态度,不是不予受理破产申请的法定理由。人民法院可以先行裁定受理重整申请,并在债务人进入破产程序后,通过债权人会议表决意见等适当方式,对是否继续债务人的重整进程作出合理判断。经审查,确不适宜继续推进重整进程的,人民法院应将债务人企业转入清算程序或径行宣告债务人企业破产。(3)具体到该案,原审法院已经对6家公司重整申请的理由作了相应的调查,鉴于"庄吉系"6家公司出现财务危机以来,已经在有关政府部门协调下开展了破产程序外救助帮扶企业的相关工作;二审听证时,郑某忠对前期工作作了说明,明确表达了司法重整的意愿;从现有材料看,债权人对于是否同意"庄吉系"6家公司提出的重整申请也不尽一致。综合各种因素的考量,宜先行受理"庄吉系"6家公司的重整申请。"庄吉系"6家公司进入重整程序后,人民法院和管理人要加强对债务人企业的监督,继续对重整的可能性进行审查,发挥债权人会议或债权人委员会的工作机制的作用,充分听取债权人和其他利害关系人的意见,加强各种类别的债权人之间、债权人和债务人之间的信息沟通,及时作出是否继续债务人企业重整进程的判断。

---

① 根据《企业破产法》第2条第1款的规定,判断债务人是否存在破产原因有两个并列的标准,一是债务人不能清偿到期债务并且资产不足以清偿全部债务,二是债务人不能清偿到期债务并且明显缺乏清偿能力。《企业破产法解释(一)》第2条、第3条、第4条分别对破产原因中"不能清偿到期债务"、"资产不足以清偿全部债务"和"明显缺乏清偿能力"的认定标准作出了解释。

二审法院于2015年1月21日裁定撤销一审裁定,由温州市中级人民法院受理庄吉集团等6家公司的重整申请。

二、“杭州怡丰成房地产开发有限公司破产预重整案”

【受理法院】杭州市余杭区人民法院

【关键词】房地产企业　复工续建　预重整

【工作亮点】房地产企业破产程序中房地产项目的复工续建;债权人主导预重整;参照重整程序设计预重整的程序性方案;预登记期间召开已知债权人会议;预登记期间形成不可翻悔承诺

【审理经过】杭州怡丰成房地产开发有限公司(以下简称怡丰成公司)成立于2013年3月5日,系东田房地产集团公司旗下为开发“怡丰城”房产项目设立的子公司,因银行贷款、民间借贷、担保等影响,资金链出现严重问题,其开发的项目自2015年3月以来一直处于停工状态。公司资产负债比率超过100%,资不抵债;且受公司债务诉讼影响,全部银行账户均被冻结,项目土地被查封,大部分项目未售房均被查封或抵押,其开发、预售行为已无法正常进行。以结顶为标准,最后一次停工时项目完工率仅达到41.67%。项目已售率达到51.3%。

怡丰成公司的实际负责人、部分债权人向当地政府求助,请求政府监管公司资产,协调各债权人与购房者,通过破产重整,妥善解决公司债务危机、保护各方合法权益。该公司的债务主要包括银行贷款、民间借贷、对外担保、建筑工程、广告营销以及大量的购房人支付的购房款。

由于怡丰成公司所开发的项目关涉众多购房户,如贸然进入破产程序,可能导致资产价值贬损、维稳压力增大。为化解风险,余杭区人民政府聘请浙江智仁律师事务所担任法律顾问,依照浙江省高级人民法院《关于企业破产案件简易审若干问题的纪要》,采用债权人召集的方式开展预重整工作:(1)确定复工续建的预重整目标。重新进行融资,对停工项目进行续建,完工后不仅可以对全体已付款购房者完成交房,也在剩余房源再次销售的基础上,增加了其他债权人的可分配财产。(2)申请破产预登记。根据浙江省高级人民法院《关于企业破产案件简易审若干问题的纪要》第7条的规定,怡丰成公司于2015年6月18日向杭州市余杭区人民法院申请破产预登记,以达到在法院指导、政府协助下进行预重整的目的。(3)预先清理债权债务。法律顾问通过对财务状况的梳理,确认已知债权人的名单和账面债权数额,最大债权人A银行通过与法律顾问商议,比照债权人会议制度,召集全体已知债权人,通过分组表决方式,经充分协商作出对停工项目进行续建的决议,并对每一位已知债权人的表态形成书面文件。法律顾问还特别通过公司网站征求购房户意见,共有949户业主回函表示赞成续建,占业主总数的78.2%。(4)引入续建资金。针对怡丰成公司的最大债权人A银行的债权特点及本项目的整体资产价值进行分析后,引导A银行通过适当途径对该项目追加发放贷款,解决项目续建融资的问题。(5)复工续建的可行性以及资金来源落实,已知债权人和购房业主的意见征求工作的完成,奠定了后续有序、及时开展重整工作的坚实基础。2015年9月28日,怡丰成公司向杭州市余杭区人民法院正式申请重整。

法院受理重整申请后,以预登记期间形成的债务清偿方案或资产重组方案为基础,由债务人或管理人制订重整计划草案,并通过债权人会议予以确认。

该案是政府协调、法院指导监督下,由债权人自发组织进行的预重整。因此,预重整期间取得的表决成果,对参加表决的债权人构成不可翻悔的承诺,在债务人进入重整程序后,相关承诺对承诺方仍然具有拘束力。在该案中,预重整阶段已知债权人组成的会议形成的复工续建等相关决议在正式进入重整程序后也得到广大债权人的认可。

三、“温州中城建设集团有限公司重整案”

【受理法院】温州市瓯海区人民法院

【工作亮点】房屋建筑工程施工总承包特级资质企业重整

【审理经过】温州中城建设集团有限公司(以下简称中城公司)原为温州市中城建筑工程公司,于1988年3月25日经温州市工商行政管理局注册成立。2007年2月7日,经建设部核准,中城公司取得房屋建筑工程施工总承包特级资质证书。该公司曾2次进入中国民营企业500强,曾获中国建设工程鲁班奖、全国优秀施工企业、温州市连续4年纳税十强等荣誉。单独或和他人合作拥有国家级工法6项,省级工法10项,市级工法6项,实用新型专利13项,发明专利3项,另有2项发明专利申请处于实质审查阶段。后因经营管理不善等多种原因,2014年中城公司以资产不足以清偿全部债务为由向温州市中级人民法院申请破产重整。2014年3月14日,浙江省高级人民法院批准温州市中级人民法院将

“中城公司重整案”交温州市瓯海区人民法院审理。

2014年4月2日,温州市瓯海区人民法院收到中城公司的重整申请等材料后,经过审查,于2014年5月12日裁定受理,同时首次申请温州市中级人民法院以竞争方式选任管理人,后根据竞争方式产生并指定浙江嘉瑞成律师事务所、浙江人民联合律师事务所、温州华明会计师事务所(联合管理人)担任中城公司管理人。同时,分别在全国性和地方性的报刊上发出公告,公告债权人申报债权及第一次债权人会议时间等内容。2014年8月26日,温州市瓯海区人民法院主持召开中城公司第一次债权人会议,考虑到该公司的实际情况,经债权人会议表决通过该公司进行清算式重整的初步基础。2014年12月22日,管理人将制作的中城公司重整计划草案交由第二次债权人会议表决,但优先债权组、普通债权组均未通过该重整计划草案。为此,针对未表决通过的债权人意见,管理人调整重整计划草案内容,提出“分离式处置,清算式重整”的思路,对不良资产进行平移式剥离处理,并提出征选合适意向战略投资人的意见。2015年1月25日,中城公司以100%股权为主要标的向社会公开预拍卖,最终由兰州市第一建设股份有限公司、周某组成的联合竞买人以5800万元竞得。2015年2月5日,管理人将调整后的中城公司重整计划草案交由第三次债权人会议进行分组表决,至2月16日,各表决组均同意通过重整计划草案。2015年3月18日,法院裁定批准重整计划,终结重整程序。

【重整实效】根据重整计划,中城公司可供清偿的资产总额204,705,513.99元(含股权转让所得),经重整计划确定调整后,担保债权100,802,629.95元,职工债权1,909,824.06元,税收债权3,664,939.27元获得100%清偿。普通债权1,616,313,897.07元,其清偿方案由调整后确定的基础清偿率与追加清偿率两部分组成。基础清偿率由破产清算情况下的0调整为5.45%,并分期清偿;追加清偿率以实际为准,未发现资产的追收以及预提预计债权清偿金额留余部分都将用于追加清偿。重整成功后,中城公司的房屋建筑工程施工总承包特级资质得以保留。

四、“瑞安市长城漆包线厂破产清算案”

【受理法院】瑞安市人民法院

【关键词】破产财产处置

【工作亮点】依托府院联席机制,"一事一议"研究解决破产企业闲置土地和厂房的处置问题

【背景情况】2012~2015年,瑞安法院裁定受理破产案件107件,其中涉及厂房处置事项的案件27件,该27个厂房中有23个存在不同程度的违法建筑。破产企业的厂房因存在违法建筑而难以处置,造成破产财产不能变现分配,破产案件久拖不结,以致债权人不能及时向保证人主张权利,损害了债权人的合法权益。同时,厂房处于闲置状态,除有安全隐患外,资源也得不到有效利用。

【审理经过】2013年5月28日,瑞安市人民法院以(2013)温瑞破(预)字第00017号民事裁定受理"瑞安市长城漆包线厂破产清算案"。审理中查明瑞安市长城漆包线厂在瑞安市塘下镇上金工业区原有厂房一处(土地使用权面积为2176.12平方米、建筑面积为1965.71平方米),因系危房,瑞安市长城漆包线厂经审批后拆除该处厂房,但未按要求进行重建。经瑞安市土地调查登记测绘事务所测量,重建后实际用地面积为2299.76平方米,违法用地面积为123.64平方米,建在违法用地上的违法建筑面积为563.52平方米,同时经瑞安市房地产测绘队测量,重建的建筑面积达5027.383平方米,也超出原房产权证记载的建筑面积。

瑞安市人民法院就该厂房的过户手续向瑞安市住房和城乡规划建设局发函,该局回复称:(1)瑞安市长城漆包线厂所处地块规划功能现为停车场库,如符合"亩产论英雄"条件,可按瑞政发〔2012〕77号文件处罚;(2)企业用地范围内,建筑若建于2010年前可以处罚后补办手续;(3)拟处理建筑的建筑占地或垂直投影线部分超出用地红线、道路红线、建筑退让线等规划控制线,可报瑞安市"一事一议",经同意分割后,对红线范围内建筑进行处罚后补办手续;(4)拟处理建筑取得合法产权后可以办理过户手续。为此,瑞安市人民法院于2015年4月1日向瑞安市企业金融风险化解和银行不良贷款处置领导小组(以下简称处置办)发函请该办牵头召集相关政府部门对上述厂房处置事项进行"一事一议"。2015年5月5日,瑞安市政府组织相关部门(如国土资源局、住房和城乡规划建设局、金融工作办公室、公安消防局、经济和信息化局、法院、工商业联合会、处置办、经济开发区管理委员会等)召开市政府专题会议,就上述厂房处置形成统一意见:瑞安市长城漆包线厂重建后的违法建筑,其中在合法用地范围内的,由瑞安市住房和城乡规划建设局处罚后补办手续,待登记发证后,由瑞安市人民法院启动拍

卖程序。

同时,考虑到效率问题,瑞安市政府组织相关部门于2015年9月2日召开市政府专题会议,就司法处置企业厂房有关问题进行协调,会议形成了对温州稳立精密机械有限公司等15个典型违法建筑厂房的处置意见,并确定"今后遇到相类似厂房,可比照上述有关方案处置,如有争议,由市处置办牵头解决"。

瑞安市长城漆包线厂等企业厂房中违法建筑问题的解决,不仅加快了企业厂房司法处置,保障了债权人的合法权益,而且加快了土地要素流动、缓解了其他企业用地难题,降低了企业金融风险。

五、"浙江兴湖工业丝有限公司破产重整案"

【受理法院】湖州市中级人民法院

【关键词】税费问题;府院联动;网络债权人会议

【工作亮点】重整程序中留抵税款转移给战略投资者;全面运行协调处置机制;网络和现场同步方式召开债权人会议;上市公司整体收购并重整成功

【审理经过】浙江兴湖工业丝有限公司(以下简称兴湖公司)成立于2009年3月,专业生产和销售高膜高强涤纶工业丝,注册资金1亿元。2011年以来,由于生产能耗大,原材料价格贵、财务成本高、市场不景气等一系列因素,公司生产难以为继并被迫停产。湖州市中级人民法院于2013年4月28日裁定受理兴湖公司的重整申请。管理人接管企业后,向债权人发送了通知书及债权申报表,对申报债权登记造册并进行了细致审查。根据债务人实际情况确立了经营方案,并积极寻找重整投资人。重整期间先后两次召开债权人会议对债权申报情况及重整计划草案提交债权人会议审查。2015年3月26日,第二次债权人会议表决通过重整计划草案。

此次重整最终实现了由湖州本地一家上市公司承债式整体收购破产企业,并接收企业原有职工的良好效果,普通债权达到10万元及以内债权按70%的比率受偿,10万元以上部分按22%的比例受偿的高清偿率。(1)创新处理留抵税款问题。对兴湖公司原有的2396.82万元留抵增值税款的处理问题,法院、管理人与市、区两级国税局多次沟通,并商请吴兴区国税局、会计师事务所、税务师事务所、税校等单位派出专家进行专题研讨。经论证,得出在对兴湖公司进行财务审计和税务清算鉴证的基础上,可将留抵税款转移至投资人的结论。后湖州市中级人民法院依托《湖州市企业破产协调处置工作机制(试行)》所明确的协调处置工作机制,经过4个多月的努力,2015 年 11 月 6 日,吴兴区国税局批准兴湖公司注销国税登记,同日批准将 2396.82 万元留抵税款转入投资人湖州尤夫工业纤维有限公司(以下简称尤夫公司)。得益于留抵税款问题的破解,管理人最终与尤夫公司签订了意向书,由尤夫公司出资 1.16 亿元承债式整体收购兴湖公司资产,同时接收兴湖公司原有职工。(2)及时灵活处置破产财产。管理人接管企业后,及时对企业资产进行盘点,发现企业有库存产品 1700 多吨。为降低保管成本和风险,防止产品贬值,管理人制订了《库存产品变卖办法》并对库存产品进行变卖,将所得款项优先清偿抵押债权。(3)整体出租债务人企业,增加重整成功的可能性。兴湖公司从 2012 年 11 月即停产,管理人接管企业前已经在与尤夫股份、省物产公司谈判租赁事项,管理人接管企业后,通过租赁经营使企业的机器设备仍能正常运转,既维护了机器设备的价值,同时也增加了租赁经营收入,为重整留下更大可能性。(4)府院联动,形成合力推进重整。在重整过程中,依托《湖州市企业破产协调处置工作机制(试行)》所明确的协调处置工作机制,法院、管理人与政府部门反复沟通协商,有效处理了公司房产、土地、建设、消防、环保等各种问题,为企业的正常生产经营创造有利条件,为投资人的引进扫清障碍,受到投资人的高度评价。(5)创新会议召开方式,有效保障债权人权益。通过网络及现场相结合的方式召开债权人会议,既减轻了债权人负担,又保障了债权人权益,同时还能减轻会议成本。在该案第二次债权人会议召开时,首次尝试现场与 QQ 信息平台同步进行的方式。现场参会人员 32 人,网上参会人员 39 人,会议效果良好。

六、“浙江安吉同泰皮革有限公司破产清算案”①

【受理法院】安吉县人民法院

【关键词】执破衔接

【工作亮点】执行与破产程序衔接;积案执结;成功实现“腾笼换鸟”

【审理经过】浙江安吉同泰皮革有限公司(以下简称同泰公司)因在 2014 年

---

① 2016 年 6 月 15 日,最高人民法院召开新闻通气会,公布了人民法院依法审理破产案件、推进供给侧结构性改革十大典型案例,该案例入选。

年初爆发债务危机,并引发严重劳资纠纷,停止生产经营。截至2015年2月27日,同泰公司作为被执行人的案件全省共有29件,标的额2200万元;作为被告的诉讼案件全省共有94件,标的额3327万元。

2015年3月17日,安吉县人民法院以(2015)湖安破(预)字第1－1号民事裁定书受理债权人安吉县博康担保有限公司对同泰公司的破产清算申请。同日,指定浙江振源律师事务所担任管理人。

在最高人民法院《关于适用〈中华人民共和国民事诉讼法〉的解释》仅从原则上规定了执行与破产程序衔接的相关条文,①尚缺乏明确、具体的操作细则的情况下,安吉县人民法院在实践中积极探索:(1)启动执破衔接,在法律文书中载明执行依据、移送理由。安吉县人民法院执行局根据最高人民法院《关于适用〈中华人民共和国民事诉讼法〉的解释》第513条的规定,向其中一些执行债权人及被执行人征询意见,并得到其中一位申请执行人书面同意,将该案移送立案庭审查。(2)高效变价破产财产。安吉县人民法院受理破产申请后,立即通知相关法院中止诉讼、执行程序,解除财产保全措施,并在第一时间接管了同泰公司的全部资产。考虑到债务人的厂房、土地在执行程序中已拍卖成交,而债务人的机械设备及原材料尚未进行处置,为减少不必要的损失,决定对该部分财产先行进行处置,将同泰公司的生产线等设备进行网络司法拍卖,使该公司资产变现总额提高至2700万元,并按时向厂房、土地的买受人交付了拍卖财产。(3)创新召开债权人会议形式。2015年6月4日,安吉县人民法院召开第一次债权人会议,创新采用街面大屏幕全程同步直播,会议顺利表决通过《财产管理、变价和分配方案》等两项议案,其中对同泰公司的生产线等设备进行网络司法拍卖予以确认。2015年6月26日,安吉县人民法院裁定确认上述财产管理、变价和分配方案,该案顺利审结。

七、“绍兴县金品置业有限公司破产清算案”

【受理法院】绍兴市柯桥区人民法院

【关键词】房地产企业破产;购房户

【工作亮点】研判债权性质,确定清偿顺位,保障消费者购房户的“生存权”

---

① 最高人民法院《关于适用〈中华人民法共和国民事诉讼法〉的解释》第513～516条。

【审理经过】绍兴市柯桥区人民法院于2015年11月26日作出(2015)绍柯破(预)字第3号民事裁定书,裁定受理绍兴县贤盛小额贷款股份有限公司对债务人绍兴县金品置业有限公司(以下简称金品置业公司)的破产清算申请,并指定浙江中行律师事务所担任管理人。

经审查,"随园"楼盘为金品置业公司开发的唯一楼盘,土地使用权已全部抵押给相关银行。"随园"楼盘规划设计排屋6幢、高层13幢,并分一、二两期先后开发,一期开发建设6幢排屋和7幢高层;二期开发建设6幢高层。截至破产申请受理时,"随园"一期高层中的2幢、5幢完成至主体13层,其他高层和排屋主体已结顶;"随园"二期仅完成桩基工程。根据生效民事判决,施工单位享有7196.2589万元的工程价款优先受偿权。另外,"随园"一期共规划建造462套商品房,其中377套已签订《商品房买卖合同》。在确定的债权申报期限内,共有115位已签订《商品房买卖合同》的买受人申报债权(对应的商品房共220套),全部要求交房。

虽然115位买受人签订的部分《商品房买卖合同》的真实性、法律关系、效力等有待进一步的审查和确认,但经过前期摸底,基本可以判断115位中的绝大部分属于消费者购房户。"随园"一期续建可以有效保障消费者购房户的"生存权"。关于"随园"一期续建的方式,经过利害关系主体多轮协商,最终确定通过出售"随园"一期可售房源,以销售收入支付续建工程款的方式对"随园"一期进行续建。管理人制作的《关于继续债务人绍兴县金品置业有限公司营业的方案》在第一次债权人会议上获得高票通过。该方案对于是否续建的问题主要考虑了5个方面的因素:一是基于"随园"一期楼盘的特殊性以及当前楼市滞销的情况,如何出售"随园"一期可售房源;二是"随园"一期可售房源的销售收入能否支付续建工程款;三是在"随园"一期可售房源的销售收入不能确保支付续建工程款,且续建工程的施工单位需要垫资的情况下,是否会有施工单位愿意承建;四是在法院宣告金品置业公司破产后,能否再出售房源,能否再继续施工;五是"随园"一期可售房源的销售收入能否优先支付续建工程款(续建工程款的清偿顺位)。

关于续建工程款的清偿顺位。债权人会议表决通过的《关于继续债务人绍兴县金品置业有限公司营业的方案》中明确:"续建工程款等续建费用支付来源:可供销售的商品房和地下车位的销售收入中依法可用于续建费用支出的部分,但应优先支付续建所需支出的除工程款外的其他包括但不限于勘察费、设计费、监理费等费用。”

该案的续建工程招标已经完成,剩余如场外、道路、景观绿化工程招标,政府五大配套工程等正在有序推进。

八、“浙江诚诚化工有限公司破产清算案”

【受理法院】衢州市中级人民法院

【工作亮点】破产案件“执破衔接 + 简易审”;刑民协同;破产财产网络司法拍卖;立足园区产业要求进行意向投资人选择

【审理经过】浙江诚诚化工有限公司(以下简称诚诚化工)于2011年4月20日在衢州市工商行政管理局登记设立,当时的法定代表人是王某红,2014年9月10日法定代表人变更登记为方某萍。公司的经营范围为有机硅酮建筑密封胶、107硅橡胶、甲基硅油的生产与销售。2015年2月6日,浙江省开化县公安局依法决定对王某红与方某萍的丈夫郑某春涉嫌非法吸收公众存款进行立案侦查,但王某红因潜逃国外而未归案。此时,诚诚化工仍未正式投产经营,现法定代表人丈夫郑某春居住公司留守。2015年7月10日,申请人童某军向衢州市中级人民法院申请对诚诚化工进行破产清算,法院于2015年7月30日裁定受理并指定管理人。

截至2015年6月,衢州市柯城区人民法院、衢州市衢江区人民法院、开化县人民法院共受理以诚诚化工为被执行人的执行案件40件,涉案标的额3800万元。通过市区联动,由衢州市柯城区人民法院对债权人进行释明,依据最高人民法院《关于适用〈中华人民共和国民事诉讼法〉的解释》第513条的规定,启动破产程序。案件受理前,衢州市中级人民法院主动赴开化县公安局,对接“刑民协同”问题,争取开化县公安局对资产处置的配合(因王某红涉嫌犯罪,诚诚化工资产被开化县公安局冻结),为破产财产处置打下基础。

在召开第一次债权人会议前一日,法院与管理人召集部分债权人在开化县人民法院召开了债权人预备会,就部分债权人提出的要求对关联企业合并破产及诚诚化工资产评估与处置的问题进行了释明。在会议中,充分了解个别债权人的真实想法,有效化解了该部分债权人的疑虑。

2015年10月9日,法院主持召开了诚诚化工第一次债权人会议。根据管理人编制的债权表,申报债权共计81,655,784.32元,初步认定69,444,982.90元。

债权人会议对申报的债权进行了核查。另外,浙江天平会计师事务所有限公司对诚诚化工资产负债情况进行审计的结果显示,截至破产受理日,诚诚化工的资产审定金额为 22,810,627.00 元,负债审定金额为 95,635,919.42 元,净资产审定金额为 -72,825,292.42 元,已经资不抵债。法院认为根据查明事实,诚诚化工不能清偿到期债务,并且资产已不足以清偿其全部债务,已经符合破产条件,应当依法宣告破产。2015 年 10 月 9 日,法院依法裁定宣告诚诚化工破产。

在第一次债权人会议上,通过了破产财产变价方案与分配方案。会议之后,管理人按照资产评估机构出具的诚诚化工资产评估报告的估计价值,向法院提交拍卖公告,由法院将资产置于司法拍卖网络平台上进行拍卖。通过公开竞价方式,最终由买受人以 1088 万元的价格竞得诚诚化工资产。诚诚化工所在的衢州高新技术产业园区以氟化工、精细化工、生物化工和机电一体化等为产业重点,必须具备相应的条件、满足园区特定的要求才能入园投资落户,这给诚诚化工的资产处置及新投资人的遴选带来较大困难。在诚诚化工的资产处置过程中,衢州市高新技术产业园区管理委员会高度重视,助力引进优质的意向投资人。在得知深圳公司有意投资后,管委会对该公司作了充分了解,多次前往深圳与其进行洽谈,说服其转向衢州进行投资。最终深圳公司竞得诚诚公司的资产。衢州市高新技术产业园区管理委员会亦在推进产权变更登记工作中,多次牵头协调,有效解决了工作中遇到的难题。2016 年 1 月 7 日,通过衢州市高新技术产业园区管理委员会的牵头组织,法院协助管理人与买受人办理了原资产上的抵押权注销手续,以及产权变更登记的手续。

从裁定受理到通过分配方案,仅历时 70 天,盘活工业土地 30 亩、厂房 8400 平方米,处置银行不良资产 2700 万元,新投资人计划投资 1.18 亿元。

九、“衢州建盛机械制造有限公司破产清算案”

【受理法院】衢州市衢江区人民法院

【关键词】简易审

【工作亮点】人民法庭审理破产案件;通过原则性破产财产分配方案;高于评估价直接变卖处置破产财产;47 天审结

【审理经过】衢州建盛机械制造有限公司(以下简称建盛公司)成立于 2006 年 12 月 18 日,注册资本 1000 万元。公司经营范围为矿山机械、通用零部件制造与销售。因近年来煤炭行业产能过剩,建盛公司作为主要为煤炭开发提供机器设备的下游企业,多笔货款无法收回,公司长期处于停工、半停工状态。该公司主要资产为位于衢州市衢江经济开发区宾港中路的房地产,国有出让工业用地面积5948.3平方米,建筑面积3536.02平方米。2015年9月30日,因不能清偿到期债务,衢州市衢江农村信用合作联社申请对建盛公司进行破产清算。2015年10月16日,衢州市衢江区人民法院裁定受理建盛公司破产清算案。

该院受理后,为加快破产审判进程,加速盘活资产,主要采取以下措施:一是在该院首次由人民法庭审理破产案件。鉴于该案债权债务关系相对清晰,债权人人数较少,衢州市衢江区人民法院决定由廿里人民法庭采用独任制进行审理。该院确定了30日的最短债权申报期限,并指导管理人同步启动债权申报审核、财务审计、资产评估程序。在2015年12月1日召开第一次债权人大会前,即完成了对破产企业的财务审计和资产评估,公司不动产及动产评估价值为620.43万元。二是创新财产变价方案。考虑到建盛公司资产总量不大,若采取传统拍卖方式,则会耗费拍卖费用且延缓处置进程。该院根据《企业破产法》第112条关于资产变价"债权人会议另有决议的除外"的规定,在债权人大会上通过破产财产变价的补充方案。根据该方案,管理人可以对建盛公司需要变价处理的全部财产,以不低于评估价直接变价处理。后债权人大会全票通过该方案,管理人积极发布信息,对接潜在客商,有投资方拟以680万元的价格购买公司全部资产。三是预先通过破产财产分配方案。传统的破产财产分配方案需待破产财产变价处置成功后才能在确定各债权人的分配清偿数额的基础上予以制定并提交债权人会议表决通过。但这种方式需等待资产变价结果,且需再次召开债权人大会。为提高效率,该院指导管理人依据《企业破产法》及浙江省高级人民法院《关于企业破产财产变价、分配若干问题的纪要》的相关规定预先制定破产财产分配方案,明确可供分配的破产财产范围、参与分配的债权内容、财产分配的顺序及比例,并要求各债权人在申报债权时即指定账户用于划付分配资金。该破产财产分配方案在第一次债权人大会即全票通过,在破产财产成功处置后,可依法进行破产债权分配清偿。

"建盛公司破产案"仅召开一次债权人会议,用时47天即通过破产财产分配方案予以审结。通过债权人会议,尊重债权人意思自治,授权管理人对破产财产以不低于评估价的价格予以直接变卖处置,盘活企业存量资产620.43万元,释放国有出让工业用地面积 5948.3 平方米，厂房面积 3536.02 平方米。

十、“浙江中捷环洲供应链集团股份有限公司破产重整案”

【受理法院】玉环县（现为玉环市）人民法院

【关键词】上市公司股权处置　重整中租赁经营

【工作亮点】有限售条件流通股收益权转让及回购的效力；有限售条件流通股溢价转让；重整中通过租赁经营继续营业

【审理经过】2014 年 10 月 13 日，玉环县（现为玉环市）人民法院裁定受理“浙江中捷环洲供应链集团股份有限公司（以下简称环洲供应链）破产重整案”，并指定国浩律师（杭州）事务所和浙江台温律师事务所为联合管理人。

环洲供应链成立于 2001 年 8 月 10 日，公司性质为股份有限公司（非上市），控股的子公司有 7 家，公司成立时的注册资本和实收资本均为 20,000 万元人民币。环洲供应链资产包括货币资金及往来款、存货、长期股权投资、固定资产、在建工程和无形资产，评估总价值为 92,317.89 万元，其中环洲供应链持有的中捷资源投资股份有限公司 1.2 亿股流通受限股份（评估价值为 66,360.00 万元）、房屋建筑物和土地使用权均已设定担保。

环洲供应链的主要资产系其持有的中捷资源投资股份有限公司 1.2 亿股流通受限股份，环洲供应链认购该 1.2 亿股股份时承诺有 3 年锁定期，即自认购之日起至 2017 年 6 月 19 日前不得转让，该 1.2 亿股股份已全部被质押，股份存在锁定期、质押权人优先受偿及证券交易市场的波动等因素都将影响股份变现的实际价值。此外，环洲供应链下属子公司大多经营状况不良甚至资不抵债正实施破产清算，可变现资产价值有限。如环洲供应链进行破产清算，企业不再继续经营，主要资产中的房屋、土地使用权将失去生产功能，并将不得不进行快速变现，资产变现过程中可能发生流拍，导致变现价值发生一定幅度的折让，并发生资产处置费用。为此，管理人在依法监管环洲供应链财产的同时，继续开展营业事务。为避免环洲供应链资产闲置和人力资源浪费，提高重整期间的现金流和营运价值，经与第三方协商，在继续保持经营的同时与第三方建立租赁经营关系，即在管理人监督下，企业将资产租赁给第三方使用，将部分员工派遣到第三方工作，并收取固定租赁费用和分享营业收益。

同时，管理人在地方报纸和全国有影响力报纸上刊登意向重整投资人招募公告。因环洲供应链持有的中捷资源投资股份有限公司1.2亿股流通受限股份存在3年锁定期,《浙江中捷环洲供应链集团股份有限公司重整计划(草案)》将出资人的股东权益调整为零,全部股份无偿让渡给重整方,让出资人和债权人共同分担实现公司重生的成本。出资人权益调整后,重整方将受让环洲供应链所有股份,成为环洲供应链的股东,通过持有环洲供应链的全部股份而间接持有中捷资源投资股份有限公司1.2亿股流通受限股份。另外,环洲供应链其他对外股权投资盈利能力较差,其他对外股权投资不纳入重整方重整范围,债务人和重整方委托管理人进行剥离和处置,以改善公司投资结构。最终,重整方以157,580.00万元取得环洲供应链的主要资产,包括房屋建筑物、土地使用权、机器设备、车辆、电子设备、软件使用权、在建工程及存货,并获得环洲供应链的钢材贸易和加工业务,可依环洲供应链章程及法律规定,根据市场情况对钢材贸易和加工业务作出适当安排。

2015年5月29日,环洲供应链召开第二次债权人会议,会议高票表决通过了《浙江中捷环洲供应链集团股份有限公司重整计划(草案)》。2015年6月2日,玉环县(现为玉环市)人民法院裁定批准重整计划草案并终止重整程序。

2014年浙江法院企业破产审判报告及工作典型案例

2014年是全面深化改革的关键一年,2014年年初召开的全省法院院长会议,对企业破产审判工作作了新的部署,要求以简易审为抓手,通过温州的先行先试,带动企业破产审判的常态化开展,在原有机制的基础上,抓住"深化"和"落实"两个关键词,通过稳妥受理和审理企业破产案件,进一步完善具有浙江特点的企业破产审判工作机制。

一、2014年全省法院企业破产案件基本情况分析

(一)全省法院受理、审结企业破产案件总体情况

2014年全省法院受理企业破产案件302件,债务人企业资产总额1,759,222.19万元,负债总额17,504,592.28万元。审结企业破产案件212件(见表1、图1)。2014年全省法院受理、审结企业破产案件数量较2013年有所回落,主要是由于温州在经过2013年受理和审结企业破产案件的高峰后案件数量回落。除温州外,全省其他10个地区受理和审结企业破产案件的总量略有上升。

所受理的302件企业破产案件,其中破产清算案件230件,占比为76%;重整案件70件,占比为23%;和解

案件2件,占比为1%,富阳法院、长兴法院各1件。

表1　2007年《企业破产法》实施以来浙江法院受理审理企业破产案件情况

时间	旧存/件	新收/件	破产企业资产总额/万元	破产企业负债总额/万元	办结数量/件
2007年6月～12月	188	27	235,138.38	395,790.54	54
2008年	161	60	408,765.46	1,104,693.53	62
2009年	159	121	1,130,818.64	1,842,694.42	105
2010年	175	48	203,538.17	513,079.84	83
2011年	140	77	729,933.28	1,468,929.63	54
2012年	163	143	1,207,194.49	2,430,330.39	89
2013年	217	346	8,731,058.39	15,956,701.11	289
2014年	292	302	1,759,222.19	17,504,592.28	212

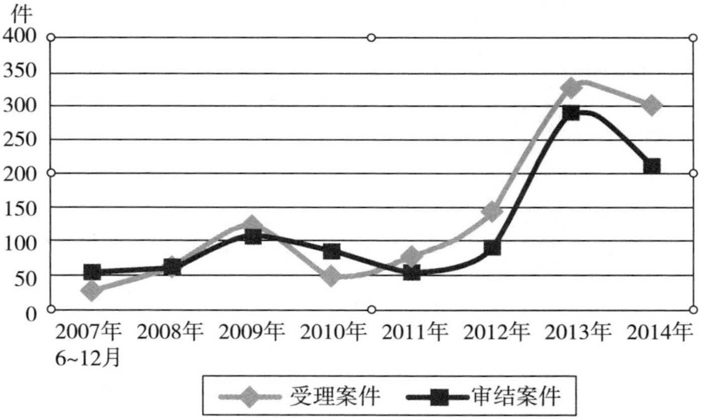

图1　2007年《企业破产法》实施以来受理和审结企业破产案件趋势

2014年,全省法院破(预)字案件收案359件,结案311件。即已结破(预)字案件311件中有302件是以裁定受理破产案件的方式结案,转而进入破产程序,受理的比率高达97%;9件以驳回申请或者其他方式结案。

(二)企业破产案件的区域分布

1. 2014年全省法院受理的302件企业破产案件的地区分布如下:杭州37件;宁波46件;温州123件;嘉兴3件;湖州7件;绍兴38件;金华12件;衢州8

件;台州 16 件;丽水 4 件;舟山 8 件。与 2013 年受理情况的区域分布相比,宁波、绍兴、台州增幅明显;杭州、湖州、衢州、丽水、舟山基本平稳(见图 2)。

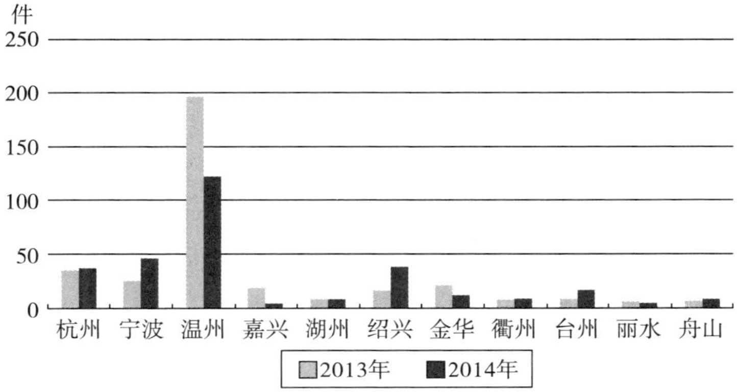

图 2　2013 年、2014 年全省各地区受理企业破产案件对比

2. 2014 年全省法院审结的 212 件企业破产案件的地区分布如下:杭州 18 件;宁波 15 件;温州 111 件;嘉兴 13 件;湖州 8 件;绍兴 17 件;金华 12 件;衢州 3 件;台州 8 件;丽水 3 件;舟山 4 件。与 2013 年审结情况的区域分布相比,宁波、绍兴、金华增幅明显;湖州、台州基本平稳(见图 3)。

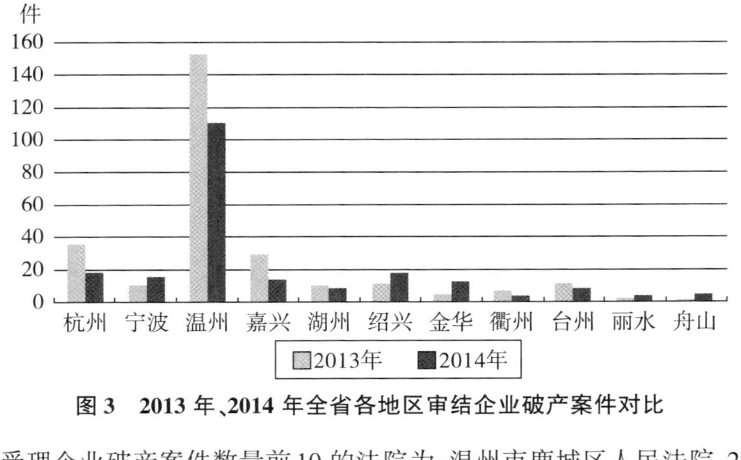

图 3　2013 年、2014 年全省各地区审结企业破产案件对比

3. 受理企业破产案件数量前 10 的法院为:温州市鹿城区人民法院,28 件;瑞安市人民法院,20 件;温州市瓯海区人民法院,20 件;乐清市人民法院,19 件;绍兴市柯桥区人民法院,19 件;温州市龙湾区人民法院,12 件;宁波市鄞州区人民法院,12 件;慈溪市人民法院,12 件;温州市平阳区人民法院,10 件;绍兴市越城区人民法院,9 件。

(三)对企业破产案件受理审理情况的分析

1. 从申请主体的角度分析:受理的302件企业破产案件中,有160件是债权人提出申请的,占比近53%;其余142件主要由债务人企业自行提出破产申请。进一步分析,160件债权人提起申请的破产案件中,温州占了107件,温州的破产案件申请主体为债权人的占比高达87%;其他地区的破产案件申请主体为债权人的占比平均为30%。总体而言,债权人申请破产的占比高,说明该地区企业破产的市场化程度较高。债务人企业自行申请破产,尤其是一些在当地有影响的大中型企业申请破产,往往经过了当地政府的前期风险处置。从当前的实际情况来看,这类企业是否进入破产程序、何时进入破产程序往往受地方政府的影响甚至主导。

2. 从进入破产程序的债务人企业主体进行分析:(1)地域特点。债务人企业所从事的行业具有一定的地域特点,如温州的鞋业、皮革;绍兴的纺织、服饰;舟山的造船、航运。2014年舟山市两级法院在审的19件破产案件中,涉及航运、船舶修造、水产等舟山传统支柱性行业有12件,占比63.1%;涉及企业21家,占比65.6%。(2)行业特点。受宏观经济环境影响,房地产行业整体低迷,房地产企业由于资金链断裂进入破产程序的情形也逐年增多。2014年,全省有20家房地产企业进入破产程序,约占受理破产案件总数的6.6%;2013年,有9家房地产企业进入破产程序,占受理案件总数的2.6%。

3. 对债权申报的情况进行分析:(1)总体来看,金融债权在企业破产案件中占较高比重。例如,据初步统计,2014年杭州受理的企业破产案件债务人企业的负债总额约142.86亿元,其中银行债权约62.73亿元,占比达到44%。宁波除少数小微企业外,大多数破产企业的金融债权占比超过40%。台州一些破产企业的主要债务是金融债务和民间借贷债务,且金额巨大,往往占总债务60%~90%。舟山市两级法院在审企业破产案件19件,涉及企业32家。债权人申报债权额90亿元,其中金融债权40亿元。相较而言,2014年浙江省银行业不良贷款余额1397亿元,不良贷款率1.96%,仅就上述几个地区破产案件中的金融债权而言,占全省不良贷款余额比例就已经达到10%左右,通过破产程序化解银行不良贷款风险的重要性将日渐凸显。(2)进一步具体分析,在破产案件中,总体而言,大型规模企业的金融债权占比较高,中小微企业则民间借贷占比较高。这与浙江省“中小企业融资难、融资贵”、中小民营企业深度介入民间借贷的情形是相互印证的。

二、2014 年浙江省高级人民法院在推进企业破产审判工作方面所做的主要工作

2014 年 3 月，国务院下发《关于促进市场公平竞争维护市场正常秩序的若干意见》（国发〔2014〕20 号），落实党的十八届三中全会提出的“健全优胜劣汰市场化退出机制，完善企业破产制度”的改革部署，明确了“强化债务人破产清算义务”“推行竞争性选拔破产管理人的办法”“探索对资产数额不大、经营地域不广或者特定小微企业实行简易破产程序”等重点工作。2014 年浙江法院推进企业破产审判的努力方向与顶层设计是一致的，在原有基础上抓住“深化”“落实”两个关键词，主要做了以下工作。

（一）加强个案监督和内部协调，推进企业破产案件受理

1. 加强个案监督。企业破产案件实行一审终审，但法律、司法解释也规定，对破产衍生诉讼和受理、审理企业破产案件的具体环节和事项，上级法院可以按照法定程序进行监督。2014 年以来，浙江省高级人民法院加强了这方面的工作，包括开展企业破产申请受理裁定的申诉审查和加强破产衍生诉讼的审理。如“李某某、施某某申请某市永立机械制造有限公司破产清算案”［（2014）浙民申字第 876 号］。依法受理企业破产案件，是开展企业破产审判的前提。最高人民法院《关于适用〈中华人民共和国企业破产法〉若干问题的规定（一）》（以下简称《企业破产法解释（一）》）强化了企业破产案件的立案监督，对认定破产原因涉及的“不能清偿到期债务”“资产不足以清偿全部债务”“明显缺乏清偿能力”作了规制。但是，在实践中有的法院对法律和司法解释规定的受理条件的执行不严格，甚至另行制定了一套标准，限制了利害关系人提起破产申请。对于生效的二审维持一审驳回申请裁定，如何对债权人等利害关系人提供程序救济，企业破产法没有明确规定，应参照民事诉讼法的规定。但在实务中，囿于一些主客观原因，这项工作开展的情况也不太理想。一些地方破产案件受理难的问题不解决，将成为制约企业破产审判工作推进的“瓶颈”。在审判实务中发现，有的债务人

企业及其关联企业已经停止经营,不具有营运价值。如果不对这样的“僵尸企业”进行处置,既不利于对债务人权利的公平保护,也闲置了厂房和土地使用权等要素资源,不符合破产财产处置效益最大化的要求。

2. 加强内部协调,完善企业破产案件指定管辖工作。2012 年修订的《民事诉讼法》将修订前上级人民法院“可以把本院管辖的第一审民事案件交下级人民法院审理”的规定修改为“确有必要将本院管辖的第一审民事案件交下级人民法院审理的,应当报请其上级人民法院批准”,体现了强化高级人民法院对中级人民法院向基层人民法院移交企业破产案件管辖进行监督的意旨。为适应浙江省作为中小企业大省、政府主导的企业风险处置多由县(县级市,区)政府承担属地责任,以及杭州、宁波和其他设区的地级市的区工商行政管理机构统一由上级机构发放营业执照的实际情况,浙江省一些中级人民法院将一些本应由自己管辖的企业破产案件交由基层人民法院管辖,这种做法有其合理性。2014 年,浙江省高级人民法院共批准 56 件由中级人民法院管辖的企业破产案件移交辖区内基层人民法院审理。并从以下几个方面对指定管辖问题的内部协调机制进行完善:①程序上应由立案部门商商事审判业务庭办理,各中级人民法院在报送管辖权转移的申请材料前,立案部门应就是否需要交由下级法院管辖、是否需要申请竞争方式产生管理人的例外等问题商商事审判业务庭。②程序上应先立“破(预)”字号,即应先受理才有管辖权转移的问题。“破(预)”字号案件也是一个一审民事案件。③申请报送的材料中,如果认为案件不适于采用竞争方式产生管理人的(如根据初步判断破产财产不足以清偿破产费用或者无产可破的),应当附相关说明。

(二)全面推进竞争方式指定管理人工作

浙江省高级人民法院《关于规范企业破产案件管理人工作若干问题的意见》(以下简称《管理人意见》)对竞争方式指定管理人提出了可操作性意见。2013 年 8 月,浙江省高级人民法院按照《管理人意见》的要求设立了省级管理人履职资料库,实现了管理人名册的分级管理。列入省级管理人名册的 22 家社会中介机构都有相对突出的履职资历和能力,这就为在全省范围内落实《企业破产法》及其司法解释以及浙江省高级人民法院《管理人意见》所规定的竞争方式指定管理人的工作创造了良好条件。2014 年 3 月 13 日,浙江省高级人民法院司法鉴定处、民事审判第二庭联合下发《关于进一步规范管理人动态管理若干事项的通知》(浙高法鉴〔2014〕3 号),正式启动了这项工作。该通知下发以来,截至 2014 年年底,全省通过竞争方式指定管理人共 20 次。对竞争方式指定管理人的企业破产案件的具体情况和工作效果进行初步分析:

1. 大大加强了浙江省高级人民法院对全省法院企业破产案件审理的指导、监督和协调力度。竞争方式指定管理人的企业破产案件债务人企业资产总额达 140.09 亿元,相较而言,2014 年全省法院受理企业破产案件 298 件,债务人企业资产总额为 175.92 亿元,通过竞争方式指定管理人的企业破产案件的债务人企业资产总额占全部企业破产案件债务人企业资产总额的比重达到近 80%。通过抓管理人工作,以及中级人民法院《竞争方式指定管理人工作方案》向浙江省高级人民法院报送备案、管理人提交《履职报告》等配套制度建设,大大加强了浙江省高级人民法院对全省法院企业破产案件审理的指导、监督和协调力度。

2. 适当降低管理人工作报酬,提高债权人可供清偿的破产财产总额。主要是通过以下两种方式:①在提交陈述书的同时就对管理人报酬作出承诺,在《关于审理企业破产案件确定管理人报酬的规定》的基础上适当下降。据统计,有 11 件企业破产案件管理人均作出了对管理人报酬适当下浮的承诺,占比 55%。②通过鼓励律师事务所和会计师事务所组成联合管理人,减少管理人在履职过程中聘请相关专业人员的财务支出。据统计,20 件企业破产案件中,有 19 件最终确定担任管理人的为联合管理人,且其中 18 件为律师事务所与会计师事务所联合。

3. 优化管理人资源配置,有利于提升管理人总体履职水平,也符合市场化导向。(1)20 件案件中,有 11 件案件产生了异地管理人,占比 55%。另外 9 件产生本地管理人的案件(杭州 4 件,温州 2 件,绍兴、宁波和衢州各 1 件)。(2)20 件企业破产案件中,被指定的管理人包括 11 家列入省级管理人履职资料库的律师事务所(共 14 家)、7 家列入省级管理人履职资料库的会计师事务所(共 8 家)和 12 家市级管理人。在短短一年多的时间,全省 22 家列入省级管理人履职资料库的社会中介机构中,已经有 18 家通过竞争方式担任了企业破产案件的管理人。(3)总体时间成本可控。20 件案件从发出询邀函到召开评审听证会确定管理人平均用时 16.4 天。

(三)积极建言献策,进一步优化企业破产审判外部工作环境

2014年7月3日,经浙江省政府同意,浙江省金融办、中国人民银行杭州中心支行、中国银监会浙江监管局联合下发《关于防范化解企业资金链、担保链风险促进经济平稳健康发展的实施意见》(浙金融办〔2014〕51号,以下简称51号文)。该意见作为浙江省政府办公厅《关于有效化解企业资金链担保链风险,加快银行不良资产处置的意见》(浙政办发〔2013〕113号)的实施意见,有更强的可操作性,对优化企业破产审判的外部环境起到了进一步的推动作用。

浙江省高级人民法院积极向省政府职能部门建言献策,进一步推进政府主导的风险处置工作和企业破产司法程序的对接,相关具体意见亦体现在51号文之中,主要是:要运用法治思维和法治方式,兼顾各方合法利益,发挥市场的决定性作用和更好发挥政府作用,防范和化解企业资金链、担保链风险;明确政银企合力化解的具体措施,加强帮扶机制与司法程序的协调和对接;依法保障政府应急转贷资金在司法重整程序中共益债权的地位,确保资金安全,切实缓解企业资金转贷难;要通过市场机制引入上市公司、龙头企业对涉险企业进行兼并重组、司法重整;推行企业破产案件简易审机制,发挥破产预登记的作用;加强对企业破产清算涉及的劳资、民间借贷等问题的协调化解,支持解决企业破产清算资金不足的问题;在打击企业逃废债务中,对确因经营风险陷入困境的企业,允许其依法申请破产、重整,在破产程序中协商债权清偿事宜,积极发挥破产程序揭露逃废债权违法行为的作用;对兼并重组、司法重整成功的企业,引导其重建良好信用记录。经浙江省政府下发的省政府金融办51号文,基本厘清了企业破产审判中政府履行属地责任和在维稳、公共服务等方面的职能定位,实现了兼并重组和司法重整(包括破产重整)政策的对接;明确了政府在税收、融资、信用记录修复等方面对司法重整工作的支持。51号文出台前后,杭州、宁波和一些地级市按照浙江省政府的指导意见,分别出台了适应本地实际的政策措施。在企业破产实践一线的温州市,政府和法院推进政府属地责任和企业破产审判工作的协调和对接,取得了新的进展:2014年7月9日,温州市中级人民法院会同温州市政府出台《企业破产处置工作联席会议纪要》,明确建立企业破产处置工作联席会议制度,将市企业破产处置工作领导小组下设办公室与市处置办进行整合,实行"三办合一"集中处置。市长任领导小组组长,并确定具体负责协调人员。《企业破产处

置工作联席会议纪要》还明确了资金保障、税收、重整企业信用重建、破产财产处置中不动产权证办理、破产程序中维稳及涉刑民交叉问题的处理、工商注销登记手续的办理等方面需要落实的政府职能和政策支持，这些操作性和针对性较强的做法对全省具有引领作用。在浙江省政府和有关部门的支持下，浙江法院在优化企业破产审判的外部环境方面已经取得了实质性进展，相关工作走在了全国前列。

（四）出台《关于强化司法职能推进企业兼并重组的意见》，推进企业破产法律机制与兼并重组的国家产业政策对接

为贯彻国务院、最高人民法院的部署，浙江省高级人民法院出台《关于强化司法职能推进企业兼并重组的意见》（浙高法〔2014〕140 号，以下简称《兼并重组意见》）。《兼并重组意见》下发后，浙江省高级人民法院党组报送了浙江省高级人民法院《关于及时依法处置“僵尸企业”盘活存量资产加快我省经济转型升级的报告》（以下简称《依法处置“僵尸企业”报告》），就“进一步提升依法对企业兼并重组和破产的优胜劣汰重要作用的认识”、“完善对企业的差异化处置的甄别机制，强化政府属地责任和司法程序的对接”和“优化企业兼并重组市场环境中政府的公共服务职能”3 个问题提出了意见，得到了浙江省委、省政府领导的批示肯定。《兼并重组意见》和《依法处置“僵尸企业”报告》强调将企业破产审判工作与兼并重组对接的内容主要是：

1. 强调“出售式重组”。在实践中存在对于“破产重整是资源配置，破产清算也是资源配置”的观念认识不到位的问题。对此，浙江省高级人民法院《关于企业破产案件简易审若干问题的纪要》强调了差异化处置理念，对破产重整程序的适用进行了规范。《兼并重组意见》第 9 条以“差异化”处置理念为引导，强调要“同等重视企业破产清算程序和破产重整程序的运用”。在一些破产清算案件审理中，虽然企业资格被终结了，但企业生产力、商业渠道和职工就业得到了整体或大部分维护，这种以保全企业营运价值为主旨的清算方式被称为“出售式重组”。与单纯的清算手段和以保全企业主体资格为主旨的典型重整手段相比，该方式有其独特的优势。浙江法院已经在这方面积累了一些经验，可以在实践中予以推广。

2. 强调破产程序一体享有兼并重组相关政策支持。推进企业破产案件审理中落实政府的属地责任和公共服务、社会管理职能，实现国务院和地方政府出台的与企业兼并重组相关的金融服务、税收、土地管理、工商登记等领域政策在破产程序中的对接，积极争取有关部门的协调，帮助重整成功的企业重建良好的信用记录。

3. 推进运用资产证券化进行破产风险隔离的金融创新实践。发挥市场的决定性作用，推进通过区域性股权、产权、债权、金融资产和大宗商品交易平台，整合企业重整资源，积极探索合法、合规开展破产程序中的资产证券化，有效隔离参与兼并重组企业的破产风险。

4. 进一步探索重整中管理人职责的剥离。完善破产案件管理人动态管理制度，继续探索区域性范围内有重大影响的企业破产案件竞争性方式产生管理人工作。发挥金融资产管理公司、产业基金、财务顾问、交易平台等机构参与招募投资者等与破产重整相关的业务活动，合理界定重整案件中相关机构与机构管理人的职责划分。

（五）加强网站建设，推进企业破产审判公开

企业破产审判工作的推进具有即时性、动态性和不可逆性的特征。为了强化企业破产审判工作的司法公开，推进阳光司法，加强对于全省法院企业破产审判工作的调研指导，浙江省高级人民法院在浙江法院内网和浙江省高级人民法院内网首页设置了“企业破产审判动态”栏目。

栏目自 2014 年 3 月 5 日开通以来至 12 月底，已上传相关资料 200 余篇，仅 2013 年全省法院受理、审理企业破产案件法律文书就包含了 577 份破产审判相关法律文书。内容涵盖了相关法律文件文本及解读、破产审判实务及相关业界动态、审判监督、管理人动态管理、典型案例、司法统计信息等各个栏目和各个方面。栏目的设置和顺利运行，推动了企业破产审判调研、指导和监督工作，起到了推进破产审判的阳光司法、加强破产审判工作的经验交流和沟通等预期效果。

三、推进企业破产审判工作过程中依然存在的突出重点难点问题

浙江法院虽然在推进市场化导向企业破产审判工作过程中持续做了一些工作，在企业破产案件受理数量、以简易审为抓手构建企业破产审判制度框架、健全管理人队伍推进竞争方式指定管理人工作等方面也走在全国前列，但依然还

存在一些突出的重点和难点问题有待破解。

1. 依法受理企业破产案件的“瓶颈”依然存在且在部分地区还比较突出。(1)企业破产案件受理的行政化倾向依然存在,在省内部分地区还比较严重。由债务人企业申请破产清算的,往往都存在政府部门的协调和前期处置的因素,常态化的破产案件受理机制远未建立。如玉环县(现为玉环市)人民法院 2014 年受理的 5 件破产案件中,有 3 件是因企业发生资金链、担保链引发当地经济危机,政府牵头相关部门进行协调,并由债务人企业向法院申请破产。(2)有的法院对于《企业破产法》和《企业破产法解释(一)》所规定的破产案件受理条件把握还不到位,存在在破产案件受理的法定条件之外设置破产案件受理条件的情形。(3)当然,案多人少,企业破产案件审判的内外部机制还存在许多障碍导致破产案件审理耗时费力,则是阻却企业破产案件依法受理的主要因素。

2. 企业真实的资产负债情况查明困难,债权审核难度较大。比较典型的案件如舟山市普陀区人民法院受理的“舟山永鸿海运有限公司破产重整案”中,申报债权中涉及大量隐名股东投资款问题,总计 128 笔,申报金额 7444 万元。投资款中有的明确约定系投入某船舶,有的系投入某类船舶;有的笼统挂靠在公司法定代表人股权名下,有的明确投资在公司名下;有的单船核算,有的核算单位不清;投资时间长短不一,有的已经拿过分红,有的将分红款累加在投资款中而未实际拿到分红;有的是公司实际控制人的个人债务(如赌债等),有的虽以个人名义所借但确实用于公司经营,还有的可能涉及虚假申报债权。

3. 合并破产情形依然较为突出。据不完全统计,2014 年受理的 302 件企业破产案件中,有 56 件企业破产案件涉及合并破产问题,占比为 19%。2013 年全省共有约 70 件企业破产案件涉及合并破产情形,占受理案件总数超过 20%。当前,《企业破产法》对于合并破产问题没有规定,相关司法解释还在制订过程中,但审判实践对于这一问题规范的需求却极为迫切。合并破产的形式和实质要件如何把握、程序如何推进、法院的审查标准、对于合并破产异议债权人的保护等问题,亟须得到解答。与合并破产相关的另一个重要问题是,债务人企业资产与实际控制人个人资产合并处置的问题,目前这方面明确的法律规定也是阙如的。

4. 刑民交叉问题亟待规范。(1)一些深度介入民间借贷的债务人企业进入破产程序,往往符合“债务人企业构成破产原因,实际控制人构成非法集资类犯罪”的“双构成”情形。(2)即使在普通的破产案件中,部分破产企业的法定代表人或股东涉嫌挪用资金罪,隐匿会计凭证、会计账簿罪,职务侵占罪,非法吸收公众存款罪,集资诈骗罪等犯罪,刑民交叉现象也比较突出。破产程序与刑事程序在实体和程序上如何衔接,破产财产处置与刑事程序查封、扣押等如何协调等,需要在原有基础上进一步明确和规范。

5. 破产财产处置困难成为破产程序顺利推进的主要障碍。导致破产财产处置困难的两大主要因素是:(1)市场因素。市场化程度还不够,市场对资源配置发挥作用尚不充分,再加上受宏观经济影响,导致一些破产财产无法顺利处置,成为制约企业破产案件审理工作顺利推进的重要障碍。另外,债权人的市场意识尚不普及,一些债权人对于破产财产市场处置的结果无法接受也是一些破产案件无法顺利结案的原因。(2)行政因素。具体又包括前期的不当行政行为。财产处置的高额税费等因素。如舟山市普陀区人民法院审理的"浙江恒宇造船有限公司、浙江恒州海运有限公司等4家公司破产重整案"中,申报债权达11.1亿元,浙江恒宇造船有限公司的土地、房产等以1.3亿元处置,而税务部门要求征收1800万元税款(后经多次协调,最终征收1000万元)。破产财产处置的高额税费使普通债权清偿率大大降低,进而使债权人会议表决通过破产财产分配方案的难度加大,阻滞破产审判工作的顺利推进。

下一步,要深入学习贯彻党的十八大和十八届三中、四中全会精神,结合浙江省经济发展实际,按照院党组的统一部署,在前期工作的基础上,继续在"深化"和"落实"上下功夫。近期,重点抓好以下工作:(1)结合立案登记制改革,加强对各级法院依法受理企业破产案件的监督,纠正"久拖不立"的现象,推动企业破产案件常态化受理工作。(2)适时出台浙江省高级人民法院《关于完善企业破产审判指导、监督和协调机制的意见》,以规范性文件为指引,统筹协调和推进各项工作。(3)加强指导、监督工作。结合"司法公开"的工作部署,把"企业破产动态"栏目的相关内容在浙江司法公开网上链接,并根据需要调整栏目的设置,充实内容,增强栏目对企业破产审判指导的及时性、针对性和实效性;根据浙江省高级人民法院《关于企业破产案件简易审若干问题的纪要》的要求,加强对重大疑难复杂企业破产案件、重整案件和超过18个月没有审结的企业破产案件的督查;继续指导温州法院和浙江省其他法院在企业破产审判方式上的先行先试。(4)结合2015年2月4日起施行的最高人民法院《关于适用〈中华人民共和国民事诉讼法〉的解释》中关于执行和破产程序衔接的相关规定,加强与立案和执行部门的沟通和协调,有序推进执破衔接的相关工作。(5)深化落实浙江省高级人民法院《管理人意见》,加强商事审判业务庭与司法鉴定处的沟通和协调,在总结实施《关于进一步规范管理人动态管理若干事项的通知》的基础上,出台竞争方式和随机方式指定管理人等工作规程;探索对列入省级管理人履职资料库社会中介机构名单的动态调整;有序推进列入其他省高级人民法院编制名册社会中介机构参加竞争方式指定管理人竞争的工作。(6)深化落实《破产财产变价分配纪要》的要求,继续依法探索破产程序中银行不良资产转让和破产财产处置、重整资源配置的制度创新。(7)贯彻落实浙江省高级人民法院《兼并重组意见》,推进落实省政府金融办 51 号文中涉及与破产程序对接的相关问题。

附件:

2014 年浙江法院企业破产审判工作典型案例

一、“李某某、施某某申请某市永立机械制造有限公司破产清算案”

【工作亮点】通过个案监督强化企业破产案件依法受理

【基本情况】2014 年 5 月 12 日,申请人李某某、施某某以被申请人永立机械制造有限公司(以下简称永立公司)不能清偿到期债务,资产不足以清偿全部债务,明显缺乏清偿能力为由,向某基层人民法院(一审法院)申请对永立公司进行破产清算。一审法院审查认为,该案债权系民间借贷债权,永立公司为主债务人程某某向申请人借款而提供保证。债权人未向主债务人行使权利,且在听证中发现,主债务人名下尚有财产,申请人申请保证人永立公司破产清算,不具备破产原因。该院裁定:对李某某、施某某的破产清算申请不予受理。李某某、施某某不服一审裁定,提起上诉。二审法院审查认为,有证据证明程某某还有财产,无法认定程某某、永立公司不能清偿该案所涉全部债务。在一审法院听证过程中,双方当事人对该案所涉债务数额也存在不同意见。二审法院裁定驳回上诉,维持原裁定。李某某、施某某不服二审裁定,向浙江省高级人民法院申请再审。浙江省高级人民法院由民事审判第二庭组成合议庭对再审申请进行审理,根据查明的事实,2012 年 12 月至 2014 年 1 月,申请人李某某、施某某与程某某、永立公司及其关联企业浙江百年银工贸有限公司先后签订了 13 份借条。程某某向两位申请人借款5200万元,浙江百年银工贸有限公司、永立公司分别或共同针对该借款承担连带责任。2014年4月2日,申请人李某某、施某某与程某某、浙江百年银工贸有限公司、永立公司共同签订了《债务确认书》。其中第5条明确:“截止本债务确认书签署当日,乙、丙、丁、戊四方确认还有借款人民币伍仟贰佰万元整(5200万元),没有偿还给甲方。”“本债务确认书自各方签字之日生效。”再审审查中还发现,永立公司及其关联企业浙江百年银工贸有限公司已经没有开展经营活动,厂房、土地使用权已经在该案申请人提起破产申请前办理了转让手续;李某某和其他债权人曾提出异议,但一审法院也未受理李某某针对厂房和土地使用权转让的撤销权起诉;永立公司对《债务确认书》的形式真实性不持异议,只是认为部分款项已经归还,且其中包含高息。再审申诉审查认为,李某某申请永立公司破产清算,符合《企业破产法》及最高人民法院《企业破产法解释(一)》的相关规定,裁定指令二审法院再审。

【要旨】(1)企业破产法解释一强化了企业破产案件的立案监督,对认定破产原因涉及的“不能清偿到期债务”“资产不足以清偿全部债务”“明显缺乏清偿能力”作了规制。人民法院不得在法律和司法解释之外设置企业破产案件的受理条件。(2)债务人企业已经停止经营,不具有营运价值,对这样的“僵尸企业”不进行处置,不利于对债务人权利的公平保护,也闲置了厂房和土地使用权等要素资源,不符合破产财产处置效益最大化的要求。

二、“浙江贝力生科技有限公司、浙江明辉控股集团有限公司破产重整案”

【工作亮点】全面启动竞争方式指定管理人工作

【基本情况】为贯彻落实《关于规范企业破产案件管理人工作若干问题的意见》(浙高法〔2013〕38号),进一步推进市场化导向企业破产审判工作,浙江省高级人民法院司法鉴定处、民事审判第二庭联合下发《关于进一步规范管理人动态管理若干事项的通知》(浙高法鉴〔2014〕3号),明确了应通过竞争方式指定管理人的破产案件范围和操作原则。包括虎牌集团控股有限公司、浙江贝力生科技有限公司、浙江明辉控股集团有限公司等拟申请破产(含重整)企业纳入了浙江省高级人民法院竞争方式指定管理人的调研。

在浙江省高级人民法院指导下绍兴市中级人民法院制定拟由绍兴市越城区人民法院受理的浙江贝力生科技有限公司、浙江明辉控股集团有限公司两企业破产案件的询邀函和工作方案，并向列入省级管理人履职资料库名单的社会中介机构和绍兴市中级人民法院辖区内的社会中介机构发出。截至5月7日，共有17家管理人提交询邀函回执及陈述意见书，根据报名结果及浙江省高级人民法院《关于进一步规范管理人动态管理若干事项的通知》文件要求，绍兴市中级人民法院选定了7家候选管理人，并确定于2014年5月16日在绍兴市中级人民法院B楼1008室举行评审听证会。未列入前7个正式参加竞争的社会中介机构可以旁听评审听证会。

绍兴市中级人民法院组成评审委员会，经中介机构陈述、评审委员会听证、评审、抽签等程序最终选定温州中源立德会计师事务所与浙江光正大律师事务所组成的联合管理人担任浙江贝力生科技有限公司、浙江明辉控股集团有限公司破产重整案件的管理人。该案系全省首次按照《关于进一步规范管理人动态管理若干事项的通知》要求通过竞争方式指定管理人。

三、“浙江中汉卓信控股集团有限公司破产重整案”

【工作亮点】充分发挥市场资源配置作用；创新股份处置方案；实现破产财产价值最大化

【基本情况】2013年5月13日，富阳市（现为富阳区）人民法院裁定受理浙江中汉卓信控股集团有限公司（以下简称中汉集团）破产重整案。2013年11月1日，富阳市（现为富阳区）人民法院裁定该公司实际控制人个人财产与企业财产合并处置。2013年12月20日，债权人会议高票表决通过《浙江中汉卓信控股集团有限公司重整计划（草案）》。2014年1月2日，富阳市（现为富阳区）人民法院裁定批准中汉集团重整计划。

广东华兴银行股份有限公司（以下简称华兴银行）的1.5亿股股份，是“中汉集团重整案”的最核心的资产。基于该股份的特殊性以及标的金额较大，如毫无准备地简单进行资产拍卖，将会越拍越低，且最终可能流拍。为确保资产变现价值最大化，管理人一方面积极与华兴银行取得联系，了解该股份转让的相关政策规定及银行内部管理要求，与华兴银行建立良好的互动机制，相互配合，推进资产处置工作；另一方面通过网络、律师事务所平台等各种平台，为股份寻找合适的重整投资者，重点针对华兴银行现有股东，广东、汕头本地投资者等。在前期已经接触已有意向投资者基础上，基于简单资产拍卖越拍越低的现状，管理人拟定了公开招募投资者的方案提交债权人委员会讨论,取得债权人委员会的一致认可。

2014年3月,管理人启动对华兴银行股份的处置工作,分别在《富阳日报》《21世纪经济报道》《钱江晚报》《羊城晚报》《汕头都市报》等多家媒体上刊登招募投资者公告,报名期限截至2014年5月10日。后管理人接待上海、汕头、广州等多家投资者正式咨询。多家投资者咨询的情况,也使投资者出现踊跃报价的意向。虽然至最终报名截止日,只有一家投资者向管理人报名,并缴纳保证金1000万元,但其报价为1.5亿元,没有出现低于原始投入的情况,实现了资产的保值。考虑到1.5亿元报价依然较低,管理人专门前往广州,与该投资者进行洽谈,汇报重整情况以及债权人清偿情况,希望能够提高报价。经反复协商,最终该投资者报价1.52亿元。2014年7月18日,管理人对该投资者报价在《21世纪经济报道》上进行公示,公示期间无其他投资者报名并报价。最终华兴银行股份以1.52亿元成交。2014年10月,该投资者依约全额支付1.52亿元股份价款,管理人在后续也将股份变更相关手续提交该投资者。

四、“生活秀集团有限公司破产清算案”

【工作亮点】贯彻刑民协同理念;在破产程序中追究相关责任人员刑事责任;依法推进破产程序

【基本情况】瑞安市人民法院于2012年10月26日依法裁定受理“生活秀集团有限公司(以下简称生活秀集团)破产清算案”。后该院于2012年11月8日向生活秀集团法定代表人陈某丰发出通知,要求其于15日内向该院提交财产状况说明、债务清册、债权清册、有关财务会计报告以及职工工资的支付和社会保险费用的缴纳情况。截至2013年3月18日,生活秀集团未向该院提交全部账册以及会计凭证。后该院发现生活秀集团存在私设“账外账”的行为,财务混乱。并且有证据表明该公司的“账外账”和大部分会计凭证已经被生活秀集团故意销毁或者隐匿,故瑞安市人民法院将该案移送至公安机关。后经公安局立案,检察院公诉,瑞安市人民法院依法判决:被告人陈某丰犯隐匿会计凭证、会计账簿罪,判处有期徒刑3年,并处罚金人民币100,000元。

【要旨】在破产程序中,对于部分公司的关系人利用隐匿、销毁账册等行为通过破产程序“逃废债”的,应以隐匿、故意销毁会计凭证、会计账簿罪,追究责任人的刑事责任。

五、“温州市瑞盛光学有限公司破产清算案”

【工作亮点】破产程序终结后追究相关责任人员民事责任

【基本情况】温州市瓯海区人民法院于2013年7月26日依法裁定受理“温州市瑞盛光学有限公司(以下简称瑞盛公司)破产清算案”。后瑞盛公司没有在法定期限内对破产清算申请提出异议。2013年7月30日,温州市瓯海区人民法院依法通知瑞盛公司股东陈某甲、陈某乙、付某红在15日内向管理人移交公司财产、印章和财簿、文书等资料,但股东陈某甲、陈某乙、付某红均未向管理人提交账册及提供财产。为此,林某武等8位原告要求陈某甲、陈某乙、付某红共同支付其经确认的无争议债权及赔偿利息损失。

温州市瓯海区人民法院经审理认为:陈某甲、陈某乙、付某红至一审法院作出裁判时亦未能提交账务账册、凭证等材料,故判决:陈某甲、陈某乙、付某红应于(2013)温瓯商初字第1117、1151、1154-1157、1119、1120号民事判决生效后10日内支付林某武等8位原告经法院确认的无争议债权。

陈某甲不服一审判决,向温州市中级人民法院提起上诉。温州市中级人民法院经审理后维持一审判决。

【要旨】在破产案件审理过程中,在公司的股东和控股股东拒不提供公司主要财产、账册、重要文件等资料的,应当判定上述人员对于公司债务承担清偿责任。

六、“浙江尖山光电股份公司破产重整案”

【工作亮点】跨境破产

【基本情况】2013年12月25日,海宁市人民法院裁定浙江尖山光电股份公司(以下简称尖山公司)破产重整。

在“尖山公司破产重整案”中,据初步统计,债务人在美国存有65.40兆瓦的太阳能组件,扣除相关费用后,合计价值2000万美元左右;在德国有3个电站,合计7.507兆瓦,总投资约1426.33万欧元。处置上述资产主要有以下困难:(1)资产为他人控制,涉及国内破产程序的域外效力问题,无法对资产的真实性及价值进行有效评估;(2)权属尚存纠纷,需通过诉讼或协商方式确定权属;(3)无论是通过诉讼还是协商方式,原物取回显然与债权人利益最大化不符,需要在资产所在地直接变价。

鉴于上述困难,海宁市人民法院对管理人提出了几点建议:(1)就境外资产的情况向债权人会议作出汇报,并就是否需要评估、首选和解方式取回境外资产及境外资产在海外直接变价的事项进行债权人会议表决。(2)通过债权人会议决议委托境外评估机构对境外资产进行评估,同时责令管理人和债权人代表赴海外对债务人投资和资产进行核查,责令管理人通知海外分公司负责人员回国述职,并就权属纠纷事宜与相关人员进行协商。(3)如通过协商方式取回的,和解方案应报请法院同意,事后向债权人会议报告;如协商不成,应及时通过诉讼方式取回资产。(4)部分境外投资需通过资产清算的,责令管理人及时组织相关人员进行清算。(5)如部分境外资产确实无法处置的,考虑通过剥离资产或抵偿债权的方式进行处理。

因尖山公司及其关联公司有约1.5亿元的资产在美国新泽西州,且至少涉及3家美国利益主体,若适用普通民事诉讼程序至少需用时2年以上。为及时有效处置企业海外存量资产,破产管理人于2014年7月16日向美国新泽西州破产法院申请救济,根据《美国法典》第11部分相关条文的规定请求确认:(1)正在中国法院进行的破产程序为外国主程序。(2)授予尖山公司第15章规定的债务人享有的进一步救济与额外帮助权利,包括:除非中国破产管理人及其代表同意,美国第三方在内的任何一方都不得擅自接触、处置美国资产;任何人不得针对美国资产发起追偿;法官紧急冻结美国第三方转移已售美国资产的销售所得款。

在管理人提出申请后,美国新泽西州破产法院经仔细审阅申请书和相关资料,并听取了各方辩论意见,于2014年8月12日作出裁决,支持确认外国主破产程序以及授予尖山公司债务人享有的进一步救济请求,由尖山公司破产管理人及其美国代表和代理人依据中国破产法对债务人在美国的太阳能电池板等资产进行管理。这是全省首例实施跨境破产审判、盘活浙商海外存量资产的尝试。

七、“舟山中恒置业有限公司破产清算案”

【工作亮点】突破重整中融资“瓶颈”

【基本情况】2014年11月6日,舟山市定海区人民法院受理了“舟山中恒置业有限公司破产清算案”。舟山中恒置业有限公司系一家房地产开发企业,其在舟山开发的中恒·倚山艺墅项目总投资约8亿元,由于资金杠杆率过高等原因,最终导致资金链断裂。

经查,该项目已完成95%的施工,仅剩绿化及部分水、电、煤管网等工程,再投入5000万元建设资金即可全部完工。如果该后续工程建设款不到位,则已售房产无法交付,未售房产无法销售,整个楼盘只能作为“烂尾楼”处理,势必会造成低价贱卖,从而严重损害债权人的权益。故5000万元资金的落实,是债权人利益最大化的关键,以破产企业自身再向金融机构或其他方式进行融资几乎没有可能。

舟山市定海区人民法院与浙江金融资产交易中心在“舟山中恒置业有限公司破产案”中经过反复论证,提出一个设想:利用金融中心平台点多面广、数量庞大的会员群体来募集资金。为此,舟山市定海区人民法院、浙江金融资产交易中心及该案件破产管理人共同深入探讨。舟山市定海区人民法院认为,国务院《关于创新重点领域投融资机制鼓励社会投资的指导意见》中明确鼓励民间资本采取私募等方式发起设立主要投资于公共服务、基础设施、区域开发等领域的产业投资基金。因此,民间资本完全可以成为项目的发行主体。该项目资金注入是在破产申请受理后为全体债权人利益而发生的工程建设资金,符合企业破产法中有关共益债务的规定,具有优先受偿的权利,只要债务人的现有资产能覆盖所融资金本息,风险即可控制。中恒·倚山艺墅项目除已售房产外,尚有近2亿元价值的房产未销售,且有应收房款9000余万元,现有资产能完全覆盖融资本息。引入共益债务这一创新思路,从法律上保证了投资者资金的安全,很好地解决了投资者资金风险控制的问题。

据此,浙江金融资产交易中心按上级主管部门批准的投资收益权业务模式,设计出融资方案和交易结构、要素流程。这种模式很快吸引了第三方投资机构,表示有兴趣向舟山中恒置业有限公司进行投资,并以此投资产生的基础资产在中心平台发售投资收益权。经舟山市定海区人民法院与浙江金融资产交易中心商定,最终选择浙江恩仑有限合伙投资管理公司作为对舟山中恒置业有限公司的投资主体,该投资须经舟山中恒置业有限公司管理人报告全体债权人会议表决通过确定为共益债务。该方案顺利破解了债务人企业后续建设资金的融资难题,而且融资成本较其他融资方式更低,得到全体债权人的认可,顺利通过表决。

【要旨】在破产程序中可以合法合规探索开展类资产证券化操作,探索通过区域性金融资产平台,采用金融创新手段破解融资“瓶颈”、整合重整资源。

八、“浙江华特斯聚合物科技有限公司破产重整案”

【工作亮点】破产案件预登记;将债权审查、投资者引进和重整计划拟定等重要工作放在预登记环节完成;通过“临门一脚”式的重整实现破产案件简易审

【基本情况】浙江华特斯聚合物科技有限公司(以下简称华特斯公司)的主营业务为化学纤维、合成纤维聚合物的制造和销售。在该案中,共有139家债权人申报债权9.2亿元。截至第一次债权人会议,管理人审查确认债权总额7.22亿元,尚待进一步审查确认的债权总额为1.52亿元。

2013年11月7日,安吉县人民法院对该案进行了破产重整预登记。预登记期间,主要进行了以下工作:(1)2013年11月10日,安吉县人民政府办公室发文成立浙江华特斯聚合物科技有限公司清算组(以下简称清算组),专门处理华特斯公司破产事宜。预登记期间,清算组接管了公司印章、各类证照、银行账户和现金等,制订了一整套财务审批制度,严格管控企业资金流向;聘用保安对企业资产进行看护,防止资产非正常流失。(2)开展债权预申报工作,并与债权人进行沟通和协商。通过召集不特定多数及主要债权人的多层次、多种形式的会议,使主要债权人充分知晓清算组与意向投资者谈判的信息,并对债务豁免及清偿率形成预期判断。在意向投资者表达重组意愿并签署备忘录后,清算组又邀请主要债权人共同到意向投资者生产场地进行考察,使债权人对于意向投资者的重整意愿、履约能力以及企业后续运营前景均形成理性判断,为后续启动重整程序奠定较好的债权人民意基础。(3)积极招募意向投资者。清算组主动走访华特斯公司所处化纤行业内有实力的企业,分别与萧山、绍兴等地的多家意向投资者展开多轮洽商、沟通和谈判,并与一家比较有投资诚意的意向投资者初步达成共识,签署了相应的重组备忘录。

2014年3月7日,安吉县人民法院裁定受理华特斯公司破产重整申请,并指定清算组担任临时管理人。2014年4月21日,华特斯公司召开第一次债权人会议,债权人表决同意清算组正式履行管理人职责,并表决通过了《重整计划草案》等6个事项。2014年4月22日,安吉县人民法院裁定批准华特斯公司破产重整计划草案,并终止华特斯公司破产重整程序。

【要旨】企业破产申请预登记期间,由占已知债权(含担保债权)总额1/2以

上主要债权人召集，可以比照企业破产法的相关规定建立债权人联络、协商机制并开展相关工作。

九、“浙江嘉毅能源科技有限公司破产清算案”

【工作亮点】执行和破产程序衔接；资产整体拍卖

【基本情况】2013 年 8 月 15 日，浙江省嘉毅能源科技有限公司（以下简称嘉毅公司）以无力清偿到期债务为由，向开化县人民法院申请破产清算，该院于同月 27 日裁定受理并指定了管理人。至债权申报期满，共有 43 家债权人申报债权，总计 3.907 亿元。

在嘉毅公司申请破产之前，已有多起以嘉毅公司为被告的案件进入执行程序，涉案标的额高达 11,388.92 万元，公司全部资产被多家法院查封（涉及杭州市中级人民法院、衢州市中级人民法院和杭州市下城区人民法院）。其中，衢州市中级人民法院执行局已对嘉毅公司资产进行评估并实施了两次拍卖，均流拍，正准备以保留价 6400 万元举行第三次拍卖。一些投资人在场外观望，企图等第三次流拍后，通过变卖方式以低于 5000 万元的价格取得公司资产。

开化县人民法院受理破产申请后，立即通知相关法院中止执行程序、解除财产保全措施，第一时间接管了嘉毅公司的全部资产。考虑到公司资产已经通过执行程序组织过两次拍卖的实际情况，同时浙江省高级人民法院《关于企业破产财产变价、分配若干问题的纪要》（浙高法〔2013〕154 号）第 12 条也明确，“法院在民事执行程序中的评估报告，在破产财产变价时仍在有效期内的，管理人可将该评估报告作为确定破产财产变价的依据，无需再行评估”。为最大限度地提高破产案件审判效率，降低破产费用，保护广大债权人的利益，开化县人民法院确定了由债权人会议对衢州市中级人民法院执行阶段已经实施的财产评估及变卖方案予以表决确认的方案。该方案提交第一次债权人会议后顺利表决通过，实现了执行和破产程序的良好衔接，避免了破产程序中另行启动资产评估、拍卖程序，极大地提高了工作效率，也有效地降低了破产费用。

2013 年 10 月 22 日，召开第一次债权人会议，审核债权并表决通过了财产变价方案，其中对衢州市中级人民法院在执行程序中对嘉毅公司的资产评估报告及二次委托拍卖程序予以表决确认，通过执破衔接避免了对公司资产的重新评估和重新启动拍卖程序。2013 年 12 月 4 日，公司资产以 7466 万余元的总价款成交。

2014年1月,买受人江西泰明光伏有限责任公司支付了全部价款,并重新组建了浙江泰明光伏有限责任公司;2月,公司成功恢复电池片加工生产线;4月16日,召开第二次债权人会议,会议高票通过了破产财产分配方案。

【要旨】在企业破产案件受理之前已经有以债务人企业为被告的案件进入执行程序的,可以通过债权人会议对执行程序中已经进行的资产评估和委托拍卖程序予以确认,以提高破产审判效率。

十、“舟山市欧威宝商贸有限公司等3家公司破产重整案”

【工作亮点】通过简化债权人会议推动企业破产案件简易审理

【基本情况】舟山市普陀区人民法院在审理“舟山市欧威宝商贸有限公司等3家公司破产重整案”时,由于该案的清偿率相对较低,而债权人人数众多且在第一次债权人会议上表现出情绪激烈等情况,为确保会议顺利召开并形成有效决议,上海市普陀区人民法院建议管理人对第二次会议决议事项采用简易审方式进行,事先专门召开债权人委员会会议,通过了第二次会议采取书面表决与现场表决并行的方式进行的决议。最终在指定日期到会现场表决只有31人,其他债权人均在会前向管理人投送表决票的方式行使表决权。经表决,同意票数占总票数的81.90%,所代表的债权额占无财产担保债权总额的84.27%,破产财产分配方案顺利通过,既缓解了维稳压力,也取得了较好效果。

【要旨】债权人会议(含债权人委员会)确认或认可的缩短期限、简化或合并手续及处分权利的事项,不违反法律禁止性规定。

2013年浙江法院企业破产审判报告及十大典型案例

2013年，围绕浙江省委、省政府积极防范和化解“企业资金链担保链风险”和“银行不良资产风险”等决策部署，浙江省高级人民法院积极贯彻落实，全省法院依法受理、审理企业破产案件，助推经济转型升级，浙江市场化导向的企业破产审判工作进一步推进。

一、全省法院企业破产案件受理、审理基本情况

（一）受理、审结案件数量上升明显

1. 2013年，全省法院受理企业破产案件346件，同比上升145.07%，收案数量占全国破产案件总数的17%左右。（1）具体的区域分布是：杭州35件；宁波25件；温州198件；嘉兴18件；湖州7件；绍兴16件；金华21件；衢州7件；台州8件；丽水5件；舟山6件（见图1）。（2）案件类型分布是：破产清算案件269件，破产重整案件76件，破产和解案件1件。

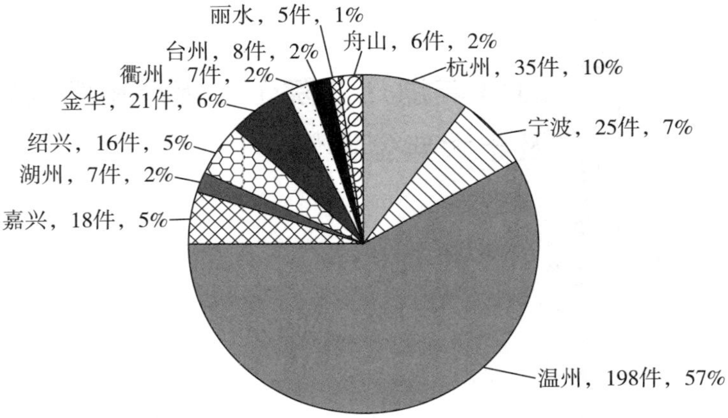

图1　2013年全省法院受理企业破产案件区域分布

2. 2013年,全省法院审结企业破产案件269件,同比上升265.79%。具体区域分布是:杭州35件;宁波10件;温州152件;嘉兴29件;湖州10件;绍兴11件;金华4件;衢州6件;台州11件;丽水1件;舟山0件(见图2)。

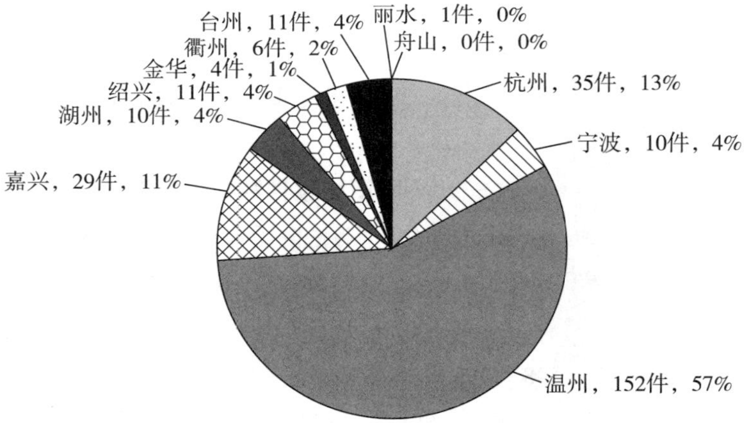

图2　2013年全省法院审结企业破产案件区域分布

3. 15家法院实现受理企业破产案件零的突破。2013年,全省有临安市(现为临安区)人民法院等15家法院受理了自2007年6月1日《企业破产法》实施以来的首例破产案件。截至2013年年底,全省中级人民法院和基层人民法院共102家,《企业破产法》自2007年6月1日实施以来受理过企业破产案件的达到86家,约占85%。

（二）进入破产程序的债务人企业情况

1. 债务人企业的行业情况：(1)以低端、传统制造业为主。2013 年进入破产程序的债务人企业多属于纺织、制衣、机械、电子等传统行业。(2)部分房地产企业、光伏企业进入破产程序。2013 年，全省有 9 家房地产行业的公司进入破产程序，分别为宁波东来日盛置业有限公司、温州市银河房地产开发有限公司、温州市鹿城区房地产开发总公司、平阳县泰宇房地产开发有限公司、浙江凯旋万豪置业有限公司、浙江嘉毅置业发展有限公司、浙江恒昌房地产开发有限公司、云和县恒泰房屋建设开发有限公司、建德雅居房地产开发有限公司。(3)债务人企业行业的地域性特征较明显，如温州的制鞋行业，新收破产案件中有 54 件案件债务人企业为鞋业公司，占到收案总数的 27%；普陀新收 6 件破产案件，有 5 件案件的债务人企业为航运、造船行业的公司。

2. 破产企业债权债务情况：(1)金融债权在破产企业债务中占据较高比例。据初步统计，2013 年受理的企业破产案件债务人企业的负债总额约 40.56 亿元，其中银行债权约 17.94 亿元，占比达到 44%。(2)民间借贷债权较普遍。“融资难、融资贵”问题导致中小企业深度介入民间借贷，企业破产案件审理中，民间借贷债权较普遍。诸暨市人民法院受理的浙江台越纺织制品有限公司破产案件中民间借贷债权在全部债权中的占比甚至高达 90.9%。(3)企业互保、联保情形较严重。破产企业的实际控制人控制的多家企业普遍存在互相担保情况，或是与本地其他企业之间的互保、联保。东阳市人民法院在 2013 年 3 月 25 日依法受理天煜建设有限公司申请破产一案，早在该案受理前，受天煜建设影响，嘉逸集团、荣事集团、虎牌控股等几十家外围互保、联保企业陷入资金链断裂危机。

（三）企业破产案件审理基本情况

1. 企业破产案件申请人情况。从案件总量上看，债权人作为申请主体的案件比例较高，主要原因是温州企业破产案件由债权人申请的比例较高，2013 年度温州两级法院受理的 198 件破产案件中，有 156 件是因债权人申请而受理，所占比例高达 78.79%。其他地区多数还是以债务人申请为主，如宁波在新收的 27 件破产案件中，有 22 件系债务人申请破产，比例达 81.5%；湖州地区，所受理的 14 件案件中，由债务人提出破产申请的有 6 件，占比为 42.86%。

2. 管理人指定情况。2013 年受理的企业破产案件,超过 80% 的案件指定列入浙江省高级人民法院破产管理人名册的中介机构为管理人,近 20% 的案件采用清算组模式。因为具体产生管理人的手续由各中级人民法院司法技术管理部门办理,全省各地情况差别也较大,具体情况如下:(1)杭州:有 25 件采用清算组管理人模式(共受理 35 件,超过总数的 70%),清算组管理人多由前期政府主导进行风险处置的工作组转化而来。(2)宁波:有 12 件采用清算组管理人模式(共受理 25 件,约占总数的 50%)。(3)温州:全部采用中介机构管理人模式。(4)嘉兴:有 2 件采用清算组管理人模式(共受理 18 件)。(5)湖州:有 6 件采用清算组管理人模式(共受理 7 件)。(6)绍兴:目前全市两级法院均采用中介机构管理人模式。(7)金华:有 5 件采用清算组管理人模式(共受理 21 件)。(8)衢州:全部采用中介机构管理人模式。(9)台州:管理人选任以摇号指定方式为主,以竞争选任为辅,部分仍采用由政府清算工作组转为管理人的方式。(10)丽水:全部采用中介机构管理人模式。(11)舟山:有 1 件采用中介机构管理人模式(共受理 6 件)(见表 1)。总体来看,湖州、杭州、宁波、金华等地采用清算组管理人的案件还比较多。

表 1 全省各地区采用清算组形式管理人的企业破产案件情况

地区	采用清算组管理人案件数/件	受理案件总数/件	占比/%
温州	0	198	0
绍兴	0	16	0
衢州	0	7	0
台州	0	8	0
丽水	0	5	0
嘉兴	2	18	11
舟山	1	6	17
金华	5	21	24
宁波	12	25	48
杭州	25	35	71
湖州	6	7	86

3. 合并破产案件情况。(1)合并破产案件数量较多。据初步统计,全省共

有约 70 件,占受理案件总数超过 20%。(2)合并的形式多样。关于企业合并破产,目前法律规定并不明确,在实践中,各法院合并破产的具体情形差别比较大:有分别单独受理后合并破产;有作为一个破产案件合并受理;也有先受理一个企业的破产申请,后将其关联企业裁定合并破产。如杭州市富阳区人民法院受理的"中汉系"案件即在裁定受理其核心企业"浙江中汉卓信控股集团有限公司破产重整案"后,又根据管理人的申请,直接裁定其 13 家关联企业合并重整;杭州市中级人民法院受理的"中江系"破产案件系在 30 家关联企业分别进入破产程序后,根据管理人的申请,在听取债权人的意见后裁定上述 30 家企业合并重整;等等。

4. 重整转入清算程序的情况。战略投资者的引入需要重整企业自身具有相应的营运价值,同时,投资者应具有相应的实力;重整计划草案要在债权人会议当中取得债权人的表决同意;一些重整案件还需要地方政府提供相应的优惠条件和政策支持。受到这些因素以及 2013 年总体宏观经济形势的影响,一部分企业破产案件由重整程序转入清算程序。据初步统计,2013 年全省有 20 余件重整案件因为战略投资者引进困难、不能按期提交重整计划草案,债权人会议表决未通过重整计划草案或者在重整期间出现法定原因而依法转入清算程序,比较典型的案件如绍兴市中级人民法院审理的"浙江玻璃股份有限公司等 5 家公司合并破产重整案"、杭州市萧山区人民法院审理的"杭州萧山蔡伦纸业有限公司等 3 家关联企业破产重整案"、奉化市(现为奉化区)人民法院审理的"宁波凯森线缆有限公司破产案"、长兴县人民法院审理的"湖州航达工业炉制造有限公司破产重整案"等。

5. 清算程序中破产财产变现情况。破产财产变现是推进破产清算程序的核心环节,2013 年全省法院在审理破产案件中在破产财产变现方面的主要情况是:(1)非拍卖方式变现破产财产的探索。典型案例是衢江市中级人民法院在审理"浙江民德纸业有限公司破产案"过程中,充分尊重债权人意思自治,未通过拍卖程序而由债权人会议直接表决决定整体打包变现企业资产,既实现了债权人利益最大化,又保留了企业设备、人才、技术、客户、市场等全部生产要素,实现企业整体变价 1.1 亿元(评估价约 8600 万元),普通债权清偿比例高达 75%,节省拍卖费用,加快案件审理进程。①

① 《企业破产法》第 112 条规定:"变价出售破产财产应当通过拍卖进行。但是,债权人会议另有决议的除外。"浙江省高级人民法院《关于企业破产财产变价、分配若干问题的纪要》第 7 条规定:"占债权比例三分之一以上债权人建议以非拍卖方式变价破产财产的,管理人可以将非拍卖方式和拍卖方式变价破产财产的方案(附两种方案的理由)提交债权人会议讨论,由债权人会议讨论并作出决议。"

(2)网络司法拍卖在破产财产变现中逐渐发挥作用。典型案例有海宁市人民法院审理的"浙江宏昌制革有限公司破产案",通过网拍土地使用权、厂房等破产财产,评估价约1.587亿元,起拍价1.55亿元,拍卖成交价格为1.59亿元;德清县人民法院审理的"直立汽配有限公司破产重整案",通过网拍该公司投资于直立天石钙业股份公司的50%股权,起拍价600万元,最终以4100万元成交,溢价率达583%;舟山市普陀区人民法院在淘宝网司法拍卖平台成功变卖舟山市耀业石化有限公司的整体破产财产,最终以1165万元成交,溢价率29.4%;等等。(3)也存在一些破产财产如机器设备等由于企业停产破旧老化,变现困难。如绍兴部分债务人企业(多数为纺织印染企业)在破产案件受理前大多已经停产,而纺织印染企业的设备更新换代较快,导致破产财产陈旧,且技术含量低、价值低廉,变现有很大难度;"湖州安吉金贸竹木有限公司破产案"中土地拍卖曾多次流拍,降低了债权人的受偿率,也拖延了破产案件的审理期限。(4)还有部分破产财产主要是土地、房产等存在权属不明、不清,甚至违建等情况,影响了案件审理进度。

6. 执行与破产程序衔接工作开展的情况。执破衔接工作是推进市场化导向企业破产审判工作中的重要方面,也是破解当前存在的"执行难"问题的重要通道。2013年,全省部分法院开展了这方面的探索,如温州两级法院通过执破衔接共受理98件破产案件,已审结58件,促成一大批程序终结案件得以成功执结,提高了财产的处置效率,公平维护了破产企业债权人的合法权益。舟山市中级人民法院出台《关于执行程序和破产程序衔接的会议纪要》,就执破转换工作的相关事项予以明确。岱山县人民法院成功将3个系列执行案件分别转入破产清算和破产重整程序,33件执行不能案件得以顺利结案,在审判工作基础上,岱山县人民法院完成了《关于民事执行案件转入破产程序的调研》。

二、浙江省高级人民法院企业破产审判工作的部署和成效

2013年年初召开的全省法院院长会议对全省法院企业破产审判工作作出了总体部署,要坚持甄别分类、区别对待、有扶有破,勇于探索出一条"市场导向、司法主导、简易审理、执破结合"的具有浙江特点的市场化简易破产新路子。

1. 总结市场化简易破产的新经验,出台相关指导性文件。在总结前期工作

经验的基础上,2013 年 6 月,浙江省高级人民法院出台《关于企业破产案件简易审若干问题的纪要》及与之配套的《关于企业破产财产变价、分配若干问题的纪要》,主要内容有:①强调企业破产案件审理当简则简,债权人会议确认或认可的缩短期限、简化或合并手续及处分权利的事项,不违反法律禁止性规定的,法院应予认可。②建立企业破产案件预登记制度。对集中管辖案件等情形,法院经过合理评估后,可以进行企业破产申请的预登记,其间由占已知债权总额 1/2 以上主要债权人召集,可以比照企业破产法的相关规定建立债权人联络、协商机制并开展相关工作。③建立法院通过裁定方式强制批准重整计划草案等案件的报备制度,加强监督。④强调破产清算的“底线思维”。法院受理企业破产重整申请,应向申请人释明企业破产清算的风险,对重整可行性通过听证会等形式进行必要的审查,涉及当地重大企业风险处置事件的企业破产重整申请,由审判委员会讨论决定,避免因不适当适用重整制度导致破产程序的拖延。⑤尊重债权人意思自治,节约评估、拍卖费用和时间。占债权比例 1/3 以上债权人建议以非拍卖方式变价破产财产的,管理人可以将非拍卖方式和拍卖方式变价破产财产的方案提交债权人会议讨论,由债权人会议作出决议。拍卖或者非拍卖方式出售破产财产,需要对全部财产或者部分财产确定价格的,债权人会议也可表决通过不需要进行评估的决议。⑥明确各类企业破产案件的结案标准,重整、和解、清算案件分别以批准重整计划草案、认可和解协议和认可破产财产分配方案的民事裁定书签发之日为结案日。针对浙江省企业破产案件审理中较普遍存在的刑民交叉问题,民事审判第二庭在调研基础上出台《关于在审理企业破产案件中处理涉集资类犯罪刑民交叉若干问题的讨论纪要》,指导审判实践。全省各地法院积极按照浙江省高级人民法院的要求开展企业破产案件简易审理方面的实践,温州市中级人民法院还出台了《关于试行简化破产案件审理程序的会议纪要》,建德市人民法院出台了《关于企业破产案件简易审理的实施办法(试行)》。在案件数量大幅上涨、案多人少矛盾更突出的情况下,2013 年审理时间在一年以上的企业破产案件占审结案件总量的比例下降到 35%。2008 ~ 2012 年这一数据分别为 66%、40%、58%、48%、54%。

浙江中小民营企业深度介入民间借贷,民事领域的民间借贷案件、刑事领域的集资类案件同企业破产案件交织的问题严重,为此,浙江省高级人民法院出台《关于服务金融改革大局依法妥善审理民间借贷纠纷案件的若干意见》,强调依法受理企业破产申请,通过破产程序平台协调民间借贷纠纷和非法集资活动交织的相关问题。在与省公安厅、省检察院联合出台的《关于当前办理集资类刑事案件适用法律若干问题的会议纪要(三)》中强调,重视和加强公安机关、检察机关对企业、企业主及相关人员涉嫌非法集资类犯罪的查处和法院依法审理企业破产案件工作中的沟通、协调工作,妥善解决已进入破产程序的企业财产的查封、扣押和冻结等问题。

2. 加强企业破产审判工作与政府风险处置工作的对接。浙江省政府把“防范和化解企业资金链担保链风险”和“防范和化解银行不良资产风险”作为2013年金融工作的重中之重,并在调研基础上形成了《关于有效化解企业资金链担保链风险加快银行不良资产处置的意见》(浙政办发〔2013〕113号)。浙江省高级人民法院全程参与调研和意见的起草论证工作,尤其强调了在防范和化解两种风险的过程中,要做好政府风险处置工作和企业破产审判工作的对接:要“采取行政协调、破产和解与重整、司法集中管辖、企业瘦身、市场重组等手段,加大救助力度。对于产能过剩、救助无价值的企业,要大力推行破产清算,发挥市场优胜劣汰功能”;“支持法院完善金融债权差异化处置工作机制与途径,加强对担保链风险的司法化解”;完善破产工作协调机制和适用破产法的外部环境,“将破产案件的有关裁定书纳入呆账核销依据范围”,“支持依法编入名册的律师事务所、会计师事务所等社会中介机构履行破产管理人职责”,“支持解决破产案件清算资金不足的问题”,“减轻破产重整企业的税负”等。温州两级法院主动向温州市委市政府呈送专题报告,推动鹿城、苍南、乐清等地政府建立金融办、银监局、经信委、公安、工商、财政、税务、国土等相关职能部门参加的破产审判协同处置机制,为协调解决股权变更、税费调整等破产重整难题提供保障;温州市中级人民法院联合温州市财政局制定出台了《关于破产援助资金的管理和使用办法》,设立了200万元破产援助专项资金。

3. 完善管理人动态管理工作。(1)出台《关于规范企业破产案件管理人工作若干问题的意见》,建立管理人动态管理制度。该意见明确规定了简易清算组、临时管理人等制度,并对管理人报酬确定等问题提出了更加明确的要求。(2)建立省级管理人履职资料库。人民法院可以在充分听取债权人、相关主管部门等意见的基础上建立管理人评价档案,作为管理人水平的评价依据。有条件的法院还可以探索对管理人的分级分类管理,依据管理人的业绩划分管理人资质等级,按照破产案件实际情况在不同资质等级的管理人中选择管理人。2013 年 8 月,按照最高人民法院和浙江省高级人民法院《关于规范企业破产案件管理人工作若干问题的意见》“省高级人民法院……选择工作业绩突出的社会中介机构管理人建立省级管理人履职资料库”的要求,经会商省律师协会、省注册会计师协会,建立了由 14 家律师事务所和 8 家会计师事务所组成的省级管理人履职资料库,并明确列入省级管理人履职资料库的机构可以跨中级人民法院辖区参与重大疑难企业破产案件管理人的竞争;也可以跨中级人民法院辖区与当地列入管理人名册的社会中介机构合作,参加随机方式指定联合管理人的挑选。

4. 开展超 18 个月企业破产案件专项清理活动。为清理长期未结企业破产案件,贯彻落实《关于企业破产案件简易审若干问题的纪要》等规范性文件,推进加快银行不良资产处置活动,浙江省高级人民法院部署开展了超 18 个月以上未结企业破产案件清理专项督查活动。2013 年 8 月下发《关于开展超十八个月以上未结企业破产案件清理专项督查活动的通知》,明确专项活动的目标和具体督查方式,并对需要重点督办、清理的破产案件以列表方式列明;浙江省高级人民法院民事审判第二庭在《商事审判动态》上对阶段性进展情况进行通报,并组织人员就反馈的情况、问题进行专题研究,就重点案件赴当地进行专案指导调研;各中级人民法院如嘉兴市中级人民法院、杭州市中级人民法院积极贯彻落实,采取有效措施,推进案件审理进程。截至 2013 年年底,98 件超 18 个月以上未结企业破产案件已经结案 71 件,结案率达到 72.4%,其中 2007 年 6 月 1 日(《企业破产法》实施日)之前受理的未结企业破产案件 34 件已经清结 29 件。相关法院加大破产企业司法重整、重组或清算的协调化解力度,加速有效资产的依法重新配置。据统计,嘉兴市中级人民法院专项清理企业破产案件涉及土地 1430 余亩,房产 21 万余平方米,1137 亩土地存量资源被盘活。

5. 加大宣传力度,逐步消除一些党政领导、企业家和各界对破产制度的误解,努力推进浙江省市场化法治化常态化企业破产审判工作的开展。2013 年 5 月,浙江省高级人民法院联合省律师协会、省注册会计师协会、省银行业协会和省企业家协会召开“银企合作司法保障与企业破产法实施”新闻发布会。会上发布了“2012 年浙江法院企业破产审判报告(附十大典型案例)”,并发放了省律师协会编辑、省高级人民法院民事审判第二庭审定的《企业破产法实施与中小企业权益保障》宣传手册,向企业界、社会通报法院的企业破产审判工作和典型案例,传播破产保护(企业拯救)的理念。

三、进一步推进工作需要克服的困难、存在的问题和下一步工作安排

在原有工作基础上,2013年浙江法院围绕经济社会发展大局和“两富”浙江建设,积极部署,进一步推进市场化法治化常态化企业破产审判工作,取得了显著成效。同时,工作中也还存在一些困难、问题。

1. 从法院内部来说:(1)法院自身的职能定位问题。法院与相关政府部门、管理人、债权人等主体相互之间权力(权利)、义务和职责界定尚不清晰成为影响企业破产案件审理效率的重要因素。比如,在债权审核、重整方案制定、清偿方案制定等方面,管理人往往将其本应自主决定的事项向法院请示,导致法院工作量大幅增加;由于相关政府公共服务职能的缺失,在审理破产案件之余,法院往往还需要协调管理人与各行政机关、社会机构的关系,案外工作大量增加。(2)法院内部各部门之间的沟通协调需要更加顺畅。企业破产案件由商事审判业务庭审理,但企业破产审判工作的开展则需要法院内部各部门(立案、审判管理、执行以及各业务部门等)之间的配合协调,如集中管辖案件与破产程序的衔接、管理人的动态管理工作、破产财产的评估和变现分配、执行程序与破产程序的衔接等工作都需要相关部门之间的协作。从目前来看,常态化的协调机制尚未构建在一定程度上影响了企业破产案件的审理效率和工作的开展。(3)科学合理的绩效考评体系尚未建立。目前,浙江法院案多人少矛盾尤为突出,法官绩效考核压力较大。企业破产案件的审理较普通民商事诉讼案件而言,牵涉大量的政府部门协调、债权人沟通、管理人监督等程序外事项,耗时费力,但案件的绩效考评并没有单列,缺乏对法院和法官受理破产案件的激励。

2. 从法院外部来说:(1)政府层面:政府常态性的企业风险处置机制尚未建立,与企业破产审判工作不对接;破产企业缴纳税费的相关规则①、金融监管的相

① 一些有挽救希望的中小企业进入破产程序后仍然要承担高额税费负担,导致重整进程举步维艰。《企业破产法》第113条将税收债权列为优先于普通债权的清偿顺位,在破产财产分配时得以实现。但在实践中,税务机关往往在重整期间即提前采取强制性措施清偿破产前欠缴税款,大大压缩了本就经营困难的重整企业的资金流动空间。

关规则(如不良资产的核销规则)与破产法的要求不对接,如德清县人民法院审理的"直立汽配有限公司破产重整案",公司在重整期间缴纳税款 1200 万余元,甚至高于正常经营期间的税负水平;破产案件审理中,企业风险预警、征信体系建设、工商登记变更、企业档案管理、土地房屋等不动产相关权证办理等方面的相关社会管理措施不配套、不协调。(2)管理人层面:管理人执业能力和执业水平需要提升;管理人行使职权的社会认知度需要提升,目前一些地方的管理人在前往房管、车管、土地等部门查询相关企业信息,或要求公安、海关等部门协助解除财产查封、冻结和扣押措施时,政府部门不予配合,导致管理人职权行使不畅,从而影响了破产案件审理的公正与效率。(3)企业层面:一些企业尤其是民营小微企业,公司治理结构不健全、财务管理不规范,账册混乱,有的甚至根本没有账册,给管理人查明债务人企业的财产以及债权债务情况带来极大困难;公司资产和实际控制人资产、关联公司相互之间资产混同情况较严重,也给企业破产案件审理的推进造成很大障碍;等等。(4)社会层面:市场机制还有待于进一步理顺。当前,清算案件中破产财产的处置变现和重整案件中战略投资者的引进成为阻碍案件审理进程的重大障碍,究其根本原因,还是在于市场机制未能对资源配置发挥决定性作用。浙江省部分破产案件还主要通过当地政府联系潜在购买人或鼓励地方企业参与拍卖,以避免出现流拍或多次降价拍卖的情形。

3. 工作开展过程中出现了一些新问题和深层次问题。随着浙江省企业破产审判工作的深入开展,不断出现一些新问题需要明确,如企业破产案件的指定管辖,按照《民事诉讼法》的规定,应当报请上级法院批准,关于批准同意指定管辖的标准如何确定;①企业破产案件受理后能否撤回申请;②等等。另外,还有一些深层次问题需要破解:(1)管理人指定工作有待进一步改进和规范。一些中级人民法院辖区以清算组作为管理人的主要形式;管理人指定工作存在外部不正常干扰因素,个别中介机构在管理人指定中参与竞争、接受挑选的行为不规范,甚至以清算组法律顾问的形式规避管理人指定制度;竞争方式指定管理人工作方

---

① 浙江省还有一些地区有特殊情况,如衢州市柯城区,该区所有企业都是在衢州市工商局(现为衢州市工商行政管理局)注册,按照企业破产案件级别管辖的规定,均应由中级人民法院受理。

② 2013 年,全省有 7 件企业破产案件以准许撤回申请的方式结案。《企业破产法》第 9 条规定:"人民法院受理破产申请前,申请人可以请求撤回申请。"对于法院受理破产申请以后申请人是否可以撤回申请并没有明确规定。

式尚未常态化推进,规程有待于明确。(2)企业破产审判工作开展不平衡。全省各地区中级人民法院对企业破产审判调研指导工作开展不平衡,个别地区人员较薄弱。全省基层人民法院企业破产审判工作开展的也不平衡。据了解,有一些地方并非没有企业风险处置事件,但未通过破产平台有效处置。(3)合并破产的程序和实体问题。合并破产的形式和实质要件、程序、法院的审查标准,对于合并破产异议债权人的保护等,急需法律规范。(4)企业破产案件审理过程中刑民交叉问题的处理。部分破产企业的法定代表人涉嫌非法吸收公众存款罪、集资诈骗罪等被追究刑事责任,既涉及程序问题,如进入破产程序后刑事程序中解封财产的查封等,也涉及实体问题,如债权人(或受害人)债权性质及数额、担保合同的效力及担保责任承担比例的认定等。(5)破产衍生诉讼的安排。大量的破产衍生诉讼经过一审、二审,有的还要再审,致使相关事项难以最终确定,破产案件审理进程延迟。(6)企业破产案件的卷宗管理如何进一步规范。(7)区别于普通民商事诉讼案件,如何根据破产案件审理的特点和要求完善企业破产案件的审判信息系统,提升企业破产案件审理的信息化水平等。

下一步,随着市场经济改革全面深化,政府职能转变和浙江省经济转型升级步伐进一步加快,全面深入推进企业破产审判工作的外部环境将逐步完善,我们将从以下几方面深化、细化市场化导向的企业破产审判工作:(1)结合课题调研作出部署,出台规范性文件。浙江省高级人民法院已经确定将“关于完善企业破产审判指导、监督和协调机制的调研”作为2014年全省法院重点调研课题,将以开展课题研究为契机、调研与工作推进密切结合,对推进企业破产审判工作作出全面、深入部署,9月之前出台相应的规范性文件。(2)突出重点,加强法院内部工作机制的协调、衔接。主要包括企业破产案件指定管辖审批的条件和依据、破产案件审判业务系统的完善、执行和破产程序的衔接、破产衍生诉讼案件的总体协调、管理人动态管理和随机、竞争方式产生管理人的规则等重要问题,需要加强部门之间的协作,深入调研,提出解决方案。(3)建设企业破产案件审理的司法公开平台。在企业破产案件审理中贯彻阳光司法理念,通过网络等平台对相关法律文书、管理人指定、破产财产处置等进行公开。(4)加强外部的沟通协调。主要是与省律师协会、省注册会计师协会就破产管理人的动态管理相关事宜加强沟通、协调;与省银行业协会等就银行法与破产法的对接(主要是在破产程序中推进银行不良资产核销,改善我省金融生态环境)等问题加强协作沟通。

(5)加强企业破产法实施过程中重点、难点和疑点法律问题的研究和调研指导,如企业合并破产的实质条件和程序要求、破产案件审理中刑民交叉问题的处理、法院与管理人的职权界定等。

附件:

2013 年企业破产案件十大典型案例

一、“浙江玻璃股份有限公司及其4家关联公司合并破产案”

【关键词】国内首例香港特别行政区上市民营企业破产案;坚持司法主导市场导向的典型案例;创新“清算式重组”的破产模式

【背景事实】浙江玻璃股份有限公司系一家在香港特别行政区上市的股份公司,位于绍兴县(现为绍兴市)杨汛桥镇,原名浙江玻璃厂,注册资本78,499.9万元。2003~2005年,浙江玻璃股份有限公司先后投资成立浙江工程玻璃有限公司等4家玻璃生产、加工企业(以下统称浙玻“1+4”公司),成为玻璃建材行业的龙头企业。自2008年以来,由于经营不善、盲目投资、高成本融资、对外担保等原因,浙玻“1+4”公司陷入债务危机,涉及债务约140亿元、债权人250家、企业职工4000多名。2010年5月,因未能如期公布上年度财务报告,浙江玻璃股份有限公司被香港联交所暂停交易。2012年6月,绍兴市中级人民法院裁定受理债权人对浙江玻璃股份有限公司提出的破产(重整)申请,正式启动破产程序。

【审理经过】浙玻“1+4”公司破产案的审理大致可以分为以下几个阶段:(1)依法披露信息。案件受理后,按照香港联交所《有限公司证券上市规则》相关规定,在香港联合交易平台陆续发布13次信息披露公告。公告发布后,香港特别行政区资本市场反映平静,为企业破产争取了良好的外部环境。(2)力推合并重整。根据浙玻“1+4”公司严重混同但具备生产能力、具有重整价值的实际情况,经召开听证会充分听取债权人意见,5家公司进入合并重整,并成功招募了重整投资人。(3)严格审查债权。制定了合并破产状态下的债权确认规则,由法院、公安、政府工作组和管理人组成的四方协调小组,逐一核减违法违规债权,累计核减债权80多亿元。(4)转入破产清算。因重整方案最终未能获得债权人会议通过,浙玻“1+4”公司依法宣告破产,并由此转入破产清算。该案由破产重整转入破产清算,打破了上市公司重整的“不破惯例”,充分尊重了债权人意志,体现了市场化破产方向。(5)委托生产经营。宣告破产后,为避免停产造成资产贬值和费用增加,经广泛征求债权人意见,浙玻“1+4”公司采取“托管经营”的方式委托第三方继续生产经营,保持正常生产。(6)加速变现破产财产。为减少破产财产变现中产生的费用,在拍卖公司的选定上采取公开招标的方式进行,拍卖佣金仅为成交价的0.017%,最高不超过50万元,大大地降低了拍卖费用。(7)高票通过破产财产分配方案。经债权人会议表决,出席会议的92%有表决权的债权人同意分配方案,即使去除省外4家主要反对债权,同意分配方案的债权额也达到了债权总额的90%以上。(8)依法终结破产程序。破产财产的主要分配工作基本完成后,为加快银行不良资产的处置,及时裁定终结浙玻“1+4”公司的破产清算程序。剩余诉讼以及执行事项,由管理人继续履行清算职责。

【工作实效】浙玻“1+4”公司合并破产案是国内首例香港特别行政区上市民营企业破产案。浙玻“1+4”公司虽然最终进行了破产清算,但由于其在破产过程中始终保持了正常生产,实现了资产打包重组,形成了“清算式重组”的破产新模式,客观上收到了重整的社会效果。主要社会效果:(1)保护了社会生产力。破产期间,原有主要生产线生产稳定,做到了“停市不停业”“破产不停产”。投资人接盘后,原有生产线将得以升级改造,客观上推动了企业转型升级。(2)维护了企业职工权益。绝大部分职工保持了稳定的工作机会,企业此前欠缴的工资和医疗、伤残补助等费用也因破产清算得到了及时清理,而且企业职工还因破产清算获得了8000多万元的经济补偿。(3)维护了债权人的正当权益。通过合并破产公平保护了各公司债权人的正当权益,破产企业的职工劳动债权、税收债权、共益债务等得以全额清偿。

二、“宁波泰山房地产有限公司破产清算案”

【关键词】房地产企业破产;代建代销;债权分类;以房抵债

【背景事实】宁波泰山房地产有限公司(以下简称泰山公司)系一家合资企业,注册资金280万元,公司因经营不善,先后向银行、个人、企业以借款、预收购房款、债务抵偿等形式收取大量资金,形成巨额债务。2005年,泰山公司无力偿债,在建楼盘低价转让,主要负责人冯某赴尼日利亚避债,引发广大债权人集体上访,事件被中央电视台“焦点访谈”等栏目曝光,严重影响当地社会稳定,北仑区委、区政府将泰山公司案列为“一号”维稳案件。公司仅有价值200多万元的店面房及争议债权等资产，债务高达7亿多元，债权人达190多位。2008年10月，宁波市北仑区人民法院正式受理“泰山公司破产案”。

【审理经过】

（一）通过破产衍生诉讼保全债务人企业主体资产

2005年年初，为偿还宁波大通公司等债权人的约6000万元债务，泰山公司将其主体资产价值近亿元的“君临江南”在建楼盘以6000万元低价转让给宁波通泰房地产公司（以下简称通泰公司），转让后，通泰公司投入近2亿元资金将楼盘建造封顶，准备预售。部分债权人向宁波市中级人民法院提起诉讼，请求确认转让合同无效。此案处理结果直接关系泰山公司破产案件中其他债权人的清偿，若确认合同有效，即使通泰公司按评估价再补偿3000万元，也将使破产案件的主体资产丧失。后宁波市中级人民法院经审理确认该楼盘转让无效，通泰公司不服提起上诉，被浙江省高级人民法院驳回。这一主体资产的收回，为成功实施破产偿债、维护社会稳定奠定了坚实基础。

（二）分类“挤水分”，科学平衡债权人利益

泰山公司的财务管理极度混乱，公司财务账册丢失殆尽，申报的7亿余元债权大部分没有进入公司财务管理，大量债务属于民间高利借贷或购房预付款，唯一经办人和知情人是泰山公司的实际负责人冯某。为顺利推进债权核查的基础工作，采取了以下措施：一是准予对冯某保外就医，为债权核对的顺利开展创造条件。二是分类处理，合理甄别债权。在具体审核工作中将债权分为四大类：购房户购房款、民间高利借贷、工程款及银行借款，分类谨慎处理。其中的民间高利借贷债权“水分”很大，其他债权人对此意见极大，如若处理不当，将激化社会矛盾。经广泛征求意见，确定债权认定原则：债权只确认本金，利息、违约金、罚金、滞纳金等暂不认定；已支付利息予以扣除；借条内包含的利息不予认定，同时要求各类债权人应提交资金来源凭证，证实债权的真实性。这一原则获得了绝大多数债权人的理解与同意，以债权人委员会统一意见形式通过债权核实方案，从而妥善平衡了各类债权人间的权益。最终债权总额由申报时的7.8亿元减至5.1亿元，“挤”掉了2亿多元的“水分”。三是依法引导，妥善化解债权确认纠纷，如冯某回国费用系部分债权人垫付，为债权人共同利益支出，列入共益债权优先支付；对于部分争议较大的债权人，引入诉讼程序处理。

(三)代建代销,实现资产保值增值

一是认真调研,科学选择破产财产处置方案。考虑到拍卖低偿债率的劣势(整体拍卖偿债率大概只有30%),最终决定采取保值增值的方式处理资产。在法院主导下,经债权人会议表决通过,制定了“代建代销、托盘续建”的方案,通过委托代建代销人,由其垫付资金进行楼盘续建和销售,受托人收取相应管理费以及溢价提成,代建代销成果归债务人企业。二是规范招标,选择合适的代建代销人。依照债权人会议决议,由破产管理人组织招投标,债权人委员会表决确认中标人选。法院组织管理人和债权人委员会讨论制定招投标方案和议标规则,向社会公开招标代建代销人。经审核,有7家省内外知名房产企业符合投标资格,经评标,债权人委员会最终表决确定宁波成路联合房地产有限公司(以下简称成路公司)作为代建代销人。在法院的指导下,破产管理人、代建代销人、债权人委员会三方签订了《委托代建代销合同》,确保在限定期限内保质保量完成楼盘续建和代销工作。三是强化监管,增强工作透明度。制定《委托代建代销的监管办法》,确立公开透明、全程跟踪的监管原则,进一步明确破产管理人、债权人委员会、代建代销方各自职责。首先是债权人委员会参与合同谈判与审查。对于受托人在代建代销过程中需要对外签订的采购合同、招投标合同,债权人代表全程参与谈判,并听取债权人委员会意见,对标的额50万元以上的合同进行审核。其次是法院协同管理人派驻专人管理资金,债权人委员会派驻专人管理工程质量。管理人派专员驻成路公司全程对财务进行专项管理,监督资金使用情况,实行专款专用,并定期(每半月)向债权人委员会汇报;债权人委员会代表进驻工程现场监管,确保工程质量,对新增工程项目必须由其签字认可方施工建设。债权人委员会代表分组联系债权人,保证信息畅通。债权人委员会代表共7人,按债权种类分为4组,每组代表负责联系该组债权人,将工程进程、资金使用情况随时通知所有债权人,并对该组债权人的疑问进行解释说明。

2010年9月10日楼盘建成开盘。经过代销人的销售宣传、包装,开盘价由预计的6000元/平方米提高至8600元/平方米,且半月内即售出60%的房产。

(四)以房抵债,灵活应对政策僵局

2010年10月1日,宁波市出台房屋限购新政,才销售20天的房产销售陷入停滞,尚有184套房屋未销售。面对剩余房产无法变现、破产资产分配遇阻的难题,宁波市北仑区人民法院在党委政府的牵头支持下,与代建代销单位和政府财税、规划、国土等相关部门多次召开会议沟通协商,形成多套资产分配方案,通过召开债权人委员会广泛征求债权人意见。经过2个月的酝酿,管理人起草了破产资产分配方案草案,在合法的前提下,开通以房抵债的绿色通道。2011年6月5日,第三次债权人会议通过分配方案。该方案决定将现有的未销售房屋先行自愿抵偿,余房实行强制抵债,实物抵债后再进行现金分配。通过以房抵债的灵活分配方案,该楼盘偿债率大幅提升至接近100%,有效破解了"限购令"后的销售僵局,现各债权人的抵债房屋已陆续交付。

【社会效果】经过4年的艰苦努力,该案圆满结案,债权清偿率由30%提升至近100%,取得了多方共赢的良好局面。一是债权人利益实现最大化。通过债权确认,平衡了购房户、高利贷放贷人、施工单位等债权人间的利益;利用房地产回暖时机,实行楼盘代建代销,实现资产保值增值,普通债权基本得到全额偿还。二是代建代销企业获得盈利,该代建楼盘已成为当地标志性楼盘。工程结束后,代建代销企业由政府给予奖励扶持政策,共计盈利6000多万元。三是有效维护了区域社会和谐稳定。该案在中央电视台"焦点访谈"播报后,造成较大的社会负面影响。但最终经各方协力,柳暗花明,广大债权人利益得到了最大保护,矛盾纠纷得以妥善化解,取得了良好的法律效果和社会效果。

三、"浙江银象生物工程有限公司破产清算案"

【关键词】刑民协同;竞争择优选任破产管理人;合并处置

【背景事实】浙江银象生物工程有限公司(以下简称银象公司)成立于2002年5月21日,注册资本为5000万元,是一家专业从事生产天然食品添加剂的企业。银象公司生产的"银象牌"乳酸链球菌素的全球市场份额一度达到70%,属全国食品防腐剂生产的龙头企业。银象公司曾荣获国家科学技术进步奖二等奖等多项国家级奖项。银象公司从设立开始就存在向民间融资的情况,企业在运营过程中,多数资金通过融资所得,负债率较高。2008年国际金融危机爆发后,企业融资成本上升,开始出现财务问题。企业法定代表人沈某为使企业度过危机,陆续向社会高利借贷,造成恶性循环。2011年10月,随着沈某被公安机关控制,企业债务危机全面爆发。2012年3月12日,天台县人民法院裁定受理银象公司破产清算申请,并指定管理人。

【审理经过】(1)天台县人民法院在受理该案后,即以公告方式在全省范围内通过竞争择优选任破产管理人,国浩律师(杭州)事务所于2012年5月22日被确定为银象公司破产清算案件管理人。(2)严格进行债权审核。结合银象公司债权的特殊情况,在法院指导下管理人制定了符合银象公司实际情况的债权审查原则:①以债权申报材料、会计师的审计结论和天台县公安局的笔录等材料为基本依据,严格审查债权。②对于金额在20万元以上的债权,要求债权人提供借款发生的交付凭证或款项来源依据。③对于债权人所申报的债权,如果已经取得的利息超过人民银行同期同档次贷款基准利率4倍的,超过部分抵扣本金,并以抵扣后的本金从停止付息开始按月利率12‰计算至受理日即2012年3月12日。④对于疑难债权,通过向办案机关及沈某本人和相关人员核实的方式,确认债权发生和履行的真实情况。除银象公司(沈某)非法吸收公众存款罪一案中的直接责任人员以及一些由于未提供充分证据或证据之间相互矛盾而无法核实的债权外,都由管理人与债权人逐笔核对,并由债权人自愿出具债权确认函。(3)2012年9月12日,天台县人民法院主持召开破产清算案件第一次债权人会议。为最大限度地保护债权人公平受偿的合法权益,推进破产清算进程,天台县人民法院根据"浙江天台银象生物化工厂实质为银象生物公司的前身,且两者法人人格混同;银象生物公司、银象化工厂和沈某、金某之间的财产和债务高度混同"这一事实,于2013年10月16日裁定浙江天台银象生物化工厂与银象公司合并破产清算,银象公司、浙江天台银象生物化工厂与沈某、金某的财产及债务合并处置。2013年10月17日,裁定宣告银象公司、浙江天台银象生物化工厂破产。同日,天台区人民法院主持召开了破产清算案件第二次债权人会议,会议通过了《破产财产变价和分配方案》,并于2014年1月17日进行了首次分配。(4)在审理该案过程中,天台县人民法院积极探索刑民协同理念,指导管理人在拟定破产财产变价、分配方案时,充分考虑相关刑事诉讼程序对破产程序的影响,在对破产企业及其高级管理人员科以刑罚之前完成债权审核工作并制定分配方案,将各债权人的受偿比例在商事案件处理标准之下统一,以体现公平和效率原则,快速推进破产案件审判,实现破产程序与刑事程序在实体上和程序上的有效衔接。

【工作实效】天台县人民法院在案件审理过程中,在法律框架内创造性地开展工作。以公告方式在全省范围内择优选任破产管理人,在省内尚属首次;裁定浙江天台银象生物化工厂与银象公司合并破产清算,银象公司、浙江天台银象生物化工厂与沈某、金某的财产及债务合并处置，最大限度地保障各债权人公平受偿，推进了破产清算进程；积极探索刑民协同理念，债权审核不以刑事生效判决为前提，破产程序与刑事程序相对相互独立、互相配合，在很大程度上提高了破产程序的效率，使债权人获得清偿的时间大大提前，对贯彻刑民协同理念处理破产案件中的刑民交叉问题做了有益的尝试和成功的探索。

四、“浙江虹桥控股集团有限公司破产重整案”

【关键词】联保金融债务化解；重整期间封闭运营模式探索；公开招募战略投资者；普通债权分段式清偿的分配方案

【背景事实】浙江虹桥控股集团有限公司（以下简称虹桥公司）位于长兴县洪桥镇，系一家混凝土预搅拌生产企业，注册资本8180万元，其中股东吴某龙出资7362万元，占90%；股东吴某出资818万元，占10%。虹桥公司自身存在管理上的问题，长期高负债运营，并且对外担保数额巨大，最终资金链断裂。因涉及民间借贷等多起诉讼案件，多家法院查封了虹桥公司的银行账户、对外投资的股权、房产、车辆等资产作为保全。据债务人反映，其自有负债规模已高达5.3亿元，而资产总额为3.1亿元，其资产已不足以偿付全部债务。2013年2月4日，虹桥公司以不能清偿到期债务，并且资产不足以清偿全部债务为由向长兴县人民法院申请破产重整。

【审理经过】长兴县人民法院综合分析了债务人企业陷入困境的原因、经营状况及市场发展前景，认为债务人拥有预拌混凝土特许经营资质，具有较高的无形价值，且主营业务发展较好。虽然债务人处于资不抵债的状况，但是具有通过重整获得新生的可能。故长兴县人民法院于2013年2月18日作出（2013）湖长商破（预）字第1-1号裁定书，裁定受理“虹桥公司破产重整案”。鉴于虹桥公司在法院受理破产重整前，已成立了以洪桥镇人民政府相关人员为主的清算工作组开展相关清算工作，经依法报请湖州市中级人民法院和浙江省高级人民法院审查同意，长兴县人民法院于2013年2月20日作出（2013）湖长商破字第1-1号决定书，指定虹桥公司清算组担任虹桥公司临时管理人。2013年3月4日，在长兴县人民法院的协助下，管理人全面接管虹桥公司。2013年3月20日，长兴县人民法院同意虹桥公司在管理人的监管下继续营业。

2013年4月25日，长兴县人民法院主持召开虹桥公司第一次债权人会议，同意清算组正式履行管理人职责,选举产生了债权人委员会成员,并表决通过了《财产管理和投资者引进方案》等报告。同日,虹桥公司债权人委员会第一次会议也在长兴县人民法院召开,表决通过重整投资者招募公告、公司应收款激励机制等4项议题。截至2013年8月底,虹桥公司在重整运营期间共实现销售产值约1.05亿元,上缴国家税收近700万元,实现盈利约1400万元。重整期间,经过多轮谈判和洽商,湖州里鱼山矿业有限公司在第一次公开招募期内向管理人明确了投资意向,并提供了2000万元融资。在重整条件下,该投资者愿意在参照市场价值的基础上进行溢价收购,整体收购对价为2.4亿元。

进入重整程序以来,虹桥公司共有143家债权人向管理人申报债权(未计入职工债权),申报总额为9.1亿元,完成审查并加以确认的债权总金额为5.6亿元,尚待进一步审查确认和有待诉讼终结确认的债权金额为1亿元,核减债权2.47亿元,其中民间借贷核减了1.36亿元。虹桥公司在清算条件下,公司的资产不足1亿元,预计普通债权清偿率不超过8%;而在重整条件下,投资者以2.4亿元整体溢价收购,预计普通债权清偿率最高可以达到33%。

经过6个月的重整,管理人于2013年8月17日向长兴县人民法院提交了《重整计划(草案)》,并于2013年9月17日召开了第二次债权人会议。在该次会议上,对债务人的特定财产享有担保权的债权组、职工债权组及出资人组均以全票通过了《重整计划(草案)》,普通债权组以72%的债权人人数和78%的债权额通过了《重整计划(草案)》;会议上还表决通过了《债权人会议书面表决方案》。根据重整计划,债权受偿方案如下:(1)对债务人的特定财产享有担保权的债权组,全额清偿,在重整计划获得法院批准之日起60个工作日内偿还;(2)职工债权组,在重整计划批准之日起60个工作日内足额清偿,清偿比例为100%;(3)普通债权组,对于任一债权人所持有的普通债权额度在10万元(含10万元本数)以内部分全额清偿,在重整计划批准之日起30个工作日内一次性付清。债权额在10万元以上部分债权,债权人可选择一次性清偿方案或分期清偿方案。一次性清偿方案:按债权人持有的普通债权确认金额的15%的标准清偿,自重整计划批准之日起60个工作日内清偿,至迟不超过2013年12月底。分期清偿方案:第一期定于重整计划批准之日起60个工作日内清偿债权确认金额的10%;第二期定于2014年12月底前清偿债权确认金额的7%;第三期定于2015年12月底前清偿债权确认金额的7%;第四期定于2016年12月底前清偿债权确认金额的3% ~9%。预计分期清偿的清偿率约为27% ~33%。

2013 年 9 月 22 日,长兴县人民法院裁定批准虹桥公司重整计划,终止虹桥公司重整程序。2013 年 9 月 27 日,管理人向新投资人办理了移交手续。至此,虹桥公司破产重整案进入重整计划执行阶段。

【重整实效】“虹桥公司破产重整案”是长兴县首例司法重整成功的案例。虹桥公司破产重整成功,即使企业营运价值得以维持,职工就业机会得以保留,又最大限度保护了债权人利益,还有效化解了长兴市政公司、阿祥集团等5家担保单位因联保而引发的债务危机,并加快推进了15家金融机构不良贷款的处置。虹桥公司在重整期间,上缴国家税收近700万元,企业150名职工近300万元工资债权得以全额受偿,实现了企业、职工和债权人的多方共赢,切实维护了当地经济发展和社会稳定。

五、“浙江民德纸业有限公司破产清算案”

【关键词】技术密集型企业破产清算;巧设共益债务保全企业生产力;重整式清算;银企合作

【背景事实】浙江民德纸业有限公司(以下简称民德公司)成立于2010年9月7日,注册资本1.2亿元,实收资本4000万元,主要从事特种纸(食品级、医疗级用纸)生产销售。公司主要设备均为德国原装进口,生产工艺先进,为该地区重点扶持企业,销售和盈利预期良好。2011年11月,由于公司实际控制人卢某涉嫌诈骗被江苏省苏州市警方控制,引发民德公司资金链断裂。2012年4月9日,衢州市衢江区人民法院受理债权人提出的民德公司破产清算案件。

【审理经过】案件受理后法院高度重视,成立以院长为组长的破产工作领导小组,多次主持研究商议重大事项并与政府相关部门协调争取帮扶,案件审理顺利推进。(1)巧设共益债务,做到“机器不停、员工不散、管理不乱、资产不贬”。案件受理之初,债权人纷纷上门逼债,原材料供应商停止供货,企业濒临停产。而民德公司一旦停产,不但会使机器设备腐蚀贬值,技术工人流失,设备无法发挥全部产能,也会导致销售渠道关闭,破产财产变现势必大幅缩水。为此,法院指导管理人聘请中介机构对企业经营前景进行测算,结论是继续经营会因开工不足、边际成本无法降低导致部分亏损,但少量亏损有益于保持企业整体资产价值,对于稳定原材料供应商和客户,吸引战略投资者具有重要意义。在第一次债权人会议上,管理人将《关于继续债务人营业的分析报告》提交会议表决,获得高票通过,确定以每月15万元亏损额为上限将继续营业产生的债务确定为共益债务。(2)合理减债以维护债权人利益。经审计,债务人资产总值为1.2亿元,司法处置价8600万元,债权总额为1.4亿元,普通债权清偿率不到25%。在债权审核中,以实际控制人卢某和隐名股东未足额缴纳出资、民德公司为卢某的债务提供担保并代为清偿为由,对卢某和公司隐名股东进行追索;查清关联公司之间复杂的持股控制关系基础上,核减公司实际控制人卢某及其实际控制的关联公司的债权。(3)尊重债权人意思自治,以债权人会议为平台进行资产处置。依托债权人会议平台,充分通过市场竞争方式进行债务人财产整体变价。一度有2~3家战略投资人提出收购意向,报价从8000万元一直上升至1.1亿元。同时也有个别投资人恶意磋商,在第二次债权人会议现场抛出极具诱惑力的虚假投资方案,在债权人群体中造成不良影响。为确保全体债权人利益,法院指导管理人本着公平、公正、公开的原则,设置准入门槛和竞争程序,恶意磋商者因未按时缴纳履约保证金退出竞争。在第三次债权人会议上,法院指导管理人将竞争程序中的所有相关文件、协议材料全部公开,消除部分债权人误认为管理人"暗箱操作"、贱卖资产的疑虑。(4)非拍卖方式处置资产,实现公司营运价值保留。通过债权人会议决议公司资产整体变价,并由投资人全盘接受公司全部职工、营销渠道等无形资产,结合投资人能力意愿和企业经营规律,分期支付收购资金,积极协调政府各部门办理环境影响评价等各项审批事宜,并将此次收购作为招商引资新项目享受各项优惠。(5)促进银企合作,银行放弃行使别除权保证资产整体变价。某信用合作联社对企业核心设备享有别除权,一旦抵押资产被提前处置,必将降低债务人破产财产整体变现价值。经法院多方协调,该信用社放弃行使别除权;同时,战略投资人也充分考虑信用社绩效考核压力,以其控制的其他公司名义提前归还2400万元贷款。之后,投资人与该信用社建立了长期稳固的合作关系。

【主要成效】破产清算案件审理中做到"机器不停、员工不散、管理不乱、资产不贬",实现产值5000万元;案件审理仅用时7个月;债务人企业资产实现整体变价1.1亿元,减少拍卖佣金并由投资人分批支付转让款,利用企业自身"造血"功能偿还债务,缓解投资人资金压力;合理减债,及时支付欠缴的社会保险金,对关联企业职工集资款100%清偿,普通债权清偿率由25%提高至75%;投资人不仅接收了债务人全部资产,还保留了全部一线员工特别是核心技术人员,清算过程中完整地保全了企业生产力,实现银企协作共赢。

六、“江山市安泰房地产有限公司破产清算案”

【关键词】房地产企业破产清算;管理人贷款;公共安全维护;购房户利益保障

【背景事实】江山市安泰房地产有限公司(以下简称安泰公司)成立于2001年5月23日,注册资本1亿元,以开发房地产为主业,法定代表人毛某东占股95.1%,另一股东汪某珠占股4.9%。2011年年底,安泰公司陷入债务危机,后债权人申请对安泰公司进行破产清算,江山市人民法院于2012年6月8日裁定受理并指定管理人。案件受理时,安泰公司的账户余额仅为1123.97元,并欠缴职工工资、材料款等。已开发的“东景苑”项目有3幢商住房共78套住宅,原定于2011年9月30日前交房,工程停工后,购房户情绪激动。另安泰公司还以1.6亿元拍得江山市区原啤酒厂地块,土地面积15,179平方米,2011年3月开始施工,至停工时工地深基坑截面面积达1万平方米,深度9米,仅完成了地下室约一半的工程量。该地块项目已预售单身公寓,向22人收取购房款360余万元、向54人收取商铺定金426万元。

【审理经过】(1)创新以管理人贷款方式恢复工程施工。“东景苑”项目涉及的3幢商住楼原定于2011年9月30日前交房,该78户购房户中部分购房用途为学区房和婚房,工程停工之后情绪激动,多次上访。为解决工程的后续施工资金问题,法院指导管理人以管理人名义向银行贷款。但金融法律法规对管理人作为贷款主体缺乏相关的规定,经协商,决定以管理人所在的律师事务所名义向银行贷款,单设账户专款专用,法院监督,以该方式贷款197万元,作为恢复施工的启动资金。2012年10月该项目通过竣工验收,成功交付78套住宅、37间店面,平息了群体信访事件。(2)破产财产拍卖保障利益最大化。该案面临的最大问题是位于市区繁华地段的江山市区原啤酒厂地块停工后,工地遗留了截面面积达1万平方米、深9米的深基坑,且当时正处于汛期,几次强降雨已造成多处基坑护壁坍塌。如果不及时采取有效措施,极易引发深基坑周边房屋和道路塌陷、沉降,给城市公共安全和周边人民群众的生命、财产带来危害。法院与管理人、政府工作组多方论证后,提出并监督落实两项措施:一是保证深基坑和周边的安全,采取临时加固基坑护壁支撑、由质监站对工地现场全方位24小时进行监测、专人负责24小时不间断抽水等措施,保证深基坑的安全。二是推动工作组招商引资,管理人制作变价方案,以期在条件成熟时及时依法委托拍卖。2013年3月,该在建工程项目以2.3亿元的高价拍卖成功,比债权人预期的价格高出4000万元。且买受人为当地颇有实力的房地产开发商,既保证了楼盘顺利建设,又在汛期到来前及时消除了安全隐患。(3)用好法律,用足政策,实现破产财产价值最大化。针对债务人转移资产情况,通过撤销权诉讼等手段追回店面、住宅、贮藏室等不动产56套,建筑面积共计12,311.22平方米(店面41间、住宅4套、贮藏室11间);轿车4辆;对外债权、别墅转让款、房屋销售差价款等共计3700万元。通过向市政府争取税收优惠政策,免缴土地增值税460万元,返还税收地方留成部分1000余万元。通过上述手段,增加了破产财产,提高了普通债权清偿比例,赢得了债权人的理解和支持。(4)分类甄别,依法保护购房人利益。管理人在拍卖之前对购房户进行依法甄别、分类,对正式签过销售合同,并已支付了大部分或全部购房款的13户移交给买受人继续履行合同;对未签订销售合同,仅支付部分购房款的9户及交纳商铺定金的54户协调以取回权申报债权。

【社会效果】安泰公司破产,但开发的楼盘"不破"。3幢商住房共78套住宅的后续工程,通过管理人贷款恢复施工,顺利交付给各购房户;特别是在市中心繁华地段留下的巨大深基坑,通过招商,成功拍卖确定接盘人,工程施工进展顺利,到第二次破产财产分配时,主体结构已基本完工。这不仅保障了购房者的利益,更保障了公共安全,维护了城市的形象。针对债权人群体的不同利益诉求,结合案件具体情况依法分类处理,做到平稳有序、先急后缓,取得了债权人的理解和支持。特别是通过追收破产财产、有效变价财产,达到了破产财产利益最大化——在破产清算中,普通债权人清偿率达到61%。

七、"杭州顺达塑胶有限公司破产清算转重整案"

【关键词】破产清算转重整;债务人自行管理财产和营业;原股东自愿股权清零

【背景事实】杭州顺达塑胶有限公司(以下简称顺达公司)成立于2005年6月29日,注册资本5100万元。公司经营范围:生产、销售PVC-U塑料管材、管件,PPR管材、管件,PE管材、管件,高低压电力管材、管件;塑胶管材、管件生产线设备租赁。2013年6月，顺达公司因涉及互保纠纷而导致资金链断裂，其土地、厂房、设备等核心资产面临即将被司法拍卖。2013年6月28日，顺达公司以无能力正常经营，不能清偿到期债务，并已严重资不抵债为由向临安市(现为临安区)人民法院申请进行破产清算。2013年7月3日，临安市(现为临安区)人民法院依法裁定受理顺达公司企业破产清算申请并指定管理人。

【审理经过】该案系2007年《企业破产法》颁布实施后，临安市(现为临安区)人民法院受理的首例企业破产案件。案件受理后，临安市(现为临安区)人民法院依法指定管理人，并监督破产企业与管理人及时进行资产、印章、文件、票据等材料的移交。同时，协调政府层面成立破产危机处置领导小组，由企业所在青山湖科技城管理委员会主任任组长，协助配合法院工作。(1)协助、支持管理人维持企业经营。临安市(现为临安区)人民法院经审查发现导致顺达公司资不抵债的主要原因系该公司受互保企业经营不善影响面临银行收贷，并非主营业务亏损，公司仍然具有基本的生产能力和熟练的技术工人和销售渠道。基于此，法院协助、支持管理人维持企业继续经营，此举解决了企业249名职工(其中残疾职工达102名)在企业破产期间的工资问题，维护了社会稳定。(2)及时掌握企业资产状况。临安市(现为临安区)人民法院敦促管理人及时委托浙江中汇会计师事务所、浙江坤元资产评估有限公司对顺达公司进行财务审计、资产评估，全面核实破产企业的资产状况。在此基础上，法院会同管理人对企业陷入破产原因进行全面分析，并在第一次债权人会议上予以通报，充分保障债权人的知情权。(3)积极处理未结诉讼案件。顺达公司申请破产清算时已涉及诉讼案件11件，涉案总金额超过1亿元，其中有9件案件的原告申请查封冻结了顺达公司的资产或者银行账号。临安市(现为临安区)人民法院受理破产案件后，第一时间与相关案件受理法院取得联系，并多次沟通，避免企业被查封冻结的资产被其他法院处置，较好地维护了破产企业资产的完整性。(4)核查催收应收账款。通过对破产企业财务进行审计，查明破产企业账面应收款合计8647.63万元，但由于企业管理不规范，其中大部分应收账款的诉讼时效期间已经届满。在法院督促下，管理人对账面应收账款进行整理核实，收集证据，对真实存在的应收账款进行账龄分类，并及时进行催收。(5)依法引导原股东无条件退出破产企业。为顺利实施《杭州顺达塑胶有限公司企业破产重整计划草案》，临安市(现为临安区)人民法院与管理人数次与原股东进行沟通，说明利弊、分清责任，最终原股东自愿将股权零对价转让给重整方并出具书面文件,有力推进了重整进程。(6)积极引进战略投资者。在第一次债权人会议上,管理人首次提出企业重整的思路,得到了广大债权人的拥护和认可,并以97%的高票通过了《杭州顺达塑胶有限公司重整及资产处置方案》。会后,根据债权人委员会的决议,管理人及时对外发布了招商引资重整公告,吸引了杭州开泰科技有限公司和浙江中金黄金饰品销售有限公司两家企业报名,并提交了重整方案投标建议书。最终,由债权人委员会对报名参与重整企业的主体和重整标书进行审议,通过了由两家报名企业联合重整的方案,并将联合重整方案提交债权人会议审议表决。

【重整成效】2013年12月18日,顺达公司第二次债权人会议顺利召开,并高票通过了《杭州顺达塑胶有限公司企业破产重整计划草案》。临安市(现为临安区)人民法院审查后于2013年12月20日裁定批准顺达公司重整计划。案件审理贯彻了浙江省高级人民法院简易审的理念,从清算程序转入重整程序到最终重整成功,共用时5个多月。2014年5月20日,在重整计划执行期限届满之日,顺达公司顺利完成了股权、法定代表人、董事、监事变更的工商登记手续,拿到了新的营业执照;债权清偿按照重整计划执行完毕;公司的股权结构、公司治理、职工安置及生产经营状况均已符合重整计划的阶段性要求,公司经营步入正轨,顺达公司破产一案圆满收官。

八、"浙江博大塑料有限公司破产重整案"

【关键词】"破产不破业、保企业不保企业主"的重整模式;撤销对物的优先受偿权;温州法院首次强制批准重整计划

【背景事实】浙江博大塑料有限公司(以下简称博大公司)于2002年4月8日设立,住所地为乐清市北白象镇万家工业区,占地28亩,系乐清市人大代表吴某光一手创办。主营业务为氨基膜塑料、密胺模塑料、罩光粉的生产,产品在浙南和闽北地区享有较高的美誉度和市场占有率。由于同类竞争企业少,利润空间大,公司自身经营良好,博大公司系该工业区内龙头企业。后因受担保企业牵连以及吴某光病故,再加上宏观经济面的下行,需求萎缩,最终引起该公司资金链断裂。根据债务人提供的会计报表,其账面资产为96,491,839.06元,债务为117,880,497.64元。2013年3月10日,博大公司因不能清偿到期债务,向乐清市人民法院申请破产重整。2013年5月10日,该院依法裁定受理其重整,并指定管理人。

【审理经过】(1)拟定引进战略投资人,“破产不破业”的重整思路。2013年7月17日,乐清市人民法院主持召开博大公司第一次债权人会议。会议通过了管理人的债权债务核查报告,产生债权人委员会和委员会主席。并针对债权人和债务人重整意向进行了表决,初步拟定引入投资人实现股权重组、“破产不破业”的重整模式。(2)公开招募战略投资人。经管理人通过媒体公开招募并进行洽谈,2014年年初,管理人与博大公司担保人华东控股集团签订了《重整投资意向书》,约定以3420万元对破产企业进行股权重组,该3420万元投资款和破产企业应收债权用于对破产债务的清偿,新股东仅对重整后债务负责。签订当日,投资人的500万元履约保证金汇入管理人专用账户,余款在企业财产交接后2个月付清,钱款交付和股权变更同时进行。(3)撤销银行债权人对企业财产的抵押权,使其作为普通债权人参与分配。管理人在审查中查明,中国工商银行乐清支行和交通银行乐清支行的两笔优先债务共计2000余万元系在博大公司破产申请受理前为原无财产担保的债务提供担保,依法应予撤销,遂向两债权人发布了不予确认优先债权的通知。两行不服向乐清市人民法院起诉,要求确认借款抵押合同有效,并对抵押物优先受偿。经审理,两行办理的抵押合同确系债务人博大公司在破产申请受理前一年内为无财产担保的债务提供的担保,乐清市人民法院对两行的诉讼请求不予支持。判决后,两行没有上诉。此举充分保护了广大普通债权人的利益。(4)强制批准破产重整计划草案。2014年1月22日第二次债权人会议对重整计划草案进行分组表决,应到普通债权人23人,债权总额9390万元,实到普通债权人18人,债权总额9348万元。债权人职工债权组已全部清偿,不再进行设组表决,出资人已同意将其权益调整为零,不再进行设组表决。表决结果:同意14人,债权占比46.79%,人数比60.87%。但4位普通债权人工商银行、建设银行、浦发银行、中国银行投反对票,第一次表决因债权总额未超过总债权2/3未获通过。事后经与4家银行再次沟通,4家银行明确表示没有反对意见,因内部管理上的规定,权限在上级行,但请示后,在第二次表决中仍投反对票,草案未能通过。2014年3月11日,管理人向法院提出强制批准的申请。经审判委员会讨论,认为管理人提交的重整计划草案符合我国《企业破产法》第87条强制批准的规定,重整意义大于破产清算,最终决定强制批准重整计划草案,于2014年3月31日裁定强制批准重整计划草案并终结重整程序,并报浙江省高级人民法院备案。

【工作实效】依照重整计划,担保债权、职工债权、税收均得以全额清偿,普通债权受偿比例从约8.58%提高至9.48%以上。该案重整计划若能顺利执行,按照温州市政府出台的相关帮扶政策,重整企业可享受免税2年的优惠政策,使重整企业轻装上阵。通过破产重整,盘活资产近6000万元(尚未计算无形资产、表外资产),化解金融不良债权1.03亿元,既保障了经营的延续和资源的优化配置,也有效避免了因土地、设备闲置,员工不能就业、债务不能有序清偿等而可能产生的社会问题。

九、“温州中硅科技有限公司破产重整案”

【关键词】光伏企业重整;战略投资人;“债转股”

【背景事实】温州中硅科技有限公司(以下简称中硅科技)成立于2010年6月,注册资本2亿元,瑞新集团有限公司(以下简称瑞新集团)与温州中硅新能源控股有限公司各占50%的出资比例。该公司主要从事太阳能利用技术的开发及生产、销售太阳能产品、光伏应用产品等经营活动。几年前,光伏产业顶着新兴产业的光环,受到国内资本热捧,然而曾经风光无限的光伏产业很快遭遇“寒冬”,产能过剩、国内需求疲软、出口遭遇美国和欧盟的“双反”阻击,光伏企业迅速被推到了生死边缘。2012年10月11日,中硅科技因销售受阻、生产设备严重贬值、企业经营陷入困境,向温州市瓯海区人民法院提出破产重整的申请。法院于2012年10月23日裁定受理该案,并于2012年10月26日指定管理人。

【审理经过】(1)继续履行租赁合同,保全设备价值。因中硅科技唯一的资产为6条流水线,案件受理后,中硅科技向瑞新集团(股东兼债权人)租赁厂房以存放生产设备,但现有资金不足以支付厂房租金。经法院多次主持召开协调会,瑞新集团以现有的债权按清偿比例重新投入到重整后的中硅科技以换取股权;瑞新集团与管理人的厂房租赁合同继续履行,以厂房添附的空调、装修等以原价抵扣重整期间的租金。(2)领取进口设备贴息,扩充重整企业财产。管理人在接手中硅科技后,通过深入了解,得知中硅科技在温州市财政局外经处的中央进口设备贴息78.36万元未领取,但需要启用处于封存状态的原单位公章予以领取。经过合议庭审查后,同意管理人启用公司原公章专门用以领取进口设备贴息78.36万元。(3)慎重确定重整思路。在重整计划制定过程中,管理人首先提出了以中硅科技现有生产设备投入甘肃酒泉的金塔集团以换取股权,并以股权收益逐渐清偿债务的方案。经进一步论证,考虑到风险因素,最终将以自身设备对外投资的重整思路转变为引进新的战略投资人。因为将中硅科技唯一可变现财产转移至甘肃酒泉,不仅运输费用昂贵,而且全部设备脱离管理人控制后,存在多种不可控因素。(4)多渠道寻找新投资人。案件审理过程中,全国光伏产业因美国、欧盟的“双反”政策陷入“寒冬”,而国内的光伏市场发展空间小,产能及生产设备严重过剩,引进新的战略投资人困难重重。管理人通过网络广告、行业广告等方式,并发动债权人、债务人共同寻找投资人。经过多方努力,最终找到一名战略投资人,同意以现金出资3000万元以清偿债务,并受让相应股权。(5)妥善协调银行债权人。案件审理过程中,银行债权人基于其内部考核原因均提出要求对现有资产通过拍卖形式一次性处理。而中硅科技抵押给中信银行的设备系6条生产线中的一部分关键设备,该部分设备的拍卖会严重影响6条生产线的整体价值,直接影响所有普通债权人的清偿率。经与银行多次沟通与协商后,最终确定以设备评估价上浮20%为底价,组织公开拍卖。若公开拍卖成功,则上述重整核心设备按公开拍卖价出售;若无人应拍或流拍,则作为进一步确定重整计划合理性和公允性的依据。最后该拍卖以无人应拍而告终。以此为基础,后经再次表决,普通债权组与优先债权组均通过了重整计划草案。

【重整实效】按照法院裁定批准的重整计划,最终确认无争议债权2.29亿元,职工债权、税款债权清偿率为100%,有财产抵押债权清偿率为13.89%,其余86.11%转为普通债权。而普通债权清偿率也从破产清算条件下的2.75%提升至破产重整后的6.66%。根据重整计划,甘肃省酒泉市的金塔万晟光电有限公司作为主要重整方,与管理人签署重整框架协议,承诺在法院批准重整计划之日起5个月内注资3100万元,专项用于债权清偿。现重整方通过分期支付方式,已全部支付完毕。重整后,中硅科技将作为母体联合温州其他光伏企业共同投资,与金塔万晟光电有限公司合作,共同打造中国西北地区第一条垂直一体化光伏产业链。该案的顺利审理为遭受重创的光伏企业通过司法重整进行资源整合提供了一个重要样本。

十、“嘉兴文廷电子有限公司破产清算案”

【关键词】追讨难度大债权的处理;无法变现财产的处置;社保滞纳金

【背景事实】嘉兴文廷电子有限公司(以下简称文廷公司)成立于2007年3

月28日,为西班牙独资公司,经营范围为新型电子元器件、家用电器的生产和销售。在申请破产前,该公司已停产,并有多起债务诉讼,其职工82人集体申请劳动争议仲裁,劳动部门于2012年3月23日裁决确认的劳动工资类债务为661,888.2元。2012年4月26日,嘉兴文廷电子有限公司以不能清偿到期债务,且资产不足以清偿全部债务,还明显缺乏偿债能力为由向嘉兴市秀洲区人民法院申请破产清算,法院于2012年5月9日受理。

【审理经过】嘉兴市秀洲区人民法院受理后于2012年7月31日主持召开第一次债权人会议,对债权表进行了审核。2012年9月27日,嘉兴市秀洲区人民法院裁定确认49位债权人的债权7,244,971.86元,其中共益债务137,321.55元,嘉兴市地方税务局第二分局税收债权63,328.66元,其他为普通债权。2012年8月23日,浙江新联会计师事务所根据法院委托出具审计报告,结论为债务人资产总额4,836,546.06元,负债总额10,504,603.65元,净资产为-5,668,057.59元。2012年10月15日,嘉兴市秀洲区人民法院裁定宣告债务人破产清算。(1)对于追讨难度大、成本高、成效不确定的债权的处理。审计中发现,债务人的独资股东西班牙博比特有限公司欠债务人销货款2,211,848.77元至今未收回,而西班牙博比特有限公司本身也在破产进程中。在法院指导下,管理人以该笔债权的追索难度大、成效不确定为由,建议债权人会议就是否对该笔债权进行追讨进行表决。后经债权人会议表决,决定对该笔债权暂不予追讨。(2)对于多次拍卖无法变价财产进行实物分配。破产人的电子成品(共489箱,24,450个)评估价值为240,000元(快速变现价为168,000元),经委托嘉兴金平拍卖有限公司于2013年3月28日、8月19日、11月5日3次组织拍卖,均因无人报名应拍而流拍。为使破产案件顺利、及时结案,嘉兴市秀洲区人民法院建议进行实物分配,第二次债权人会议通过了该方案,并顺利进行了分配。按照最终通过的破产财产分配方案,破产财产在依次优先支付破产费用及共益债务、职工劳动债权及社会保险费用、所欠税款共计1,077,155.98元后,余款142,499.26元用以清偿普通债权。普通债权共计7,044,321.65元,清偿率为2.0229%。电子产品24,450个,以实物形式分配给普通债权人,每万元债权分得34.7个。(3)协调解决职工社会保险金的滞纳金问题。2012年3月23日,嘉兴市秀洲区劳动争议仲裁委员会对债务人职工的申请作出裁决,管理人在为劳动者补缴社会保险金过程中,无法处理涉及滞纳金的问题。法院认为,债务人为破产企业,如果先行交付保险滞纳金会损害其他债权人的利益;根据最高人民法院《关于税务机关就破产企业欠缴税款产生的滞纳金提起的债权确认之诉应否受理问题的批复》(法释〔2012〕9号)的规定,破产企业在破产案件受理前因欠缴税款产生的滞纳金属于普通破产债权。对于破产案件受理后因欠缴税款产生的滞纳金,人民法院应当依照最高人民法院《关于审理企业破产案件若干问题的规定》第61条规定处理,即不属于破产债权。因此,建议税务部门考虑实际情况,按仲裁裁决书载明的金额计征。后嘉兴市地方税务局第二分局听取了法院意见,该问题得以顺利解决。2013年12月17日,嘉兴市秀洲区人民法院依照《企业破产法》第120条第2款、第3款的规定,裁定终结嘉兴文廷电子有限公司破产清算程序。

【工作实效】案件审理历时一年多时间,后依照浙江省高级人民法院《关于企业破产财产变价、分配若干问题的纪要》所明确的"管理人可以拟定包含将实物分配或折价抵给特定的债权人的变价方案内容",对破产财产进行实物分配,破解了破产财产变价难题,并通过协调免除了社会保险金滞纳金的缴纳。可以说,该案是推进企业破产案件简易审理的有效探索。

2012年浙江法院企业破产审判报告及十大典型案例

破产法律制度在市场经济法律体系中占有重要地位。2011年11月，浙江省高级人民法院发布《浙江企业司法重整报告》，对2007年6月1日《企业破产法》实施以来，全省各级人民法院积极应对国际金融危机的影响，稳步推进企业破产审判，特别是通过运用《企业破产法》新设立的重整制度挽救危困企业方面的成效作了阶段性总结。2012年是实施“十二五”规划承前启后的关键一年，从国际形势看，国际金融危机影响还在持续，欧洲债务危机向长期化复杂化演变，国际市场需求低迷的形势尚未扭转。从国内形势看，浙江省经济转型升级步伐明显加快。企业特别是一些中小微企业面临的成本上升、融资困难、市场约束等问题仍然突出。自2011年9月开始，温州部分民营企业经营者出现“跑路”现象，一些地区中小微企业资金链担保链风险在2012年呈现扩散蔓延的趋势，中小微企业的信用风险开始向银行体系传导，部分银行的不良贷款率持续上升。面对新的形势，全省各级人民法院迎难而上，贯彻银企合作理念，把握好利益平衡，更加重视发挥管理人的作用，进一步推进市场化导向企业破产审判工作，取得了新的成效。

一、浙江省高级人民法院进一步推进市场化导向企业破产审判工作的部署和举措

在2012年年初召开的全省法院院长会议提出,要跟踪“十二五”规划实施和浙江省经济转型升级过程中宏观经济环境的变化,密切关注中小微企业资金链、民间借贷和担保资金链、房地产开发商和购房按揭者的资金链、地方政府债务的资金链4条资金链问题,悉心稳妥审理好相关案件。要勇于探索“市场导向、司法主导、简易审理、执破结合”的具有浙江特点的市场化破产新路子。2012年3月,国务院正式批复温州市进行以民间资本阳光化规范化为突破口的金融综合改革试点。浙江省高级人民法院结合浙江省经济金融形势发展需要,切实履行监督指导职能,强化服务意识,进一步推进了全省法院市场化导向企业破产审判工作积极有序地开展。

(一)启动重点课题调研,加强新情况新问题的对策研究

浙江省高级人民法院确定“推进市场化导向企业破产审判工作的调研”为2012年全省法院重点调研课题。围绕课题调研,浙江省高级人民法院民事审判第二庭对杭州、宁波、绍兴和湖州等地法院的企业破产案件的审理进行了巡回指导,在最高人民法院支持下,依法指导绍兴市中级人民法院受理全国首例香港特别行政区上市的国内企业“浙江玻璃股份有限公司及其4家关联公司合并破产案”;积极倡导银企合作理念,推动商业银行信贷资产风险防范和处置工作朝适应企业破产法要求的理念转型;浙江省高级人民法院重视对企业破产审判工作中新情况新问题的研究,参与了最高人民法院《关于适用〈中华人民共和国企业破产法〉若干问题的规定(二)》、《关于适用〈中华人民共和国企业破产法〉若干问题的规定(三)》、关于适用《中华人民共和国企业破产法》若干问题的规定(四)、关于适用实体合并规则审理关联企业破产清算案件的若干规定、关于进一步做好上市公司破产重整案件审理工作的若干问题纪要等司法解释和司法政策起草的意见征询工作,两名浙江法官被最高人民法院指定为企业破产法司法解释起草小组成员;受最高人民法院委派,浙江省高级人民法院民事审判第二庭庭长于2012年5月参加中国代表团出席在纽约联合国总部召开的联合国国际贸易

法委员会有关“跨境破产中的‘主要利益中心’概念”“破产和濒临破产公司高管的民事责任”两个议题的专题审议;在浙江省高级人民法院的积极推动和浙江省律师协会、省注册会计师协会、省银行业协会的积极参与、支持下,于2012年6月在浙江大学光华法学院举办了首届“企业破产法与浙江实践”论坛,其间,就“企业破产审判工作”“司法重整”“管理人工作”“金融改革与企业破产法实施”等议题进行了研讨,为浙江省高级人民法院出台企业破产审判的司法政策提供了实证依据。

(二)加强内部沟通,规范和推进企业破产申请立案审查、执破衔接和企业破产案件审理中涉集资类犯罪刑民交叉问题协调等工作

商事审判业务庭是人民法院承担企业破产案件审判的内设部门,而企业破产审判工作的推进,需要在院党组部署和相关部门的支持下协力推进。(1)2012年5月,浙江省高级人民法院下发《关于规范企业破产案件受理相关问题的通知》(浙高法〔2012〕124号),强调贯彻落实最高人民法院《关于适用〈中华人民共和国企业破产法〉若干问题的规定(一)》,依法受理企业破产申请。该通知还对企业破产案件案号的编立等事项进行了规范。对资金链断裂的地方行业龙头企业适用“集中受理、审理和执行”是浙江省法院应对国际金融危机影响的司法举措,具有“类破产司法保护”的特征。浙江省高级人民法院立案一庭和民事审判第二庭就新形势下适用集中管辖措施化解和处置企业债务危机问题进行了专项调研,2012年8月28日,浙江省高级人民法院发出《关于进一步用好集中管辖措施保障我省经济平稳向好发展的通知》明传电报,强调在适用集中管辖措施中要注意涉案审判、执行与企业破产程序的衔接,对符合企业破产法受理条件的,可依法启动破产程序。截至2012年年底,有8个适用集中管辖措施化解和处置债务危机的企业依法进入破产程序。(2)推进强制执行程序与企业破产程序的协调、对接是浙江市场化导向企业破产审判工作的重要内容。调研中发现,温州两级法院2010～2012年以企业为被执行人的案件数有12,219件,其中因企业无财产可供执行而裁定程序终结的案件数有3122件。但裁定终结执行并未真正了结当事人之间的债权债务关系,既不利于司法公信力的提高,也不利于“执行难”问题的破解。在浙江省高级人民法院执行部门和民事审判第二庭的协调指导下,天台县人民法院将天台县建安房地产开发有限公司依法由强制执行程序转入了企业破产清算程序。各地法院也开展了对执破衔接工作的探索,建德市人民法院还制定了规范执破衔接的工作规程。(3)由于正式的金融制度供给不足等原因,浙江省中小微企业深度介入民间借贷,一些不规范的民间借贷行为与集资类犯罪活动相互交织。相当一部分发生资金链担保链危机的中小微企业,存在"企业构成破产原因"和"企业或企业业主涉嫌集资类犯罪"的"两个并存"情形,刑民交织问题的处理,也是中小微企业破产案件审理的疑点和难点。2012 年年初,由浙江省高级人民法院领导主持,刑事审判第二庭和民事审判第二庭牵头,启动了"集资类案件刑民交叉问题"的重点课题调研。结合课题调研,浙江省高级人民法院出台了《关于服务金融改革大局依法妥善审理民间借贷纠纷案件的若干意见》。该意见强调通过破产程序的平台协调民间借贷纠纷和非法集资活动交织的相关问题。各地法院在实践中也就审理企业破产案件中涉集资类犯罪刑民交叉问题的处理进行了有益探索,台州市中级人民法院还形成了专门的调研报告。

(三)进一步重视破产管理人作用的发挥

人民法院是企业破产程序的主导者,破产管理人在人民法院和债权人会议监督下,依法接管债务人财产和营业事务,负责对债权申请的登记,调查债务人财产状况和债务人财产的追收、变价和分配,并负责破产重整计划草案的制定和重整计划的监督,是破产事务的执行者。企业破产案件的质效,也与管理人履职绩效密切相关。浙江省高级人民法院重视管理人制度建设,于《企业破产法》实施的 2007 年,依法编制了由 48 家律师事务所、注册会计师事务所组成的第一批管理人名册。为规范管理人工作,2012 年 4 月,浙江省高级人民法院下发了《关于进一步规范破产案件管理人指定工作的通知》,对指定管理人工作提出了规范要求。为适应企业破产审判的需要,浙江省高级人民法院在 2012 年启动了第二批管理人名册的编制,并于 2012 年 9 月完成了由 222 家中介机构和 23 名个人组成的第二批管理人名册的依法编制工作,连同第一批管理人名册,形成了迄今在全国数量最多的管理人队伍,为《企业破产法》的深入实施创造了有利条件。浙江省高级人民法院司法鉴定处和民事审判第二庭密切合作,在充分调研基础上,经审判委员会讨论并原则通过,出台了《关于规范企业破产案件管理人工作若干问题的意见》。该意见对管理人名册编制,动态管理,指定、更换和履职监督,报酬确定等作了明确规定,在企业破产法和司法解释的制度框架内,有若干符合浙江实际的制度创新内容,标志着我省正式建立了管理人动态管理制度。在浙江省高级人民法院指导下,湖州、绍兴两地还开展了建立管理人报酬援助资金、保障资金试点工作,天台县人民法院开展了竞争方式指定管理人试点。

(四)积极探索企业破产案件简易化审理

为提高破产案件审理效率,在浙江省高级人民法院部署、推动下,各地法院积极探索企业破产案件简易化审理的路径。有的法院在重整方案上下功夫,缩短审理期间,如奉化市(现为奉化区)人民法院在审理"宁波市唐鹰服饰有限公司破产重整案"中,通过附政府回购土地条件的重整计划,既提高了审理效率,又保护了企业生产力。有的通过对管理人授权简化程序,如绍兴县(现为绍兴市柯桥区)人民法院审理的"浙江宏利纺织有限公司破产清算案",通过在破产财产变价方案中给予管理人一定的处置资产、追收债权的权限,简化了程序。有的从多个环节入手,尽可能地缩短办案周期,如建德市人民法院在"金太阳假日宾馆有限公司破产重整案"中探索通过独任审理、简化重整方案制作程序、发挥债权人会议自治等缩短审理期间,从受理到裁定批准重整计划仅4个月。推进企业破产案件简易审逐步成为浙江法院推进市场化导向企业破产审判工作的共识和工作抓手。

(五)结合金融改革背景推进企业破产审判工作

2012年3月,国务院正式批复温州市开展以民间资本阳光化规范化为突破口的金融综合改革试验区,浙江省委、省政府陆续出台了温州金融改革的工作部署和保障政策。温州两级法院积极为金融改革提供司法保障,并把推动企业破产审判工作作为司法服务金融改革的重要工作。2012年,温州市中级人民法院将企业破产司法重整项目列为年度十大项目,全年共已正式受理或审查受理48件企业破产案件,是2007～2011年全市法院受理的24件破产案件总数的2倍,约占全省法院同期受理破产案件数18.88%;审结了浙江星球包装有限公司等11件企业破产案件;受理的27件破产案件中有9件司法重整案件,占全省法院2007年以来受理司法重整案件数的26.5%。相关工作多次得到最高人民法院、浙江省高级人民法院和温州市委主要领导的批示肯定。温州两级法院的企业破产审判工作后来居上,审判工作绩效和在推行专业化审判、健全沟通协调机制、加强破产保护文化宣传等方面的工作创新已经走在了全省法院前列。受经济下行、企业经营困难等因素影响,自2011年三季度以来,浙江省银行业不良贷款余额和不良贷款率持续“双升”，影响金融生态环境。浙江省高级人民法院及时下发了《关于加大审判执行力度推进我省银行业不良贷款处置的通知》，就全省法院依法加大金融债权司法保护力度、加快推进银行业不良资产处置作出部署。一些银行金融债权包括担保债权在企业破产程序中得到依法保护。

二、2012 年全省法院企业破产案件审判工作基本情况

（一）企业破产案件受理情况

2012 年，全省法院受理企业破产案件 143 件，同比上升 85.7%，破产企业资产总额 1,207,194.49 万元，负债总额 2,430,330.39 万元，涉及企业职工 1.1 万余人。（1）从地域分布看，集中在温州、宁波、嘉兴、杭州，分别为温州 31 件、宁波 24 件、嘉兴 24 件、杭州 19 件，占收案总数的 68.5%。（2）从法院分布看，2012 年受理破产案件数超过 5 件的有 9 家法院，分别是温州市瓯海区人民法院 8 件、宁海县人民法院 8 件、海宁市人民法院 8 件、嘉兴市秀洲区人民法院 7 件、杭州市中级人民法院 5 件、建德市人民法院 5 件、温州市中级人民法院 5 件、瑞安市人民法院 5 件、浦江县人民法院 5 件。（3）全省有 11 家法院受理了《企业破产法》自 2007 年 6 月 1 日实施以来的首例破产案件，全省中级人民法院和基层人民法院共 102 家，受理过企业破产案件的达到 71 家，约占 70%。

进入破产程序的债务人企业有如下特点：（1）从规模看，破产企业以中小微企业为主。据不完全统计，2012 年新收企业破产案件，中小微企业占 90% 以上。湖州两级法院 2012 年受理的 9 件破产案件的债务人企业的从业人员均在 300 人以下，属小微企业。宁海县人民法院陆续裁定受理的 8 家企业的破产重整、清算案件，债务人企业均为小微企业。小微企业进入破产程序增加，一方面表明基层人民法院企业破产审判工作的推进；另一方面也反映了企业资金链担保链风险朝小微企业传导、扩散的趋向。（2）纺织、服饰、电子等传统制造业企业是破产企业主体，共有 59 家，占比超过 40%。且区域性特点较明显，嘉兴、绍兴破产企业中纺织企业较多，宁波机械制造企业较多。（3）光伏、造船、房地产等行业破产企业增加。①自欧盟、美国、印度等对我国光伏企业启动反倾销、反补贴的“双反”政策以来，光伏行业受影响较大，部分企业陷入经营困境，平湖市人民法院受理的“浙江协成硅业有限公司破产清算案”成为国内首例多晶硅光伏企业申请破产

案件。椒江两家中型太阳能光伏企业因盲目扩张致资金链断裂而倒闭,为其生产配套产品的20多家小微型企业也相继濒临倒闭。宁波、嘉兴等光伏产业集聚地的相关案件明显增多。②在造船行业,龙泰船舶有限公司、舟山市永吉船务有限公司、台州最大出口船舶企业——浙江金港船业股份有限公司等船舶公司进入破产程序。③受房地产调控政策的影响,房地产公司破产案件明显增多,2012年共受理了10家房地产公司破产案件。平阳县人民法院受理平阳泰宇房地产开发公司重整案件,据初步统计,该公司负债约10.8亿元。杭州锦绣天地房地产开发有限公司、嘉善天凝金叶房产开发有限公司、杭州金星房地产开发有限公司、丽水强盛房产投资集团有限公司、宁波振兴房地产开发有限公司、江山市安泰房地产有限公司等进入破产程序。

(二)企业破产案件审理情况

1. 部分债务人企业在进入破产程序前由政府主导进行风险处置。此类债务人企业计有47件(含关联企业),约占受理企业破产案件总数的33%。根据企业风险的影响程度,政府主导的风险处置工作分别由市、县或乡镇级政府牵头进行。前期企业风险处置工作有利于稳定秩序、摸排情况,也有助于后续企业破产案件的审理。相关人民法院依法履行司法职能,以不同形式参与或配合风险处置工作,并向有关政府部门积极建言献策,提示风险处置工作中避免和防止企业破产法禁止或限制的无偿转让、个别清偿或转移财产情况的发生。

2. 债权债务情况。(1)金融债权在企业破产债权中占据较高比重。对全省12家主要银行业金融机构的调查表明,破产债权超过73亿元,占破产债权总额243亿余元的30%。宁波两级法院2011～2012年,共立案受理破产案件35件,企业债务总额达54亿元,银行债权40亿元,占比高达74%。统计显示,截至2012年年末,浙江银行业金融机构不良贷款余额达951.5亿元。破产债权约占到不良贷款余额的10%,通过破产程序实现金融不良资产有序处置的重要性日益凸显。(2)民间借贷债权存在较普遍。由于正规金融供给不足,浙江中小企业深度介入民间借贷,一些进入破产程序的债务人企业,民间借贷债务占相当大的比率,且民间借贷行为与集资类犯罪行为交织,增加了问题处理的难度。湖州案件抽样调查表明,两级法院受理的湖州航达工业炉制造有限公司、浙江康腾皮革有限公司、浙江金贸竹木家具有限公司、长兴志高担保有限公司、直立汽配有限公司 5 个破产案件，民间借贷债权占申报债权总额的比例分别为 27.3%、62.8%、51.4%、97.2%、20.8%。(3)担保债权较多，银行抽紧银根，资金链、担保链风险成为企业破产导火索。如宁海县人民法院受理的强蛟区域 11 家企业破产系列案，多存在企业之间互保、联保的问题。丽水市莲都区人民法院受理的“浙江力帆革业有限公司破产清算案”，因债务担保形成的债务风险危及公司所在的丽水经济开发区其他担保企业，并进而影响整个区域内的合成革产业。天台县人民法院受理浙江银象生物工程有限公司破产清算案件，涉及天台众多“五十强”“五十优”企业互保问题。

3. 合并破产情况。共有 29 起合并破产的案件，约占案件总数的 20%。既有合并重整的案件，较典型的如温州市瓯海区人民法院受理的“浙江信泰集团有限公司等 5 家公司合并重整案”、杭州市中级人民法院受理的“浙江中江控股有限公司等 4 家公司合并重整案”、绍兴市中级人民法院受理的“浙江玻璃股份有限公司等 5 家公司合并重整案”、嘉兴市秀洲区人民法院受理的“嘉兴市明越纺织有限公司等 6 家公司合并重整案”等。也有合并破产清算的案件，较典型的如余姚市人民法院受理的“宁波安迪光电科技有限公司等 4 家公司合并清算案”、安吉县人民法院受理的“浙江金茂竹木家具有限公司等 3 家公司合并清算案”等。从合并的程序来看，有以下几种方式：法院以裁定合并重整方式受理（如绍兴市中级人民法院“浙玻案”）；在受理以后通过债权人会议表决进行合并（如余姚市人民法院“安迪光电案”）；在受理以后通过债权人委员会表决进行合并（如德清县人民法院“直立汽配案”）；受理以后法院直接裁定进行合并（如嘉兴市秀洲区人民法院“明越纺织案”）。

4. 管理人履职情况。《企业破产法》确立了以中介机构为主导的管理人模式，但也规定在一定情况下仍然可以采取《企业破产法（试行）》（已失效）的清算组管理人模式。2012 年受理的企业破产案件中，有 23 件案件采用清算组管理人形式，约占 16%。清算组管理人多由前期政府主导进行风险处置的工作组转换而来。温州两级法院 2012 年受理的破产案件均采用中介机构管理人模式。

5. 由破产重整程序转入破产清算程序情况。《企业破产法》规定了重整、和解和清算 3 个并行的破产程序，对于需要进行债务机构和股权机构调整并引入战略投资者的企业，一般适用重整程序。《企业破产法》还规定了重整程序与清算程序之间的转换。由于外部融资受阻、战略投资者引进困难或债权人会议表决未通过重整计划草案等原因,一些重整案件转入了破产清算程序,如绍兴市中级人民法院审理的"浙江玻璃股份有限公司破产案"、慈溪市人民法院审理的"宁波市哈德电器有限公司重整案"、平湖市人民法院审理的"浙江一就生物医药有限公司重整案"等。

(三)企业破产案件审结情况

2012年全省法院审结破产案件89件,同比上升64.8%。(1)有5件以和解方式结案。分别是温州市龙湾区人民法院审理的"温州宏发鞋材有限公司破产清算案",安吉县人民法院审理的"安吉博时家具有限公司破产清算案",杭州市余杭区人民法院审理的"浙江宏泰钢构安装工程有限公司破产清算案",宁海县人民法院审理的宁海县登煌锻造制品有限公司、宁波登煌五金有限公司两案合并破产和解结案。(2)有8件破产重整案件企业成功实现重整,生产力得以维持。(3)以破产财产不足以支付清算费用而裁定终结方式结案的有8件,约占总数的9%。(4)也有以裁定准许撤回破产申请方式结案的,如海宁市人民法院审理的"海宁市君威电器有限公司破产清算案"、瑞安市人民法院审理的"生活秀集团有限公司破产清算案"等。

(四)主要经验的总结

通过企业破产案件的审理,企业破产法所具有的保障债权依法公平清偿、完善优胜劣汰的竞争机制、优化社会资源配置、调整社会产业机构和拯救危困企业的作用得以体现。2012年浙江企业破产审判工作在以下各个方面都取得了成效,相关经验值得进一步总结。具体来说:(1)企业破产案件审判秩序总体平稳,没有发生因破产案件受理而引发或扩散群体性事件。一些制造类企业,在进入破产程序前后,可能存在安全生产隐患。为此,各地党委、政府和法院都高度重视,协力采取有效应对措施。如绍兴市中级人民法院审理的"浙江玻璃股份有限公司破产案"中,绍兴市中级人民法院、绍兴县(现为绍兴市柯桥区)政府通力合作,全面落实维护生产稳定工作预案,确保生产稳定和生产安全。平湖市人民法院审理的"浙江协成硅业有限公司破产清算案"中,债务人库存危化品得到稳妥处置。(2)重视各类债权人合法权益的维护。重视企业风险处置工作与法院破产审理工作有序衔接,通过当地政府垫付职工工资等方式保障职工基本权益。

如宁海县人民法院妥善化解“圣豹电源有限公司破产清算案”中 243 名职工欠薪问题;绍兴县(现为绍兴市柯桥区)人民法院妥善化解“绍兴县红光纺织服装有限公司及其关联企业破产清算案”中 269 名职工欠薪问题。各地法院还注意有效应对和处理民间借贷债权,采用收购小额债权、挤除有“水分”的高息债权、按照资金流向审查确认债权、债权按数额分段以不同比例清偿等方式,有效处理和应对民间借贷债权,在保障债权人合法利益的同时维护社会稳定。德清县人民法院在受理的涉及金融债权 5.9 亿元的“直立汽配有限公司破产重整案”中,采取剥离直立汽配主营业务之外的资产、对合并破产企业资产进行先行处置的方式,使金融机构在破产重整程序终结前即获得清偿,及时、有效地保障了金融债权的实现。2013 年 4 月 27 日,该公司重整计划草案经债权人会议讨论获得高票通过。浙江省高级人民法院 2012 年 11 月 5 日下发《关于加大审判执行力度推进我省银行业不良贷款处置的通知》后,中国建设银行浙江省分行通过依法在破产程序中取得法律文书核销不良资产 10 亿余元,有效降低了该行的不良资产比率。(3)重视通过破产清算淘汰落后、剩余产能,服务重大项目建设,助推经济转型升级。2012 年受理的 143 件企业破产案件中,有 49 件进入重整程序,占比 34.3%,其中一部分由于战略投资者引进困难等原因依法转入清算程序;94 件直接进入破产清算程序,占 65.7%。其中,有一批高污染、高能耗的产能落后企业通过破产清算退出市场。实践表明,破产清算和破产重整、和解都是在司法平台上进行资源配置的有效途径,通过企业破产清算程序使失败的市场主体有序退出市场,最大限度地实现债权人、债务人利益的平衡,也是转型升级背景下浙江企业破产审判工作的努力方向。一些重大破产案件的审理与当地重大项目建设密切相关,可以有效服务地方经济发展。如浙江信泰集团有限公司系温州当地最大的眼镜生产商,2011 年 9 月因资金链断裂陷入经营困境。在当地政府的推动下,浙江信泰集团有限公司破产重整方案参照绍兴“中国面料市场”的模式,将集团名下厂房转建为国内大型皮革鞋料市场,项目总投资 3 亿元左右。衢州市中级人民法院受理该市首个五星级酒店项目的投资人——“浙江金沐实业投资有限公司破产清算案”,仅生效判决以该公司为被执行人的涉案标的就达 1.8 亿余元,公司投资的衢州市首个五星级酒店项目金侨国际大酒店已停工,项目进入破产程序继续推进。

三、面临的困难、问题和下一步工作的设想

2012年浙江企业破产审判工作取得了积极的成效。同时也应该看到,工作中还面临一些困难和问题,主要表现在:(1)社会公众、一些政府官员和企业家对破产制度的功能认识不足。企业家精神是创新的源泉,企业家是风险的经营者和承受者,但总体上说,还没有形成宽容失败的社会共识。在企业发生资金链担保链风险时,一些企业业主不愿寻求破产保护。银行信贷资产风险控制手段与企业破产法的理念无法对接,部分银行缺乏申请债务人企业破产的积极性。(2)浙江民营中小企业公司治理不规范,企业主个人资产与企业资产以及企业之间资产混同严重,企业账册资料不全或与实际经营情况不符,资产审计、债权审查难度高。有的企业法定代表人或实际控制人不配合提供财务账册,影响企业破产进程的推进。相当部分债务人企业存在"企业构成破产原因""企业或企业业主、高管构成非法集资犯罪"的"双构成"情形,企业破产案件中的刑民交叉问题导致企业破产案件的难度增加。(3)企业破产法的实施还存在外部体制和机制的障碍,需要在市场化、法治化的改革过程中加以改善。各地都建立了危困企业帮扶、风险企业处置、保护金融债权和打击非法集资活动等工作机制,但常态化的工作机制尚未形成,存在工作机制相互之间缺乏协调和功能作用冲突的情况,与企业破产程序难以有效契合。一些中小企业税费负担偏重且结构不合理,制度层面上缺乏对于危困企业的差异化措施。一些有挽救希望的中小企业进入破产程序后仍然要承担高额税费负担,导致重整进程举步维艰,重整缺乏外部融资的"输血"机制。大量没有经营活动的"植物人"企业因缺乏清算资金的保障不能有序退出市场,闲置了可观的经营资源,扭曲了市场信号。(4)从法院内部看,受案多人少、破产案件工作绩效考评等因素的影响,企业破产审判工作的开展在各地仍不够平衡,审理企业破产案件的专业化水平有待于进一步提高。虽然在企业破产案件简易审方面作了有益探索,但总体上审理周期仍然过长,特别是在资产解除查封、刑民交叉问题协调和破产财产的变现分配方面的耗时过多。破产案件审理的效率直接影响了企业破产法制度功能的发挥,需要在今后的工作中切实加以改进。

党的十八大提出,全面推进依法治国和加快完善社会主义市场经济体制、加

快转变经济发展方式的要求，作为市场经济的基础性法律制度，企业破产法的作用将愈加重要。2013 年年初召开的全省法院院长会议和 4 月召开的全省法院商事审判工作会议对今后一段时期浙江省企业破产审判工作在内的商事审判工作作出了新的部署。浙江省高级人民法院将会同相关行业协会加强破产保护（企业拯救）文化的宣传；适时出台企业破产案件简易审的规范性文件，并以企业破产案件简易审为抓手，着力提升企业破产案件审理的质量和效率，推进企业破产案件规范化、常态化和法治化审理；要以贯彻落实浙江省高级人民法院《关于规范企业破产案件管理人工作的若干意见》为契机，强化工作配合，厘清工作职责分工，进一步重视管理人在破产事务执行中的作用；要协调好工作中的内外部关系，推进政府在企业破产法实施中公共服务职能的发挥；要继续倡导银企合作理念，密切关注经济和金融改革形势的变化，在企业破产审判工作中切实落实“积极防范和化解企业资金链担保链风险”“积极防范和化解银行不良资产的风险”的要求；要进一步完善企业破产审判工作的内部工作机制，加强调研指导、监督，及时总结经验，通过企业破产审判工作职能的发挥，为浙江省“两创”总战略提供有力司法保障。

附件：

2012 年企业破产案件十大典型案例

一、“宁波强蛟区域 11 家企业破产系列案”

【关键词】中小企业资金链担保链区域性风险处置；重整、清算等司法手段的综合运用；政府帮扶

【背景事实】2011 年 9 月开始，在不到半年的时间，宁波强蛟区域 11 家企业因关联互保而引起“多米诺骨牌效应”，相继资不抵债。其中，关联企业有 3 组共 8 家，互保企业 11 家，互保金额巨大，总金额达 5.11 亿元，担保债务最多的宁海县机动车交易市场有限公司（以下简称机动车交易市场）担保金额高达 1.31 亿元。11 家破产企业负债总额达 13.20 亿元，债权人众多，共涉企业职工 1309 人。为上述 11 家企业直接提供担保的企业众多，不少企业担保金额在 1000 万元以上，一旦发生担保代偿，极有可能引发外围担保企业因资金链断裂而关停倒闭，

并由此导致与外围担保企业存在担保关系的更外围的企业产生连锁反应,进而影响整个宁海的金融生态环境和经济发展大局。宁海县人民法院陆续受理了该11家企业申请破产案件,分别是浙江春雷电器有限公司(以下简称春雷电器)、宁波春雷模具制造有限公司(以下简称春雷模具)、宁波旭峰电器有限公司(以下简称旭峰电器)、机动车交易市场、浙江金龙机械索具有限公司(以下简称金龙索具)、宁波九龙五金有限公司(以下简称九龙五金)、宁波登煌锻造制品有限公司(以下简称登煌锻造)、宁海县登煌五金有限公司(以下简称登煌五金)、宁海县精工机械有限公司(以下简称精工机械)、宁波七超板业有限公司(以下简称七超板业)、宁波三木露营用品有限公司(以下简称三木露营)。

【审理经过】案件受理前,宁海县人民法院就专门成立由院长担任组长的强蛟区域工业企业危机破产处置领导小组,并制订《关于强蛟区域企业破产清算重整案件的审理工作方案》,对11件破产案件的受理先后顺序、程序及时间进行整体谋划,列出需要政府和政府其他部门协助配合的事项,为以后破产案件的审理奠定了坚实基础。

(1)建立"防火墙",切断担保链。对为11家破产企业提供担保金额在1000万元以上且其自身互保关系复杂,处于担保链关键位置的2家外围担保企业(又称"防火墙企业")予以重点扶持,同时兼顾担保金额在500万元以上且经营困难的5家非防火墙企业,争取政府出面协调银行增信,给予税收政策扶持,帮助该类企业缓解资金压力,避免其因担保追偿而关停倒闭并波及更外围的担保企业。(2)破保结合,实施差异化处置。一是对长期亏损、扭亏无望的春雷系(春雷电器、春雷模具、旭峰电器)、三木露营启动破产清算程序,快速变现资产,公平清偿债务,妥善安置职工,引导其有序退出市场。二是针对登煌系(登煌锻造、登煌五金)企业负债高,除一些价值不高的机器设备和集体土地上难以变现的无证厂房外,几无其他财产的特点,决定由破产清算转为破产和解,根据和解协议,债权人可选择按比例清偿(10万元以下部分清偿率30%,10万元以上部分清偿率5%)或"债转股",以出租企业厂房收取的租金和将来土地改变用途后可预期的收益作为股东收益按债权比例分配。三是对尚有挽救可能的金龙索具、九龙五金、精工机械、七超板业启动破产重整程序,并依据企业特点采用不同重整模式,如金龙索具、九龙五金自身经营良好,客户资源优质,债权人会议表决通过采用政府投入扶持资金,企业生产自救方式进行重整;七超板业经营管理较差,融资债务较高,但产品具有竞争优势,则积极引进战略投资者。(3)积极探索,简化审理程序。一是通盘考虑,统一指定管理人,全面协调和通盘处理11个破产案件,化解企业关联互保的难题。二是探索新的中介机构选定方式,在纪检部门监督下,由管理人在中级人民法院名录中选定3家中介机构,设定工作完成时间、费用的上限,通过招投标方式择优选定,以缩短评估、审计、拍卖时间,降低中介机构费用。三是对债权人数较少的旭峰电器、机动车交易市场,仅指定债权人主席,不成立债权人委员会,第一次债权人会议即表决通过资产处置方案。四是进行合并破产清算。登煌五金、登煌锻造两家企业财产、财务、经营业务高度混同,相互担保并交叉持股,并系同一实际控制人控制,实行合并破产更有利于资产处置,法院依法作出合并破产清算的裁定,提高案件审理效率。

【工作成效】(1)通过政府协调增信贷款约4600万元,给予税收政策扶持约2537万元,缓解了"防火墙企业"的偿债资金压力。成功防止了危机由破产企业向外层层蔓延扩散,实现了维持宁海金融生态环境稳定和地方经济发展的目标。(2)破产企业职工得到妥善安置,保障了职工合法权益。重整的七超板业、九龙五金、金龙索具817名职工全部保留。(3)实现保护企业生产力和债权人利益的最大化。如九龙五金和金龙索具,在破产清算条件下,普通债权组的清偿率约为11.45%和16.98%,而在破产重整条件下,普通债权组的清偿率分别为30%和40%,其中10万元以下部分100%受偿。七超板业,破产清算条件下的普通债权组清偿率约为3.9%,在重整条件下则可达到10%~15%,其中5万元以下部分100%受偿。

二、"浙江信泰集团有限公司、信泰光学有限公司、温州兴泰光学有限公司、温州美通达进出口有限公司、温州市瓯海梧田眼镜厂5家企业合并重整案"

【关键词】重整前准备;合并重整;债务人自行管理财产和营业;业务转型

【背景事实】2011年9月,受国际金融危机影响,浙江信泰集团有限公司(以下简称信泰集团)资金链断裂引发债务危机,法定代表人为避债前往国外,后经动员回国,企业在市、区两级政府的帮扶下重整营业,瓯海区人民政府成立了信泰光学有限公司专项生产资金监管服务工作组,原温州中源会计师事务所与信泰集团签订了债权债务清理、企业整合重组专项服务合同。2012年10月12日,信泰集团、信泰光学有限公司、温州兴泰光学有限公司、温州美通达进出口有限公司、温州市瓯海梧田眼镜厂5家企业向温州市瓯海区人民法院申请破产重整。2012年10月23日温州市瓯海区人民法院裁定受理了上述5家企业的破产重整申请,并指定管理人。

【审理经过】2012年12月25日,温州市瓯海区人民法院合并召开5家企业第一次债权人会议。共400多位债权人参加会议,债权人申报的债权约29亿余元,其中涉及民间借贷15亿余元,通过分别表决的方式,会议审核并确定部分无争议债权合计13.7474亿元,并表决通过了信泰集团5家企业合并重整的决议,同时确立了区别对待的原则,对信泰集团5家重整企业采取综合运用"营业重整+债务重整+股权重整"等模式。并且会议决定设立债权人委员会,选举产生了债权人委员会成员,同时指定了债权人会议主席。由于会议经讨论后同意公司继续经营,现管理人和债务人均正在积极制定重整计划草案。(1)转变公司营业模式,打造"信泰皮革鞋料市场"。在市、区两级政府政策支持下,信泰集团将信泰光学有限公司位于娄桥工业区的120亩产业园的土地以及已建成的16万平方米的厂房改建为皮革鞋料市场。2013年1月31日,与温州温商联合投资中心专设的市场项目公司"温州商投市场发展有限公司"(以下简称温州商投)签订了委托经营合同和补充合作协议,主要由温州商投注资1.5亿元进行经营。在温州商投的指导下,改建工程、业态布局重新启动,目前已签订17,413.3平方米的购铺合同,签约总金额154,872,760元。2013年3月8日,中国塑料加工工业协会经过实地考评,正式授牌信泰皮革鞋料市场为中国合成革(国际)交易中心,这标志着该市场升级为我国人造革国际贸易的现代化交易"国字号"平台。信泰皮革鞋料市场将努力打造"中国合成革国际交易中心",形成百亿元产值规模的生产资料大市场,从根本上使信泰集团等5家重整企业资产最大化。(2)初步计划引进已有意向的战略投资者以货币出资,信泰集团以"海豚"品牌、设备出资组建温州海豚光学有限公司,精减原有的眼镜工厂,保留销售团队及核心技术管理人员,重新建立重组后的营运组织框架和调整人员安排。企业的经营定位为以先进生产技术生产高档太阳镜、老花镜及光学产品,提升对大型欧美百货公司的长期一对一服务,重塑海豚品牌形象。同时计划整合设立高档金属厂和塑胶厂,以品牌营运和产品研发为核心,争取在一年后恢复2亿元左右的产值,努力实现从眼镜制造商到眼镜品牌营运商的转型升级,实现眼镜产业持续良性发展。现该计划仍在洽谈之中。

【阶段成效】由于政府的优惠政策落实在其中一家企业,故该企业的债权要优于其他企业。在破产清算的情况下,预计信泰光学有限公司(优惠政策企业)普通债权清偿比例为31.58%,其他企业比例为1.14%。重整后,信泰光学有限公司普通债权清偿比例可达到100%,其他企业清偿比例约为35%,根据市场招商业绩等情况还可能追加清偿。目前,信泰集团等5家企业已经与温州市皮革鞋料商会、瑞安商会等签订超过50%约6万多平方米铺位的购铺合同,已与鞋跟商会、鞋机商会、五金饰扣协会以及广州等外地经营户达成入驻意向,招商工作正在紧张有序开展之中。

三、"温州海鹤药业有限公司、温州市兴瓯医药有限公司破产重整案"

【关键词】制药企业重整;破产程序中的刑民交叉问题;实际控制人个人资产与公司资产合并重整的探索;重整程序中的持续经营和职工利益的维护

【背景事实】温州海鹤药业有限公司(以下简称海鹤公司)系2001年3月27日由原温州海鹤集团有限公司制药厂整体改制后重新登记成立的私营有限责任公司,拥有51个药准字批文,18种药品进入国家基本用药目录,11种药品被《中华人民共和国药典》所收藏,3种药品经国务院卫生行政部门认定为受保护的中药品种。"海鹤"品牌起源于同仁堂,至今已有342年的悠久历史,品牌文化底蕴深厚。温州市兴瓯医药有限公司(以下简称兴瓯公司)系2001年2月2日由原瓯海区永中供销社医药经营部和梧田供销社经营部兼并联合改制后重新登记成立的私营有限责任公司。受2008年国际金融危机和2011年温州民间借贷风波的影响,这两家公司的资金链断裂,财务危机全面爆发,于2012年6月8日分别向温州市中级人民法院申请破产重整。2012年6月21日温州市中级人民法院依法裁定受理,并指定管理人。

【审理经过】(1)确定合并重整。海鹤公司与兴瓯公司系关联企业,两企业实际控制人一致,资产、人员高度混同。经两企业第一次债权人会议分别审议,形成了"两企业合并重整"的决议。(2)形成"在两企业应付账款债权优先于其他普通债权(社会借款)受偿的情况下,股东个人债务纳入企业重整范围,与合并后的企业债务一并清理"的决议。经审查发现,两重整企业及股东个人对各自所负的主要债务即民间借贷债务,大多数互相提供担保,借款混同使用,主要均用于收购两重整企业股权资产、厂房建设、生产经营、对外投资以及支付上述借款的高额利息等。基于此,结合温州民营企业的特点,在该案受理前,法院要求两重整企业及全体股东个人均出具书面意见(确认书),同意股东个人债务与企业债务合并处理;社会借款的绝大多数债权人也应出具书面意见,同意其债权作为对企业的债权进行处理,并召开了听证会。2012 年 8 月 14 日,两重整企业第一次债权人会议分别通过了“同意企业资产、债务和股东个人资产、债务合并处理”的决议。(3)审慎确定与两重整企业合并处理的“股东个人债务、资产”。针对债权申报过程中出现有一批股东个人债权人申报的债权可能与两重整企业无关联的情况,确定哪些“股东个人债务、资产”与两重整企业合并处理就成为关键问题。在充分了解掌握相关债务、资产,对股东、法定代表人进行询问调查的基础上,管理人根据该案实际情况,确定“以资金流向和用途的客观事实作为实质要件,确认与两债务人是否有关联”作为界定“股东个人债务、资产”能否与重整企业合并处理的认定标准,与企业无关联的股东个人债务和资产应排除在与两重整企业合并处理的债务和资产范围之外。(4)积极做好重整投资人引进工作。拟定《重整投资人引入方案》,向 500 多家大型药企发出要约邀请函,战略投资人引入方案逐步成型。(5)为避免因暂时未引入战略投资者而造成两重整企业进入破产清算程序,经多方协商与沟通,管理人提出债转股及部分资产变现两种方式清偿所有债务的重整思路。通过股权转让,即原注册资本不变,债权人以零对价向出资人购买股权,将债权转化为相应比例的出资。在该重整思路指导下制定的重整计划经第四次债权人会议各组分别表决均决议通过,并于 2013 年 3 月 18 日经温州市中级人民法院批准。

【重整实效】职工劳动债权、税收债权等优先债权及企业应付账款债权等按债权人会议决议设定优先权的普通债权均得到 100% 的清偿。普通债权(社会借款)在破产清算情况下清偿率为 3.67%,重整条件下普通债权清偿率为 7.64%,且尚未计算无形资产、表外资产。若重整计划顺利执行,普通债权清偿率还将大大提高。重整期间保持正常支付职工工资,做到了“人员、岗位、职责、报酬”4 个不变。两重整企业生产秩序正常,海鹤公司已经扭亏为盈,兴瓯公司已经持续减亏。通过司法重整,企业资产和营业实现重组,资源得以优化配置,对防止重整企业债务链蔓延起到了积极作用,也为促进企业转型升级提供了有利条件。

四、"浙江宏昌制革有限公司破产清算案"

【关键词】转型升级背景下的企业破产清算;破产财产变现;土地使用权和地上建筑物的网络司法拍卖

【背景事实】浙江宏昌制革有限公司(以下简称宏昌公司)成立于2004年3月5日,注册资本3050万美元,实收资本2500万美元。公司经营范围包括生产销售牛皮革、沙发革、汽车坐垫套、沙发套、箱包、钢材、铝材的批发及其进出口业务。2012年5月2日,公司法定代表人出走,企业资金链断裂,无法清偿到期债务。2012年5月7日,中国银行股份有限公司海宁支行以不能清偿到期债务为由向海宁市人民法院申请对宏昌公司进行破产清算。5月22日,法院依法裁定受理并指定管理人。

【审理经过】2012年11月10日,据宏昌公司净资产报告反映:截至2012年5月22日,宏昌公司的净资产为-12,586,956.45元,资产负债率为110.76%;同时,管理人认为,宏昌公司的应收款项中无法收回的款项达915,016,167.08元,故实际负债率已高达244%。由于债务人宏昌公司的资产已不足以清偿全部债务,同时无法清偿到期债务已呈持续状态,且明显缺乏清偿能力。据此,海宁市人民法院于2013年1月10日裁定宣告宏昌公司破产。

经债权人会议核查,法院共确认债权人176位,金额达12.57亿元。从财产清查情况反映,宏昌公司的主要财产房地产和机器设备都有设定抵押,其他财产如蓝湿牛皮、半成品、成品牛皮等也有权利障碍(在诉讼中)。此外,宏昌公司可变现的财产不多,即最终的破产财产的分配比率相当低。经债权人会议决议,管理人陆续分批对宏昌公司所有的易腐烂变质的蓝湿牛皮、化工辅料,半成品、成品牛皮等财产委托专门的拍卖公司进行了公开拍卖,虽然拍卖较为顺利,但拍卖佣金累计高达81万余元。

第二次债权人会议决议对宏昌公司所有的国有土地使用权(面积达117,669平方米)及其地上建筑物(房屋建筑面积为62,314.32平方米)和附属设施亦予以公开拍卖。如本次财产拍卖仍委托拍卖公司运作,拍卖佣金将高达近百万元。结合本次拍卖标的的实际情况,主要从节约拍卖费用,维护债权人利益角度出发,按照浙江省高级人民法院关于推进网络司法拍卖的工作部署,海宁市人民法院经综合考量、充分论证后,决定对上述资产进行网络司法拍卖。

为此,海宁市人民法院多次召开专门会议,并于2013年3月13日在淘宝网、《浙江法制报》、《海宁日报》、嘉兴市中级人民法院及海宁市人民法院门户网站等多家媒体发布拍卖公告,根据对宏昌公司房地产的评估情况,拍卖的起拍价定为1.55亿元。按照总体规划,该区块工业用地不考虑制革产业,项目投资强度不低于每亩300万元,项目实施必须符合规划、环保、能源等相关要求,对此在拍卖须知中也作了特别提醒。同时,海宁市人民法院还委托海宁电视台实地拍摄了视频宣传资料,并落实专人负责接受咨询和陪同有意竞买者现场查看等措施。

【工作实效】在宏昌公司的破产财产启动网络司法拍卖程序后,管理人先后接到北京、深圳等地多家投资公司电话咨询,南京一企业还进行了实地考察。2013年3月29日上午10时启动拍卖竞价后,报名参与竞买的2家企业经过5轮竞价,最终一投资公司以1.59亿元的价格竞买成功。目前,拍卖款项已全部到账。这是嘉兴法院首次对不动产进行网络司法拍卖,也是到目前为止浙江省标的额最大的一次网络司法拍卖,还是浙江省法院首次对破产财产进行网络司法拍卖,取得了很好的效果,实现了债权人利益最大化。

五、“舟山市永吉船务有限公司破产重整案”

【关键词】船务公司重整;特定债权人利益的协商维护;债权人接收

【背景事实】舟山市永吉船务有限公司(以下简称永吉公司)成立于1995年10月16日,注册资本为人民币5000万元。公司经营范围为货物运输,国内沿海及长江中下游各港间散装化学品船、成品油船运输。由于经营管理不善及实际控制人个人原因,2011年10月公司陷入困境。2011年10月27日,永吉公司向舟山市普陀区人民法院提出重整申请。经征询永吉公司已知4位主要债权人的意见,4位债权人全部要求永吉公司重整,并且其所代表的债权额占已知债权额的近80%。舟山市普陀区人民法院于2011年11月29日裁定永吉公司重整。

【审理经过】截至2011年11月17日,公永吉司资产总计74,281,067.21元,负债总计119,879,390.92元,资不抵债45,598,323.71元。永吉公司主要实物资产为两艘船舶,一艘永吉27号化工船已设置抵押,另一艘在建永吉58号化工船,实际投入近5500万元,公司拥有交通运输部批复的运力指标,永吉公司重整主要围绕在建永吉58号化工船展开。

2012年1月,管理人先后在《舟山晚报》、《钱江晚报》、中国船舶网等媒体刊登《永吉公司股权转让及资产整体处置公告》，截至2012年4月15日，有效的报名者只有5家永吉公司债权人组成的战略投资联合体。后经管理人与投资联合体多次协商，双方于7月17日正式签订《舟山市永吉船务有限公司股权转让框架协议》，投资联合体交付定金200万元，并确定接盘方案，14家设备供应商、船舶设计、建造单位的债权以重整成功为前提，不参与该案分配，由其协商解决，在重整方案中赋予优先效力。原因主要在于在建永吉58号化工船，系双壳双底CCS★CSA无限航区化学品船/油船，其船级规范要求必须经CCS检验合格。经审查，设备供货合同基本上均约定款项付清后提供CCS合格证，如果不能有效保障设备供应商的债权就无法取得CCS合格证。船舶设计单位则要求根据施工设计进度支付设计款。船舶建造单位就其债权主张行使对在建船舶的留置权。所以，永吉公司重整必须解决战略投资者关注的14家设备供应商等的问题。通过由其自行协商解决即继续履行原合同而不参与该案分配的方式，重整计划对该14家债权人作了特殊安排。

永吉27号化工船则另行评估、拍卖，因评估、拍卖需经法定程序，舟山市普陀区人民法院根据管理人的申请，裁定提交重整计划草案的期限延长至2012年8月28日。2012年8月4日，永吉公司第二次债权人会议召开，会议表决顺利通过了重整计划草案。2012年10月29日，舟山市普陀区人民法院裁定批准重整计划，终止重整程序。

【重整实效】2013年1月18日，管理人已向20位普通债权人完成第一次债权分配，分配金额合计24,599,503.44元，普通债权清偿率为24.77%，同日永吉公司完成股权变更登记，新永吉公司已着手对在建永吉58号化工船进行续建。如至2013年12月30日无"或有债权"出现，尚余约300万元用于第二次债权分配，预计总清偿率可能接近28%。该案中的债务人、债权人等多方利益得到了有效保障，这也是船务公司重整这种新类型案件的一次成功探索。

六、"安吉博时家具有限公司破产和解案"

【关键词】湖州首例破产和解案件；代偿债务的担保人提出债务人破产申请；债权人知情权保障；资产重组式和解；简易化审理

【背景事实】安吉博时家具有限公司（以下简称博时公司）系一人有限责任公司，于2006年2月28日登记成立，注册资金518万元。2011年6月17日，博时公司与安吉交银村镇银行股份有限公司签订了400万元流动资金借款合同，由浙江美浓家具有限公司(以下简称美浓公司)提供担保。2012年4月15日，博时公司停产歇业，美浓公司代偿了借款本息后于7月13日向法院申请对博时公司进行破产清算。8月20日，安吉县人民法院裁定受理，同时指定博时公司清算组担任破产管理人。

【审理经过】截至2012年10月10日(债权申报截止日)，破产管理人共接受72家债权人的债权申报，经审查确认，债务总额为5700.4万元，根据评估，博时公司账面资产总额为2235.5万元，已严重资不抵债。(1)及时充分披露信息。案件受理后，破产管理人在法院指导监督下，向债权人及时通报案情进展：及时向债权人告知资产评估报告；在债权人会议上进行充分的信息披露，特别是第二次债权人会议召开前，管理人与债务人及债权人会议主席多次召开专门会议，就和解协议条款、战略投资者选择、资金监管等方面进行协商，确保和解协议能够实际履行。由于准备充分、措施得当，和解方案赢得绝大多数债权人的拥护，和解协议获高票通过。(2)厘清债务，消除债权人疑虑。博时公司系一人公司，由于企业主缺乏法人人格独立的观念，企业财产和股东财产高度混同。经审计机构审计，股东以个人名义领取公司资金2004万余元。财务公开后，部分债权人质疑博时公司破产是假，债务人逃避债务是真。只有理清股东与公司债务，消除债权人疑虑，才能使破产程序顺利进行。为此，审计机构进行了专门审计，查实：①博时公司建筑厂房成本账面上只有549万元，实际成本造价超过1300余万元，差价750万元；②厂房用地账面反映只有7.5万元，实际转让价280万元，差价273万元；③购买机器设备、支付工人工资、归还银行贷款和民间借款本金及利息等费用500余万元。经严格审查，账面与实际相差至少1500万元，该笔资金应予以认定为公司资金。经解释后，债权人认为股东提交的资金去向说明符合实际，予以接受，从而为破产和解工作奠定基础。(3)整体接盘，实现利益最大化。考虑到博时公司尚具有一定营运价值，若能引进意向投资者整体接盘，降低交易费用，可最大限度地实现博时公司资产价值。根据债权人会议通过的财产和管理变价方案，最终选定了出价最高的意向投资者，也是博时公司债权人安吉中兴五金制造有限公司作为博时公司的重组投资者。管理人协调债务人制定重组方案，通过股权转让的方式承债式收购实物资产，直接减少交易费用支出大约500万元，同时确定债务规模，即不超过所支付价款2320元。对于非实物资产不予转让,由管理人通过后续催讨所得后再追加分配给普通债权人。该和解方案使普通债权人的清偿比例从14.8%提高至20%以上。2013年1月22日,第二次债权人会议表决高票通过了和解协议;同日,博时公司向安吉县人民法院提出和解申请,经审查,法院认为和解协议符合法律规定,裁定认可博时公司和解协议,终止和解程序。

【工作实效】博时公司破产案件是《企业破产法》施行以后湖州地区首次以和解方式审结的破产案件,仅用时170余天。博时公司破产和解的成功意味着该公司走向"重生"。该案为维护社会稳定、化解社会矛盾,公正高效保护当事人的合法权益起到了积极作用,消除了潜在的社会不稳定因素,同时也为今后审理同类案件积累了宝贵经验。

七、"宁波市唐鹰服饰有限公司破产重整案"

【关键词】知名服装企业重整;银行债权人申请;政府对企业土地使用权的回购政策;附条件的重整计划

【背景事实】宁波市唐鹰服饰有限公司(以下简称唐鹰公司)成立于1997年8月14日,注册资本2268万元。该公司是一家大型服装企业,是国内规模最大的裤装研发和生产基地之一,曾荣获"中国驰名商标""中国服装百强企业"等荣誉称号。截至2011年9月22日,公司共有在职职工310余名。由于生产经营管理不善,2011年下半年资金链断裂。2011年9月7日,中国工商银行股份有限公司奉化支行向奉化市(现为奉化区)人民法院申请对该公司进行破产清算,该法院于2011年9月22日裁定受理。

【审理经过】经评估,唐鹰公司的总资产为9600万元,无担保的普通债权约为1.8亿元。其主要资产为2002年购入的面积约130余亩的土地和4万多平方米的厂房,评估价值近8000万元,但由于历史原因未办理相关权属证书。故这部分资产处置存在障碍,若不进行处置,不仅直接影响股权转让的价格,还会使债权人的清偿率不到10%。

2011年11月22日,唐鹰公司向法院申请重整。经审查,奉化市(现为奉化区)人民法院于2011年11月30日裁定对唐鹰公司及其4家关联公司进行合并重整。经公开招标,由罗蒙集团股份有限公司(以下简称罗蒙公司)以1835万元的价格收购唐鹰公司及4家关联公司的股权,并于2012年1月6日签订股权转让协议书,约定存货、应收账款等流动资产由罗蒙公司负责处理,房屋建筑物、土地使用权等不动产由管理人负责处置。2012年9月25日,管理人制订重整计划草案,规定普通债权约1.8亿元按照80%的比例清偿,重整计划的执行期限为2年,如该期限内用地审批手续办妥,则由奉化市(现为奉化区)人民政府对唐鹰公司的土地进行回购,并由管理人按照80%的比例清偿给各债权人;如果2年执行期满,用地手续未办妥,奉化市(现为奉化区)政府也将对债务人的土地先行回购,以保证按照80%的比例及时清偿债权。该草案经债权人会议表决通过,2012年10月18日,奉化市(现为奉化区)人民法院裁定批准重整计划,终止重整程序。

【重整实效】一是通过对流动资产和固定资产分开处置,迅速稳定公司生产经营。罗蒙集团受让股权后充分发挥行业"领头羊"作用,使唐鹰公司迅速实现扭亏为盈。将一部分股权转让所得用来支付工资债权,既维护了社会稳定,也留住了公司重要人力资源。二是借力政府处置违章建筑,保障债权人利益。在政府协调下,唐鹰公司的土地、房屋资产得到妥善处置,债权清偿比率由40%左右提高到80%。三是制订附条件的重整计划。由于政府协调办理土地、房屋相关手续需要一段时间,而重整程序又有法定期限,通过采用附条件的重整计划方式,使重整程序得以顺利进行,保护了企业生产力。

八、"建德市金太阳假日宾馆有限公司破产重整案"

【关键词】执破衔接;简易审理;竞争方式引入投资者

【背景事实】建德市金太阳假日宾馆有限公司(以下简称金太阳公司)成立于2006年1月6日,注册资本666万元。由于公司实际控制人在其他项目上的过度扩张,导致金太阳公司产生巨额债务。2012年1月19日,建德市新安江股份经济合作社(以下简称新安江合作社)以不能清偿到期债务为由,向建德市人民法院申请对金太阳公司进行破产重整。2012年2月7日,建德市人民法院依法裁定受理新安江合作社对金太阳公司的破产重整申请,同时指定了管理人。

【审理经过】经对企业债权债务梳理、市场发展前景分析、投资意向初步调查等前期工作,建德市人民法院确定了"实行简易审理、寻求司法重整、促进继续发展"的工作思路。(1)执行与破产相衔接,实现平稳过渡。自2010年起,建德市人民法院受理以金太阳公司为被执行人的执行案件共9件,尚未履行的债务总额高达800余万元。建德市人民法院执行局在执行以金太阳公司为被执行人的案件中,采取了冻结公司银行存款、提取公司营业收入、搜查、责令提交企业财务账册资料等措施,可谓措施穷尽,但收效甚微。为此,执行局与该院民事审判第二庭进行了多次会商,最终商定对金太阳公司进行破产重整。经疏导,金太阳公司的主要债权人新安江合作社向建德市人民法院提出申请,要求对金太阳公司进行司法重整。由于执行阶段的工作到位,破产立案后不久,管理人顺利接管了企业。(2)审慎选定重整投资人,确保重整一次成功。经过前期沟通,管理人选定申报的重整投资条件相对较好的前5位为考察对象。通过资信调查,管理人最终确定其中重整投资条件相对较好的前3位为预选对象,并分别征询新安江街道、债权人委员会的意见。在第二次债权人会议前只有报价最高的建德市新东方商务大酒店将重整投资款人民币1000万元打入管理人账户。第二次债权人会议一致通过了管理人提出的重整计划。建德市人民法院于2012年6月8日裁定批准了金太阳公司的重整计划,并终止了金太阳公司的重整程序。(3)探索简易审理,为破产审判提速增效。在该案中,建德市人民法院积极探索简易审理机制:一是实行独任审理,指派具有丰富破产审判经验的法官担任承办人。二是在合法前提下缩短审理期间,简化债权申报、重整方案制作等程序,提高审判工作效率。三是鉴于破产管理人在杭州,来回建德,费时、费力、费钱的情况,法院建议管理人将债权债务核查清理等辅助性工作委托给企业所在地律师事务所处理,减少破产管理人往返造成审理时间的延长及破产费用的增加。此外,管理人费用按照最高人民法院《关于审理企业破产案件确定管理人报酬的规定》减半收取,减少案件诉讼成本,最大限度保护债权人利益。

【重整实效】破产清算下普通债权的清偿率只有0.96%,通过重整,普通债权的清偿率达到13.05%。通过执破衔接、简易审理机制等的探索,在尊重债权人意思自治的前提下大大提高了案件审理效率,仅用时4个月,成为《企业破产法》实施以来浙江省用时最短的重整成功案件。

九、“江山市纺织有限公司破产清算案”

【关键词】劳动密集型企业破产清算;职工权益的保护;政府税收政策的扶持;“分档累进递减”分配方案的制度创新

【背景事实】江山市纺织有限公司(以下简称江纺公司)系浙西地区生产经营规模最大的一家纺织品生产企业。公司后期因经营管理不善、高息吸纳社会资金等原因,造成生产经营困难。2009 年 11 月 17 日,企业因资金链断裂停产。2010 年 5 月 12 日,江纺公司以不能清偿到期债务,且资产不足以清偿全部债务为由向江山市人民法院申请破产清算。法院依法裁定受理。

【审理经过】经审计,该公司资产总额为 5680 万元,负债总额为 15,244 万元,净资产为 -9564 万元。公司债务主要是民间融资和职工集资,涉案债权人 1138 名,其中职工集资款债权人 169 名、普通债权债权人 387 名、劳动债权债权人 582 名。(1)在江纺公司出现债务危机,政府成立工作组开展企业帮扶和资产重组时,法院在法律框架内积极建言献策,提前掌握破产企业经营、负债及社会稳定风险等情况,及时形成书面可行性分析报告,较好地实现了政府前期风险处置工作与法院企业破产审判工作的对接。(2)多方努力增加可分配的破产财产。一是借助政府及社会各方面的力量,加大招商力度,促使资产变现价值最大化。二是政府出台税收帮扶措施,减免破产财产处置过程中的相关税收 250 余万元,用于提高小额自然人债权人及困难群众清偿比率。三是动员企业债权人,浙江万众商贸有限公司、浙江贝特来化纤有限公司等 10 家法人债权人自愿放弃 554 万元的债权,并明确将减让款项定向分配给中小额自然人债权人。据此,可供普通债权分配的破产财产数额由 1834 万元增加至 2646 万元。四是公司法定代表人主动放弃其个人名下 933 万元的债权清偿分配所得款,该款项纳入破产财产进行分配,第三顺序普通债权人清偿比率由 19.41% 提升至 21.54%。(3)采用了"分档累进递减"比率的清偿分配方案,创新解决职工集资款清偿顺位和提高弱势债权人的清偿比率问题。按照经债权人会议表决通过的破产财产分配方案,职工集资款按第一顺序清偿,对其他普通自然人(318 户)债权按债权数额大小以"分档累进递减"的方式进行清偿分配,5 万元以下按 65% 的比率清偿,5 万～10 万元的部分按 55% 的比率清偿,分档累进递减。

【主要成效】在债权人会议上,上述破产财产分配方案以绝对高票通过(364 张有效票中赞成 359 票,反对 3 票,弃权 2 票),一起债权人人数众多、类型复杂、社会影响面广的纺织企业破产清算案件得以平稳终结。案件处理实现了法律效果和社会效果的统一。

十、"直立汽配有限公司破产重整案"

【关键词】银企利益平衡;高息民间借贷债权"挤水分";重整期间经营维持;

战略投资者引进

【背景事实】直立汽配有限公司(以下简称直立公司)成立于1996年3月25日,注册资本15,009万元,主营锻造业务、汽车配件,产品在行业内拥有较高的市场占有率。因企业盲目投资,过度扩张,并为第三方企业提供巨额连带责任担保,导致严重资不抵债,2012年3月30日,直立公司向德清县人民法院申请破产重整。德清县人民法院依法受理并指定清算组为临时管理人,在法院的指导和监督下,确立管理人负责管理财产和营业事务的模式。

【审理经过】法院高度重视,分管院长汇报、协调并召集相关会议,研究商议重大事项。重整期间,共召开债权人会议2次、债权人委员会会议3次、工作推进会4次、各种碰头会近百次。(1)协助、支持管理人维持主营业务。积极追回应收账款,协调维持与中国重汽等重要客户的业务,确保企业正常生产经营。(2)确定关联企业合并重整。审理中发现,浙江九真实业有限公司(以下简称九真公司)、浙江龙洋建材有限公司系直立公司的关联企业,与直立公司法人人格高度混同。经第一次债权人会议表决通过,2012年7月4日,德清县人民法院裁定3家公司合并重整。(3)将源于债务人企业但登记在原法定代表人及其配偶名下的资产纳入破产财产。直立公司原法定代表人的个人资产与公司资产高度混同,如多处房产虽登记于法定代表人名下(部分登记于其配偶名下,系夫妻共有),但购房资金均源于直立公司,个人并未参与出资。经第一次债权人委员会表决通过并提交债权人会议通过,德清县人民法院裁定,将源于直立公司但登记于法定代表人及其配偶名下的个人资产纳入破产财产。(4)依法保障金融债权。第二次债权人委员会表决通过了抵押权人就抵押物变现款项部分在抵押范围内优先清偿的议题,同时将抵押资产提前评估和拍卖。至2012年12月31日,共优先清偿金融债权5106万元。(5)积极引进战略投资者。结合企业实际情况并经第一次债权人委员会表决通过,确定对直立公司采取"生产性资产+主营业务+人员"的营业转让模式。经与多家有投资意向的战略投资者洽谈,2013年2月,温州某投资者表达了接盘意向,现已确定接盘方案并注入前期资金。(6)依法行使审判权并联合公安部门对民间借贷申报债权"挤水分",共核减申报债权达168,896,768.84元。一是管理人依法通过提起撤销权诉讼撤销债务人在法院受理破产申请前一年内对无财产担保债务追加的财产担保,包括九真公司于2012年1月18日对招商银行股份有限公司小企业信贷中心设定的抵押担保、于2012

年2月20日对浙江恒升投资开发有限公司设定的质押担保，标的额合计1260万元。二是依法判决驳回标的额达4185.44万元的涉直立公司民间借贷纠纷的诉讼请求。三是协同公安组成调查小组，对民间借贷债权及直立公司对绿城包装集团有限公司的1.28亿余元担保债权展开调查，核减民间借贷债权。(7)债权人会议表决通过重整计划后，第一期普通债权清偿率达10%。直立公司外部投资较多且财务混乱。战略投资者接盘后，法院将督促管理人加大主营业务外的资产追查和变现，并及时向债权人进行清偿。2013年4月27日召开了第二次债权人会议，会议经表决，高票通过了重整计划草案，德清县人民法院依法裁定批准重整计划。

【重整实效】直立公司破产重整期间生产经营稳定和正常。一是正常支付职工工资，对防止矛盾激化，维护社会和谐稳定起到了重要作用。二是正常缴纳税款。重整期间，缴纳税款12,003,061.03元，创造利润7,429,300.49元。三是正常维持各项主营业务。通过司法重整，企业资产和营业实现重组，资源得以优化配置，对防止重整企业债务链蔓延起到了积极作用。截至2012年12月31日，共有5106万元银行债权优先受偿，也为维护金融债权和金融秩序提供了有效司法保障。

浙江省企业司法重整报告及十大典型案例(2007年6月至2011年11月)

市场经济是法治经济,企业破产法作为规范市场主体退出、挽救危困企业的法律规范,是市场经济法律体系的重要组成部分,对维护市场经济的正常秩序和促进市场经济的健康发展起着重要作用。2006年8月27日第十届全国人大常委会第二十三次会议通过并于2007年6月1日起实施的《企业破产法》,按照市场经济的理念,并借鉴国际通行做法,在保留传统企业破产法的核心——企业破产清算制度的同时,还增加规定了司法和解和司法重整制度。所谓司法重整,就是在《企业破产法》的框架内,在法院的监督、指导和指挥下,对有财务困难或已经发生资金链断裂等财务危机但又有挽救必要和挽救可能的企业(债务人),通过对债权人、债务人以及其他利害关系人的利益协调,进行债务清偿与营业、股权结构的调整,以使企业避免破产清算、获得再生的诉讼活动和相关的制度安排。广义的司法重整还包括《企业破产法》规制的司法和解制度和不属于《企业破产法》规制,法院在审判、执行活动中依法主导或参与的挽救危困企业的活动。《企业破产法》规制下的司法重整制度在公平保护债权人的同时,体现了对企业进行积极挽救的价值导向,有利于企业与债权人、出资人、职工等利害关系人实现共赢,对资源优化配置、经济结构调整和社会管理创新也有重要的促进作用。

2007年《企业破产法》实施后不久,恰逢美国次贷危机引发的国际金融危机持续蔓延,并对我国实体经济产生影响。浙江省一些企业相继因资金链断裂而陷入经营困境。浙江省高级人民法院党组按照省委的工作部署,敏锐把握宏观经济形势变化,践行“能动司法、服务大局”理念,研究应对金融危机影响的司法对策,指导全省法院陆续审理了一批司法重整案件。一些案件的成功审理,在全省乃至全国都产生了良好的社会反响。浙江省一些企业特别是中小企业受多重因素挤压,生产经营面临困难,一些地方发生了少数中小企业关停和个别企业主出走事件。全省法院沉着应对,继续运用司法重整手段挽救危困中小企业,取得了明显的成效。总结《企业破产法》实施以来浙江省法院司法重整经验,传播通过司法途径救助危困企业的理念,对在当前形势下提振企业家的信心,进一步发挥司法职能推进浙江省在“十二五”期间的经济转型升级和结构调整,具有积极的意义。

一、基本情况

1. 敏锐把握宏观经济形势变化,明确司法重整工作的决策部署。2008年4月,浙江省高级人民法院就调研中发现的“金融纠纷案件大幅上升,民间借贷问题凸现,企业资金链断裂引发系统风险”等问题,向浙江省委报送了《关于运用审判职能切实贯彻省委“防止我省经济下滑”指示精神的专题报告》(以下简称《专题报告》)。《专题报告》提出“三个尽可能”指导思想,即要依法妥善审理、执行各类涉企纠纷案件,多采用调解、和解的方法,尽可能维持有市场、有发展前景的困难企业、劳动密集型企业的生存;尽可能减少有挽救希望企业的关门倒闭;尽可能支持优势企业以兼并、重整、控股等方式延伸产业链,增强核心竞争力。《专题报告》是全国高级人民法院中较早针对宏观经济形势变化提出的司法对策,受到了最高人民法院、浙江省委领导的重视。特别是《专题报告》中提出的“三个尽可能”,实际上也成为浙江法院贯彻实施《企业破产法》,推进司法重整工作的指导意见。2009年年初,浙江省高级人民法院出台了《关于充分发挥司法职能保障经济平稳较快发展的指导意见》,就应对国际金融危机影响开展企业破产审判的原则和具体措施提出了相应的意见。2010年年初,浙江省高级人民法院出台了

《关于审理涉财务风险企业债务纠纷案件若干问题指导意见》,该意见明确,要以"能动司法、服务大局"为指导思想,坚持合法合规、利益平衡、调解优先、区别对待的原则,审理好各类企业破产案件、集中管辖企业债务纠纷案件和其他相关案件;要注重执行程序、强制清算程序和破产程序之间的协调与衔接。该意见还就审理包括司法重整案件在内的涉财务风险企业债务案件中民间借贷、刑民交叉问题的处理,引导银企合作,参与政府主导的企业风险处置和担保链风险化解,依法支持政府垫资化解企业财务风险,规范司法重整计划的审查,明确出资人的法律地位,发挥管理人的作用和完善内部工作机制等问题提出了具体意见。结合浙江省作为"中小企业数量大省"的实际,浙江省高级人民法院于2010年又出台了《关于为中小企业创业创新发展提供司法保障的指导意见》,该意见提出要加强中小企业司法保障,积极推进中小企业司法重整工作,稳步推进中小企业司法重整、和解和破产清算案件的审理,对有挽救可能、发展前景较好、符合结构调整及转型升级需要的中小企业,鼓励采取司法重整、和解方式化解企业财务风险,实现资产重组;积极推进涉财务风险中小企业司法重整、和解和破产清算案件审理工作与政府主导的资产重组、企业整合工作的衔接。

2011年年初的全省法院院长会议提出,要关注可能出现的新一轮困难企业的涉案问题,在办理涉及困难企业的案件时,考虑在司法的主导下,走出一条具有浙江特点、符合市场经济规律,又兼顾各方利益的企业破产的新路子。2011年下半年以来,浙江省中小企业又遭遇严峻的挑战。原材料价格上涨、劳动力成本上升,特别是资金供给紧张和融资成本快速上涨,使一些中小企业经营举步维艰。中小企业自身长期以来存在的经营管理、产业结构、要素供给特别是融资等深层次问题更加凸显出来。温州等地发生了少数中小企业关停和个别企业主出走事件。为及时了解掌握各级人民法院受理涉企案件及各地中小企业运行中的异常情况,浙江省高级人民法院专门增设了《涉企信息专报》,要求全省各级法院强化能动司法理念,密切关注当前宏观形势下中小企业发展过程中出现的新情况新问题,切实提高司法工作的前瞻性和主动性,为浙江省经济社会平稳较快健康发展提供有力的司法服务和司法保障。在前期经验的基础上,更多的法院积极探索通过司法重整途径挽救危困企业。一些中级人民法院成立了企业破产案件审理工作指导小组,指导、协调基层人民法院的审判工作。

2. 参照司法重整案件审理的工作方式探索企业债务纠纷集中管辖案件的审

理。针对企业资金链断裂引发大量纠纷的状况,2008 年 10 月,浙江省高级人民法院下发了《关于资金链断裂引发企业债务重大案件的集中管辖问题的通知》,并先后指定相关中级人民法院集中管辖飞跃集团、江龙控股、纵横集团等企业债务的重大案件,并确定了"统一受理、统一审理和统一执行"的集中管辖案件工作机制,为涉诉行业龙头企业维持或恢复正常经营创造条件,避免了资金链断裂引发的区域性系统风险。至今,浙江省高级人民法院已经先后指定相关中级人民法院集中管辖 32 家地方行业龙头企业或重点企业的债务纠纷系列案件,涉及案件 3000 余件,已有 17 家企业的资产重组取得重大进展。对涉财务风险行业龙头企业的债务纠纷案件实施集中管辖,体现了浙江法院在金融危机过程中针对危困企业解困司法应对措施的区域性特点,也是浙江法院推进企业破产案件审判工作的积极探索。在最高人民法院于 2009 年 4 月在厦门召开的"人民法院应对金融危机商事审判工作座谈会"上,集中管辖作为一种应对国际金融危机背景下化解企业系统债务风险的手段得到了肯定。2010 年 7 月最高人民法院发布的《2009 年度人民法院工作年度报告》上,将前述绍兴市中级人民法院审理"绍兴江龙集团系列案"的"清偿重组式"、台州市中级人民法院审理"飞跃集团系列案"的"协助重组式"案件审判模式一并作为地方法院审理涉企债务案件的模式予以介绍。浙江省高级人民法院在指导相关涉资金链断裂企业集中管辖债务纠纷案件时,强调要依法平等保护当事人合法权益,坚决抵制和克服地方保护主义。

实行集中管辖的债务纠纷系列案件,不适用《企业破产法》规制下的司法重整程序,但此类案件的适用对象(有财务困难或已经发生资金链断裂等财务危机但又有挽救希望的企业)、外部环境(由地方党委领导,政府协调风险处置)和一些工作方式(集中确认债权债务)与司法重整程序存在相似之处,具有"类司法重整程序"的某些特征。有的适用集中管辖的债务纠纷案件,最后也转入了《企业破产法》规制下的司法重整程序。集中管辖企业债务纠纷系列案件的审理,为适用司法程序挽救危困企业积累了经验。

3. 着力推进《企业破产法》规制下的企业司法重整案件审理工作。司法重整程序的进程伴随大量的民商事衍生诉讼;审理司法重整案件涉及的维稳、战略投资者的引进、土地使用权等重要资产处置、担保链风险化解等问题,都需要在党委的领导下,由政府发挥组织和协调作用,积极、稳妥地加以解决;作为司法重整程序成果的重整计划中的债务人经营方案的调整和战略投资者的引入等问题,还涉及复杂的商业判断;司法重整案件中的法律适用和工作协调问题更敏感和繁复。审理司法重整案件是一个系统工程,其对法院的司法能力提出了更高的要求。

截至 2011 年 9 月,浙江法院共受理了 34 件适用《企业破产法》的司法重整案件。其中 2007 年受理 1 件,2008 年受理 2 件,2009 年受理 16 件,2010 年受理 8 件,2011 年 1 月 ~9 月受理 7 件。在区域分布上,分别是杭州法院受理 11 件;宁波法院受理 5 件;绍兴法院受理 6 件;金华法院受理 4 件;衢州法院受理 6 件;舟山法院受理 2 件。浙江法院审理的司法重整案件类型多样,从重整主体看,有上市公司、金融机构等特殊市场主体,也有地方行业龙头企业和高科技公司、房地产公司等重点企业;从重整模式看,有单一企业的重整,也有关联企业的合并重整;从实施司法重整的程序路径看,有直接进入司法重整程序的,也有从破产清算程序转入司法重整程序的,还有在破产清算或司法和解程序中实现企业实质性资产重组的非典型司法重整。浙江法院司法重整工作从无到有,受理、审结的司法重整案件数量居全国前列,审判秩序平稳,审理效果良好,积累了宝贵经验,基本形成了审理司法重整案件的法官职业团队。2011 年 10 月中旬在山西太原召开的“全国法院审理企业破产案件工作座谈会”上,浙江法院一些企业破产案件审判的先进集体和先进个人受到最高人民法院的通报表扬。受最高人民法院委派,浙江高级人民法院法官作为中国代表团的成员出席了 2011 年 11 月初在维也纳举行的联合国国际贸易法委员会破产立法和破产司法国际合作相关议题的审议会议。

《企业破产法》在确立司法重整制度的同时,还确立了管理人制度,管理人在法院的监督、指导下,依法接管债务人财产和营业,负责对债权申请的登记、调查债务人财产状况和债务人财产的追收、变价、分配等事务,并负责或参与司法重整程序中制订重整计划草案和监督重整计划的执行。管理人由列入名册的律师事务所、会计师事务所等社会中介机构担任。管理人制度是司法重整工作不可或缺的配套制度。《企业破产法》实施前,最高人民法院发布了《关于审理企业破产案件指定管理人的规定》《关于审理企业破产案件确定管理人报酬的规定》。浙江省高级人民法院依法组成评审委员会,确定了第一批 48 家中介机构(其中律师事务所 34 家,会计师事务所 14 家)进入管理人名册。在法院的监督、指导和协调下,许多担任司法重整案件管理人的社会中介机构勤勉尽责,忠实履行职务,为司法重整工作的顺利开展发挥了积极作用。

二、浙江法院审理司法重整案件的主要特点

1. 坚持市场化导向的重整案件审理工作思路。主要体现在:(1)在法院的监督和指导下,充分尊重债权人的意思自治,依法保护职工等利害关系人的合法权益,强调法院慎用重整计划的强制批准权。浙江法院已经审结的重整案件,包括特殊类型企业如上市公司浙江海纳科技股份有限公司、金融机构如金信信托投资股份有限公司司法重整案件,都是以法院批准债权人会议高票通过的重整计划终结重整程序,迄今尚无由法院强制批准重整计划的案件实例。(2)通过竞争机制引入战略投资者。绍兴市中级人民法院审理的"纵横控股集团有限公司司法重整系列案"、金华市中级人民法院审理的"金信信托投资股份有限公司司法重整案"、宁波市中级人民法院审理的"宁波百联工业技术有限公司破产清算(实质重整)案"等,均通过竞争机制引入战略投资者,实现了资源优化配置。"宁波华辰君临房地产开发管理有限公司司法重整案"中,宁波市北仑区人民法院会同北仑区政府招商部门在搜狐网发出重整信息,为有投资意向的企业参与重整搭建谈判平台,当地知名企业宁波富邦集团控股有限公司以前期注资3亿元等为条件取得企业的股权,通过引入新出资人的形式实现了企业重整。(3)重视发挥管理人作用。管理人是司法重整工作顺利推进的重要一环,浙江法院在推进司法重整工作的过程中,重视在法院的监督和指导下发挥管理人的作用,积极协调管理人履行职责中的具体问题,为司法重整工作开展创造了有利条件。一些法院在审理司法重整案件中,还探索了律师事务所、会计师事务所等中介机构担任联合管理人的工作模式。

2. 依法创新司法举措。在法律框架内,以创新意识解决《企业破产法》实施中的法律适用和工作协调的实际问题。一些法院强化对司法重整案件受理前的实质审查工作,为企业进入司法程序后经营方案、股权结构调整的可行性进行评估论证。有的法院积极探索关联企业合并重整,如富阳区人民法院审理的"华伦集团有限公司司法重整系列案"和"纵横控股集团有限公司司法重整系列案"中合并重整模式的探索,为提高债权人的受偿比例,降低司法重整成本创造了有利条件。宁波市中级人民法院审理的"美国独资企业宁波百联工业技术有限公司

司法清算案”中,推动沃特富(远东)国际有限公司代为清偿宁波百联工业技术有限公司积欠民间借贷、银行和供应商等各项债务合计7.24亿元,同时受让百联公司的股份。沃特富(远东)国际有限公司组成专业团队接管宁波百联工业技术有限公司后,迅速恢复了生产秩序,债权人撤回了破产清算申请。该案的审理,创设了在清算程序中实现企业重整的先例,节省了本应支出的管理人费用600万元。建德市人民法院审理的“新安江镍合金有限公司司法重整案”中,促成意向投资人以“先租赁、后接盘”的方式,尽早接手破产企业,从而提高司法重整的效率。浙江中小企业众多,由于正式的金融制度供给不足,导致中小企业深度介入民间借贷,中小企业司法重整案中民间借贷法律问题的处置,也是案件审理的疑点和难点。浙江省高级人民法院于2009年和2010年先后颁布的《关于审理民间借贷纠纷案件若干问题的指导意见》和《关于为中小企业创业创新发展提供司法保障的指导意见》为处理此类问题提供了裁判思路。

3. 司法重整成效显著。浙江法院重整案件的审理取得了良好的法律效果和社会效果:(1)保护了合法债权。在已审结的重整案件中,重整条件下普通债权清偿率普遍高于清算条件下的清偿率并均得以兑现,金信信托投资股份有限公司、宁波华辰君临房地产开发管理有限公司等案件中普通债权清偿率达到100%,债权人利益在重整中得到了有效保护。(2)维护了职工利益。重整条件下,职工的劳动债权一般都能得到全额清偿,并且在重整之后还能获得更好的职业发展。以“纵横控股集团有限公司重整案”为例,重整期间企业一直以加工承揽方式维持企业正常生产,实行“人员、岗位、职责、报酬”4个不变,没有一名职工因企业重整而失业,重整程序启动之前所欠的工资也得到全额清偿。(3)化解了企业危机。很多在重整之前资产负债比例严重失衡的涉案企业,通过司法重整有效化解了企业债务危机,危困企业真正实现了“浴火重生”。(4)通过司法重整,企业资产和营业实现重组,资源得以优化配置,为促进企业转型升级和地方经济的平稳较快发展提供了有利条件。

三、推进司法重整工作的展望

在肯定浙江法院司法重整工作成绩的同时,还应该看到,社会各界特别是企业经营者对司法重整的意义和功能还存有模糊认识;作为一项系统工程,司法重整工作的推进还存在一些外部环境和内部机制的制约因素,一些法院受理企业破产案件的积极性不够高;法官的司法能力还不能完全适应司法重整工作的需要。下一步,浙江法院要围绕省委"满腔热情帮助中小企业"的要求,切实贯彻最高人民法院2011年10月在太原召开的"全国法院审理企业破产案件工作座谈会"精神,尊重市场规律,进一步推进司法重整工作的开展。具体主要体现在以下几个方面:

1. 坚持以中小企业司法保障为基本载体、以推进危困企业司法重整为重要内容的总体工作思路。中小企业是浙江经济社会发展的关键支撑、优势所在和活力之源,也是浙江非公有制经济发展的特色,中小企业兴,则浙江经济兴、人民生活富;帮扶中小企业,就是维护全省大局,维护人民群众利益。司法重整工作是法院商事审判工作的重要职能,要紧密联系浙江实际,坚持以中小企业司法保障为基本载体,将包括司法重整工作在内的企业破产审判工作作为中小企业司法保障工作的重要内容。要认真学习最高人民法院2011年颁布的《关于适用〈中华人民共和国企业破产法〉若干问题的规定(一)》和《关于正确适用〈中华人民共和国企业破产法〉若干问题的规定(一)充分发挥人民法院审理企业破产案件司法职能作用的通知》,依法受理司法重整等企业破产案件,上级法院要加强指导和监督。

2. 积极探索市场化导向的司法重整路径。包括司法重整制度在内的企业破产制度是检验市场经济成熟度的重要尺度。浙江的市场化导向经济改革走在全国前列,在司法重整工作中,也要切实尊重市场规律,继续深入探索市场化导向司法重整路径。要明确法院在司法重整工作中的职能定位,依法独立行使审判权,尊重债权人意思自治,进一步发挥中介机构承担管理人工作的作用,适时启动第二批企业破产案件管理人的评审,为司法重整制度的推进创造条件。重视在司法重整的平台上,通过谈判发现重整企业的价值,最大限度地提高重整效率。要继续探索通过竞争机制引进战略投资者,重视在司法重整环境下再造适应市场需求的重整企业的公司治理,净化市场信用环境,依法制裁恶意逃债等违法行为。

3. 继续以"基层司法"理念为指导,推进司法重整案件的简易审。在各级法院的努力下,浙江省企业破产审判工作呈现了以点带面、逐步铺开的工作格局,基层人民法院受理的企业破产案件逐渐增多。要按照"基层司法"的要求,进一步推动基层人民法院司法重整工作的开展。基层人民法院的司法重整工作要强化中小企业特别是小微企业的司法保障理念,积极探索小微企业司法重整简易审,切实缩短重整期间,降低重整成本,提高重整实效。

4. 加强调研指导和内外部的工作沟通与协调,着力营造司法重整实施的制度环境。要结合"十二五"规划实施、转型升级步伐加快和浙江省中小企业发展中面临困难的实际,加强调查研究,及时研究司法重整案件在法律适用中的新情况、新问题;要健全司法重整审判人员定期培训机制,提升法官审理司法重整案件的司法能力;加强法院内部立案、执行等部门的工作沟通,逐步建立司法重整工作的绩效考评体系。对于涉及维稳、行政许可等事项的重整案件,要在党委领导下,配合、支持政府做好司法重整前后的相关协调工作;要加强与金融监管部门、行业协会、工商业联合会、中小企业管理部门和相关政府机构涉及司法重整事项的常态化工作沟通、协调机制,研究政府帮扶中小企业措施和法院司法重整工作的对接与契合。通过坚持不懈的努力,营造浙江法院司法重整实施的制度环境。

附件:

浙江省企业司法重整十大典型案例

一、《企业破产法》实施后全国首例以债权人会议决议方式通过重整计划并实现成功重整的上市公司重整案件

——"浙江海纳科技股份有限公司司法重整案"

【背景事实】浙江海纳科技股份有限公司(以下简称浙江海纳)原称浙大海纳科技股份有限公司,系"浙大系"上市公司,其股票于1999年5月7日在深圳证券交易所挂牌上市。2004年3月,浙江海纳实际控制人由浙江大学及其实际控制企业变更为邱某保。以后,邱某保通过其掌控的"飞天系"公司挪用浙江海纳资金2.51亿元,并擅自以浙江海纳的名义为"飞天系"公司向银行贷款或个人借款提供连带保证担保,担保的本金总额达3.95亿元。担保债务到期后,债权人纷纷起诉、申请执行,浙江海纳债务危机全面爆发。为挽救浙江海纳,经浙江省政府专题会议协调,浙江大学及其企业管理部门确定由同为"浙大系"的上市

公司浙江网新科技股份有限公司接管浙江海纳,并在中国证券监督管理委员会浙江监管局的监管下负责浙江海纳风险处置的具体工作。浙江海纳风险处置前后,正值《企业破产法》颁布并即将实施,考虑到上市公司可以通过重整获得债务减免,从而避免自身遭遇暂停上市或者退市之不良结局;战略投资者可以获得"壳资源",从而增加资本运作的深度和广度;中小股东因企业重整获得新生,可以避免因上市公司退市而使其投资利益受到损害;政府及有关部门则可以通过重整制度进一步发现问题,查漏补缺,完善规范资本市场的措施。据此,通过司法重整程序实现公司重生也被列入风险处置的目标选项,并得到了最高人民法院、中国证券监督管理委员会、浙江省政府和浙江省高级人民法院的支持。

【审理经过】根据现行的上市公司、金融机构司法重整的制度实践,上市公司、金融机构司法重整需要最高人民法院和金融监管部门的审查批准。在充分论证的基础上,经浙江省高级人民法院报请最高人民法院批准,杭州市中级人民法院于2007年9月14日裁定受理了债权人袁某华提起的重整申请并指定了管理人。浙江海纳管理人于第一次债权人会议上提交了重整计划草案。重整计划草案的核心内容为:普通债权本金获得25.35%的清偿,于重整计划裁定批准之日起30日内以现金方式清偿。各债权人就重整计划草案询问管理人及相关人员后,进行分组表决,达到了《企业破产法》规定的通过重整计划所需要的条件。管理人向杭州市中级人民法院申请批准重整计划。杭州市中级人民法院组织听证会对重整计划进行了研究,并经审判委员会讨论,依法裁定批准重整计划。其后,浙江海纳按照重整计划及时足额向15家债权人支付了相关款项,重整计划在规定的30日执行期内执行完毕。

浙江海纳司法重整程序终结后,重整计划经过中国证券监督管理委员会的核准批复。2009年4月30日,浙江海纳(更名为众合机电股份有限公司)正式复牌,股票在深圳证券交易所恢复交易。复牌后的众合机电股份有限公司成为上市公司浙江网新科技股份有限公司的子公司,浙大网新向众合机电股份有限公司注入了优质资产。司法重整案顺利审结后,浙江海纳当年即实现了每股收益4.35元和净利润3.68亿元的业绩增长;也给浙江海纳迎来了股权分置改革的良机,股权分置改革的顺利完成使浙江海纳从一家即将退市的公司提升为盈利能力较高的优秀上市公司。浙江海纳现已成为以环保、轨道交通、半导体三大产业为支撑的集团性上市公司。

【社会影响】浙江海纳重整案是我国首例以债权人会议决议方式通过重整计划并实现成功重整的上市公司重整案件,为审理类似上市公司司法重整案件积累了经验。该案受到《人民法院报》《中国证券报》《上海证券报》《经济日报》《二十一世纪经济导报》等财经、法律类主流媒体的广泛关注,还被《人民法院报》评为2009年度全国十大最受关注的"维护平安和谐,伸张公平正义"案件。

二、浙江省首例金融机构重整案件

——"金信信托投资股份有限公司司法重整案"

【背景事实】金信信托投资股份有限公司(以下简称金信信托)注册资本10.18亿元。公司主营业务为资金信托,不动产及其他财产信托,作为基金管理公司发起人从事投资基金业务,以银行存放、同业拆放、融资租赁或投资方式运用自有资金等;公司业务区域覆盖浙江省内各市及北京、上海、天津、重庆、深圳等城市。但有一段时期,号称"江南第一庄"的金信信托在业务经营中决策失误并违规经营,造成了巨额的投资损失,为维持企业运作,金信信托继续向投资者支付较高的承诺收益,并通过融资方式弥补资金缺口,导致亏损不断累积,最终处于高风险状态,经营损失达34.42亿元。经报请国务院批准,2005年12月30日,中国银监会责令金信信托停业整顿,并委托中国建银投资有限责任公司组建停业整顿工作组进驻金信信托。浙江省高级人民法院会同金华市中级人民法院参与了风险处置工作,协调相关法院涉及风险处置企业财产保全、诉讼、执行中的相关问题。在调研基础上,浙江省高级人民法院拟写了"关于金信信托进入破产程序的评估意见",为浙江省委、省政府的决策部署提供了法律论证和风险评估意见。浙江省高级人民法院通过参与风险处置工作,加强了与有关部门的工作沟通,推进了风险处置工作的进展,深化了对《企业破产法》规定的司法重整制度在挽救危困企业方面的独特作用的认识。

【审理经过】鉴于金信信托已资不抵债的事实(2007年9月30日,金信信托总资产为1,652,579,908.88元,总负债为5,069,596,650.48元,负债率为306.77%),决策层决定对金信信托实施破产清算。2007年12月,最高人民法院结合中国银监会的意见,函复浙江省高级人民法院,同意金信信托进入破产清算程序。2008年1月15日,金华市中级人民法院裁定立案受理金信信托清算组提出的破产清算申请,同时指定了金信信托清算组为管理人。金信信托进入破产清算程序后,金华市中级人民法院依法通知金信信托停止清偿债务,依法协调相关法院解除财产保全手续,中止民事诉讼强制执行措施,并着手清产核资、债权申报和筹备第一次债权人会议。

在“金信信托破产清算案”受理前后,受2006年开始连续两年“牛市”的影响,证券投资基金管理公司的价值也相应升值。2007年12月26日,金信信托持有的48%的博时基金股份在北京金融街以62.3亿元人民币对价(溢价131倍)拍卖成功,创下了我国基金公司股份转让价格的最高纪录(拍卖后股权转让款实际到账19亿元)。由此,金信信托资产负债状况发生重大变化。决策层审时度势,决定对金信信托实施司法重整。在最高人民法院指导下,浙江省高级人民法院及时通知金华市中级人民法院依法审查金信信托转入司法重整程序的相关问题,并在金信信托从破产清算向司法重整程序转化前后,依法参与协调了金信信托股权结构调整、个人债权预支付、相关法院对博时基金股权保全措施的解除等相关问题。2008年上半年,股市呈下跌的趋势,未到账的金信信托拍卖博时基金股权转让款43.3亿元因尚未获得中国证券监督管理委员会批复存在不确定性,浙江省高级人民法院根据金华市中级人民法院反映的情况,及时向浙江省委、省政府呈送《要情专报》。在省委、省政府的重视和各方面的努力下,中国证券监督管理委员会批复同意了博时基金股权转让交易,股权受让方也将剩余股权转让款43.3亿元划入金信信托账户。

2009年10月26日,金华市中级人民法院根据新出资人浙江省国际贸易集团有限公司的申请,裁定准许金信信托由破产清算转入司法重整程序。金信信托进入司法重整程序后,根据中国银监会的要求,顺利完成了债务清偿方案确定、股权结构调整、原有信托业务清算和交付等工作。在金华市中级人民法院监督下,2009年12月15日召开的金信信托第三次债权人会议通过了以引入战略投资者、调整股权结构、清偿债务(包括全额兑付央行收购个人债权本息)、积极创造复牌营业的各项条件等为主要内容的重整计划草案。金华市中级人民法院于2009年12月22日裁定批准重整计划,并宣告终止重整程序。之后,由金信信托负责重整计划的执行,并由管理人监督重整计划的执行。

金信信托重整程序终结后,作为省属国企的新出资人浙江省国际贸易有限公司和战略投资者中国国际金融有限公司积极推进重整计划的实施。2011年4月,经中国银监会批准,金信信托更名为浙商金汇信托股份有限公司。重整、更名后的浙商金汇信托股份有限公司注册资本5亿元,由浙江省国际贸易有限责任公司控股,我国首家中外合资投资银行中国国际金融有限公司参股35%并负责经营管理,浙江民营企业传化集团有限公司参股5%,并于2011年7月29日正式复牌营业。

【社会影响】金信信托因违规引发的风险是新中国成立后浙江省最大的金融风险处置事件。在浙江省委领导和省政府的组织、协调下,风险最终得以妥善化解。浙江省高级人民法院、金华市中级人民法院积极参与金信信托风险处置的相关工作,依法推进金信信托司法重整工作,妥善保护债权人和相关利害关系人的权益,案件审理取得了多赢的效果。

三、浙江省首例高科技民营企业重整案件

——"南望信息产业集团有限公司司法重整案"

【背景事实】位于杭州市西湖区的南望信息产业集团有限公司(以下简称南望集团)曾获得"中国专利十佳企业"荣誉称号,连续5年位列全国软件百强,其生产的远程图像监控设备曾占有我国1/3的市场份额,位居同行业榜首。2008年4月,南望集团因多元化投资和高额银行、民间借贷负债导致资金链断裂,累计负债达23亿元,企业财务危机爆发,银行和其他债权人纷纷起诉。省外某主流财经媒体以"15家商业银行最后一击 民企南望集团骨牌推倒"作出报道后,更是加剧了恐慌性诉讼。

【审理经过】南望集团财务危机爆发后,浙江省高级人民法院及时向省领导呈报了《要情专报》,并提出了可适用司法重整挽救南望集团的建议。在浙江省高级人民法院指导下,杭州市中级人民法院于2008年5月20日受理了南望集团司法重整申请,依法指定管理人,及时采取维稳措施,防止了危机的进一步蔓延。在法院监督下,管理人提出了"主业保留+原股权清零+债转股"的重整方案框架构思,核心内容是:对有财产担保的债权进行优先清偿。确认普通债权人偿债比例在清算条件下为普通债权额的16.02%,在重整成功持续经营条件下为普通债权总额的22.51%。债权人可自行选择是否"债转股",选择"债转股"的债权人以零价格受让南望集团原出资人的股权,为未进行"债转股"的普通债权人提供按份的一般保证的担保责任,不参与"债转股"的债权人债权由"债转股"后的南望集团在重整计划监督期满之日起的1年内偿付。对劳动债权,重整申请受

理日前产生的,以资产变现后的现金优先支付;重整申请受理日后产生的,由"债转股"后的南望集团负责优先于其他债权偿还;调整出资人权益为零,以零价格向选择债转股的债权人转让其原持有南望集团的全部股权。债权人会议及时表决通过了该重整计划草案。2008年12月,杭州市中级人民法院裁定批准重整计划。

在各方努力下,至2011年2月,南望集团的重整计划全部执行完毕,重整申请受理后产生的劳动债权和除选择"债转股"外的申报期内的普通债权也提前获得清偿。

【社会影响】南望集团司法重整案是《企业破产法》实施后浙江法院首次对上规模民营企业适用重整制度的一次探索与尝试,为通过司法主导下运用重整手段化解企业资金链断裂风险提供了范本。2008年12月7日的新华社《国内动态清样》以《浙江以重整方式处置破产民企做法可供借鉴》为题刊载了记者的专访,指出"南望方式有重要参考价值"。2009年6月17日的《第一财经时报》以《浙江南望:非正常死亡后的价值重组》为题,报道了南望集团的重整模式及其积极意义。"南望集团司法重整案"也被2010年7月最高人民法院发布的《2009年度人民法院工作年度报告》所收录。

四、国内最大的民营企业重整案件

——"纵横控股集团有限公司及其关联企业司法重整案"

【背景事实】纵横控股集团有限公司(以下简称纵横集团)是位于绍兴县(现为绍兴市柯桥区)的民营印染纺织企业,集团注册资本7.1亿余元,还在全国控股或参股了37家实体公司或金融机构,跨行业从事房地产、水电、贸易和金融等行业。因经营不善、盲目投资、高成本违规融资等原因导致资金链断裂,2008年下半年,纵横集团及其关联企业财务危机全面爆发。

【审理经过】2009年6月12日,绍兴市中级人民法院分别裁定受理纵横集团及5家关联企业提交的重整申请,正式启动了重整程序。绍兴市中级人民法院依法指定3家律师事务所为管理人。2009年7月28日至8月2日,纵横集团及5家关联企业召开第一次债权人会议,也分别通过了继续营业的决议。重整期间,纵横集团的日常管理有序,生产经营正常,做到了职工不散、机器不停、市场不丢、资产不缩、秩序不乱。在2009年9月23日召开的第二次债权人会议上,纵横集团及5家关联企业司法重整程序中,债权人会议都以高票通过了关联企业合并重整的决议。合并重整的实施,使关联企业的债权债务相互抵销而减少了债务总额,提高了对债权人的债务清偿率。

重整计划草案的制订、通过和重整计划的批准和执行是重整成功的关键与核心。在确定战略投资者后,重整计划草案的总体思路是"置换股权+债务豁免+政府扶持",即将纵横集团等5家关联企业所有股权以零价格转让给战略投资者,债权人对纵横集团债务予以部分豁免,豁免后的债务大于资产部分的缺口由政府以政策扶持来填补。2009年12月11日,第三次债权人会议表决通过了重整计划草案。2009年12月16日,绍兴市中级人民法院依法批准了纵横集团等6公司的重整计划。

绍兴市中级人民法院批准重整计划后,战略投资者和债务人已于2010年1月31日前支付普通债权应清偿金额的50%,共兑付普通债权人244家,兑付金额为511,915,758.52元,并于2010年5月31日完成后续兑付工作。至此,纵横集团等6家公司合并重整计划的债权清偿工作基本完成,重整计划基本执行完毕。

【社会影响】"纵横集团及其关联企业重整案"是《企业破产法》实施后国内最大的民营企业重整案件。纵横集团及其关联企业的成功重整,实现了企业、职工和债权人的多方共赢,切实防止了担保链风险爆发引发的系统风险,维护了当地经济发展和社会稳定。系列案件对关联企业合并重整的探索,也是在《企业破产法》框架内的创新实践,得到了最高人民法院的肯定。

五、全省首例房地产公司重整案件

——"宁波华辰君临房地产开发管理有限公司司法重整案"

【背景事实】宁波华辰君临房地产开发管理有限公司(以下简称宁波华辰公司)于2005年设立,注册资本3300万美元。公司开发的"北仑·君临国际商业中心"是宁波市北仑区实施的一项重点工程,项目占地220亩,规划建筑面积达32万平方米,目标是建成集购物、休闲、办公、娱乐于一体的大型综合性商业中心。由于公司实体规模扩张速度过快,从2006年起,公司先后通过民间借贷5亿多元(含高息)。2008年下半年以来,受国际金融危机的连带影响,公司陷入资金链断裂的困境。

【审理经过】2009年4月20日,申请人中国农业银行宁波市北仑区支行向宁波市北仑区人民法院申请对宁波华辰公司进行破产清算。2009年4月29日,宁波市北仑区人民法院裁定受理农行北仑支行的破产清算申请。案件涉及债权人642人,申报的债权1007笔、申报额度高达20.268亿元,涉及公司员工54名。经审计,宁波华辰公司资产评估值为9.97亿元,主要资产是"北仑·君临国际商业中心"的房地产项目。

宁波市北仑区人民法院会同区政府招商部门在搜狐网发出讯息,希望有投资意向者前来洽谈联络。2009年7月会同区政府有关部门、管理人与多家企业接触洽谈,酝酿了多个工程复工方案。2009年8月上旬,宁波富邦集团控股有限公司(以下简称宁波富邦)作出了注入3亿元资金的承诺。

2009年8月上旬,宁波市北仑区人民法院多次组织宁波富邦与债权人委员会、各个类别的债权人代表会谈。同时,多次与宁波富邦接触,讨论制订重整计划草案。经过精心准备和深入协商,2009年8月17日的第三次债权人大会,6个债权人组别一致通过了重整期为1年的重整计划草案。之后,宁波富邦办理了股权过户手续,完成了3亿元的注资,宁波市北仑区人民法院于2009年9月25日作出批准重整计划草案的裁定。该案从2009年4月29日正式受理至9月25日裁定批准重整计划仅耗时4个月零26天。

【重整实效】宁波富邦参与重整后,宁波华辰公司更名为宁波富邦世纪商业广场开发有限公司,重整后,公司的房地产开发工程全面复工,项目布局、业态环境、项目档次均得到了提升,公司已付清全部无争议或双方能商定的债务(约占全部债务中的95%),已售房屋已基本可以交付,大量未售房产也已开始销售,项目招商进展顺利,公司进入了良性循环。

2009年10月29日,宁波市北仑区人民法院举行了新闻发布会,《浙江日报》、《浙江法制报》、中国新闻网、《钱江晚报》、《宁波日报》等16家媒体对此案的审理进行了采访报道。

六、制造业企业重整案件

——"浙江天听纸业有限公司司法重整案"

【背景事实】浙江天听纸业有限公司(以下简称天听纸业)成立于1998年1月9日,系由原浦江造纸厂改制而成,注册资本为1000万元,主要从事机制纸的制造和销售业务。天听纸业规模排名全省造纸企业第六,属于浙江省重点造纸骨干企业、浦江县小型巨人企业。公司拥有员工1080名,1998~2008年生产量92.96万吨,实现销售收入28.36亿元,上缴税金1.15亿元,是本地唯一一家连续7年纳税超千万元的企业。由于对外投资失误及大量举借民间资金,截至2009年6月30日,天听纸业负债70,390万元,净资产为33,301万元,且不能清偿到期债务。

【审理经过】2009年8月18日,天听纸业以资产不足以清偿债务且明显缺乏对到期债务的清偿能力为由向浦江县人民法院提出重整申请。法院进行了立案前的审查,认为:天听纸业是浙江省重点造纸骨干企业,生产规模居全省造纸企业前列,具有较深厚的市场基础和纸品生产经验。尽管受宏观经济恶化及债务负担过重的不利影响,2008年天听纸业仍实现2.75亿元的销售收入,销售业绩较好。若债权人能减免利息,乃至减免借款本金,预计有一定的利润清偿债权,具有重整的可能性。2009年9月1日,浦江县人民法院裁定天听纸业进入重整程序,同时指定会计师事务所为管理人,并确定由债务人自行管理财产和营业事务。2009年12月3日,浦江县人民法院主持召开的第一次债权人会议上,除出资人组外,其他债权组均通过了以普通债权人根据自己的意愿可以选择"债转股"或减债清偿、原出资人向选择债转股的债权人无偿转让股权为主要内容的重整计划草案。2010年1月18日,法院依法裁定批准重整计划,裁定重整程序终结。

【重整实效】重整计划执行过程中,天听纸业于2010年5月18日召开第一次新股东会议,选举产生新一届董事会、监事会,并于2010年8月4日完成工商变更登记手续。企业开始步入正常经营轨道,各项财务指标均表现良好。根据管理人财务审计结果,2010年天听纸业实现销售收入2.43亿元,实现利润850万元,发放员工工资1035万元,上缴税金1063万元,并按重整计划支付了第一期债务675万元。2011年1月至6月,实现销售收入1.52亿元,实现利润335万元,发放员工工资731万元,上缴税金574万元。企业运行正常,公司正全力抓内部管理、节能减排等工作,并致力于巩固和开拓市场。

七、浙江省首例酒店重整案件

——"杭州萧山国际酒店有限公司司法重整案"

【背景事实】杭州萧山国际酒店有限公司(以下简称国际酒店公司)成立于

1993 年,当时系杭州地区一家具有较大影响力的四星级酒店,酒店建筑也是萧山区的地标性建筑,被称为“萧山第一楼”。2009 年前后,国际酒店公司因资金链断裂,债务危机全面爆发。

【审理经过】在杭州市中级人民法院指导下,杭州市萧山区人民法院于 2010 年 7 月 1 日裁定受理“国际酒店公司重整”案,并立即着手开展重整的程序性工作,统筹安排、精心组织、多方协调,依法及时成立的清算组迅速接管了国际酒店公司的财产和相关资料。

与其他司法重整案件相比,国际酒店公司总体负债规模并不算大(截至 2011 年 5 月 31 日,资产约为 1.29 亿元,负债约为 4.90 亿元),但因国际酒店公司自身所处行业的特点、资产规模、融资方式等原因,该案小额债权人众多,债权性质复杂,不同类别的债权人、职工等利害关系人心态各异,重整工作难以形成合力。杭州市萧山区人民法院审查认为,国际酒店公司债务危机爆发前为融资需求推出的至尊卡销售项目和产权客房销售项目的善后处置是决定重整成败的关键。在法院监督下,重整计划草案针对这两个问题进行了有针对性的设计:对于持至尊卡的消费者债权人,由投资人收购债权或者换取同等金额的消费券;对于产权客房的买受人债权人,通过解除出售与回租一体的合同,确保酒店客房资产的整体性。

【重整实效】2011 年 6 月 15 日,第二次债权人会议召开,由于前期工作准备充分,此次债权人会议高票表决通过了国际酒店公司重整计划草案,普通债权清偿率达到 78%。2011 年 6 月 17 日,杭州市萧山区人民法院裁定批准重整计划,终止重整程序。目前,至尊卡债权清偿与产权客房回收工作已全面完成,普通债权第一期清偿已按计划完成,第二期清偿工作正在顺利进行。

八、省级农副产品加工龙头企业重整案件

——“浙江溢佳香食品集团有限公司及关联企业司法重整案”

【背景事实】浙江溢佳香食品集团有限公司及关联企业杭州佳美旅游营养食品有限公司、杭州麦地尔食品有限公司、杭州市农业机械有限公司(以下简称“溢佳香”企业)系省级农副产品加工龙头企业,“溢佳香”企业年生产总值由公司成立初期的 100 多万元提高到 2007 年年末约 1.4 亿元,截至 2008 年 9 月职工人数达 630 余人。2008 年 10 月,企业资金链断裂陷入债务危机后,各方力量对企业

进行了帮扶,经过近两年的努力,企业危机局面仍没有得到根本扭转。

【审理经过】2010年7月15日,杭州市中级人民法院依法裁定受理"溢佳香"企业重整申请。在债权申报期内,共有263家债权人分别向"溢佳香"企业管理人申报债权,申报金额累计28亿余元,经管理人审查确认的金额为14亿余元。在法院指导下,确定"以股抵债"的司法重整思路,形成了重整计划草案。重整计划草案的核心内容是:在重整条件下,普通债权人以债权置换"溢佳香"系列企业股份的方式获得清偿,即普通债权人将其对"溢佳香"系列企业的债权置换为重整后的"溢佳香"系列企业的股份。"溢佳香"系列企业的普通债权人可持有初始股份并追加投资,或者持有初始股份但不追加投资,或者在"溢佳香"系列企业债权人交易市场上转让股份;司法重整费用、共益债务、劳动债权等依法享有优先受偿权利的债权,按照草案确定的清偿方案100%受偿。"溢佳香"企业债权人会议及时表决通过了该草案。杭州市中级人民法院依法裁定批准重整计划。

【重整实效】目前,重整计划正在执行进程中,企业主营业务正在逐步恢复并稳定运营,生产秩序稳定,面向长三角市场的主要营销网络得以有效巩固,企业改造地块房产建设项目也未被取消,企业尚有的230余名生产、销售人员继续在岗工作。《钱江晚报》等相关媒体以"浙江中小企业突围之路"为主题进行了报道。

九、外资企业破产清算程序中的实质重整案件

——"宁波百联工业技术有限公司破产清算案"

【背景事实】宁波百联工业技术有限公司(以下简称百联公司)系生产汽车轮毂的美国独资企业,设备技术国际领先。2008年受国际金融危机影响,企业资金链断裂,至2009年年底共拖欠9家银行贷款、100多家供应商货款及民间债务共计7.24亿元,已经严重资不抵债。企业停产并拖欠400余名职工工资,引发不稳定因素。

【审理经过】宁波市中级人民法院于2010年4月9日受理了相关债权人提出的破产清算申请。案件受理前后,宁波市中级人民法院还对百联公司的资产、经营状况进行了深入调查,发现百联公司的主要资产是厂房土地和机器设备,其拥有的3条流水线也是目前国际上较先进的,企业有实现再生的可能。在取得主要债权银行及债务人同意的情况下,宁波市中级人民法院约谈了具有收购意

向的沃特富(远东)国际有限公司(以下简称沃特富公司)。经过沟通协调,相关债权人向宁波市中级人民法院提交书面申请,要求暂缓指定破产清算的管理人。在“立足清算、争取重整”思路指引下,宁波市中级人民法院做了大量深入的协调工作,最终以沃特富公司受让百联公司股权、代为清偿其协议债务,各主要债权人自愿放弃其余债权的方式达成百联公司债务清偿协议,相关债权人撤回了对百联公司的破产清算申请。

【工作实效】宁波市中级人民法院裁定准予债权人撤回了对百联公司的破产清算申请后,破产清算程序中达成的债务清偿协议得到了全面履行。企业全面恢复生产,400余名职工全部保留。宁波市中级人民法院在该案中妥当把握利益平衡,积极探索清算程序中实现企业实质重整,仅管理人费用一项就节省600万元。宁波市中级人民法院的工作实绩得到了债权人、债务人及股权受让方的高度认可。《人民法院报》《宁波日报》等媒体对该案作了专题报道。

十、浙江省首例《企业破产法》规制下的司法和解案件

——“新昌县金利房地产有限公司司法和解案”

【背景事实】新昌县金利房地产有限公司(以下简称金利公司)系一家专业房地产开发企业,成立于1992年9月,注册资本为4200万元。由于公司经营管理不善以及巨额担保债务的牵连,致使金利公司于2007年年底陷入债务危机。

【审理经过】作为最大债权人的绍兴市春晖实业投资有限公司于2008年12月30日向新昌县人民法院提出了要求对金利公司进行破产清算的申请,法院于2009年1月22日裁定予以受理。自2009年7月开始,管理人全面接管债务人企业,该案各项工作得以依法开展。至2009年9月底金利公司的剩余资产、应收账款以及债权、债务情况已全部理清。一方面,金利公司的破产清算与其两关联企业的生存、发展密切相关,一旦宣告破产势必产生“多米诺骨牌效应”;另一方面,金利公司的存量资产(坐落于潜溪的320亩土地)具有很大的市场潜在价值。基于这种情况,新昌县人民法院积极引导案件由破产清算转入和解程序,并参照司法重整程序,通过政府协调,由两家最大的债权人成立新公司作为战略投资者对金利公司进行资产重组,实现债务人资产价值最大化。在和解程序中,新昌县人民法院根据债务的具体情况,确定由债务人与债权人对债务清偿进行逐项协商并达成和解协议,相关和解协议对债权人放弃所有的担保及连带追偿权作了安

排。至2009年12月,除行政债权外的其他申报债权均已签订和解协议,首批偿付期限定于2010年春节以前,余额于2010年3月底前付清。2010年10月20日,法院裁定终结金利公司的司法和解程序。

【工作实效】新昌县人民法院按照“平衡利益、寻求共赢”的工作思路,合理衡量各方利益博弈的平衡点,促使该案由破产清算转入司法和解程序。在司法和解程序中,又参照司法重整程序,对引入战略投资者、资产重组等事项作了安排,针对不同类别和具体情况,达成了债务清偿协议。该案的成功审理,为中小企业司法和解程序的适用提供了样板案例。

二、浙江省破产管理人优秀履职案例

浙江省破产管理人 2020 年度十大优秀履职案例

各会员单位：

为总结管理人履职过程中的经验做法，展现管理人的职业素养和专业水平，探索管理人工作思路和创新解决方案，正向激励管理人勤勉履职，浙江省破产管理人协会组织开展了 2020 年度十大优秀履职案例评选工作。本次评选，各会员单位积极参与，撰写、报送了一批高质量的优秀履职案例。经专家评审小组对案例撰写和各参评单位现场陈述的情况综合评定，“杭宝集团等 5 家公司破产重整案”“祐康系 10 家企业合并破产重整案”“中都系 19 家企业合并重整案”等 10 个案例入选为浙江省破产管理人 2020 年度十大优秀履职案例。获选的案例大多案件情况复杂，社会影响面较大，破产管理人在办理过程中认真负责、不畏艰难，依法维护了债权人、债务人企业等破产程序中相关利害关系人的合法权益，促进了社会的和谐稳定。案件办理获得了较好的法律效果和社会效果，展现了破产管理人勤勉、忠实履职的职业素养和较高的业务水平。

希望各会员单位以这次优秀履职案例评选活动为契机，进一步加强破产案件质量管理，不断提高破产管理人履职能力，为社会经济的发展提供更好的法律服务。

特此通报。

浙江省破产管理人协会

2020年6月4日

浙江省破产管理人2020年度十大优秀履职案例

一、“杭宝集团等5家公司破产重整案”

【关键词】清算转重整;强制批准;化解“两链”风险

【受理法院】杭州市余杭区人民法院

【管理人】国浩律师(杭州)事务所

【案件基本情况】

“浙江杭宝集团有限公司、浙江宝亮特种薄膜有限公司、杭州杭宝胶带有限公司、杭州杭宝塑业有限公司、浙江宝亮包装科技有限公司(以下简称杭宝集团等5家公司)合并重整案”自2017年11月5家公司分别受理破产清算、经听证程序裁定5家公司合并破产清算、再转入合并重整程序并最终批准重整计划,历经三年,有效盘活杭宝集团等5家公司的现有资产,实现企业的继续经营能力,保障全体债权人公平、及时、最大限度受偿。

【管理人履职情况】

该案所涉疑难问题复杂,如集资款、共益债务核查困难,以及因历史和现实原因导致杭宝集团等5家公司出资人难以接受破产程序带来的不利后果等,对管理人的专业能力、综合协调能力提出极高要求,是一个极具挑战的重整项目。

该案管理人在企业现场驻场时间长达两年半,工作量巨大。管理人团队以法律专业为基础,审慎核查案件中的各类法律问题所涉事实情况,熟练运用法律会计专业技能,借力各方优势资源,通过两年的时间获得了除出资人组外各债权人组对重整计划草案的表决通过。与出资人组的再次磋商工作历经数月,即便有政府部门协助推进重整程序情形下,出资人仍不愿接受解决方案,管理人依法向人民法院提出批准重整计划的申请。该案重整计划草案内容完备、程序合法,债务人的经营方案具备可行性,重整计划草案公平对待同一表决组成员、债权调整及受偿方案最大限度地维护债权人利益,且重整计划草案对出资人组权益调整公平、公正、合理,人民法院依法强制批准了重整计划并终止重整程序。

【案件办理的特色及效果】

该案重整成功使杭宝集团等5家公司获得重生并最大限度地保障了债权人的利益,同时成功化解了杭宝集团等5家公司担保方约4亿元的债务危机,有效防范“两链”风险蔓延,该案重整制度的运用实现了法律效益、社会效益和经济效益的有效统一。

二、“祐康系10家企业合并破产重整案”

【关键词】“破产不停产”;“整体合并+部分重整”

【受理法院】杭州市江干区人民法院

【管理人】浙江浙经律师事务所、北京市高朋律师事务所、北京高朋(杭州)律师事务所、大华会计师事务所(特殊普通合伙)浙江万邦分所

【案件基本情况】

2018年9月11日,江干区人民法院裁定祐康系10家公司合并破产。目前,祐康系食品板块已重整完毕,重整投资人按约支付了全部重整对价款,重整资产控制权移交完毕。管理人已完成该案第一次分配。

【管理人履职情况】

管理人共接受债权申报977笔,裁定确认债权35.1亿元。2020年12月,重整投资人按约支付了全部重整对价款,重整资产控制权移交完毕。自此,祐康品牌得以挽救,600多名员工的工作岗位得以保留,具有积极的社会意义。该案将原本普通债权的清偿率从几近于零提高到了目前的4.5%,之后有可能还将提高。通过破产重整,实现了企业再生,品牌得以保留,职工稳定就业。杭州电视台西湖明珠频道对该案进行了全程跟踪,《祐康食品600天“重生记”》一文,被各大本地媒体争相报道。2021年3月,该案先后被选为2020年度浙江法院破产审判十大典型案例,以及2020年度杭州法院破产审判十大典型案例。

【案件办理的特色及效果】

(一)稳定生产,实现“破产不停产”

“祐康”有20多年的历史,品牌在广大消费者心中有特别的情感,目前员工也有700余名。管理人进驻后便提出了“破产不停产”的原则。在2年多的封闭

运营期间,祐康食品新品源源不断推向市场,品牌销售额及职工平均工资均有提高,品牌价值得以维护。

(二)创新重整模式

管理人确定了"整体合并 + 部分重整"模式,采用"反向出售"式重整,将祐康系10家企业派生分立为重整主体和清算主体,将涉及食品版块继续生产经营所必须资产集中归拢到重整主体,并以该主体启动重整程序;所获对价款及其他资产处置款项归于清算主体,并用来集中清偿10家企业的债务。该模式在破产程序中保留了有效生产力,最终实现对市场资源的有效整合。

(三)债权人人数众多,债务规模较大

管理人共接受债权申报977笔,确认债权金额35.1亿元。管理人创新性地使用了工商银行工银融e联App的"破产清算管理平台",通过债权人互联网申报、在线审查、在线参加债权人会议等方式,提高了债权申报与审核工作的效率,便利了广大债权人。

(四)有效剥离资产,合理降低费用

经报请人民法院同意,管理人特聘请了专业的税务机构出具税务咨询报告。而根据税务机构提供的咨询意见,管理人充分利用了国家税务机构的一系列税收优惠政策,仅就税收一项就降低了5000余万元的费用,进而增加了可分配财产。

三、"中都系19家企业合并重整案"

【关键词】合并重整;投资人招募;普通债权清偿率

【受理法院】杭州市余杭区人民法院

【管理人】浙江智仁律师事务所、北京大成(杭州)律师事务所、北京大成(宁波)律师事务所、浙江中兴会计师事务所有限公司

【案件基本情况】

2014年11月18日,余杭区人民法院受理中都控股集团有限公司等4家中都系企业破产清算案,指定浙江智仁律师事务所、北京大成(杭州)律师事务所、北京大成(宁波)律师事务所、浙江中兴会计师事务所有限公司担任联合管理人。2016年11月24日,根据管理人接管破产企业后的清查情况,经书面征求意见、召开听证会后,余杭区人民法院裁定中都系19家企业合并破产清算。

“中都系19家企业合并破产案”是余杭区迄今规模最大的破产案件。合并破产的19家企业涉及房地产开发、商贸、酒店、投资等领域，经营地分布于余杭、临安、上城、拱墅。共计1166户债权人申报债权，金额近32亿元，其中职工债权571户，金额近2000万元；且债权情况复杂，包括业主债权、员工集资、借户贷款、以房抵债、建设工程优先权与抵押权处理等疑难问题，其中，业主债权涉及400多户，存在业主信访、维稳问题。

【管理人履职情况】

中都系19家企业财产主要为住宅、商铺、别墅、酒店、在建工程、未开发土地等。2017年，杭州城区增扩，房地产市场行情整体上扬，中都系19家企业具有挽救价值与重生希望。根据评估与测算，中都系19家企业在重整条件下普通债权的清偿率将大幅提高，整体重整有利于最大限度地保护债权人的合法利益。因此，管理人申请将该案从合并破产清算转为合并重整，在破产管理人实践创新操作下、在余杭区人民法院的大力支持与指导下，通过3轮重整投资人公开招募、2次现场竞价，走出一条公开、透明、竞争的重整投资人招募之路，最终以25.3亿元的成交价顺利产生中都系19家企业重整投资人。在管理人的坚持及努力下，资产处置价值超过了资产评估价值，出现了客观合理的溢价，加之管理人在破产程序中维持杭州中都青山湖畔大酒店的正常经营、积极对外追收债权，已处置资产的存款利息收益及出租商铺产生的租金等，使案件的资产非常可观，截至2020年年底追加分配后，普通债权清偿率已经达到90%以上。

【案件办理的特色及效果】

中都系19家企业合并重整的成功，是破产管理人探索政府支持、司法主导、市场化导向的企业破产重整思路的一次有益尝试。该案运用法治化手段平衡各方利益，实现全体债权人公平、及时、最大限度受偿；运用市场化手段引入重整投资人，充分实现中都系19家企业的重整价值，做到原则性和灵活性相结合。通过重整，最终达到了19家企业的各项遗留问题“一揽子”解决和最高效率盘活各地资产的效果，确保案件审理的社会效果与法律效果高度统一。

四、“浙江中捷环洲供应链集团股份有限公司破产清算案”

【关键词】股票价值最大化；摆脱退市风险；时间紧迫

【受理法院】台州市中级人民法院

【管理人】浙江京衡律师事务所、宁波科信会计师事务所有限公司

【案件基本情况】

浙江中捷环洲供应链集团股份有限公司(以下简称中捷集团)系中捷资源投资股份有限公司(以下简称中捷资源或上市公司)的第一大股东。中捷资源是中国缝纫机行业第一家上市的民营企业。

2015年"德隆系"公司玉环捷冠投资有限公司在中捷集团破产重整时作为投资人收购中捷集团,间接控制了上市公司(持股17.45%)。"德隆系"入主后,专注资本运作,疏于经营,中捷资源连年亏损濒临退市。2019年9月18日,台州市中级人民法院裁定受理中捷集团破产清算。10月17日,法院指定管理人。

【管理人履职情况】

中捷集团的核心资产为其持有的中捷资源1.2亿股股票。管理人接受法院指定后,面对债务人实际控制人、高级管理人员失联,证券账户无法接管以及控制权争夺、上市公司濒临退市的复杂局面,为避免债务人核心资产因上市公司退市而价值贬损,管理人统筹协调,克服重重困难,在两个半月内平息控制权争夺、改组上市公司董事会、引进新控股股东以及落实上市公司"保壳"方案,最终使上市公司摆脱退市风险并恢复良性运营。

【案件办理的特色及效果】

1. 该案面临的问题极具复杂性、牵连性。中捷集团核心资产价值最大化关键在于上市公司能否摆脱退市风险,而上市公司摆脱退市风险须引进新投资人、变更控股股东。新投资人引进需满足董事会改选、控制权移交、业绩"保壳"3项条件。对此,管理人立足全局、统筹协调、三管齐下,整体完成上市公司控制权调整、控股股东变更及保壳方案实施。

2. 该案面临的问题极具专业性、疑难性。管理人面对实际控制人、高级管理人员失联,证照、印章、财务账册失踪,股东大会失控,公司治理失灵,董事会僵局,信息披露反常,保壳方案空缺等一系列难题。管理人将专业、勤勉、尽责发挥到极致,在不到两个半月时间内将以上难题逐一攻克。

3. 该案面临的最大难题是时间的紧迫性。上市公司"保壳"须在当年12月底前实施完毕,面对债权申报期、拍卖公告期、股东大会通知期等时间限制,管理人争分夺秒缩短债权申报期、将第一次债权人会议提前至债权申报期满次日、第一次债权人会议前召开预沟通会议、第一次债权人会议上同时表决重整计划草

案与财产变价方案、第一次债权人会议后快速推行控股股东变更、召开董事会与股东大会通过和实施保壳方案等。对于会议的各种可能性提前制定应对预案，确保在会议后即行付诸实施，最终达到如期完成各项任务的目标。

五、“河田集团有限公司预重整转重整案”

【关键词】预重整；线上重整；府院联动

【受理法院】温州市中级人民法院

【管理人】北京德恒（温州）律师事务所

【案件基本情况】

河田集团有限公司（以下简称河田公司）曾是全国民营企业500强、全国服装行业“双百强”、中国连锁百强。后因市场变化以及受担保链影响出现债务危机。2019年8月1日，温州市鹿城区风险企业帮扶和银行不良贷款处置工作领导小组办公室受理河田公司预重整申请，2020年1月3日完成预重整，用时5个月零3天。2020年1月14日，温州市中级人民法院裁定受理河田公司重整申请，2020年2月21日，温州市中级人民法院裁定批准《河田公司重整计划》，河田公司历经39天重整成功。

【管理人履职情况】

预重整中，管理人与法院和政府积极对接，共同协作解决预重整工作中遇到的困难和问题，沟通主要债权人并取得关键同意票。在该案的成功经验基础上，管理人多次梳理修改制作预重整工作参考规程以及预重整管理人履职工作操作规程，为规范预重整工作提供指引。进入重整程序后，管理人克服疫情期间的种种困难，在温州首次使用全国企业破产重整案件信息网召开线上债权人会议，成功实现预重整转重整的“无缝”对接，仅用39天完成河田公司重整。

【案件办理的特色及效果】

（一）该案的成功办理是践行府院联动机制的标杆

“温州模式”下的预重整制度的最大特点是构建了以政府为主导、法院指导监督、管理人具体参与的良性互动机制。该案是践行府院联动机制的典型成功案例，具有引导和示范性作用。

（二）利用互联网技术支持线上债权人会议，为破产案件简化审理“打样”

河田公司第一次债权人网络会议是“疫”时期下法院利用互联网技术，打破空间限制、升级工作方式、提高工作效率的一次有“e”尝试,顺应了当今“互联网+”时代的潮流,为全面做好疫情期间线上“重整”工作提供范本,也为今后破产案件进一步简化审理提供很好的样板素材。

(三)该案是优化营商环境的典型案例

在营商环境办理破产指标评价体系下,该案通过预重整制度有效提升审判效率、降低时间成本,仅用39天即在疫情期间完成重整,回收率指标数据目前居浙江省前列。

六、“浙江龙舜建设集团有限公司破产清算转重整案”

【关键词】优化债权申报和审查;个性化定制“大重整+小清算”重整模式

【受理法院】杭州市拱墅区人民法院

【管理人】国浩律师(杭州)事务所

【案件基本情况】

浙江龙舜建设集团有限公司(以下简称龙舜建设)成立于1997年,主营业务是施工总承包,2009年升为建筑工程施工总承包一级资质,作为一家具有一定行业知名度的建筑企业,龙舜建设历年总包施工的工程项目众多,且涉及借用资质挂靠、分包、转包等情形,法律关系错综复杂。2018年5月22日,杭州市中级人民法院裁定受理对龙舜建设的破产清算申请。经浙江省高级人民法院批复后同意移交杭州市拱墅区人民法院审理。2020年7月31日,杭州市拱墅区人民法院裁定自2020年7月31日起对龙舜建设进行重整,2020年10月28日,杭州市拱墅区人民法院裁定批准龙舜建设《重整计划》并终止龙舜建设重整程序。目前,龙舜建设已由重整方接管恢复正常营业。

【管理人履职情况】

龙舜建设被法院受理申请后历时2年进行清算,再耗时3个月完成重整意向投资人的招募及重整计划草案的制作、表决和批准。为充分保障农民工权益,管理人采用穿透式的方式直接接受龙舜建设承包施工工程的农民工、材料商、分包方、转包方、实际施工人等权利人的债权申报,前后共接受1030户债权人的债权申报,类型包括农民工工资、材料商货款、转包或分包工程款等,其中申报农民工工资的债权人约700户,管理人安排3名律师和2名助理常驻现场办公,每周工作6天,每天持续工作12小时。管理人通过现场答疑解惑、破产法知识宣传普及和数十次的耐心集中接访,尤其在开学季和年底的农民工讨薪潮期间,在辖区政府有关部门的协助下,该案虽维稳压力巨大,但未引发涉众涉稳的群体性事件。

与龙舜建设破产有关的工程有51个,涉及继续施工、配合发包人竣工验收、与发包人开展决算审计、实施维修保养等。管理人通过继续营业施工、竣工验收、决算审计及发函、上门催讨、属地政府有关部门协调和诉讼等,追收回笼大量工程款,既减少了损失,又维护了施工秩序与社会稳定。除重整范围内的3个工程外,管理人已完成近半工程的清算分配。

【案件办理的特色及效果】

在该案中,管理人扎实地完成了各项基础性工作,充分运用专业知识和技能解决建筑企业清理工程和重整面临的实务和法律问题,个性化定制的"大重整+小清算""单个工程单独清算、工程款专款专用、分类分批次清偿"重整方案,探索出一条具有可操作性的平衡各方利益的处理模式,保留了建筑企业的施工资质和优质工程,充分展现了企业破产制度中的利益平衡考量与实际施工人突破合同相对性条件下保护农民工权益立法精神的有效结合,成功化解了重大维稳风险,实现了法律效益、社会效益和经济效益的"三效合一",也为建筑企业破产清算或重整探索了一种新的路径选择,提供了借鉴样本。

七、"浙江欧华造船股份有限公司关联企业合并破产清算案"

【关键词】权利冲突解决;清算式重整

【受理法院】舟山市中级人民法院

【管理人】浙江京衡律师事务所、毕马威华振会计师事务所(特殊普通合伙)

【案件基本情况】

浙江欧华造船股份有限公司(以下简称欧华造船)曾是浙江省造船行业的龙头骨干企业,也曾是舟山支柱性产业的行业翘楚,后因受行业整体下行冲击而持续亏损并陷入债务危机,于2018年5月7日经舟山市中级人民法院裁定进入破产清算程序。

【管理人履职情况】

欧华造船的债权债务关系复杂,管理人共接受债权申报400余笔,金额超过百亿元;同时,该案亦牵涉数千名外包工与供应商等弱势债权人群体,易发生群体性事件;且因行业前景不明,持续亏损,意向投资者不愿意为普通债权人提高报价,而只愿意通过破产清算方式接盘。为此,管理人审时度势,在法院和政府支持下,确定“清算为径、重整为核”的办案思路,在方案设计和实施中兼顾各类债权人利益平衡,最终在清算条件下保住产业,实现重整效果,获得各方认可。

【案件办理的特色及效果】

1. 尽可能维护核心资产完整性和产业价值,兼顾效率

欧华造船作为曾经的造船业的龙头企业,是有其核心价值和竞争力的,但面对行业整体下行的外部环境,管理人尊重债权人意见,以尽可能小的代价维护核心资产和团队的完整性,竭尽所能洽商产业投资人而争取其重整成功;同时也注重效率,在重整遇阻时即行推动通过破产清算程序整体处置营业资产,并引导投资人全盘接收核心管理团队和员工,使欧华造船竞争力得到延续。

2. 创新弱势群体保护思路,妥善化解涉稳问题

对于近2000名具体参与船舶建造的外包工,管理人按其实际从业性质参照建设工程款确定其债权性质,并反复沟通安抚,基本保障其权益。对于300多家供应商,管理人积极促成其与新投资人达成合作,用未来的合作收益弥补当下损失。最终得到外包工与供应商的认可,未发生一起涉稳事件。

3. 探索争议解决路径,有效化解纷繁复杂的担保权争议

欧华造船资产上普遍存在多项竞存的财产担保权人,担保权人间彼此竞争激烈,为避免各方陷入冗长诉讼,管理人召开8场听证会,召集权利竞争方现场陈述、举证、质证、辩驳,针对担保物范围不明等争执,陪同争议方集体现场踏勘,并在查明事实基础上组织各方谈判协商,促成争议各方和解确认债权,没有发生一起诉讼案件。

4. 设计税筹方案,增加偿债资金

欧华造船作为出口导向型造船企业,具有一定的税筹资源,在政府和法院的大力支持下,管理人将精心设计的税筹方案嵌入破产财产处置方案中,使偿债资金增加1亿余元。

八、“缙云县壶镇表面精饰厂(普通合伙)破产重整案”

【关键词】“预重整+破产重整”制度衔接;“企业破产重整+个人债务集中清理”债务清理方式;“债权人+债务人”联合经营管理模式;“债转股+现金清

偿”的重整方案

【受理法院】丽水市缙云县人民法院

【管理人】浙江嘉瑞成律师事务所

【案件基本情况】

缙云县壶镇表面精饰厂(普通合伙)(以下简称表面精饰厂)原系浙江规模较大的电镀企业之一,专业从事开发和生产油锯汽缸等,由于对外投资失败、资金链断裂等原因,于2015年3月出现担保链、资金链风险,成为政府重点帮扶处置的企业。考虑到表面精饰厂仍适应市场需要且具有发展潜力和经营价值。2019年12月6日,浙江嘉瑞成律师事务所担任预重整管理人。2020年9月7日,表面精饰厂由预重整转入破产重整程序。2020年11月19日,缙云县人民法院裁定批准重整计划并终止重整程序。

【管理人履职情况】

预重整阶段,管理人从债权申报预登记、资产评估与财务审计、制订重整计划方案(草案)、建立债权人监督机制及预重整与破产重整工作的衔接共五大方面积极工作。

破产重整阶段,以“企业破产重整+个人债务集中清理”方式全方位综合整理债务;完善“债权人+债务人”联合经营管理模式,维持企业正常运营及生产活力;确定采用“债转股+现金清偿”重整方案,针对金融主体等不适用“债转股”方式的债权人,选择采用现金方式一次性清偿,从而提升普通债权人分配率。

【案件办理的特色及效果】

该案是丽水市首例预重整案件,也是缙云县人民政府、缙云县人民法院突破性实践。主要工作亮点有:(1)积极实践“府院联动式”预重整机制、府院联动机制、破产重整制度三者有效结合,弥补单一制度的短板,形成行政权、司法权明确分工又相互协作的有效企业帮扶模式;(2)以“企业破产重整+个人债务集中清理”方式全方位综合整理债务,企业、个人双双退出失信“黑名单”;(3)创新“债权人+债务人”联合经营管理模式,维持表面精饰厂正常生产能力的同时,制订并顺利通过“债转股+现金清偿”重整计划,形成本案各利益相关方的互利多赢局面。

重整是一项复杂的系统工程,该案是各方合力促成企业重生的典范。该案得到地方政府的协调和支持,得到县人民法院的全面指导和极力支持。该案的成功办理,为解决危困企业问题积累了丰富的实践经验。

九、“浙江清水湾置业有限公司破产重整转清算案”

【关键词】复工续建;核减债权;创新处置;高比例清偿

【受理法院】杭州市西湖区人民法院

【管理人】天健会计师事务所(特殊普通合伙)、浙江金道律师事务所

【案件基本情况】

2014年8月20日,经杭州市中级人民法院指定,杭州市西湖区人民法院(以下简称西湖法院)裁定受理浙江清水湾置业有限公司(以下简称清水湾公司)的重整申请,并指定天健会计师事务所、浙江金道律师事务所担任破产重整联合管理人。后由于未能招募到投资人,西湖法院裁定终结重整程序,宣告清水湾公司破产。

现清水湾公司的破产财产已基本分配完结,且对诉讼或可能涉及诉讼而未决的债权的分配额进行提存,西湖法院于2020年8月25日裁定终结破产程序。

【管理人履职情况】

管理人接受指定后即组建30余人的工作组,分重组协调与项目运营小组、综合组、资产管理组、债权审核与债权人沟通小组、资产清收与审计小组、诉讼小组6个小组全面开展工作,包括制订工作计划和规章制度、公司管理及资产接管工作、筹借破产费用与共益债务费用、债权审核及债权确认诉讼、复工续建及资产处置等。

【案件办理的特色及效果】

该案是重大涉众涉稳房地产企业破产案件,为此西湖法院和管理人多措并举,顺利推进案件进程。

(一)跨区府院联动,助力复工续建

为最大限度维护债权人利益,西湖法院和管理人选择了破产法没有明确要求的复工建设路径。通过西湖法院与余杭区人民政府跨区域府院联动,公司先后获得共计1.7亿元财政资金垫资,最终实现工程竣工、交房542套,既保障了购房债权人的生活需求,又大幅提升了破产财产价值。

(二)严把债权审核关卡,推进债权确认诉讼

因该案债权申报金额巨大,管理人坚持“公正审查,从严把握,统一标准”的

原则，最终通过管理人审核或诉讼方式认定债权约6.3亿元，核减债权申报额20.7亿元，充分保障债权人合法权益。

（三）创新资产处置方式，实现资产快速市场化出清

因存在不同处置难度的资产及应收债权，管理人按“整体拍卖为主，单独拍卖为辅”的思路对资产进行科学配置，促使庞大资产在短时间内实现价值最大化。

（四）该案取得了较高社会评价

该案是“房开企业破产后通过府院联动成功复工续建并获高额清偿”的典型案例，从抵押权等优先债权不足清偿的预期提高到普通债权受偿率达90%以上，圆满完成市场主体救治和退出，实现纳税上亿元，获得了较高社会评价。

十、“浙江东南船牌日化股份有限公司破产清算转重整案”

【关键词】中华老字号；府院联动；清算转重整；个人债务重组方案

【受理法院】杭州市萧山区人民法院

【管理人】浙江凯麦律师事务所

【案件基本情况】

浙江东南船牌日化股份有限公司（以下简称东南船牌公司）是拥有“中华老字号”和“浙江老字号”的日化行业骨干企业。因担保链、资金链断裂导致无法正常经营，经债权人申请，杭州市中级人民法院裁定受理“东南船牌公司破产清算案”并移交萧山区人民法院审理，萧山区人民法院依法指定浙江凯麦律师事务所担任破产管理人。2020年10月23日，萧山区人民法院依法裁定对东南船牌公司进行重整；10月27日，萧山区人民法院裁定批准东南船牌公司重整计划并终止重整程序，并于同年12月17日裁定终结重整程序。

【管理人履职情况】

管理人接受指定后，即组建专业管理人团队，制定各项工作制度，同时开始接管东南船牌公司的证照、财务账册等资料，开展资产清查工作。经公告，管理人启动了债权申报与审核，并同步遴选审计、评估机构进行财务审计、资产评估等工作。管理人根据东南船牌公司的财产特点，对非重整核心资产进行剥离后及时开展了变价处置工作。

为了挽救老字号企业，管理人公开招募重整投资人，在萧山区人民法院的监

督下依法确定投资人、签署重整投资协议、编制重整计划(草案)并提交债权人会议表决。在此基础上,经管理人申请,萧山区人民法院裁定对东南船牌公司进行重整,并顺利终结重整程序。

【案件办理的特色及效果】

首先,该案实现了东南船牌公司的“中华老字号”及“浙江老字号”等字号的商业价值、继续经营下的市场影响力及商誉等无形资产价值,不仅成功挽救了具有营运价值的老字号企业,重整情况下的普通债权清偿率还比破产清算情况下提高近43倍。

其次,该案在破产清算程序中公开招募并确定投资人,管理人适用探索了预重整与重整有机结合的模式。除重整计划(草案)提交债权人表决外,综合各方诉求,管理人将“连带债务人的债权转让方案”作为可选事项附于重整计划(草案),在个人债务豁免方面作出了有益尝试。最终,重整计划(草案)经第二次债权人会议高票表决通过,并顺利执行完毕,法院自裁定债务人重整至批准重整计划仅历时5天,兼顾效率与公平。

最后,鉴于该案金融机构债权人较多,各机构对于重整计划(草案)的表决流程要求不一,该案通过提请萧山区供给侧结构性改革工作领导小组办公室召开专题协调会议、法院管理人专题论证会等方式,有效推进该案的审理工作,并及时协调处理各类复杂问题。

浙江省破产管理人2019年度十大优秀履职案例

各会员单位：

为总结管理人履职过程中的经验做法，展现管理人的职业素养和专业水平，探索管理人工作思路和创新解决方案，正向激励管理人勤勉履职，浙江省破产管理人协会组织开展了2019年度十大优秀履职案例评选工作。各会员单位积极参与，撰写、报送了一批高质量的优秀履职案例。经组织专家评审小组对报送的案例进行认真评选，“金盾系八公司合并破产重整案”“永正控股等37家公司合并破产清算案”“浙江大东南集团有限公司破产重整案”等10个案例入选为浙江省破产管理人2019年度十大优秀履职案例。获选的案例大多案件情况复杂，社会影响面较大，破产管理人在办理过程中认真负责、不畏艰难，依法维护了债权人、债务人企业等破产程序中相关利害关系人的合法权益，促进了社会的和谐稳定。案件办理获得了较好的法律效果和社会效果，展现了破产管理人勤勉、忠实履职的职业素养和较高的业务水平。

希望各会员单位以这次优秀履职案例评选活动为契机，进一步加强破产案件质量管理，不断提高破产管理人履职能力，为社会经济的发展提供更好的法律服务。

特此通报。

浙江省破产管理人协会

2020 年 8 月 25 日

浙江省破产管理人 2019 年度十大优秀履职案例

一、“金盾系 8 家公司合并破产重整案”

【案件基本情况】

2018 年 4 月 10 日起,绍兴市上虞区人民法院(以下简称上虞法院)相继受理了“金盾系 8 家公司破产重整案”。2018 年 10 月 30 日,上虞法院依法裁定金盾系 8 家公司合并重整。金盾系 8 家公司重整计划(草案)于 2019 年 6 月 22 日在第三次债权人会议上表决通过,并于 2019 年 6 月 28 日获上虞法院裁定批准。重整计划现正在有效执行中。

【管理人履职情况】

管理人组建了 20 余名专业人员工作团队,开展并完成了重整相关工作,包括资产调查和委托评估、债权审查、公司混同核查、非核心财产处置变现、偿债能力测算、重整方案和路径研判、重整投资人招募及重整投资协议的谈判与签署、重整计划论证和制订、与债权人沟通协商等,并在前述各项工作基础上制订重整计划(草案)并提交表决。

【案件办理的特色及效果】

(一)实质合并重整模式下分别招募重整方,高效推进重整进程

采取“分中有合、合中有分、分合并进”的重整模式,实现“8 家公司整体合并重整,其中 4 家公司重整,1 家公司至少存续 3 年,其余 3 家公司即时注销”之设计。

(二)重整计划设置专门条款,应对重整方违约可能

在重整计划中设置专门条款以应对任一重整方未按约定支付或足额支付重整资金而严重影响重整计划执行的可能性。

(三)确定出资人合并表决机制,解决出资人组表决困境

根据公司合并的一般原则及原始出资人实际出资情况,确定各出资人的表

决额,再参照公司法关于股东会表决机制的规定进行表决,获得出资人认同。

(四)促成民间和解,实现庭内重整程序与庭外债务重组有效衔接

通过案外民间和解方案,以未来可预期利益解决了重整中债权人与关联方的“囚徒困境”,实现了庭内重整程序与庭外债务重组有效衔接。

(五)促成4家公司重生,提高债权清偿率

分别成功引入了包括世界500强和中国500强企业等4家优质企业,较好维护了金盾系8家公司1300余名职工就业、500余户债权人及债务人自身等多方利益。

(六)各方合力成就重整典范

重整是一项复杂的系统工程,该案是各方合力促成企业重生的典范。2020年1月,该案入选人民法院报编辑部评选的“2019年度人民法院十大商事案件”,成为2019年具有重大社会影响力和标志性意义的案件。2020年3月,该案被评选为“2019年浙江法院破产审判十大典型案例”。

二、“永正控股等37家公司合并破产清算案”

【案件基本情况】

浙江永正控股有限公司(以下简称永正控股)是我国著名包装纸生产基地富阳最大的造纸企业,2015年由当时富阳最大的两家龙头造纸企业永泰纸业集团和正大控股集团联合组建而成,造纸年产能达150万吨。2016年,永正控股纸和纸板产量排名全国第21位,浙江省第4位,主营业务收入、工业产值、上缴税收均位列浙江省造纸企业前5强,因不能清偿到期债务陷入困境。

2017年6月26日,杭州市中级人民法院裁定受理永泰纸业集团破产清算申请,并指定富阳区人民法院审理。2017年7月14日,富阳区人民法院裁定受理“正大控股集团破产清算案”。2017年9月29日,富阳区人民法院裁定永正控股等37家公司合并破产清算,永泰纸业集团、正大控股集团两个管理人团队相互融合,对外统一以永正控股管理人名义开展工作。

【管理人履职情况】

管理人接受法院指定后,随即组建60人团队进驻企业开展工作。在法院指导下,管理人团队根据项目实际情况分设综合事务、资产管理、债权申报与审查、财务审计、封闭运行、应收款核实与催收、劳资协调、诉讼事务八大项目组协同推

进破产程序。2017年11月15日,"永正控股等37家公司合并破产案"第一次债权人会议顺利召开,会议表决通过了财产管理和变价方案、破产财产分配方案等各项议案并选举成立债权人委员会。2018年5月,永正控股全部造纸板块资产完成整体转让。2018年7月,永正控股下属江南国际商城重整计划获得富阳区人民法院裁定批准,重整投资款即时到位,江南国际商城实现再生。目前,该案所有资产均已处置完毕,普通债权清偿率超过30%。

【案件办理的特色及效果】

"永正控股等37家公司合并破产案"案情复杂,处置难度大,具体体现在:(1)主体情况复杂,债务人交底难;(2)管理情形复杂,权责界定难;(3)人员情况复杂,职工安置难;(4)营业状态复杂,平稳处置难;(5)资产类型复杂,变现处置难;(6)负债结构复杂,债权人安抚难;(7)舆论关切,管理人履职要求高。为应对复杂的情形,管理人团队多措并举,实现了案件平稳有序高效推进。

(一)多机构融合构建管理人团队,项目化机制保障破产工作

永正控股管理人由永泰纸业集团、正大控股集团2个管理人团队,4家机构组成,如何协同高效推进工作成为难点。在法院指导下,管理人根据案件实际情况制定团队运行方案,分设八大项目组协同推进工作,并建立秘书处、决策组实现信息高效汇总以及问题的快速决策,同时与债务人、法院、政府、债委会分别召开"三同步""四同步""五同步"会议,协同各方全面高效推进破产程序,化解疑难问题。

(二)程序与实体交融,多措并举维护债权人利益

永正控股案件债务规模高、人数众多、结构多样、认定困难、维稳风险高。为此,管理人在日常信息公开、程序透明的基础上,在重大资产处置方案形成中邀请债权人参与讨论,在实施中由债权人现场监督;在债权接待中,精心布置接待场地,设置等候区、申报区、答疑区等功能区,编制破产小知识宣传手册,并在线上随时解答债权人疑问;在分配方案设计及实施中,创设小额债权预分配、债权错时分配等多类型分配方案,回应债权人诉求,保障债权人权益。通过该案处置,717家债权人近100亿元债务问题得以化解,债权综合清偿率超过30%,获得债权人高度评价。

(三)妥善管理债务人财产,实现价值最大化

永正控股启动破产程序时,其资产大多处于自营或承包的营业状态,存在较

多的历史问题，且资产类型多样、瑕疵问题多、处置难度大。管理人团队从化解历史问题出发，坚持继续营业，抓住中秋佳节包装纸需求旺盛的时机，灵活运用加价竞价法和减价竞价法在一天之内完成9个批次白板纸处置；针对不同资产特性，未雨绸缪，提前形成清算转重整及重整表决相关规则，提升效率，实现合并清算程序中江南国际商城单体企业重整。综合运用拍卖、变价、抵债、协议转让、单体重整等多种资产重组方式，管理人在较短时间内完成资产变现工作，回笼资金超过40亿元。江南国际商城重整后重新开业，成为富阳南大门的地标。

（四）府院联动，破产助力片区产业转型升级

永正控股案件情形复杂、矛盾突出、社会舆情关注度高、处置压力大。在该案处置中，法院、管理人与属地街道、政府建立工作日报机制、紧急事项动态汇报机制，就重大风险事项与属地街道进行“风险双评”，有效化解了员工安置、企业经营、涉村集体债务处理、资产处置、舆情引导等群体性涉稳问题。在核心资产处置过程中，管理人设计方案，在兼顾债权人利益同时高效处置核心资产，助力政府片区产业转型升级。政府通过整体受让永正控股核心资产，一次性完成1760余亩土地上建筑的拆除工作，淘汰造纸产能150万吨，释放了巨大的片区业态空间。

因该案办理的突出成效，富阳区人民法院在管理人业绩考评中给出了历史最高分96分的评分，评价等级为优秀。

三、“浙江大东南集团有限公司破产重整案”

【案件基本情况】

浙江大东南集团有限公司（以下简称大东南集团或债务人）持有上市公司大东南股份公司5.24亿股股份（股权占比27.91%）。债务人因对外投资失败、深陷担保链危机等原因发生债务危机，公司债务高达30亿元。浙江省诸暨市人民法院于2018年10月16日裁定受理“大东南集团公司破产重整案”，并指定浙江京衡律师事务所和毕马威华振会计师事务所担任管理人。此后，经各方努力，法院于2019年6月26日裁定批准重整计划，重整投资款项现已全部到位。

【管理人履职情况】

一方面，管理人认真开展常规履职工作，包括：接管债务人企业，落实监管制度；接待债权申报，审查核实债权；审查财务资料，梳理资产信息；代表债务人积

极应诉和起诉;等等。

另一方面,管理人将工作重心放在大东南股份公司“保壳”开展和维持核心资产价值上,主要有:(1)展开大东南股份公司财务尽职调查,摸底资产和业务情况;(2)联动化解大东南股份公司违规担保问题;(3)配合大东南股份公司申请司法集中管辖;(4)与深交所、证监局、金融办等部门对接沟通大东南公司重整案交易方案涉及的合规性问题;(5)共召开6次债权人会议预备会议和3次债权人会议,共商重整方案。

【案件办理的特色及效果】

上市公司因连续两年亏损、控股股东及关联方违规占用资金和违规提供担保未及时披露等问题面临“保壳”危机,大东南集团持有的大东南股份公司股票即重整核心资产也因风险较高而不利于投资人招募。管理人从维护核心资产价值出发,最终重整成功既维护了全体债权人利益,也使上市公司消除了退市风险警示,实现良性发展。主要工作亮点有:(1)中介机构发挥各自的法律和财务专长,共同推进案件工作的开展;(2)内外协调,充分发挥“府院联动”作用;(3)探索合法变更重整计划(草案)方式。在第二次债权人会议表决通过的重整计划(草案)执行遇阻的情况下,通过召开第三次债权人会议、结合两次债权人会议表决通过的方案向法院报批重整计划;(4)重整程序与大东南股份公司“保壳”工作同步推进。在重整计划中安排附义务地转让大东南股份公司控股权,通过该交易模式的设计锁定投资风险。一方面,化解大东南股份公司的退市风险;另一方面,在解决上市公司问题所需资金暂不确定的情况下最大限度地维护核心资产价值,提高债权人的清偿率,实现投资者和债权人之间的利益平衡。

四、“豪舟系公司破产重整案”

【案件基本情况】

该案系12家豪舟系公司合并破产重整,豪舟系公司系位于浙江舟山的大型实体生产企业,涉足采矿、物流、建筑、内贸等行业。该案债务规模超过21亿元,涉及债权人360余户、在职职工340余人,受社会各界的广泛关注。

北京市中伦(上海)律师事务所(以下简称管理人),作为2016年5月入选浙江省高级人民法院编制的省外管理人名册内的中介机构,经竞争性选拔,被浙江省舟山市定海区人民法院(以下简称定海法院)指定为该案管理人。

【管理人履职情况】

管理人接受指定后，在定海法院的指导和监督下，聘请全球四大会计师事务所之一的安永华明会计师事务所作为管理人财务顾问，各自发挥法律合规、财务管理优势，通力合作，依法稳步推进财产接管、财产调查、债权审查、投资人招募等工作；同时，还秉承市场化重整的理念，引入华润集团旗下的专业资产管理公司的职业经理人团队担任债务人运营顾问，有效实现了破产重整期间生产有序、人员稳定、资产保值的目标，为最终重整成功奠定了扎实的基础。破产重整期间，豪舟系公司持续经营并向职工支付薪酬福利超2000万元，向税务部门缴纳税款累计776余万元，经营性资产得以继续发挥使用价值，避免了资产大幅贬值。

2019年6月3日，该案第二次债权人会议以有担保债权组97.11%、普通债权组76.56%的支持率顺利通过了重整计划草案，成功引入宁波市优质企业——宁波奉化友邦金融服务有限公司作为重整投资人。

进入破产重整执行阶段后，管理人又积极申请、协调及促成定海法院和定海政府通过“府院联动”机制，牵头协调区政府召集各相关部门成立帮扶工作组，同时将重点、难点问题逐级上报至市中级人民法院和省高级人民法院，经由省高级人民法院协调省级相关部门，通过区级层面的横向府院联动机制及区、市、省三级的纵向府院联动机制逐一解决了破产企业资产瑕疵补正、重整投资人投资平台设立、解除债务人资产抵押、税务减免、复工审批、信用修复等难题，有力保障重整计划的顺利执行。

【案件办理的特色及效果】

管理人在办理该案过程中，坚持以公正、高效为价值导向，在细致调查并形成关联关系调查报告的基础上，谨慎适用关联企业合并破产制度向法院申请合并破产重整，免去关联企业间资产归属划分和关联债权债务清理的复杂程序，整合资源、提升资产整体价值，保障重整制度的公平价值。同时，在该案民间借贷严重、民营企业家与民营企业债务混同的情况下，管理人通过翔实的调查，结合具体借贷情况提出破产债权审查认定的标准，形成专项报告提交至法院审议批准，根据既定、统一的标准，将有证据证明企业家以个人名义举债但用于破产企业经营之债权认定为破产债权，在我国个人破产法出台之前，就此类企业和企业家举债主体不甚明确的债务处理问题，探索出一条合法合理又行之有效的解决途径。

豪舟系公司重整成功,有效解决了360余户债权人近21亿元的债务问题,化解了340余名职工可能面临的失业风险,清理了百余起诉讼和执行案件,同时,使豪舟系公司摆脱沉重的债务负担,得以涅槃重生,充分发挥了破产制度的保护和挽救功能。此外,该案成功引入宁波市优质企业作为重整投资人,实现了当地破产处置与招商引资的无缝对接。豪舟系公司重整项目在由宁波市与舟山市共同召开的“甬舟一体化推进会”上被确认为第一重点项目,受浙江省内各级领导的重点关注。经过破产重整重生的实体企业不仅恢复了正常经营,还促进了地方经济的发展,为“甬舟一体化”进程的推进贡献了力量。

五、“天长纺织等3家公司合并破产清算案”

【案件基本情况】

2017年12月8日起,杭州市萧山区人民法院(以下简称萧山法院)先后受理“浙江天长纺织有限公司、浙江龙翔控股集团有限公司、杭州舒美尔纤维有限公司(以下简称天长纺织等3家公司)破产清算案”。2019年11月7日,萧山法院裁定对天长纺织等3家公司合并破产。2019年11月29日,萧山法院裁定宣告天长纺织等3家公司破产。2019年12月30日,萧山法院裁定批准债权人会议表决通过的天长纺织等3家公司破产财产分配方案。

【管理人履职情况】

管理人组建了专门工作团队,制定了管理人工作制度,并每天派驻不少于3名人员现场办公。截至2019年年底,共向萧山法院递交报告110余份。共核查并申请裁定确认债权36户,确认金额达7.17余亿元。妥善解决了涡流纺织生产线涉租问题,并合理制定资产处置方案,实现破产财产变现价值逾2.8亿元。管理人共接管、处理相关诉讼/仲裁案件20余件,通过诉讼方式获得1453余万元用于清偿全体债权人。

【案件办理的特色及效果】

(一)妥善处理破产财产竞买人恶意维权问题

管理人在处理破产财产竞买人恶意维权过程中合法合规、不卑不亢、先礼后兵,从沟通到忍耐,再获公安机关支持,最后借助司法程序,顺利推进了资产处置进程,并依法没收悔拍保证金500万元,有效维护了债权人的利益以及法律尊严。

(二)合法有效解除资产瑕疵带来的处置障碍

该案涉及的资产瑕疵包括机器设备被设定长期租赁、土地涉及闲置等,管理人在厘清事实的基础上,进行专业分析研判,并有针对性提出缩短租期、兜底竞买、向主管部门发函等方式,既扫除资产处置障碍,也有效防范了管理人履职风险。

(三)采取多种措施有效挽回债权人损失

管理人采取多方位推介资产、府院联动机制等方式,高效实现破产财产变现价值逾2.8亿元,2户抵押债权获全额清偿。另通过协商解决租赁问题、协商或者诉讼方式撤销个别清偿、诉讼方式撤销抵押、申请退增值税期末留抵税额等,追回破产资产2500余万元用于清偿普通债权。

(四)实施合并破产兼顾破产清算效率与公平

审慎核查人格混同,通过破产清算实质合并程序,解决和消除了以资产与负债混同为关键特征的法人人格混同造成的消极影响。

六、"杭州京庐实业有限公司破产清算转重整案"

【案件基本情况】

2018年3月30日,桐庐县人民法院裁定受理杭州京庐实业有限公司(以下简称京庐公司)破产案,并指定浙江六和律师事务所、浙江正大会计师事务所有限公司担任联合管理人。

京庐公司开发的翡翠城项目作为桐庐地区改善型项目,体量较大。"烂尾"项目经破产重整得以顺利完成。

【管理人履职情况】

管理人进场后,首先确立了各项内部管理制度,并就接管、财产及基本信息调查、债权申报及审核、财务审计、诉讼及执行案件、资产评估、工程造价鉴定等工作作了详细安排。

第一次债权人会议召开后,管理人按照项目续建方案要求,积极推动各项工作,最终重整计划草案顺利经债权人会议表决通过,京庐公司恢复了工程建设、公司运营和房屋销售等日常经营活动。

【案件办理的特色及效果】

(一)各类疑难问题之解决

管理人在办理该案过程中遇到了一系列问题:债权人人数多、各方矛盾尖锐、“以房抵债”认定问题、衍生诉讼复杂、农民工权益维护问题、实际控制人不配合交接、公司账册不全导致财务审计及资产清点困难、挂靠施工队伍较多导致工程界面不清晰及工程款无法准确鉴定、项目现场人员、材料设备等清理及接管难、续建证照、手续、资料不齐全或过期问题、项目市场信心恢复等问题。

以上问题管理人以事实和法理为依据,认真对待、仔细研究,最终均顺利得以解决。

(二)“烂尾楼”处理方式之创新

尊重债权人意愿,保障债权人利益,即使在清算程序中也将在建项目命运交给债权人而不是一味推动资产打包拍卖或转让模式。

(三)管理人监督下续建之安排

项目续建在管理人监督和参与之下进行,管理人以高度的责任感,倾注巨大心力,对房地产开发全流程进行了有效的监督和管理。

(四)案件办理所取得的法律效果和社会评价

续建完成后,债务人资产价值增加,提高了债权清偿率,维护了债权人利益,提升了城市形象。桐庐县委主要领导实地视察并了解情况,对案件办理和项目建设成果表示了肯定,当地媒体也进行了报道。

七、“华丰建设股份有限公司破产重整案”

【案件基本情况】

2015年11月16日,宁波市中级人民法院依法裁定受理华丰建设股份有限公司(以下简称华丰建设)破产重整申请,并于2016年1月14日指定浙汇天册律师事务所、宁波威远会计师事务所有限公司联合担任破产管理人,启动了当时省内最大建筑企业破产重整案件。2016年11月28日,宁波市中级人民法院裁定批准华丰建设重整计划。2018年11月28日,两年重整计划执行期满。2019年6月14日,宁波市中级人民法院就“华丰建设破产重整案”,出具重整计划执行完毕、管理人监督职责终止的民事裁定书,宣告了“华丰建设破产重整案”,获得了圆满成功。

【管理人履职情况】

管理人在这3年履职期间,共接收债权申报697笔,受理申报债权金额合计约201亿元。经管理人逐笔审核,合计核减债权170亿元,最终经法院裁定确权债权约31亿元。

同时,在管理人入驻企业时,移交给管理人的债务人财产价值约为7600万元(主要为部分建筑房产资产)。管理人通过创新变现壳资源价值,勤勉清收应收账款,最终实现债务人资产约2.59亿元(其中,增加壳资源变现价值6500万元,应收账款实现清收约7600万元),大幅增加了债务人破产资产。

【案件办理的特色及效果】

1.“华丰建设破产重整案”通过“信誉修复”“资质平移”等一系列措施,创造性地通过“反向剥离出售式重整”的模式,从根本上解决了建筑企业壳资源重整的难题。通过将建筑企业特级资质反向剥离出壳公司,以确保特级资质的完整性和清洁性,完成了建筑企业壳资源的完整利用。这在省内乃至全国的建筑企业破产案例中,可能都是首例(我们在向住建部申请资质平移的时候了解到,此前还没有建筑企业在破产程序中申请资质平移,最终获批的成功案例)。

2.通过“隔离式”保护在建工程,对于能够按照原承包合同继续履行的优质项目,在确保项目满足继续履行条件的情况下,对项目合同予以“继续履行”,实现了优质在建项目在破产重整中的继续建设,有效保障了工程建设和社会稳定。

3.该案的办理及成功,实现了法律效果与社会效果的双统一。“华丰建设破产重整案”作为宁波地区有史以来规模最大的建筑企业破产重整案,从受理破产到重整计划通过,短短两年时间获得重整成功。原来清算清偿债权清偿率几乎为零,劳动债权、在建工程难以保障,社会维稳压力巨大。通过重整,劳动债权、抵押债权得到保障,普通债权得以按重整计划清偿,在建工程得以继续建设,华丰建设的壳资源得以完整的平移和继承。无论从债务人角度,还是债权人角度,各方利益都得到了公平有效的维护。

八、“绍兴远东石化有限公司破产清算案”

【案件基本情况】

绍兴远东石化有限公司(以下简称远东石化)始建2003年,注册资本39.52亿元,总占地1370亩,员工796人。公司拥有PTA产能320万吨,2014年销售110亿元。由于PTA产能过剩,出现行业性亏损,且企业本身负债率高、流动资金短缺等原因,自2015年年初起无法维持正常生产经营。2015年7月23日,绍兴市柯桥区人民法院(以下简称柯桥法院)正式受理远东石化破产清算申请。

【管理人履职情况】

2015年9月12日,远东石化第一次债权人会议在柯桥法院召开。

2016年3月28日,柯桥法院宣告远东石化破产。

2016年4月8日、5月3日、6月27日管理人分别委托人民法院通过淘宝网司法拍卖网络平台对远东石化生产性资产整体进行3次拍卖,均流拍。

2016年8月8日,管理人在《浙江日报》发布变卖公告,变卖价格10.14亿元,仅有一人报名参加变卖并缴纳保证金。

2016年12月17日,远东石化第二次债权人会议在柯桥法院召开。会议主要审议并表决通过了远东石化破产财产分配方案。

2019年11月25日,管理人制定最终分配报告,列入最终分配的款项达1.2亿元。

2019年12月23日,柯桥法院裁定终结远东石化的破产清算程序。

【案件办理的特色及效果】

"远东石化破产清算案"是企业破产法实行以来绍兴地区单体涉案金额最大的一起破产案件,涉及巨额金融债权,而贷款情况极具历史特色,各银行对破产走向持不同态度,给管理人的协调工作带来挑战。该案办理的主要特色有:(1)主动接洽意向投资,实现主体资产最终变价;(2)灵活处置各类资产,实现资产处置共同推进;(3)监管维护设备状态,实现主体设备最大保值;(4)自行选择补偿方案,实现职工补偿灵活处置;(5)积极排除各类障碍,实现外资参与淘宝竞拍;(6)精心设计变卖方案,实现留底税收合法变现。

远东石化破产清算案件得到了地方党委、政府、上级法院、省高级人民法院的协调与支持,同时也离不开柯桥法院全面指导和极力支持,离不开管理人团队协作一致。该案的成功办理,坚定了党委政府对以破产清算方式解决企业困境的信心,处理过程中,没有出现不稳定因素,没有发生安全事故,职工问题处置平稳,两次债权人会议平稳有序,资产的快速处置和分配为各家债权银行化解不良资产赢得了时间,也为人民法院、管理人积累了丰富的实践经验。

九、"湖州汇泰置业有限公司破产清算案"

【案件基本情况】

湖州汇泰置业有限公司(以下简称汇泰公司)开发的"星汇半岛"小区二期,

共有1957套住宅、43套商铺、980个车位，项目于2014年完工交付。汇泰因拖欠巨额工程款发生民工讨薪上访、小区因质量问题导致入住业主投诉不断；汇泰公司债务高达10多亿元。2017年湖州市中级人民法院通过裁定受理破产清算并指令吴兴区人民法院审理；同时，指定浙江银湖律师事务所担任管理人。

【管理人履职情况】

管理人履职中，核实认定各类债权16亿元，其中工程款优先债权23户涉及金额2.67亿元、抵押债权5户涉及金额6.32亿元，而项目又欠缴1000余万元的物业专项维修基金及房屋保修金。汇泰公司实际资产为530余套商品房及190个车位，评估价仅为7.45亿元，其中95%以上商品房已设定抵押。一旦处置分配不当，不仅影响已入住业主的合法权益，又将进一步损害广大农民工的权益或金融债权的合法利益。

【案件办理的特色及效果】

在该案中，管理人对破产清算中遇到的普遍性问题给出了科学的解决方法，最大限度地化解了广大业主及农民工这两大群体性矛盾，并且获得了良好的社会效果。主要工作亮点：

1. 小区整体利益与债权人利益兼顾保护。通过债权人会议表决机制，确认购房消费者利益保护包括售后维修，同时为提升空置房源的潜在价值，将欠缴的物业维修基金、房屋质保金等列为共益债务，对共益债务适用范围作扩大化理解，彻底解决小区物业维护这一民生问题。

2. 多项工程款优先权并存时平衡保护。住宅小区除主体工程外，道路、绿化等配套工程的成本已实际分摊至每一套商品房的总价中，已实际形成物的混同。通过引导该类债权人以协商方式确定在商品房变现价款中扣除土地价款外部分（建筑物本身价款），由各个工程价款优先权人按债权比例清偿，实现了实质上的公平受偿。

3. 工程款优先权与抵押优先权并存时分别保护。充分利用科学的评估方法合理区分商品房中建筑物及土地使用权比例，工程款优先债权人仅对建筑物本身变现款享有优先受偿权；土地使用权变现款则仅能用于清偿抵押优先权。

十、“李某个人债务集中清理案”

【案件基本情况】

债务人李某因企业经营不善对外欠下巨额债务,但目前其家庭收入也仅够维持日常生活,无力偿还全部债务,遂向温州市瓯海区人民法院申请个人债务集中清理,法院于2019年8月7日受理李某个人债务集中清理案,并指定浙江泽商律师事务所担任管理人。

债务人名下主要财产有房屋征收安置补偿款940余万元,村委会发放的款项和存款共计19余万元等。债务总额逾2000万元,债权人有21户,其中2户为商业银行;债务人共被3家法院强制执行,其中,1家为广州的法院。

【案件办理的特色及效果】

该案的关键难点在于法律规定的不完善,实务操作中遇到了诸多的技术难题。各债权人对该程序不理解,不配合管理人的工作。债务人也因该案引起广泛关注,而造成了巨大的心理压力,曾多次试图放弃。

该案的特色在于在温州市中级人民法院《关于个人债务集中清理的实施意见(试行)》的基础上,参照企业破产法创设了个人债务表决机制,使清偿方案得以顺利通过。另外,该案的顺利办理也使法院21件执行案件得以终结,使法院强制执行变成债务人自愿履行,为法院执行程序提供了新思路、新途径。

通过该类案件的办理,社会各界树立破产免责理念,同时明确“诚实”对债务人的价值指引,为“诚实而不幸”的自然人提供救济途径,为今后个人破产制度的建立提供有效的参考价值,有助于完善我国破产法律体系,同时也有利于化解法院执行难,推动营商环境进一步优化。

三、浙江省高级人民法院关于破产审判相关的司法规范性文件

关于印发《浙江法院个人债务集中清理（类个人破产）工作指引（试行）》的通知

本省各级人民法院、宁波海事法院：

《浙江法院个人债务集中清理（类个人破产）工作指引（试行）》已经浙江省高级人民法院审判委员会第2820次会议通过，现印发给你们，作为进一步探索和开展个人债务集中清理工作的业务参考，实践中如遇有问题，请及时报告我院民五庭。

一、基本原则

1. 依法合规，开展个人债务集中清理工作，应当坚持法治思维和法治方式，在现行法律框架内，依法合规开展工作，保障各方当事人的合法权益。

2. 鼓励探索，积极探索通过附条件的债务免除、诚信财产申报、合理确定“生活必需品”以实现破产制度中豁免财产的制度目的等途径，在个人债务集中清理工作中充分探索个人破产的制度因素。

3. 府院联动，积极推动政府相关部门在财产登记、公职管理人、专项资金、信用体系建设等方面优化个人破产的制度环境。

二、管　　辖

4. 符合以下条件的基层人民法院可以开展个人债务集中清理工作:

(一)自然人债务人住所地、经常居住地或主要财产所在地在该基层人民法院辖区内;

(二)该基层人民法院有以该自然人作为被执行人的强制执行案件。

5. 债务人向两个以上符合条件的人民法院申请的,由最先立案的人民法院开展个人债务集中清理工作。

三、申请和受理

6. 具有浙江省户籍,在浙江省内居住并参加浙江省内社会保险或缴纳个人所得税连续满三年的自然人不能清偿到期债务,资产不足以清偿全部债务或者明显缺乏清偿能力,可以依照本指引申请开展个人债务集中清理工作。

个体工商户可以参照本指引进行债务集中清理。

7. 债务人申请个人债务集中清理的,应当由本人提交下列材料,并现场签名:

(一)个人债务集中清理申请书;

(二)财产状况申报;

(三)债权人清册;

(四)债务方面的证据、收入和支出的证据;

(五)诚信承诺书;

(六)法院认为需要的其他材料。

8. 人民法院可以在诉讼服务中心引入管理人工作人员,就个人债务集中清理工作的受理条件、程序、法律后果等事项向债务人进行释明和引导。

9. 人民法院在个人债务集中清理案件审查受理阶段,可以召集已知债权人听证会,向债权人释明个人债务集中清理程序在引入管理人进行财产调查、债务人财产申报等方面的程序利益,引导债权人作出附条件的债务免除承诺。

人民法院可以将债权人附条件的债务免除承诺作为启动个人债务集中清理

工作的条件之一。

10. 人民法院在收到符合条件的个人债务集中清理申请之日起三十日内裁定是否受理。

11. 人民法院可以自裁定受理个人债务集中清理申请之日起二十日内发布受理公告。公告可以载明下列事项:

(一)债务人姓名;

(二)人民法院裁定受理个人债务集中清理申请的时间;

(三)限制债务人行为的决定;

(四)管理人姓名或者名称及地址;

(五)债权人会议召开的时间、地点和方式;

(六)人民法院认为需要公告的其他事项。

12. 债务人申请个人债务集中清理属于主动纠正失信行为,人民法院裁定受理个人债务集中清理申请的,可以依照《最高人民法院关于公布失信被执行人名单信息的若干规定》决定提前删除失信信息。

13. 人民法院受理后,对于以进行个人债务集中清理的自然人作为被执行人的执行案件,受理个人债务集中清理申请的人民法院在浙江省范围内可以向执行案件的共同上级法院申请集中指定执行。

共同上级法院一般应当集中指定执行。

14. 自人民法院受理个人债务集中清理申请之日起至程序终结之日或者债务人行为考察期满之日止,债务人不得有以下消费行为:

(一)乘坐交通工具时,选择飞机商务舱、头等舱、列车软卧、轮船二等以上舱位、G字头高速动车组旅客列车二等及其他动车组一等以上座位;

(二)在三星级以上宾馆、酒店、夜总会、高尔夫球场等场所进行消费;

(三)购买不动产或者新建、扩建、高档装修房屋;

(四)租赁高档写字楼、宾馆、公寓等场所办公;

(五)购买机动车辆;

(六)旅游、度假;

(七)子女就读高收费私立学校;

(八)支付高额保费购买保险理财产品;

(九)其他非生活和工作必需的消费行为。

15. 债务人在依本指引进行债务清理期间,应当履行下列义务:

(一)妥善保管其占有和管理的财产、文书资料,并根据管理人要求及时完整移交,不得擅自处分其所有的财产;

(二)接受人民法院或者管理人的调查询问,如实全面申报财产及债权债务;

(三)出席债权人会议、听证会,接受债权人的质询;

(四)未经人民法院许可,不得出境;

(五)姓名、联系方式、住址等个人信息发生变动或者需要离开住所地时,及时向人民法院、管理人报告;

(六)遵守本指引第14条有关限制高消费的规定;

(七)不得对债权人进行个别清偿,但个别清偿使债务人财产受益的除外;

(八)人民法院认为需要履行的其他义务。

上述第(一)至第(三)项的规定,适用于与债务人共同生活的近亲属或者其他利害关系人。

16. 人民法院受理个人债务集中清理申请后,发现债务人不符合本指引第6条规定情形的,应当裁定驳回申请。

17. 申请个人债务集中清理,人民法院暂不收取申请费用。

有执行案件的,执行案件的申请费由债务人负担。

18. 个人债务集中清理工作中管理人执行职务的费用、报酬和聘用工作人员的费用等可以从各地设立的破产专项资金中列支。

四、财产申报

19. 债务人应当在申请时向人民法院书面报告本人及其配偶、未成年子女以及其他共同生活的近亲属名下的财产情况:

(一)收入、银行存款、现金、支付宝等第三方支付工具中的财产、理财产品、有价证券等;

(二)土地使用权、房屋等不动产;

(三)交通运输工具、机器设备、产品、原材料、个人收藏的文玩字画等动产;

(四)债权、股权、投资权益、基金份额、信托受益权、知识产权等财产性权利;

(五)其他具有处置价值的财产。

债务人的财产已出租、已设立担保物权等权利负担,或者存在共有、权属争议等情形的,应当一并申报;债务人的动产由第三人占有,债务人的不动产、特定动产、其他财产权等登记在第三人名下的,应当一并申报。

20. 自人民法院裁定受理个人债务集中清理申请之日前两年内,债务人财产发生下列变动的,债务人应当一并如实申报:

(一)赠与、转让、出租财产;

(二)在财产上设立担保物权、地役权等权利负担;

(三)放弃债权或者延长债权清偿期限;

(四)一次性支出五万元以上大额资金;

(五)因离婚、继承而分割共同财产;

(六)提前清偿未到期债务;

(七)其他重大财产变动情况。

21. 人民法院开展个人债务集中清理工作期间,债务人应当定期向人民法院申报财产变动情况。

22. 人民法院应当保留债务人及所扶养的家属的生活必需费用和必需品不受执行,人民法院可以依照《中华人民共和国民事诉讼法》第二百四十四条规定认定下列财产属于"生活必需品":

(一)债务人及其所需要抚养、赡养和扶养的家庭成员生活、学习、医疗的必需品和合理费用;

(二)因债务人职业发展需要必须保留的物品和合理费用;

(三)对债务人有特殊纪念意义的物品;

(四)无现金价值的人身保险;

(五)勋章或者其他表彰荣誉的物品;

(六)专属于债务人的人身损害赔偿金、社会保险金以及最低生活保障金;

(七)根据法律规定或者基于公序良俗不应当用于清偿债务的其他财产。

前款规定的财产,价值较大、不用于清偿债务明显违反公平原则的,不认定为生活必需品。

23. 债务人应当自人民法院受理裁定送达之日起十五日内向管理人提交"生活必需品"清单,并列明财产对应的价值或者金额。

五、管 理 人

24. 个人债务集中清理工作中,可以指定列入破产管理人名册的社会中介机构及其执业律师、执业注册会计师,或者政府部门的公职管理人,担任个人债务集中清理工作的管理人。

也可以由债权人及债务人共同协商在列入名册的机构及其执业律师、执业注册会计师,或政府部门的公职人员中选定管理人。

企业破产案件中,将实际控制人、股东等的个人债务集中清理工作一并纳入的,由破产案件管理人担任个人债务集中清理工作的管理人。

25. 管理人应当勤勉尽责,忠实执行职务。

26. 管理人履行下列职责:

(一)调查核实债务人的基本情况;

(二)通知已知债权人申报债权;

(三)审查债权,并制作债权表;

(四)调查核实债务人财产申报情况,并制作债务人财产报告;

(五)提出对债务人生活必需品(豁免财产)清单的意见;

(六)拟定财产分配方案并实施分配;

(七)提议、协调召开债权人会议;

(八)管理、监督债务人在考察期的行为;

(九)人民法院认为管理人应当履行的其他职责。

27. 公职管理人原则上不另行收取报酬。

执业律师、执业注册会计师被指定为管理人的,可以在各地设立的破产专项资金中支付报酬。

企业破产案件中,将实际控制人、股东等的个人债务集中清理工作一并纳入的,管理人报酬可以按照《最高人民法院关于审理企业破产案件确定管理人报酬的规定》一并确定。

六、财产调查、核实

28. 对债务人申报的财产情况,人民法院应当及时调查核实,必要时可以组织当事人进行听证。

(一)人民法院应当通过网络执行查控系统对被执行人的存款、车辆及其他交通运输工具、不动产、有价证券等财产情况进行查询、核实;

(二)经债权人申请,根据案件实际情况,可以依法采取审计调查、公告悬赏等调查、核实措施;

(三)其他必要的调查核实措施。

29. 管理人可采取询问、查询、走访等多种方式,对债务人的财产进行全面调查核实,其中债务人居住地及存放个人财产情况应当进行调查核实。

管理人应向公安、民政、村(居)委会、工作单位、人民银行、金融机构、信息查询平台、不动产登记、车辆管理、知识产权、公积金、社会保障、市场监督管理、税务、法院执行等部门和机构调取债务人必要信息资料,具体调查工作包括但不限于以下方面:

(一)通过公安部门调查债务人家庭人口信息,包括其父母、子女、配偶、兄弟姐妹等;如与父母分户的,则进一步查询户籍的原始档案,了解当时的家庭成员情况;

(二)通过公安部门调查债务人住宿登记及出入境记录,必要时,对债务人直系亲属的住宿登记及出入境记录情况进行调查;

(三)通过民政部门调查债务人婚姻存续情况,如涉离婚,则需了解子女抚养及财产分割情况;

(四)通过村(居)委会调查债务人家庭常住人口情况、村集体经济分红情况以及拆迁补偿情况等;

(五)通过债务人工作单位调查债务人工作情况、工资水平及其福利等情况;

(六)通过人民银行调查债务人征信情况、银行开户、信用卡办理、贷款、担保、被担保情况;

(七)通过金融机构调查债务人开户情况、资金存取记录及账户余额;

(八)通过市场监督管理部门、信息查询平台调查债务人持股情况以及担任企业职务等情况;

(九)通过不动产登记部门调查债务人名下不动产情况;

(十)通过车辆管理部门调查债务人名下车辆情况;

(十一)通过知识产权部门调查债务人名下专利权、商标权、著作权等知识产

权情况;

(十二)通过公积金管理部门调查债务人公积金存取记录及账户余额;

(十三)通过社会保障部门调查债务人养老保险、医疗保险缴存、领取情况;

(十四)通过税务部门调查债务人税款缴纳及欠税情况;

(十五)通过法院调查债务人涉诉案件及其执行情况;

(十六)通过上海证券交易所、深圳证券交易所调查债务人股票交易情况;

(十七)调查债务人使用支付宝、微信等第三方支付平台有关情况。必要时,对债务人近亲属的支付宝、微信等第三方支付平台有关情况进行调查。

30. 管理人需对调查获取的有关信息、资料进行全面、综合分析,重点审查以下事项,包括但不限于:

(一)根据债务人日常开支情况,审查债务人名下银行对账单、第三方支付平台账户是否存在异常收支记录;

(二)审查债务人住房公积金账户支取记录与债务人购房、装修记录是否匹配;

(三)审查财产权益状况及财产权益处置资金去向;

(四)审查债务人配偶、父母、子女等近亲属名下资产与其收入是否匹配;

(五)审查是否存在挥霍消费行为;

(六)审查是否存在未履行完毕合同;

(七)审查是否存在放弃债权、放弃债权担保、无偿转让财产等方式无偿处分财产权益,或者恶意延长其到期债权的履行期限,影响债权人利益情况;

(八)审查是否存在以明显不合理的低价转让财产、以明显不合理的高价受让他人财产或者为他人的债务提供担保,影响债权人的债权实现情况;

(九)审查是否存在虚构债务或承认不真实的债务情况;

(十)审查是否存在恶意串通,签订合同损害债权人利益情况;

(十一)审查是否存在虚假诉讼,损害债权人利益情况;

(十二)审查是否存在其他违反法律、行政法规强制性规定,损害债权人利益的行为。

31. 因管理人自身客观原因,无法调查或核实债务人财产的,可以申请由人民法院依职权调查核实或签发调查令,有关部门和机构应当配合管理人的调查。

管理人为调查事实,就债权、财产等争议,可以通知相关人员到指定场所接受询问或者提交书面陈述意见。

32. 管理人应当及时完成债务人财产状况调查报告,并对生活必需品(豁免财产)清单提出意见,财产状况调查报告提交债权人会议审查。

七、债 权 申 报

33. 债权人申报债权时,应当书面说明债权的数额和有无财产担保,并提交有关证据。申报的债权是连带债权的,应当予以说明。

连带债权人可以由其中一人代表全体连带债权人申报债权,也可以共同申报债权。

附条件、附期限的债权和诉讼、仲裁未决的债权,债权人可以申报。

债务人的保证人或者其他连带债务人已经代替债务人清偿债务的,以其对债务人的求偿权申报债权。债务人的保证人或者其他连带债务人尚未代替债务人清偿债务的,以其对债务人的将来求偿权申报债权。但是,债权人已经向管理人申报全部债权的除外。

34. 管理人收到债权申报材料后,应当登记造册,对申报的债权进行审查,并编制债权表。

根据债权性质可分为享有特定财产担保债权,赡养费、抚养费、扶养费请求权,雇用人员债权、税收债权、普通债权。管理人应在债权表对每笔债权性质进行列示。

35. 管理人编制的债权表,应当提交债权人会议核查。

八、债权人会议

36. 第一次债权人会议由人民法院召集,以后的债权人会议,在人民法院认为必要时,或者管理人、所代表债权额占债权总额四分之一以上的债权人提议时召开。

召开债权人会议,管理人应当提前十五日通知已知债权人,并提前三日告知会议内容。

37. 第一次债权人会议自人民法院裁定受理个人债务集中清理申请之日起

三十日内召开,重点对申请执行人和其他已知债权人释明以下内容:

(一)执行程序的功能主要在于对"有履行能力而拒不履行生效法律文书确定义务"的被执行人进行强制执行;

(二)债务人无履行能力的,属于市场交易风险或者是由于债务人意志以外的特定原因;

(三)个人债务集中清理程序在债务人配合、财产调查、专项资金援助等方面的优势;

(四)人民法院认为需要释明的其他事项。

38. 经过债权人会议释明,尽可能引导债权人同意或者附条件同意免除债务人的剩余债务,所附条件主要是"个人债务集中清理期间债务人如实申报财产并经处置分配"。

39. 债权人会议行使下列职权:

(一)核查债权;

(二)监督管理人;

(三)申请人民法院更换管理人,审查管理人的费用和报酬;

(四)审议生活必需品(豁免财产)清单;

(五)审议债务人财产情况报告;

(六)审议财产调查情况;

(七)审议财产分配方案;

(八)人民法院认为应当由债权人会议行使的其他职权。

债权人会议应当对所议事项的审议情况作成会议记录。

40. 债权人会议可以探索采用双重表决规则等方式,即首先由全体债权人一致同意通过一项表决规则,然后再根据通过的表决规则对财产分配方案等事项进行表决,以有效推进清理程序。

41. 债权人会议对债务人生活必需品(豁免财产)清单的审议结果,作为人民法院依据《中华人民共和国民事诉讼法》第二百四十四条确定"被执行人及其所扶养家属的生活必需品"范围、金额的重要依据。

42. 债务人应当出席债权人会议并接受质询。

债权人可以在债权人会议召开十日前,以书面方式陈述具体理由,要求管理人通知债务人的配偶及成年直系亲属列席债权人会议并接受质询。

债务人、债务人配偶及成年直系亲属经管理人通知无正当理由拒绝接受质询的,视为其具有不诚信行为,人民法院可以视情况终结个人债务集中清理程序。

九、债务清理

43. 管理人应当及时拟订债务人财产变价方案,提交债权人会议审议。变价出售债务人财产应当以价值最大化为原则,兼顾处置效率。

44. 执行案件移送个人债务集中清理的,可在执行程序中先行进行财产变价处置,但财产分配应在个人债务集中清理程序中依法进行。

债务人财产因变现费用高于财产价值等原因,不宜进行处置和分配的,管理人经报告人民法院,可以放弃处置并归还债务人。

45. 管理人通过网络拍卖的方式处置债务人财产,应当参照人民法院关于拍卖和变价的有关规定,在公开的交易平台进行。

财产拍卖底价应当参照市场价格确定,也可以通过定向询价、网络询价确定。网络拍卖两次流拍的,管理人可以通过网络变价等方式进行处置。但是,债权人会议另有决议或者法律、行政法规另有规定的除外。

46. 对债务人的特定财产享有担保权的权利人,对该特定财产享有优先受偿的权利。

债权人行使优先受偿权利未能完全受偿的,其未受偿的债权作为普通债权;放弃优先受偿权利的,其债权作为普通债权。

47. 人民法院受理个人债务集中清理申请后发生的下列费用,为清理费用:

(一)个人债务集中清理案件的申请费;

(二)管理、变价和分配债务人财产的费用;

(三)管理人执行职务的费用、报酬和聘用工作人员的费用。

48. 人民法院受理个人债务集中清理申请后发生的下列债务,为共益债务:

(一)因管理人或者债务人请求对方当事人履行双方均未履行完毕的合同所产生的债务;

(二)债务人财产受无因管理所产生的债务;

(三)因债务人不当得利所产生的债务;

(四)为债务人继续营业或者生活必需而应支付的他人的劳动报酬或者应缴纳的社会保险费用,以及由此产生的其他债务;

(五)管理人或者相关人员执行职务致人损害所产生的债务;

(六)债务人财产或者行为致人损害所产生的债务,以及其他必须由债务人承担的侵权损害赔偿债务;

(七)债务人因紧急避险所产生的债务。

49. 债务人财产在优先清偿清理费用和共益债务后,其他债务依照下列顺序清偿:

(一)债务人欠付的赡养费、抚养费、扶养费;

(二)债务人所欠雇用人员的工资和医疗、伤残补助、抚恤等费用,应当缴入雇用人员个人账户的基本养老保险、基本医疗保险等社会保险费用,以及依法应当支付给雇用人员的补偿金;

(三)债务人所欠税款;

(四)普通债权,其中债务人的配偶以及前配偶、共同生活的近亲属以及成年子女不得在其他普通债权人未受完全清偿前,以普通债权人身份获得清偿。

债务人财产不足以清偿同一顺序债权的,按照比例分配。

50. 管理人应当及时拟订债务人财产分配方案,提交债权人会议审议。债务人财产分配方案应当载明下列事项:

(一)参加债务人财产分配的债权人名称或者姓名、住所;

(二)参加债务人财产分配的债权额;

(三)可供分配的债务人财产数额,包括现有的债务人财产以及良好行为考察期内可能获得的可用于清偿债务的收入部分;

(四)债务人财产分配的顺序、比例及数额;

(五)实施债务人财产分配的方法;

(六)其他需要载入财产分配方案的内容。

债权人会议通过债务人财产分配方案后,由管理人将该方案提请人民法院裁定认可。

51. 管理人负责债务人财产分配方案的执行。分配应当以货币分配方式进行。但是,债权人会议另有决议的除外。

52. 有未来稳定可预期收入的债务人,可以通过债务重整的方式进行个人债务集中清理。

53. 债务人或者管理人可以引入金融机构等第三人作为投资人参加个人债务集中清理程序,采用向第三人融资的方式清偿原有债务。第三人可以要求债务人提供相应的担保。

十、程序终结

54. 人民法院受理个人债务集中清理申请后,发现债务人存在下列情形之一的,可以裁定终止个人债务集中清理程序:

(一)债务人在申请书或者财产申报等文件中,存在不完整、有错误或者其他误导的情况;

(二)债务人在申请前两年内,进行过低价处置财产或者恶意的偏颇性清偿行为;

(三)管理人就债务人申请中的情况询问债务人,债务人未能在规定期限内作出正式的答复;

(四)债务人存在不诚信行为等需要终止个人债务集中清理程序的其他情形。

终止个人债务集中清理程序后,符合条件的,人民法院应当依照相关规定对债务人采取纳入失信被执行人名单等强制执行措施。

55. 债务人无财产可供分配的,管理人应当请求人民法院裁定终结个人债务集中清理程序。

管理人在最后分配完毕后,应当及时向人民法院提交债务人财产分配报告,并提请人民法院裁定终结个人债务集中清理程序。

人民法院应当自收到管理人终结个人债务集中清理程序的请求之日起十五日内作出是否终结个人债务集中清理程序的裁定。

56. 人民法院裁定终结个人债务集中清理程序后,对于同意免除债务人剩余债务的执行案件,以《中华人民共和国民事诉讼法》第二百五十七条第六项为由终结对债务人的执行。

对于不同意免除债务人剩余债务的执行案件,在符合设置了五年行为考察期等条件的情况下,可以裁定终结执行。

57. 所有债权人均同意免除剩余债务并终结执行的,不设行为考察期。也可将设置行为考察期作为同意免除剩余债务的条件。

有债权人不同意免除债务人剩余债务或者将设置行为考察期作为同意免除剩余债务的条件的,行为考察期为裁定终结个人债务集中清理程序后的五年。

58. 债务人在行为考察期内应当继续履行人民法院作出的限制行为决定规定的义务。

十一、法律责任

59. 债务人或其他利害关系人违反本指引有关规定,有下列行为之一的,由人民法院依法予以训诫、拘传、罚款、拘留;构成犯罪的,依法追究刑事责任:

(一)拒不配合或协助人民法院、管理人调查,拒不回答询问,或者拒不提交相关资料;

(二)提供虚假、变造资料,作虚假陈述或者误导性陈述;

(三)故意实施或协助实施隐匿、转移、毁损、不当处分财产、财产权益及财务凭证等资料物件,或者其他不当减少财产价值的行为;

(四)其他的妨害行为。

60. 管理人未勤勉尽责、忠实执行职务,给债务人、债权人或者其他利害关系人造成损失的,参照《企业破产法》及其司法解释的有关规定依法承担赔偿责任。

61. 管理人怠于履行或者不当履行职责的,由人民法院责令改正,并可以采取降低管理人报酬、依职权更换管理人等措施;人民法院可以暂停其任职资格或者将其从管理人名册中除名。

管理人与他人恶意串通,妨害个人债务集中清理的,由人民法院依法予以训诫、拘传、罚款、拘留;构成犯罪的,依法追究刑事责任。

浙江省高级人民法院

2020年12月2日

附件:浙江法院个人债务集中清理(类个人破产)工作情况通报

附件:

浙江法院个人债务集中清理(类个人破产)工作情况通报

浙江省高级人民法院党组成员、副院长　徐建新

(2020年12月3日)

各位新闻媒体界的记者朋友:

大家上午好!2019年2月27日,最高人民法院在《关于深化人民法院司法体制综合配套改革的意见》中首次提出研究推动建立个人破产制度。7月16日,国家发展改革委等13部门出台《加快完善市场主体退出制度改革方案》,明确要研究建立个人破产制度,重点解决企业破产产生的自然人连带责任担保债务问题。2020年5月11日,中共中央、国务院在《关于新时代加快完善社会主义市场经济体制的意见》中要求"健全破产制度,改革完善企业破产法律制度,推动个人破产立法"。随着上述文件的发布,我国个人破产制度建立的脚步声已经清晰可闻。

浙江是民营经济大省,是改革开放的先行省份,在个人破产领域,浙江法院实践先行,自2018年起便由点到面积极稳妥地开展个人破产工作的探索。从对个人破产制度进行具体案件的试点,到在总结实践经验的基础上,先行建立个人债务集中清理的相关工作机制,再到目前从高级人民法院层面出台工作指引,在全省推动具有个人破产制度功能的个人债务集中清理工作,浙江法院近年来的实践,为个人破产制度立法提供了重要的实践素材和浙江样本。

一、开展个人债务集中清理(类个人破产)工作的重要意义

破产法律制度是社会主义市场经济法律体系的一项基础性制度,是市场经济体系的一项基础设施。开展个人债务清理(类个人破产)工作,具有四个方面的重要作用。第一,债务人"破产保护"功能,可以给"诚实而不幸"的债务人一个脱离债务枷锁、东山再起的出路。当然,在此同时,也要严防恶意逃债。总体来讲,债务人可以区分为两类,一类是"诚实而不幸"的债务人,应该给予一个区别于强制执行的相对宽容的制度出路;另一类是"有履行能力而拒不履行生效法律文书确定义务"的债务人,要坚决通过强制执行制度实现债权。第二,债权人公平清偿功能,破产程序是一个债权债务的集中清理程序,在"公平兼顾优先"的

基础上平衡保护债权人的利益,实现债权人的公平清偿。第三,债权人教育和风险警示功能。市场经营总有风险,是否出借款项给债务人,风险的第一把控者在于债权人自己,债权人要有这样的风险意识,就是债务人是有可能“破产”的,在出借款项的时候充分考虑、慎重把握。第四,促进市场体系健全运行功能,推动完善市场退出机制和社会诚信体系建立,提升社会治理体系和治理能力。个人破产制度能为从事市场经营的自然人主体提供规范化的市场退出通道;也能为普通的市场消费主体提供债权债务集中清理的制度平台,促进人力资源要素作用充分发挥,推动整个市场经济体系规则更为健全、运转更为顺畅。

温州、台州、丽水遂昌等地的司法实践,通过参照个人破产制度,在进一步财产调查和清算基础上,通过附条件的执行和解或金融机构一致行动,形成个人债务清偿方案,为陷入严重财务困境但诚实守信的自然人提供债务重组、回归正常生活的机会。通过债务人申报财产并接受质询、第三方融资、人民法院和管理人调查核实等,债权人的知情权、实现清偿利益等得到了更好保障,实现了法律效果、社会效果的统一。

二、浙江法院个人债务集中清理工作开展的总体情况

自2018年底以来,以温州、台州、丽水遂昌为代表的浙江法院个人破产制度的探索逐步展开。温州、台州等地法院积极开展个人破产制度试点工作,在具有个人破产实质功能的个人债务集中清理案件办理方面实现“破冰”。丽水市中级人民法院联合遂昌县人民法院为畅通执行不能案件依法退出路径而开展的“个人债务重整”工作,探索出了个人债务重整的遂昌样式。

截至2020年9月30日,全省共受理个人债务集中清理案件237件,其中,台州137件,占比过半,温州56件,丽水41件,其他地区案件受理量较少。共计办结个人债务集中清理案件147件,其中,台州80件,温州、丽水均为33件,绍兴1件。在所有受理与办结的案件中,全省个人债务集中清理案件与企业破产案件一并受理的受理量为5件,办结量为4件,均在温州。从审结的案件中,我们选编了8个典型案例进行公开发布。

在债务及清偿方面,据不完全统计,截至2020年9月30日,全省个人债务集中清理涉案债务总额共计2.027亿元,其中担保债务额2573.251万元,普通债务额1.77亿元。共清偿3350.349万元,平均清偿率为16.53%,其中担保债务共清偿264.364万元,清偿率为10.27%;普通债务共清偿3085.986万元,清偿率为

17.44%。值得注意的是,温州涉案金额较大,其个人债务集中清理涉案债务金额为1.0094亿元,约占全省总额的50%,清偿金额为2309.492万元,约占全省清偿金额的68.93%。

在债权人数方面,全省个人债务集中清理案件涉案债权人共计685人,其中涉及金融债权人138人。在涉及执行案件方面,全省个人债务集中清理案件涉及执行案件712件,涉及执行标的金额2.482亿元。

温州、绍兴、金华、丽水、台州等地根据实践情况,配合府院联动,出台了相关文件。

三、进一步开展个人债务集中清理工作面临的主要困难

一是法律制度供给不足。现在浙江法院开展这项工作,只能在现行法律框架内进行,虽然已经尽可能进行了一些探索、创新,但因缺乏法律制度支撑,个人破产中的核心制度,如破产免责等,还只能取决于债权人的同意。债权人的表决机制存在局限。一方面是金融债权人因审批机制等原因,在涉及债务减免需由全体债权人表决通过个人债务集中清理方案时,通常会投反对票或弃权票,因此如何获得金融债权人的支持是目前碰到的最大难点问题;另一方面是在债权人数多、债权种类复杂的案件中,由于表决规则的限制,个人债务清理方案很难获得通过。在夫妻联合清理的案件中,债权关系往往更复杂,更容易陷入表决困境。

二是打击"逃废债"需要规范和加强。在当前监督机制和法律框架下,债务人"逃废债"的行为仍不能完全杜绝,导致债权人对债务人的诚信度持怀疑态度,甚至多有抵触。尤其在债务清理方案通过后,对债务人后续行为考察期的监督机制能否到位、监督措施是否有效,债权人还有比较大的疑虑。

三是社会信用体系对当事人的约束需要强化。一方面,债权人与债务人对这项工作的知晓度、配合意愿不高。对于债权人来说,当个人债务清理机制并不能带来更多、更直接的利益时,不愿放弃权利也是本性使然。从债务人角度来看,部分债务人不了解个人债务清理机制的好处;同时,债务人或多或少存在失信问题,甚至存在逃避债务清偿的行为。从台州的实践来看,有不少案件因为债务人不配合管理人清算工作,导致恢复强制执行程序。另一方面,对于进入个人债务集中清理程序的"诚实而不幸"的债务人适度"松绑",也面临一些强制执行制度中的规则障碍,比如,对于终结本次执行程序的被执行人,按照规定必须纳

入失信被执行人名单和限制高消费等。

下一步,针对工作实践中出现的问题,全省法院会强化“三地一窗口”的使命担当,迎难而上,谋新招、出实招,充分发挥审判职能,为化解个人债务危机、优化营商环境、加强社会诚信体系建设提供更加强有力的司法保障。一是稳妥有序在全省推进个人债务集中清理工作,在人民法院内部尤其是要加强执行部门与破产审判部门在人员、财产申报、查控、处置等方面的衔接配合。这次我们发布的《工作指引》就是对全省法院的直接有力指导。二是推动配套制度的完善,通过府院联动机制平台,探索发挥政府相关部门在个人债务集中清理中的公共服务职能作用,如公职管理人、专项资金、财产信息查询、信用联合惩戒等。三是积极推动个人破产的地方立法。

无论如何,浙江法院的实践探索刚刚开始。个人破产制度的建立、运行需要社会各界包括媒体记者朋友的共同努力、关注、实践和推动。

最后,再次感谢各位媒体的朋友对人民法院工作的关注和支持,谢谢大家!

浙江省破产管理人动态管理办法(试行)

浙高法〔2020〕95 号

第一条 为完善管理人制度,加强对管理人的动态管理,根据《中华人民共和国企业破产法》、《最高人民法院关于审理企业破产案件指定管理人的规定》及本院管理人工作的相关规定等,结合本省企业破产审判工作实际,制定本办法。

第二条 管理人动态管理应坚持和遵循公平、公正、公开的原则,以激励和约束管理人依法、勤勉、忠实履职。

第三条 管理人动态管理工作由本院及各中级法院司法技术管理部门和破产审判业务庭共同负责,省、市破产管理人协会配合做好相应的管理工作。

第四条 建立信息化管理平台(以下简称“平台”,设置于“浙江省破产管理人网”),管理人应当在平台上注册、上传有关信息、资料。

破产案件管理人指定情况以及动态管理信息等需要公开的信息在平台上发布。

除法律规定的法律文书送达和其他特殊情形外,法院、破产管理人协会、管理人之间的资料传递均可在平台进行。

平台为管理人履职资料库的存储载体。

第五条 鼓励管理人加入省、市破产管理人协会,积极参加行业活动,促进行业自律和健康发展。

第六条 管理人应当依法履行职责,不得利用管理人身份从事违法行为以及其他与管理人工作相冲突的事务。

管理人应当勤勉履行职责,不得延误、妨碍破产进程。

管理人应当忠实履行职责,不得利用管理人身份为自己或他人谋取不正当利益。

管理人应当审慎履行职责,妥善管理债务人财产,避免因履职不当损害债权人、债务人等各方合法权益。

管理人应当亲自履行职责,受指定后无正当理由不得拒绝担任管理人,未经许可不得擅自将管理人职责全部或者部分转予他人。

第七条 建立管理人履职资料库,履职资料包括管理人的《履职报告》、团队建设、获奖荣誉、研究成果以及管理人培训、考核、评价、奖惩等资料,由管理人自行上传至平台。

第八条 管理人应当在每年3月底前将上一年度《履职报告》上传至平台,《履职报告》应包括但不限于以下内容:

(一)管理人机构、团队、人员等基本情况;

(二)报名竞争、受邀参与以及被随机指定担任管理人情况;

(三)担任管理人的破产案件情况(包括已结、未结案),列明案件基本信息、被指定为管理人的方式、办理情况、办理进度、办理评价以及管理人报酬收取、管理人报酬援助资金交纳等情况;

(四)执行管理人回避制度情况;

(五)担任管理人及相关工作所取得的荣誉和成绩;

(六)针对破产法及管理人工作开展的理论和实务研究成果;

(七)参加与管理人工作相关的业务培训、公共活动、破产文化宣传等情况;

(八)履职过程中遇到的法律、政策适用的疑难问题及解决问题的建议;

(九)对法院工作的评价,如在指定管理人、审理破产案件中的经验做法、存在的问题以及廉政纪律等情况;

(十)法院因工作需要要求管理人就特定事项提交的情况报告;

(十一)其他需要报告的情况。

第九条 建立常态化的管理人培训机制。本院会同省破产管理人协会每年度组织不少于一次管理人培训,全省管理人以及在我院备案的省外中介机构管理人应当参加培训。

各中级法院可根据本地实际,会同当地破产管理人协会开展辖区内的管理人培训工作。

第十条 建立管理人任职培训机制。初任管理人以及年度考核不合格的管理人应当参加管理人任职培训,培训合格后方能参加破产案件管理人的指定。

任职培训由本院指导省破产管理人协会开展。

第十一条 建立管理人个案评价机制。个案评价由案件受理法院负责,评价结果分为优秀、良好、合格、不合格。

管理人应在破产案件审结后 15 日内向法院提交工作报告、自评《管理人个案履职评价表》和相关的证明材料,法院在收到相关材料后 15 日内完成个案评价,并将评价结果书面反馈管理人。

管理人应在收到评价结果后 15 日内将评价结果上传至平台,管理人由多家中介机构联合组成的,由各中介机构分别上传。

第十二条 建立管理人年度考核机制。年度考核由法院组成考评委员会进行,考核结果分为优秀、良好、合格、不合格。

中级法院会同当地破产管理人协会对辖区内管理人(包括省级管理人)进行年度考核,对市级管理人的考核结果为终评结果,对省级管理人的考核结果为初评结果并报本院;本院会同省破产管理人协会对省级管理人、备案的省外中介机构在个案评价、中级法院初评结果的基础上进行年度考核。

管理人应在每年 3 月底前,将自评《管理人年度履职评价表》和相关证明材料上传至平台。

管理人对考核结果有异议的,5 日内向考核法院申请复核,考核法院在收到异议后 15 日内完成复核。

年度考核在每年 4 月底前完成,考核结果应当及时公开。

第十三条 建立管理人名册动态调整机制。管理人名册动态调整的信息应当及时公开,相关资料归入管理人履职资料库。

市级管理人由各中级法院根据破产案件审理需要,结合管理人退出、除名等情况,从符合条件的律师事务所、会计师事务所、破产清算事务所、税务师事务所等社会中介机构中增补,报本院备案后实施。

省级管理人根据管理人的管理能力择优和兼顾地区平衡的原则选取。中级法院范围内的省级管理人因降级、退出、除名等原因而减少的,在市级管理人中等额择优晋升,晋升由中级法院初评后报本院终评。本院可根据破产审判工作开展的实际需要增编省级管理人。

第十四条 管理人有下列情形之一的,一年内不得参与指定管理人工作,省级管理人降为市级管理人:

(一)年度内个案评价有一件不合格的;

(二)年度考核不合格的;

(三)违法或违反职业道德和执业行为规范造成不良后果的。

第十五条 管理人因组织架构、规模、人员等发生变化,无法继续履行管理人职责的,应当主动申请退出。

管理人有下列情形之一的,从管理人名册中除名,省外中介机构从本院备案名单中除名:

(一)同一年度个案评价有两件不合格的;

(二)年度考核连续两年不合格的;

(三)违法或违反职业道德和执业行为规范造成严重后果的。

管理人主动退出的,符合条件的仍可参加所在地中级法院管理人名册的增补;管理人被除名的,五年内不得参加管理人名册的增补。

管理人退出或被除名后,原则上不再担任破产案件管理人,案件受理法院应当及时更换管理人,原管理人应当做好履职交接工作。

第十六条 各中级法院可根据本地区实际制定相应的动态管理细则、省级管理人末位降级以及市级管理人末位淘汰机制,报本院备案后实施。

第十七条 本办法由省高级人民法院负责解释。

第十八条 本办法自2020年10月1日起施行。法律、司法解释有新的规定的,按照新的规定执行。

浙江省高级人民法院

2020年7月30日

附件一

<table>
<tr><td colspan="6">管理人个案履职评价表
(　　)　破　号</td></tr>
<tr><td colspan="2">管理人</td><td colspan="4"></td></tr>
<tr><td>序号</td><td>项目</td><td>考评事项</td><td>评分标准</td><td>分值上限</td><td>得分</td></tr>
<tr><td rowspan="4">1</td><td rowspan="4">团队配置10分</td><td>组成人员</td><td>1. 管理人团队的人员构成无法满足案件办理需要,人民法院要求整改仍不整改的,扣1分</td><td rowspan="4">10分</td><td></td></tr>
<tr><td>现场办公</td><td>2. 管理人在项目地现场办公的人数和时间不符合竞争时承诺或法院的要求且未及时整改的,每次扣1分</td><td></td></tr>
<tr><td>内部分工</td><td>3. 管理人团队内部未设置合理分工和配合机制的,扣1分</td><td></td></tr>
<tr><td>管理人员力量的动态调整</td><td>4. 若实际情况需要管理人补充人力但管理人未及时调岗到位的,每次扣1分</td><td></td></tr>
<tr><td rowspan="7">2</td><td rowspan="7">专业素养30分</td><td rowspan="4">法律专业素养</td><td>1. 对破产案件中遇到的疑难问题,未能及时进行法律分析论证的,每次扣1分</td><td rowspan="4">10分</td><td></td></tr>
<tr><td>2. 对于债权人在债权人会议上的提问,若法律有明确的规定,未能及时援引予以解答的,每次扣1分</td><td></td></tr>
<tr><td>3. 对于管理人职责范围内的法律专业事项,推诿懈怠的,每次扣1分</td><td></td></tr>
<tr><td>4. 对破产程序中涉及的法律文书,未能按要求起草的,每次扣1分</td><td></td></tr>
<tr><td rowspan="3">财务管理能力</td><td>1. 接管后,未制定财产管理方案的,扣1分</td><td rowspan="3">10分</td><td></td></tr>
<tr><td>2. 对于继续经营的债务人,未制定合理的经营计划的,扣1分</td><td></td></tr>
<tr><td>3. 未及时开立管理人账户或混同使用债务人账户和管理人账户的,扣1分(法院同意不开立管理人账户的除外)</td><td></td></tr>
</table>

续表

序号	项目	考评事项	评分标准	分值上限	得分
2	专业素养30分	财务管理能力	4. 无正当理由,对于股东、高管与债务人之间的往来明细未核查清楚的,扣1分		
			5. 未按照破产费用认定原则,擅自将不属于破产费用的开支列为破产费用的,每次扣1分		
		统筹协调能力	1. 管理人团队内部管理混乱,无法有序开展破产工作的,每次扣1分	10分	
			2. 未能妥善处理与债权人或其他利害管理人的关系,导致发生越级上访或群体性事件的,每次扣1分		
			3. 未能有效与审计、评估机构沟通,影响评估报告、审计报告出具的,每次扣1分		
			4. 债务人继续营业,未能充分调动债务人留守人员的积极性,影响破产案件办理进度的,每次扣1分		
			5. 未能妥善处理与政府相关部门的协调关系,影响破产案件办理进度的,每次扣1分		
3	勤勉尽责50分	债务人财产、印章、财务资料、文书等的接管	1. 未提前制定接管方案的,扣1分	5分	
			2. 未制作财产接受清单的,扣1分		
			3. 接管之后,未就接管情况向人民法院报告的,扣1分		
			4. 未指定专人负责管理已接管资料的,扣1分		
			5. 未及时向债务人的债务人和财产持有人发出书面通知的,扣1分		
		债务人财产状况的调查	1. 未及时向有关部门调查债务人财产情况的,每次扣1分	4分	
			2. 未及时制作债务人财产状况报告的,扣1分		

续表

序号	项目	考评事项	评分标准	分值上限	得分
3	勤勉尽责50分	债务人日常经营的管理	1. 对于尚在继续营业中的债务人,未经人民法院批准,管理人擅自在第一次债权人会议之前决定债务人继续或停止营业的,扣1分	4分	
			2. 进入破产程序后,管理人对于债务人的日常开支或其他必要费用未严格审查的,每次扣1分		
			3. 第一次债权人会议召开前,管理人未审慎管理和处分债务人财产的,每次扣1分		
			4. 对于债务人和对方均未履行完毕的合同,管理人未在破产受理之日起两个月内决定是否继续履行合同,或在收到对方催告之日起三十天内未答复的,每次扣1分		
		债权的申报、审查	1. 存在债权申报登记信息错误或遗漏的,每次扣1分	8分	
			2. 未妥善保存债权申报资料,导致申报资料损毁或遗失的,每次扣1分		
			3. 对债权异议处理不当的,每次扣1分		
			4. 经债权异议诉讼确认管理人的债权审查结论错误的,每次扣1分		
		债权人会议的召开	1. 未提前通知已知债权人参加债权人会议的,每次扣1分	6分	
			2. 未在债权人会议之前及时提请人民法院确定临时表决权金额的,每次扣1分		
			3. 未准备债权人会议资料或会议资料不齐全的,每次扣1分		
			4. 未提前制定会务方案,使得债权人会议无序召开的,每次扣1分		
			5. 就债权人会议通过的财产管理方案、财产变价方案和财产分配方案,未及时提请人民法院裁定的,每次扣1分		
			6. 未妥善保存债权人会议资料,导致资料损毁或遗失的,每次扣1分		

续表

序号	项目	考评事项	评分标准	分值上限	得分
3	勤勉尽责50分	破产财产的追收	1. 未能积极发挥主观能动性,发现债务人存在企业破产法第十六条、第三十一条、第三十二条或第三十三条规定行为并及时主张权利的,每次扣1分	4分	
			2. 掌握相关财产线索后,未能通过充分协调、调查、诉讼等方式追回财产;未经过充分论证并依法报告而停止追收财产或放弃权利的,每次扣1分		
		破产财产的处置变现	1. 未及时制定财产变价方案,经法院、债权人催告,在合理期限内仍未制定的,每次扣1分	8分	
			2. 未根据债权人会议表决通过的财产变价方案处置破产财产的,每次扣1分		
			3. 在处置财产过程中,未遵守公开、公平、公正原则及回避原则的,每次扣1分		
			4. 在资产成交后,无正当理由未及时办理移交过户手续的,每次扣1分		
			5. 资产处置款项到位后,应当向优先权人分配但无正当理由未及时分配的,每次扣1分		
		诉讼、仲裁或其他法律程序的进行	1. 未及时接管和跟进债务人于破产受理之前已受理但未审结诉讼、仲裁或其他法律程序的,每次扣1分	5分	
			2. 未及时参加涉及债务人的诉讼、仲裁或其他法律程序或随意放弃重要程序性权利的,每次扣1分		
			3. 未及时申请解除对债务人财产的查封,或未及时申请中止涉及债务人财产的执行程序的,每次扣1分		

续表

序号	项目	考评事项	评分标准	分值上限	得分
3	勤勉尽责 50 分	向法院汇报机制	1. 管理人未能就管理人的日常工作定期向人民法院提交工作情况报告的,每次扣 1 分	6 分	
			2. 管理人未能就案件办理过程中出现的突发情况及时向人民法院提交专项报告的,每次扣 1 分		
			3. 管理人未能就案件的阶段性成果及时向人民法院提交阶段性报告的,每次扣 1 分		
			4. 案件办结后,管理人未能及时向人民法院提交结案报告的,扣 1 分		
4	职业操守 10 分	举报投诉	1. 债权人或其他利害关系人向有关机关投诉或举报管理人存在违法违纪行为,经查属实的,每次扣 1 分	10 分	
		政府有关部门的评价	2. 政府相关部门向人民法院反应管理人存在履职不当行为,经查属实的,每次扣 1 分		
		职业道德和执业纪律	3. 管理人及管理人聘用的工作人员存在违反职业道德或执业纪律的,每次扣 1 分		
	评分人		合计	100 分	

说明:

得分≥90 分为优秀、90 分 > 得分≥80 分为良好、80 分 > 得分≥60 分为合格、得分 < 60分为不合格。

附件二

管理人年度履职评价表 (　　)年度				
管理人				
序号	评分项目	评分规则	分值上限	得分
1	个案办理 60 分	全年个案履职评价平均分乘以 60% 计算;当年度没有案件的,个案履职评价平均分按 80 分计	60 分	
2	团队建设 15 分	1. 有专业化团队,其中有执业资格并专职从事破产业务的人数未达到 10 人的,计 4 分;达到 10 人的,计 6 分;10 人以上的,每增加 5 人加 2 分	10 分	
		2. 建立团队破产管理工作指引等规章制度,并实际执行的,得 2 分	2 分	
		3. 实行专业化管理,组织学习、交流、培训、研讨的,每次 0.5 分	3 分	
3	专业研究、公共事务 10 分	1. 公开出版破产法方面书籍,其中独著每本记 1 分,合著每本记 0.5 分	1 分	
		2. 在省级以上学术期刊发表破产法方面文章,每篇记 0.5 分,核心期刊记 1 分	2 分	
		3. 参加省级以上破产法研讨会,作主题发言或提交论文并获奖的,每次记 0.5 分	1 分	
		4. 参加省高院或省管理人协会组织的培训,得 1 分;无正当理由缺席的,0 分	1 分	
		5. 主动参与法院或管理人协会举办的各项活动并提供会务保障的,市级层面每保障 1 次加 0.5 分;省级层面每保障 1 次加 1 分	2 分	
		6. 认真完成法院及管理人协会的各项调研任务并受到表扬的,市级层面每表扬 1 次加 0.25 分;省级层面每表扬 1 次加 0.5 分	2 分	
		7. 积极举办破产法实务研讨或理论研究方面沙龙、会议、讲座等活动,每承办或主办 1 次加 0.5 分	1 分	

续表

序号	评分项目	评分规则		分值上限	得分
4	奖励表彰 5分	1. 办理的案件被评为全国优秀、典型案例的,每案得2分;被评为省级优秀、典型案例的,每案得1分;被评为地市级典型案例的,每案得0.5分		3分	
		2. 中介机构或中介机构成员获全国性表彰奖励的,得2分;获省级表彰奖励的,得1分;获地市级表彰奖励的,得0.5分		2分	
5	职业操守 10分	1. 履职过程中无违法犯罪行为,得5分;被通报批评的,一次扣1分;被行政处罚的,一次扣2分;刑事追责的,一次扣5分		5分	
		2. 本年度无当事人或利害关系人向有关机关举报或投诉属实事项的,得5分;经查属实的,每件扣2分		5分	
	评分人		合计	100分	

说明:

得分≥90分为优秀、90分>得分≥80分为良好、80分>得分≥60分为合格、得分<60分为不合格。

关于统一破产债权确认纠纷案件受理费标准相关事宜的通知

本省各级人民法院：

破产程序中破产债权确认纠纷案件如何交纳案件受理费，按照财产案件的标准还是按照非财产案件按件交纳，审判实践中争议较大。为统一标准，现通知如下：

1. 破产程序中破产债权确认纠纷案件，应当依照最高人民法院《关于适用〈中华人民共和国民事诉讼法〉的解释》第二百条规定，按照财产案件标准交纳诉讼费。劳动争议案件除外。

2. 管理人应当勤勉尽责审查债权，对申报的债权进行审查后提出审查意见，破产债权确认纠纷案件可以按照有争议部分（金额或者性质）的债权金额计算诉讼费。

3. 管理人债权审查的结论以及破产债权确认纠纷案件的诉讼结果应当作为确定管理人履职能力和执业水平的重要因素，并在确定或者调整管理人报酬时加以考虑。

4. 破产债权确认纠纷案件审理完毕后，确定由债务人企业承担的诉讼费用，结合破产案件审理的具体情况，可以参照《全国法院破产审判工作会议纪要》明确的“人身损害赔偿债权优先于财产性债权、私法债权优先于公法债权、补偿性债权优先于惩罚性债权”的原则，在破产财产分配方案中合理确定其清偿顺序。

本通知执行中的问题，请层报省高院立案庭、民五庭。最高人民法院有新的规定的，按照新规定执行。

浙江省高级人民法院

2020 年 5 月 29 日

关于疫情防控期间稳妥开展企业破产审判工作助力经济社会平稳运行的通知

浙高法民五〔2020〕2号

本省各级人民法院破产审判业务庭：

为贯彻落实我院《关于认真学习贯彻习近平总书记在中央全面依法治国委员会第三次会议上重要讲话精神的通知》的要求，为坚决打赢疫情防控阻击战提供有力司法服务和保障，现就疫情防控期间稳妥开展企业破产审判工作，通知如下：

一、指导思想

1. 坚持“三个有利于”指导思想。疫情防控期间开展企业破产审判工作，应当坚持有利于社会稳定大局、有利于疫情有效防控、有利于维护企业营运价值和经济平稳运行。

二、基本原则

2. 坚持法治思维和法治方式。“疫情防控越是到最吃劲的时候，越要坚持依法防控”，1月23日，浙江省人民政府决定启动重大公共卫生事件一级响应，企业破产审判工作要严格执行《中华人民共和国传染病防治法》

及其实施条例、《突发公共卫生事件应急条例》等法律法规及政府对于疫情防控工作的统一部署、要求。

三、依法审慎开展企业破产案件的审查受理工作

3. 区别处理。对于与疫情影响无关的债务人企业和疫情暴发前生产经营正常的债务人企业提出的破产申请,在审查受理的实体和程序要件的具体把握上,应当有所区别。

4. 严格落实债务人企业异议程序。对于疫情暴发前生产经营正常的企业,如债权人等主体提出破产申请的,人民法院应当严格落实《中华人民共和国企业破产法》(以下简称企业破产法)第十条规定的债务人企业异议程序,债务人企业对破产申请无异议的,在符合破产受理条件的情况下,人民法院依法裁定受理;债务人企业对申请有异议的,人民法院应当依法审慎审查,尽可能引导申请人通过和解、调解等方式化解纠纷。

5. 人民法院依法释明。对于疫情暴发前生产经营正常的企业,如债权人等主体提出破产清算申请的,人民法院应当向债务人企业释明可以依照企业破产法第七十条的规定提出重整申请。

四、稳妥开展企业破产案件审理工作

6. 严格落实地方政府的防疫工作要求。破产案件受理法院、管理人应当分工负责,接受债权申报、债务人企业接管、召开债权人会议、破产财产处置、重整企业复工等各项工作的开展,应当严格落实地方政府对于疫情排查、隔离、减少公众聚集活动、监测检测等方面的防疫工作部署和要求。

7. 全面推行破产案件在线审理。要充分发挥我省智慧法院建设和“最多跑一次”改革的先发优势,综合运用全国企业破产重整案件信息网、移动微法院、智能送达等平台,全面推行破产案件在线审理,为债权人等提供便捷高效的诉讼服务,降低债权人等主体参与破产程序成本,千方百计降低因人员流动可能增加的疫情风险。

8. 债权申报、债权人会议召开、重整计划提交等的期限顺延。企业破产法规

定的债权申报、债权人会议召开、重整计划提交等方面的期限规定属于法定期间,债权人、管理人、债务人企业等破产案件利害关系主体有证据证明因受疫情影响不能按时召开债权人会议、不能按时提交重整计划等,向人民法院申请顺延期限,人民法院可以在严格审查、征询债权人委员会或主要债权人意见的基础上依照《中华人民共和国民事诉讼法》第八十三条的规定处理。

9. 强力推进防疫物资生产企业的生产经营能力恢复和维持。对于已经进入破产程序的生产经营防疫物资的债务人企业,无论是清算还是重整程序,人民法院应当与当地政府开展协调对接工作,第一时间恢复和维持企业的生产经营能力,经营期间支付的职工工资、为维持正常经营发生的借款等,人民法院可依法认定为共益债务随时清偿,最大限度保障防疫物资的生产、供应。

10. 清算案件中慎重进行破产财产最终分配。对于1月23日省政府决定启动重大公共卫生事件一级响应时尚处于债权申报过程中的破产案件,人民法院在裁定认可破产财产分配方案时,应当充分关注债权人可能受疫情影响而无法申报债权的情形,以避免破产财产最终分配完毕补充申报的债权人无法获得补充分配。

11. 重整案件中充分对接政府出台的金融、财政和税收等方面的优惠政策。为保障企业正常经营、减轻企业负担,中央和我省各地方政府已经出台一系列有针对性的企业减负措施,涉及缓交社会保险和部分税款、职工工资支付、贷款适当展期、税收减免、房租减免等各个方面,破产重整案件审理中,人民法院应当指导管理人在制定重整计划过程中充分对接政府出台的各项优惠政策,最大限度降低破产成本,提升债务人企业的重整价值。

管理人在制定破产财产分配方案过程中,也应当充分关注政府出台的各项企业减负措施,最大限度提高破产案件中债权人的最终清偿率。

五、加强法治宣传,在破产审判工作中引导债权人、债务人企业等同舟共济、共度时艰

12. 加强沟通协调和法治宣传。破产案件审理过程中,人民法院、管理人应当加强与债权人、企业职工、债务人企业、投资人等破产案件中的各方利害关系主体的沟通协调和法治宣传,充分发挥企业破产法律制度维持企业运营价值、衡

平各方利益关系、化解企业债务风险的程序功能，引导债权人、债务人企业等各方利害关系主体同舟共济、共度时艰。

2020年2月9日

关于主债务人破产后保证人是否停止计息问题的解答

浙高法民五〔2020〕1号

本省各级人民法院破产审判业务庭：

关于主债务人破产后保证人是否停止计息问题，审判实践中存有较大争议，经充分调研，现将该问题解答印发给你们，供审判实践参考。

按照《企业破产法》第四十六条规定，针对债务人的破产申请被人民法院裁定受理时，破产程序中针对债务人申报的附利息的债权自破产申请受理时起停止计息，但该停止计息的效力不及于保证人。

按照《企业破产法》第五十一条规定，债务人的保证人或者其他连带债务人已经代替债务人清偿债务的，以其对债务人的求偿权申报债权。但是管理人在审查保证人的求偿权时，同样应当扣除保证人所承担的自债务人破产申请被受理时起产生的债务利息或者将破产申请受理时起发生的利息债权单独登记。

浙江省高级人民法院民五庭

2020年1月10日

关于深化执行与破产程序衔接推进破产清算案件简易审理若干问题的会议纪要(二)

浙高法〔2020〕12号

为优化营商环境,推进市场化导向企业破产审判工作,构建立、审、执、破人民法院工作格局,深化执行和破产程序衔接,提高企业破产案件审理效率,根据《中华人民共和国企业破产法》《中华人民共和国民事诉讼法》《最高人民法院关于适用〈中华人民共和国民事诉讼法〉的解释》等规定,在总结审判经验基础上,就相关问题纪要如下:

一、(指导原则之一)在破产清算案件简易审理中,需要强化破产清算程序的法定性和强制性,适当弱化债权人意思自治。

二、(指导原则之二)在破产清算案件简易审理中,需要强化债权人等利害关系人的知情权和监督权,适当弱化债权人的表决权。

三、(指导原则之三)在破产清算案件简易审理中,需要强化执行程序与破产程序的衔接,强化执行部门与破产审判部门的协作配合,打破部门壁垒。

四、(指导原则之四)在破产清算案件简易审理中,需要强化上级人民法院的监督指导和对管理人履职行为的监督指导。

五、(适用范围)对于债务人企业资产较少、债权债务关系明确、债务人财产状况清楚的破产清算案件,可以适用破产案件简易审理,提高案件审理效率。

六、(排除因素)具有下列情形之一的破产清算案件,一般不适用破产案件简易审理:

(一)涉及关联企业合并破产的;

(二)涉及刑事与民事程序交叉情形的;

(三)涉及债权人人数众多、职工安置困难等情形的;

(四)可能引发群体性事件或群体上访、信访的;

(五)房地产企业等特殊主体破产案件。

七、(执破衔接之一:依职权启动移送程序)上级人民法院可以指令下级人民法院启动执行案件移送破产审查程序。

八、(执破衔接之二:人员)鼓励执行局员额法官与破产审判业务部门员额法官组成联合合议庭审理破产案件;或者对执行局、破产审判业务部门的人员、业务重新进行有机整合。

九、(执破衔接之三:应转尽转)包含以企业法人作为被执行人的执行案件,拟终结本次执行程序的,应当先依照《最高人民法院关于适用〈中华人民共和国民事诉讼法〉的解释》第五百一十三条的规定,就是否移送破产审查征求申请执行人或者被执行人的意见。未征求意见的,不得对企业法人作为被执行人的执行案件终结本次执行程序。

移送破产审查后,执行案件可以依法终结本次执行程序,或者在债务人企业被裁定宣告破产后终结执行程序。

十、(执破衔接之四:财产查控应查尽查)移送破产审查前,在执行阶段应当采取必要的财产调查措施,应当通过网络执行查控系统对被执行人的存款、车辆及其他交通运输工具、不动产、有价证券等财产情况进行查控,并将财产调查情况记录入卷,方可移送破产审查。

破产案件受理后,管理人可以向人民法院提出申请,人民法院也可以依职权运用执行查控系统对债务人企业财产进行查控。

十一、(执破衔接之五:强制措施)债务人或债务人的有关人员违反企业破产法规定,拒不向管理人移交财产、印章和账簿、文书等资料的,人民法院可以依法采取强制执行措施。

前款所称有关人员,是指企业的法定代表人或实际控制人;经人民法院决定,可以包括企业的财务管理人员和其他经营管理人员。

十二、(执破衔接之六:财产处置)执行案件移送破产审查程序中,符合下列条件的,可以在执行程序中先行进行财产变价处置:

(一)经联合合议庭判断后续无重整可能;

(二)财产处置通过网络司法拍卖进行。

但财产分配应当在破产程序中依法进行。

十三、(公告)人民法院、破产管理人应当在全国企业破产重整案件信息网发布破产程序有关公告。人民法院、破产管理人在破产重整案件信息网发布的公告具有法律效力。

十四、(个人管理人)破产案件简易审理中,鼓励指定《浙江省人民法院破产案件个人管理人名册》中的个人为破产案件管理人。

十五、(评估)执行程序中已经作出资产评估报告且评估结论在有效期内的,该评估报告可以在破产程序中使用。

财产状况清晰的案件,管理人可以通过以下方式直接确定财产评估价格:

(一)参考近期同类资产处置价格;

(二)申请人民法院在债务人企业执行案件中通过网络询价平台询价;

(三)债权人会议或其授权的债权人委员会决议;

(四)人民法院认可的其他方式。

十六、(审计)执行程序中已经作出审计报告且审计结论满足破产案件需要的,该审计报告可以在破产程序中使用。

债务人企业已经停业或者经营活动较少、财务账册灭失等,管理人认为无须审计的,可以直接制作财产状况报告。

十七、(破产财产变价之一)对季节性商品、鲜活、易腐烂变质以及其他不宜长期保存的破产财产,管理人经报告人民法院可以在债权人会议通过决议前先行处置。

财产变价收入不足以支付财产变价费用或者支付变价费用后剩余价值较低的,管理人经报告人民法院确定合理底价后可以直接变卖或通过网络司法拍卖等方式进行变价。

十八、(破产财产变价之二)对债务人特定财产享有担保权的债权人可以随时向管理人主张就该特定财产变价处置行使优先受偿权,管理人应及时变价处置,不得以须经债权人会议决议等为由拒绝,但因单独处置担保财产会降低破产财产整体价值而需要进行整体处置的除外。拍卖或者变卖担保物所得价款在支付拍卖、变卖费用后优先清偿担保物权人的债权。

十九、(破产财产分配方案)破产案件受理后,债权人作出的同意依照企业破产法第一百零九条、第一百一十三条等法律规定制定的破产财产分配方案的书面意思表示,可视为对具体破产财产分配方案的表决意见。

二十、(债权人会议的形式)管理人应当召开债权人说明会,对简易审理的程序和环节、债权人的异议权、破产财产变价方案、破产财产分配方案等进行说明,切实保障债权人等利害关系人的知情权、监督权。债权人说明会系债权人会议的一种具体形式。

二十一、(人民法院强化审查职责)人民法院在裁定认可破产财产分配方案的过程中,应当加强对债权人知情权、监督权是否得到保障,分配方案的合法性等内容的审查。

二十二、(债权人的异议权)债权人认为破产财产变价方案、破产财产分配方案等侵害其合法权益的,可以在债权人说明会召开之日起十五日内,请求破产案件受理法院裁定撤销该决议。

二十三、(上级人民法院加强监督)上级人民法院发现下级人民法院在破产程序中作出的裁定确有错误的,应当通知其纠正;不予纠正的,可以裁定指令下级人民法院重新作出裁定。

二十四、(管理人职责)管理人履职过程中,未尽勤勉尽责、忠实履职义务导致债权人等利害关系人损失的,应当依法承担民事责任、行政责任;构成犯罪的,依法追究刑事责任。

二十五、(管理人激励)管理人勤勉尽责,对于降低成本、提升审理效率做出实际贡献的,人民法院应当作为确定或者调整管理人报酬方案的因素。

二十六、(管理人监督)省、市破产管理人协会应加强行业自律管理,充分发挥行业协会的监督、惩戒职能。管理人因履职行为受到惩戒的,记入其履职档案,与考核、除名、职业禁入等挂钩。

二十七、(清算义务人责任追究)债务人企业的有关人员不履行法定义务,导致无法清算或者造成损失的,管理人起诉请求其承担相应民事责任的,人民法院应依法予以支持。管理人未起诉,个别债权人可以代表全体债权人提起诉讼。

人民法院可以依照《最高人民法院关于债权人对人员下落不明或者财产状况不清的债务人申请破产清算案件如何处理的批复》的规定,告知有关权利人在破产程序终结后依法向债务人企业有关人员主张相应的民事责任。

二十八、(移送犯罪线索)破产程序中发现进入破产程序的有限责任公司股东、股份有限公司董事、控股股东,以及实际控制人等存在转移资产逃废债务及虚假出资、抽逃出资等行为涉嫌犯罪的,应依法将相关材料和线索移送公安机关立案侦查。

二十九、(附则)债权债务关系明确、企业财产状况清晰的强制清算案件,可以参照本纪要的规定进行审理。

浙江省高级人民法院

2020 年 1 月 9 日

破产案件管理人指定工作规程

第一条 为公平、公正、高效审理企业破产案件,进一步规范破产管理人(以下简称管理人)选任工作,促进管理人勤勉尽责,忠诚履职,根据《中华人民共和国企业破产法》《最高人民法院关于审理企业破产案件指定管理人的规定》和本院《关于规范企业破产案件管理人工作若干问题的意见》等相关规定,结合我省破产案件审理情况和管理人履职工作实际,制定本规程。

第二条 本省法院受理的破产案件,应当由列入本省法院管理人名册中的社会中介机构、个人担任。

第三条 管理人实行分级管理制度。按照机构规模、执业能力、专业水准、执业业绩、勤勉程度、办理破产案件经验等因素,将管理人分为省级管理人和市级管理人。

省级管理人是指本院编制管理人名册中列入省级管理人履职资料库名单的中介机构。

市级管理人是指本省法院编制管理人名册中未列入省级管理人履职资料库名单的其他中介机构和个人。

第四条 本院审判管理处及各中级法院司法技术管理部门负责编制相应的管理人名册,依法办理管理人指定工作,指导、监督管理人履职以及其他管理事宜;破产管理人协会协助法院对管理人进行管理。

本院民五庭及各中级法院、基层法院破产业务庭负责指导、监督、协调管理人在破产案件办理过程中的相关工作,对管理人在个案中的履职情况进行评价。

第五条 破产案件实行分类制度。根据破产企业所属行业、资产负债情况、法律关系复杂程度、社会影响大小等,将企业破产案件分为重大破产案件、普通破产案件和小额破产案件三类。

第六条 重大破产案件是指:

(一)商业银行、证券公司、保险公司等金融机构破产案件;

(二)大型国企、上市公司及其控股企业破产案件;

(三)债务人财产价值总额预计在3亿元以上(含本数)的破产案件(关联企业合并破产的,按合并后的财产价值总额计算);

(四)其他有重大社会影响或疑难复杂的破产案件。

第七条 普通破产案件是指:

(一)债务人财产价值总额预计在5000万元以上(含本数)3亿元以下(不含本数)的破产案件(关联企业合并破产的,按合并后的财产总额计算);

(二)关联企业合并破产,合并后的财产总额虽不满5000万元,但工商登记不在同一县(市、区)范围内的破产案件;

(三)其他有较大社会影响或相对疑难复杂的破产案件。

第八条 小额破产案件是指债务人财产价值总额预计在5000万元以下(不含本数)的破产案件。

第九条 重大破产案件,应当通过竞争方式指定管理人;普通破产案件,应当通过邀请随机方式指定管理人;小额破产案件,应当通过随机方式指定管理人。

省级管理人可以在全省范围内参与竞争方式、邀请随机方式以及其所在中级法院辖区内随机方式指定管理人。

市级管理人限于在其所在中级法院辖区内参与竞争方式、邀请随机方式、随机方式指定管理人。

在本院备案的省外管理人可以在全省范围内参与竞争方式指定管理人,若在本省设有列入本省法院管理人名册的分支机构,应会同其符合报名条件的分支机构联合报名。

第十条 小额破产案件,由拟受理法院的破产业务庭报中级法院司法技术管理部门,在本地管理人名册中以摇号、抽签、轮候等随机方式指定管理人。

各中级法院应当根据本地实际情况制定随机方式指定管理人的工作规则。

第十一条 普通破产案件,由拟受理法院提出拟邀请的3—5家管理人名单,基层法院受理的,邀请名单需报中级法院破产业务庭审核确定;中级法院受理的,邀请名单由破产业务庭报分管院长审核确定;中级法院拟在受理后交基层法院审理的,邀请名单由中级法院破产业务庭与基层法院共同确定;确定后的名单移送中级法院司法技术管理部门以摇号、抽签等随机方式指定管理人。前述名单中,省级管理人应不少于二分之一(含本数),且拟受理法院所在中级法院辖区以外的省级管理人应不少于1家(含本数)。

中级法院司法技术管理部门应当在摇号、抽签前3日通知受邀的管理人派员参与摇号、抽签,结果需到场人员签字确认。

中级法院司法技术管理部门发现受邀管理人存在需要回避或依法不应当被指定为管理人的情形,应商破产业务庭,由原报送单位对受邀名单进行调整。

各中级法院应当根据本地实际情况制定邀请随机方式指定管理人的工作规则。

第十二条 重大破产案件,基层法院受理的由受理法院、中级法院受理的由破产业务庭致函中级法院司法技术管理部门,并随附按照本规程要求制作的《拟受理破产案件债务人企业情况说明》(以下简称《企业情况》)、《债务人企业破产案件竞争方式指定管理人工作方案》(以下简称《竞争方案》)和《竞争方式指定管理人询邀函》(以下简称《询邀函》)等相关资料,中级法院即启动竞争方式指定管理人工作。

《企业情况》应包含企业基本情况、导致破产的原因、担任管理人的重点风险提示等内容。

《竞争方案》应包含符合本规程要求的指定管理人的工作机制安排、中介机构提交《陈述意见书》的具体要求、指定管理人工作各个环节的时间节点、评审会主要议程、工作监督和相关资料的电子传送、回复方式等内容。《竞争方案》可以根据具体案件情况对管理人的履职能力提出有针对性的要求,但不得为特定中介机构设定排他性的履职资格条件,亦不得改变本规程规定的从报名到最后确定正式管理人的各个环节的筛选顺序。

本规程第六条第(一)项、第(二)项规定的重大破产案件,以及其他在全国范围内有重大影响的企业破产案件（含关联企业破产案件），中级法院司法技术管理部门应将《企业情况》、《竞争方案》和《询邀函》等相关资料报本院审判管理处、民五庭备案后继续后续工作。

第十三条 中级法院司法技术管理部门会同破产业务庭将《询邀函》、《竞争方案》、《企业情况》和《评分审查表》（拟评审打分的）等相关资料报请分管院领导同意后，组成评审委员会。

评审委员会由中级法院分管司法技术管理或分管破产业务的院领导担任主持人，召集破产业务庭、司法技术管理部门等相关人员组成，人数限定为 5 人或 7 人。由基层法院受理或拟交由基层法院审理的企业破产案件，基层法院评审人数应不少于 3 人，可由该院分管破产的院领导、破产业务庭负责人、破产审判法官担任。

中级法院司法技术管理部门需指定 1 名非评审委员会组成人员的工作人员负责与相关中介机构进行事务性联系。

第十四条 中级法院司法技术管理部门将《企业情况》、《竞争方案》和《询邀函》等相关资料发送以下中介机构：

（一）省级管理人；

（二）已在本院备案的省外管理人；

（三）中级法院辖区内的市级管理人。

第十五条 中介机构收到相关资料后，在《询邀函》指定的期限（不少于 7 日）内回复确认报名参加并同时提交《陈述意见书》。未回复、未在指定期限内回复或未提交《陈述意见书》的，视为放弃报名。

第十六条 《陈述意见书》应包含以下内容：

（一）中介机构的规模、业绩以及破产（重整）团队的建设情况；

（二）中介机构破产（重整）团队负责人、拟委派破产案件管理人团队项目负责人的执业经历和业绩；

（三）报名前两年内担任管理人的破产案件，法院对管理人履职情况的评价意见（省外中介机构提交其他形式的相关材料）；

（四）拟派出管理人团队常驻人员（不少于 3 人）的执业证号、执业经历和业绩，以及参加浙江省破产管理人协会等其他本院认可的业务培训说明或相关证明；

(五)参与竞争的优势;

(六)如获指定为管理人后的工作思路;

(七)不存在法律、司法解释规定的应当回避或依法不应被指定为管理人情形的声明;

(八)就以下事项作出的承诺:履职中将勤勉尽责,忠实执行职务,依法接受人民法院和债权人会议监督;其他《竞争方案》要求中介机构作出的符合法律规定的承诺。

中介机构必须对《陈述意见书》内容的真实性负责,如有虚假、不实陈述,应承担相应不利后果。

第十七条 中介机构可以联合报名参与竞争,拟委派管理人团队项目负责人所属的中介机构为牵头机构,由其负责回复《询邀函》。在统计报名或正式参与竞争的管理人数量时,联合形式报名的视为1家。

联合报名的中介机构数量原则上不超过3家,省外中介机构与其分支机构联合报名的,视为1家。有需要合并破产等特殊情况的,法院可在《竞争方案》中对联合报名中介机构的数量提出特别要求。

联合报名的中介机构,在《陈述意见书》中明确的拟派出管理人团队常驻人员,必须包含各中介机构委派的人员。

第十八条 报名的中介机构少于3家(含本数)的,如仅有1家省级管理人或省外中介机构的,指定省级管理人或省外中介机构为管理人,其他中介机构为需要更换管理人时的接替机构(以下简称接替机构);有2家以上省级管理人或省外中介机构的,通过摇号、抽签等随机方式指定其中1家为管理人,其他中介机构为接替机构;如没有省级管理人或省外中介机构的,通过摇号、抽签等随机方式指定其中1家为管理人,其他中介机构为接替机构。

上述摇号、抽签环节,中级法院司法技术管理部门应通知报名的中介机构派员参与。

第十九条 报名的中介机构在4～7家的,以实际报名的中介机构为正式参与竞争的中介机构。

第二十条 报名的中介机构在8家及以上的,按照以下顺序确定正式参与竞争的中介机构:

(一)省级管理人联合、省外管理人联合或省级管理人与省外管理人联合的,上述联合报名机构也可同时联合拟受理法院所在中级法院辖区内的市级管理人；

（二）省级管理人或省外管理人单独报名，或者与受理法院所在中级法院辖区内的市级管理人联合报名的；

（三）其他。

上述第一顺位的中介机构不足 7 家（不含本数）的依次从后一顺位中随机产生 1 家或若干家中介机构，随机产生的中介机构加上前面顺位中介机构的总数应为 7 家。

上述第一顺位的中介机构多于 7 家（含本数）的，则所有报名的第一顺位中介机构均作为正式参与竞争的中介机构。

第二十一条　正式参与竞争的中介机构确定后，司法技术管理部门应制作《情况备忘》，对前一阶段工作进行总结，并及时通知报名参与竞争的中介机构，通知中应明确现场评审会的召开时间、地点和相关注意事项。

第二十二条　正式参与竞争的中介机构应派出 1 ~ 3 人参加现场评审会，其中作为发言人的必须是中介机构的负责人、中介机构破产（重整）团队负责人或拟委派管理人团队项目负责人。

司法监督部门应派员参加现场评审会，履行监督职责。报名但未被确定为正式参与竞争的中介机构可派出 1 人旁听现场评审会。

现场评审会主要议程：

（一）主持人核对到场参与竞争的中介机构派出人员；告知评审委员会组成人员和到场监督的司法监督部门工作人员和会议记录人员；说明评审会议程，提示发言时的注意事项。

（二）主持人或主持人指定的评审委员会其他成员宣读《情况备忘》，通报前期工作。

（三）当场以摇号、抽签等方式确定并宣布正式参与竞争的中介机构发言陈述的顺序。

（四）听取各中介机构发言人的发言。发言以《陈述意见书》为基础，可以适当发挥。陈述完毕，接受评审委员会成员的询问。

各中级法院可视个案情况对陈述环节予以适当简化。

（五）全部陈述完毕后，由评审委员会当场投票，司法监督部门工作人员和会议记录人员负责监票。投票时,每位评审委员会成员限投3家(含本数),超过3家无效。

各中级法院也可视个案情况实行评审打分,由评审委员会对参与竞争的中介机构进行现场打分,根据得分高低评选出前三名。是否实行评审打分以及相应的评分标准、应在《竞争方案》中予以公布。

经投票(或打分),得票数(或得分数)位列第三的中介机构多于1家的,当场以摇号、抽签等方式随机确定第三位列的中介机构。

(六)主持人宣布位列前三的中介机构名单后,当场以摇号、抽签等方式随机产生正式管理人,另2家中介机构为接替机构。

(七)主持人宣布评审会结束。

现场评审会结束后,中级法院应及时发送《竞争方式指定管理人通知书》。

第二十三条 评审委员会成员应秉持廉洁、公正、专业要求参加评审工作。在参加评审会之前,认真阅读本规程和《企业情况》、《竞争方案》、《询邀函》和《陈述意见书》,评审会上认真听取发言,有针对性的提出问题,独立作出判断。

评审委员会成员根据需要,可以查阅中介机构近两年提交的《履职报告》。发现报名的中介机构可能存在需要回避或依法不应被指定管理人情形的,可以由司法技术管理部门会同破产业务庭进行必要的核查,根据核查情况作出决定。

评审委员会评审应重点关注以下内容:

(一)中介机构出具的《陈述意见书》是否符合《竞争方案》的要求,是否对《竞争方案》要求的承诺内容作出了合理回应;

(二)中介机构的既往履职业绩和业内评价,中介机构规模和实力是否与拟受理企业破产案件管理人工作相当;

(三)中介机构破产(重整)管理人团队建设是否健全,是否建立了规范的破产(重整)管理人团队内部管理制度;

(四)联合报名的中介机构是否有合作经历和相对稳定的合作模式;

(五)中介机构破产(重整)团队负责人、拟派出管理人团队项目负责人执业经历和业绩;

(六)拟派出管理人团队常驻人员的执业经历,是否有参加相关的业务培训;

(七)结合发言和回答询问的情况,判断中介机构的履职能力;

(八)其他需要关注的情况。

第二十四条 现场评审会的全部过程应进行记录，由评审委员会成员、司法监督部门派出人员和正式参与竞争的中介机构派出人员签字后留存备查。评审会记录及作为附件的《陈述意见书》、《情况备忘》和《竞争方式指定管理人通知书》等相关资料应在3日内报本院审判管理处、民五庭备案。

第二十五条 除法律规定的诉讼文书送达和其他特殊情形外，竞争方式指定管理人工作中，法院之间、法院与中介机构之间发送和接收相关资料，均采用电子邮件作为发送媒介。

中介机构和个人向法院提交《履职报告》或备案时注明的电子邮箱是唯一确定的中介机构和个人接收和发送相关资料的电子媒介地址。

电子邮箱发送系统显示发送成功的日期，视为相关资料到达接收方电子媒介的日期。

第二十六条 严格限定清算组担任临时管理人的例外情形。依法确有必要指定清算组为临时管理人的，仅限于最高人民法院《关于审理企业破产案件指定管理人的规定》第十八条规定的情形。该规定第(一)项中的"有关规定"，应为法律和行政法规的规定。清算组成员中的中介机构必须是列入本省法院编制名册内的中介机构。

前款情形指定的清算组，只能履行本院《关于规范企业破产案件管理人工作若干问题的意见》第十一条规定的临时管理人职责。债务人进入破产程序后，应及时启动指定正式管理人工作。

拟受理破产申请的法院依法指定清算组为临时管理人，应在裁定受理破产案件并指定清算组为临时管理人后即报本院民五庭、审判管理处备案。书面报告应说明指定清算组为临时管理人的理由、临时管理人职责范围和拟通过竞争方式指定管理人的工作安排，并附民事裁定书和清算组成员名单。中介机构作为清算组成员的，还必须附有中介机构出具的依法不存在回避情形和不应被指定为管理人情形的声明。

第二十七条 预重整程序可由债务人或主要债权人申请启动。预重整阶段的管理人可通过管辖法院、主要债权人和债务人共同组成评审小组的方式予以选任，评审小组可邀请属地政府共同参与评审。选任的具体程序由评审小组商定，可邀请3～5家列入本省法院管理人名册的中介机构参与现场评审后当场择优选定，或参照管理人指定的相关规定确定管理人。预重整阶段的管理人应接受法院的监督和指导。

预重整转入重整程序的,原则上应指定预重整阶段的管理人继续担任管理人。第一次债权人会议决议更换管理人的,则应通过竞争方式指定管理人。被更换的管理人前期所开展的工作,根据最高人民法院《关于审理企业破产案件确定管理人报酬的规定》,结合其履职业绩合理确定报酬。

第二十八条 执行转破产案件,原则上应当参照本规程的案件分级适用不同的管理人指定方式。

根据本院《关于执行程序与破产程序衔接若干问题的纪要》第十一条的规定指定简易清算组履行相应的管理人职责的,债权人提交的简易清算组成员,应报请拟受理企业破产申请的法院确认。简易清算组的报酬不在管理人费用中列支。

第二十九条 合并破产情形下,法院已经通过竞争方式指定其中一家债务人企业的管理人的,该管理人同时担任其他合并破产的关联企业的管理人,法院不再另行指定。

关联企业破产,法院已经通过竞争方式指定母公司的管理人,该母公司的下属全资子公司或控股公司破产的,不再另行指定管理人,由母公司的管理人继续担任。

第三十条 中级法院受理破产案件后拟交由基层法院审理的,中级法院破产业务庭应在受理前与基层法院协商,并依照本规程的规定指定管理人。

中级法院受理破产申请并同时指定管理人的裁定作出后,应报请本院批准同意将破产案件交由基层法院审理,报告中应说明指定管理人的方式及相关工作。经本院批准后,中级法院裁定将案件交由基层法院审理,管理人继续履职。

第三十一条 中级法院司法技术管理部门在执行本规程规定的所有摇号、抽签、轮候等随机环节,应通知司法监督部门和破产业务庭工作人员到场,结果需到场人员签字确认,并在每季度的第一周将上一季度的随机、邀请随机方式指定管理人情况报本院审判管理处、民五庭备案。

竞争方式指定管理人的,应在《竞争方案》中公布中级法院司法监督部门的监督电话。

第三十二条 除最高人民法院《关于审理企业破产案件指定管理人的规定》第二十二条规定的情形以及本规程规定的预重整案件外,不得采用接受推荐方式指定管理人。

有关机构和个人要求在法律、司法解释之外推荐管理人的，应予拒绝，并作为外部过问案件情况中的特别报告事项予以记录、报送。

第三十三条 本院审判管理处、民五庭在职责范围内对全省法院指定管理人工作进行业务指导和监督，及时纠正下级法院指定管理人工作中的不当行为，依法保障管理人获得合理报酬的权益。

第三十四条 本院及各中级法院司法监督部门接受对指定管理人工作中不当行为的举报投诉。

第三十五条 管理人及其成员在参与指定管理人工作中有违反企业破产法或违反其他法律、司法解释的行为的，按照企业破产法或其他法律、司法解释的规定处理；经查证，违规行为已超出法院管辖的，移送有管辖权的主管单位处理。

管理人及其成员在管理人指定工作中有虚假陈述、不依法回避、未披露按照法律和司法解释规定不应担任管理人的情形、无正当理由违反所作承诺、进行不正当竞争以及其他不当行为的，可根据不当行为的具体情节，采取批评、责令改正、业内通报、暂时停止履职资格、从管理人名册中除名等处罚措施并予以公布。

第三十六条 本规程自2019年12月1日起实施。规程实施中遇到的问题，由本院审判管理处和民五庭解释，法律、司法解释有新的规定或本院有新的意见的，适用法律、司法解释的规定或本院新的意见。

浙江省高级人民法院

2019年10月31日

浙江省优化营商环境办理破产便利化行动方案

浙高法〔2019〕139号

为深化“最多跑一次”改革，全面优化营商环境，结合近年来浙江破产审判工作实践，积极推进办理破产便利化，特制定以下行动方案。

一、总体工作目标

坚决落实党中央、国务院和省委、省政府进一步优化营商环境决策部署，着力解决长期困扰破产审判的企业注销、信用修复、税收减免等痛点难点，积极开展个人破产制度试点工作，大力推进破产案件简易审理，实现无产可破等适用简易程序审理的破产案件一般在6个月内办结；加强执行与破产程序衔接，提高信息化、智能化水平，推进浙江破产审判工作市场化、法治化、常态化，营造稳定、公平、透明和可预期的营商环境。

二、主要工作任务

（一）加强部门合作，破解破产难题

1. 建立破产审判府院联席会议制度。由省领导领衔，省法院、省发展改革委、省公安厅、省检察院、省财政

厅、省人力社保厅、省自然资源厅、省建设厅、省市场监管局、省地方金融监管局、浙江省税务局、人行杭州中心支行、浙江银保监局等部门参加,建立破产审判府院联席会议制度,定期会商解决破产审判中的工作难题。各部门建立协调联系人,确保具体案件处理、政策协调时能够在十个工作日内答复工作进展。各市、县(市、区)要加快建立破产审判府院联席会议制度,着力破解办理破产难题。

2. 设立破产援助资金。省财政厅牵头指导有条件的市、县(市、区)于12月底前设立专项破产援助资金,解决无产可破或者缺乏启动资金的企业破产程序启动和推进问题。

3. 破解破产税务难题。浙江省税务局要在9月底以前提出措施,着力破解企业破产程序中税务发票领用、税务注销、税收滞纳金核销、税收优惠政策落实、破产重整企业税收信用修复等方面存在的问题。

4. 推动简易注销便利化。省市场监管局牵头在8月底以前提出破产企业简易注销的标准、要求和步骤,在其内部系统增设破产企业注销选项,明确凭借破产终结裁定书即可办理相关注销手续,由破产管理人向市场监督管理部门申请注销。

破产管理人在向市场监督管理部门申请简易注销前应当持破产终结裁定书向税务部门办结税务注销手续。

5. 积极探索破产土地、房产处置措施。省自然资源厅会同省建设厅加强工作指导,支持各地积极探索,对符合相关要求、具备独立分宗条件的土地,经自然资源、建设等相关部门审核,报当地政府批准后,允许分割转让,降低大宗土地、房产处置难度;简化破产财产过户手续,为加快财产处置提供有力支持手段。

6. 强化逃废债立案查处。各级公安、检察、法院要严格按照《关于依法打击恶意逃废债的指导意见》的要求,加大对逃废债行为的打击力度。切实落实《中共浙江省委　浙江省人民政府关于完善产权保护制度依法保护产权的实施意见》的要求,法院受理破产案件后,相关单位应当严格按照《中华人民共和国企业破产法》《中华人民共和国刑事诉讼法》等法律规定,依法解除有关债务人企业的保全措施以及刑事查封、扣押、冻结等强制措施。

7. 优化破产企业职工社保工作。对于破产企业已为员工在社保经办机构办理社保参保,但未能向税务部门缴纳社会保险费,产生相关社会保险费欠费的情形,省人力社保厅要在8月底前提出解决措施。

8. 优化破产企业信用管理。人行杭州中心支行要进一步研究并督促商业银行落实破产企业信用修复,配合破产管理人管理企业账户;推动出台简化重整程序中银行债权人减免破产企业债务所需履行的手续等方面的措施。

(二)创新工作机制,提高专业化水平

1. 设立专门的破产法庭。省法院要向最高人民法院提交申请,探索在破产案件受理数量较多、破产审判工作开展较好地区的中级法院和基层法院设立专门的破产法庭,提升破产审判的专业化水平。地方党政在人、财、物方面要对破产法庭的设立提供大力支持。

2. 培养专业的破产审判团队。对于暂不具备设立专门破产法庭条件的地区,各中级法院、基层法院应设立专门负责破产审判业务的合议庭,实现破产案件审理的集中化、专业化。每年定期组织破产业务培训,通过会议研讨、论文征集等形式,研究房地产企业破产、关联企业破产、破产财产处置等重点问题,提升破产审判人员专业素养。

3. 积极探索个人破产的试点工作。省法院要向最高人民法院提出申请,积极争取在温州、台州等地法院开展个人破产制度试点工作,为破产审判探索新的制度通道。

(三)推进破产案件简易审理,缩短破产案件周期

1. 制定破产案件简易审理规范性文件。针对破产案件周期长、效率低的问题,探索破产案件繁简分流、快慢分道。省法院要在9月底以前制定专门的破产案件简易审理的规范性文件,在确保利害关系人程序和实体权利不受损害的前提下,对于债权债务关系明确、债务人财产状况清楚、破产财产可能不足以支付破产费用、债务人与全体债权人就债权债务处理自行达成协议等破产案件,实行简易审理,切实提高办案效率。

2. 充分发挥执行程序的功能作用。人民法院在执行转破产案件中要充分发挥执行程序简便快速功能,探索执行程序替代简易破产程序。对于债务人企业资产较少、债权债务关系清晰、债权人人数较少的案件,探索由执行部门员额法官与破产审判部门员额法官组成联合合议庭审理案件;探索破产办案平台与执行办案平台的对接,通过执行办案平台查询、控制债务人企业的资产;探索在执行程序中进行财产处置提高破产案件审理效率;探索在破产程序中运用执行强制措施,推进执行程序与破产程序的协作和深度融合。

(四)加强破产审判信息化建设,便利破产财产处置

1. 推动网络司法拍卖。各级人民法院要积极探索更加符合破产案件特点的财产网络拍卖方式,单设破产财产网络拍卖板块,适时研究制定破产财产网络司法拍卖规则,提高破产财产处置效率,实现破产财产价值最大化。

2. 推动债权人会议网络化。鼓励破产案件审理法院采用召开网上债权人会议等方式深度运用信息化手段,便利债权人参会,提高审判效率。

3. 优化浙江省办案工作平台与全国法院破产重整信息平台的对接。省法院要进一步优化浙江省法院办案工作平台与全国法院破产重整案件信息平台的对接。利用全国法院破产重整信息平台的网上立案端口,通过网上预约立案渠道探索网上立案、跨域立案,降低立案成本。通过"一网两平台"同步生成破产审判电子信息数据,加大司法公开力度。

(五)提升破产管理人履职能力和业务水平

1. 完善破产管理人考核制度,实现动态管理。省法院要在完成省级管理人扩容工作的基础上,优化破产管理人考核机制,12月底前制定破产管理人考核办法,强化人民法院、债权人会议等对破产管理人工作的监督。对于典型的破产管理人违法行为,要严格依法追究责任。

2. 加强破产管理人履职保障。充分发挥浙江省破产管理人协会的作用,加强与各地区破产管理人协会的联系,加强破产管理人报酬保障资金、接管债务人企业财产、查询债务人企业资产状况等方面的履职保障。

3. 开展业务培训,提升业务水平。依托省破产管理人协会、省律师协会和省注册会计师协会,定期开展业务培训、专题调研,适时举办业务论坛,提升破产管理人履职能力。

三、工作实施保障

(一)加强组织领导

办理破产涉及面广,关注度高,社会敏感度高,各地改革办(跑改办)要加强统筹,各级法院、发改委(局)、公安局、财政局、人力社保局、自然资源局、建设局、市场监管局、金融办、检察院、税务局、人民银行、银保监分局等要加强部门合作,协同推进。建立健全破产审判府院联席会议机制,联席会议各成员单位指定专人负责有关任务的落实和对接。联席会议办公室建立定期例会制度,加强协同配合,优化破产审判的外部环境。各级法院成立优化营商环境破产专项小组,民事庭、立案庭、执行局、审管处(科)共同参加,不断提高办理破产执行力。

(二)注重宣传培训

要充分认识办理破产便利化行动对优化营商环境的重大意义,向社会公众传播正确的破产保护理念,向企业宣传破产保护文化,提升社会各界对破产制度的认识水平,提高办理破产便利化行动的知晓度。政府各相关部门对出台的文件要加强条线宣贯落实,不断增强业务能力。

(三)强化监督落实

各地各部门要强化对办理破产改革工作情况的跟踪研判,协调协商解决改革中的问题,及时总结推广最佳实践案例。结合营商环境评价及抽样调查,发现短板问题,及时整改,确保各项任务举措落到实处,提升群众和企业的获得感。

中共浙江省委全面深化改革委员会办公室
浙江省最多跑一次改革办公室
浙江省高级人民法院
浙江省发展和改革委员会
浙江省公安厅
浙江省财政厅
浙江省人力资源和社会保障厅
浙江省自然资源厅
浙江省住房和城乡建设厅
浙江省市场监督管理局
浙江省地方金融监督管理局
浙江省人民检察院

国家税务总局浙江省税务局

中国人民银行杭州中心支行

中国银行保险监督管理委员会浙江监管局

2019 年 8 月 30 日

关于执行程序与破产程序衔接若干问题的纪要

浙高法〔2016〕62 号

为贯彻落实企业破产法、民事诉讼法及其司法解释——的规定，推进执行程序与破产程序的衔接（以下简称执破衔接）工作，在总结司法经验基础上，就相关问题纪要如下：

第一条　（原则要求）各级法院要提高对执破衔接工作重要性的认识，按照合法合规、协作配合、高效便捷、强化监督的原则，积极、有序推进执破衔接工作。

第二条　（执行通知书中的释明）执行法院依照民事诉讼法第二百四十条规定对作为被执行人的企业法人（以下简称被执行人）发出执行通知时，可以同时告知最高人民法院《关于适用〈中华人民共和国民事诉讼法〉的解释》（以下简称民诉法解释）有关执破衔接的规定。

第三条　（执破衔接工作的启动）在执行程序中，符合以下情形之一的，执行法院可以启动执破衔接工作：

（一）经执行法院穷尽财产调查措施并采取强制执行措施，被执行人仍然无法清偿债务的；

（二）执行法院根据民诉法解释第五百一十九条第一款和最高人民法院《关于执行案件立案、结案若干问题的意见》（以下简称执行结案意见）第十六条规定，经合议庭审查并经院长批准后，裁定终结对被执行人本次执行程序的。

执行法院启动执破衔接工作,应由执行员填写《执行案件转破产程序审查意见登记表》,报该院执行实施部门负责人批准后实施。

各级法院可以制定执破衔接的操作细则,但不得以该操作细则作为不接受其他法院(包括下级法院)依法移送执行案件相关材料的理由。

同一执行案件有多个企业法人的,可以根据本《纪要》分别启动执破衔接工作。

第四条 (启动执破衔接工作后的释明和意见征询)执破衔接工作启动后,执行员应根据执行案件的具体情况,向申请执行人或被执行人释明企业破产法、民事诉讼法及其民诉法解释中执破衔接的相关规定和本《纪要》的相关内容,并特别征询申请执行人或被执行人是否同意被执行人进入破产程序的意见。释明和征询意见的过程应记入笔录,由申请执行人或被执行人签字。

经释明和征询,至少有一位申请执行人同意被执行人进入破产程序的,即属于符合民诉法解释第五百一十三条规定的“申请执行人同意”的情形。申请执行人对法院受理破产案件不持异议的,视为同意。

执行员在必要时可邀请该院商事审判庭的法官参加释明和意见征询工作。

第五条 (裁定中止执行)经释明和征询意见,申请执行人或被执行人表示同意法院受理破产案件,并表示不另行提出企业破产申请的,执行法院即可作出中止对被执行人执行的裁定。

在作出中止对被执行人执行的裁定后,执行法院可以应申请执行人的请求,根据民诉法解释第五百一十九条的规定,作出终结本次执行程序的裁定。

前款规定的中止对被执行人执行的民事裁定书,应阐明中止执行的理由。对被执行人执行行为的中止,不影响对同一执行案件其他被执行人的执行。

中止执行裁定作出后法院裁定受理破产案件前,执行法院对被执行人所涉季节性商品、鲜活、易腐烂变质以及其他不宜长期保存的物品和宜先行处置的财产,必要时可予以变价并保存价款,待被执行人进入破产程序后移交破产案件管理人。

第六条 (执行法院内立案庭登记并向商事审判庭转递相关材料)执行法院对被执行人有受理破产申请管辖权的,执行员将相关材料交该院立案庭,立案庭在三日内对相关材料登记后转递该院商事审判庭审查。

前款所指相关材料包括：

(一)由执行员拟稿，执行实施部门负责人签署并加盖执行实施部门印章的《执行案件转破产程序审查意见登记表》；

(二)经执行法院采取强制执行措施后，被执行人无法清偿债务的相关材料；

(三)向申请执行人或被执行人释明和征询意见，以及申请执行人或被执行人同意法院受理破产案件相关内容的谈话笔录；

(四)中止对被执行人执行的民事裁定书、执行立案信息表、执行依据；

(五)被执行人涉执债务清单，查封、扣押、冻结财产清单，已掌握的会计账簿等材料；

(六)执行实施部门已穷尽财产调查措施的相关材料，主要包括但不限于：银行存款、房地产、车辆、股权登记查询资料，工商登记基本材料以及向网络执行查控系统和"点对点"查控系统调取的信息及反馈结果；

(七)执行程序中对被执行人财产依法处置的相关材料；

(八)执行实施部门在执行程序中发现的被执行人及其相关人员隐匿、转移财产等涉嫌逃废债行为线索的相关材料；

(九)执行实施部门认为应当移交的其他材料。

第(一)至第(四)项材料属于商事审判庭审查立案的必备材料；第(五)至第(九)项材料不完整的，商事审判庭可以要求执行实施部门补齐，但不影响商事审判庭的审查进程。

第七条　(执行法院内商事审判庭审查立案之一)商事审判庭收到该院立案庭登记并转递的相关材料后，应即组成合议庭进行审查，并区别以下情况进行处理：

(一)申请执行人同意被执行人进入破产程序的，商事审判庭在收到相关材料之日起五日内通知被执行人(即债务人，下同)。债务人有异议的，应当自收到通知之日起七日内向法院提出。商事审判庭应当自异议期满之日起十日内裁定是否受理破产案件；债务人未在收到通知之日起七日内提出异议的，商事审判庭应在收到相关材料之日起十五日内裁定受理破产案件。

(二)债务人同意进入破产程序的，商事审判庭在收到相关材料之日起十五日内裁定受理破产案件。

第八条　(执行法院内商事审判庭审查立案之二)商事审判庭对相关材料进

行形式审查,本《纪要》第六条第二款第(一)至第(四)项列举的材料具备的,商事审判庭应当裁定受理破产案件。

商事审判庭裁定受理或不受理破产案件后,应根据企业破产法第十一条规定将裁定送达破产案件申请人(即执行程序中同意债务人进入破产程序的申请执行人或被执行人)。并根据民诉法解释第五百一十四条规定,至迟在收到执行案件相关材料之日起三十日内将裁定告知立案庭和执行实施部门。

裁定不予受理破产案件的,商事审判庭应根据企业破产法第十二条第一款规定,自裁定作出之日起五日内送达申请执行人或被执行人,裁定应具体说明不予受理的理由。申请执行人或被执行人对裁定不服的,可以自裁定送达之日起十日内向上一级法院提起上诉,由上一级法院商事审判庭进行审理。

不予受理破产案件裁定生效后,商事审判庭应即向该院执行实施部门退回相关材料。执行实施部门收到退回的相关材料后,应即裁定恢复对被执行人的执行。

商事审判庭裁定受理破产案件至破产宣告前,经过审理,认为债务人不符合企业破产法第二条第一款和最高人民法院《关于适用〈中华人民共和国企业破产法〉若干问题的规定(一)》(以下简称破产法解释一)第二条第一款规定的相关情形的,应当根据企业破产法第十二条第二款规定作出驳回破产申请的裁定。执行程序中同意债务人进入破产程序的申请执行人或被执行人对裁定不服的,可以自裁定送达之日起十日内向上一级法院提起上诉,由上一级法院商事审判庭进行审理。

立案庭根据该院执行实施部门、商事审判庭的要求,办理执破衔接过程中相关案号的编立等事项。

第九条　(执行法院向破产管辖法院移送相关材料)执行法院对被执行人没有受理破产申请管辖权的,应向本省有受理破产申请管辖权的法院(以下简称破产管辖法院)发出《执行案件转破产程序移送函》,并附本《纪要》第六条第二款第(二)至第(九)项规定的相关材料(含执行法院联系人和联系方式)。

第十条　(破产管辖法院对相关材料的审查)破产管辖法院立案庭接收并登记执行法院移送的相关材料,在收到相关材料后三日内以法院名义向执行法院回函确认并将材料转递破产管辖法院商事审判庭审查。

《执行案件转破产程序移送函》和本《纪要》第六条第二款第(二)至第(四)项材料属于破产管辖法院审查立案的必备材料;第(五)至第(九)项材料不完整

的,破产管辖法院可以要求执行法院补齐,但不影响破产管辖法院的审查进程。

破产管辖法院商事审判庭收到立案庭登记并转递的执行法院移送的相关材料后,应即组成合议庭进行审查,并按照本《纪要》第七条、第八条的要求,依法作出受理或不受理破产案件的裁定,并将裁定书送达执行程序中同意受理破产案件的申请执行人或被执行人,至迟在收到执行案件相关材料之日起三十日内将裁定事项告知执行法院。

不予受理破产案件裁定生效后,破产管辖法院应即通过该院立案庭向执行法院退回执破衔接的相关材料。执行法院收到退回材料后,应即裁定恢复对被执行人的执行。

破产管辖法院裁定受理破产案件至破产宣告前,经过实质审理,认为债务人不符合企业破产法第二条第一款和破产法解释一规定的相关情形的,应当根据企业破产法第十二条第二款规定作出驳回破产申请的裁定。执行程序中同意债务人进入破产程序的申请执行人或被执行人对裁定不服的,可以自裁定送达之日起十日内向上一级法院提起上诉,由上一级法院商事审判庭进行审理。

执行法院和破产管辖法院立案庭根据执行法院执行实施部门和破产管辖法院商事审判庭的要求,办理执破衔接过程中相关案号的编立等事项。

第十一条 (指定破产案件管理人)商事审判庭在审查过程中,如拟裁定受理破产案件的,应由专人负责指定破产案件管理人工作。可以在被执行人所在县(县级市、区)或地理上接壤的县(县级市、区)有住所、列入本院编制的管理人名册并有履职经历的社会中介机构中通过抽签方式指定临时管理人。

申请执行人自愿组建(包括会同其他债权人组建)简易清算组,并承诺简易清算组的费用和报酬不在被执行人财产中列支的,商事审判庭可以同意简易清算组在被申请人进入破产程序后履行正式管理人职责。

临时管理人、简易清算组指定的具体要求适用本院《破产案件管理人指定工作规程》。

商事审判庭完成临时管理人、简易清算组指定的相关工作后,应根据企业破产法第十三条规定,在受理破产案件裁定书中指定临时管理人或简易清算组履行管理人职责。

除依照有关规定应当通过竞争方式指定管理人的情形外,被执行人进入破产程序后,经债权人会议(或债权人委员会)表决同意,受理破产案件的法院可指定临时管理人或简易清算组为正式管理人。

债务人存在无产可破等情形的,受理破产案件的法院可以同意使用各地建立的管理人援助资金。

第十二条 (及时裁定宣告债务人破产) 法院裁定受理破产案件后,经审查,如不存在对债务人适用破产重整或和解程序可能的,应及时根据企业破产法第一百零七条规定宣告债务人破产。

债务人符合最高人民法院《关于债权人对人员下落不明或者财产状况不清的债务人申请破产清算案件如何处理的批复》规定情形的,也可以在受理破产案件后即宣告债务人破产并终结破产程序。破产管辖法院宣告债务人破产的情况应及时函告执行法院。

债务人被宣告破产的,执行法院应根据民诉法解释第五百一十五条规定裁定终结对被执行人(破产程序中的债务人)的执行。

第十三条 (转破产程序后执行案件的结案) 被执行人是执行案件的唯一被执行人,并符合民诉法解释第五百一十九条规定的裁定终结本次执行的情形的,执行法院启动执破衔接相关工作后,即可根据执行结案意见第十四条第(二)项规定办理执行案件的结案手续。

债务人是执行案件的唯一被执行人并被法院裁定宣告破产的,执行法院根据执行结案意见第十七条第(八)项规定,办理执行案件的结案手续。

债务人是执行案件的唯一被执行人并被法院裁定进入破产重整或和解程序的,法院裁定批准重整计划或裁定认可和解协议后,执行法院可以根据执行结案意见第十四条第(二)项规定,以符合"终结本次执行程序"的事由办理执行案件的结案手续。

第十四条 (破产程序启动后保全措施的解除和委托继续保全) 破产案件受理后,执行法院必须严格执行企业破产法第十九条的规定,解除对债务人的保全措施。破产管辖法院也可以根据最高人民法院《关于适用〈中华人民共和国企业破产法〉若干问题的规定(二)》(以下简称破产法解释二)第六条规定,委托执行法院继续原有的财产保全措施。执行法院应当予以协助。

第十五条 (参与分配的限制适用) 民诉法解释施行后,对企业法人为被执行人的执行案件,不再适用参与分配,但已取得执行依据的债权人一致同意适用参与分配的除外。

第十六条 (执破衔接工作的停止)执破衔接工作的实施不影响债权人和债务人依法申请债务人破产的权利。遇有有管辖权的法院根据债权人或债务人的申请裁定受理针对被执行人的破产申请(含重整、和解和清算申请)的,执行法院应立即停止执破衔接工作并严格依照企业破产法第十九条的规定,无条件解除保全措施并中止执行程序。

第十七条 (执破衔接工作的监督之一)执行法院和破产管辖法院之间没有上下级监督关系,破产管辖法院收到执行案件相关材料后三十日内既未作出受理破产申请裁定,也未向执行法院退回执行案件相关材料的,执行法院可函请破产管辖法院的上一级法院进行监督。上一级法院在收到执行法院函告后,由商事审判庭进行审查,如认为被执行人符合企业破产法第二条第一款规定情形的,应在三十日内书面通知破产管辖法院作出受理破产案件的裁定;如认为被执行人不符合企业破产法第二条第一款规定情形的,应责成破产管辖法院函告执行法院并将相关案件材料退回执行法院。

破产管辖法院收到上级法院的书面通知后十五日内,仍不裁定受理破产案件,上级法院应参照破产法解释一第九条第二款、第三款规定,径行裁定受理企业破产案件并指定管理人,同时指令破产管辖法院审理该案件。

破产管辖法院在审理企业破产案件中,需要查阅执行法院在执行程序中的相关材料,或者依法委托执行法院办理司法协助事项的,执行法院应予办理。

第十八条 (执破衔接工作的监督之二)破产管辖法院受理破产(含破产重整、和解和清算)申请后,应将受理破产案件裁定书上传《浙江法院公开网》并立即通知执行法院。执行法院收到破产管辖法院的通知(附受理破产申请裁定书)并通过《浙江法院公开网》确认破产管辖法院受理案件后,应当根据企业破产法第十九条的规定,无条件解除对债务人财产的保全措施并中止执行程序。破产申请受理后,生效民事判决书或者调解书尚未执行完毕的,执行法院亦应根据破产法解释二第二十二条规定中止对破产案件债务人的执行。

第十九条 (附则)执破衔接工作涉及省外法院的,根据民事诉讼法、企业破产法及其司法解释办理。

法律、司法解释对执破衔接有新的规定的,适用法律、司法解释的规定。

浙江省高级人民法院

2016年5月16日

关于规范以清算组形式履行管理人职责等管理人指定工作有关事项的通知

浙高法民二〔2014〕8号

全省各中级人民法院商事审判业务庭、司法鉴定处：

我院《关于规范企业破产案件管理人工作若干问题的意见》（浙高法〔2013〕38号）以及《关于进一步规范管理人动态管理若干事项的通知》（浙高法鉴〔2014〕3号）下发以来，各项工作正在推进之中。但在对文件内容的理解和具体操作中也反映了一些问题，特别是在指定清算组履行管理人职责方面的问题更为突出。现就执行文件的有关事项作如下通知：

1. 全省法院2013年1月1日以后受理的企业破产案件中，以清算组形式履行管理人职责，对中介机构和中介机构成员（个人）以清算组成员名义参与清算组工作的，由受理企业破产案件的法院商事审判业务庭就管理人指定工作是否符合最高人民法院及省高院的有关规定逐案进行专项报告，所涉中介机构和个人应提交其行为符合我院浙高法〔2013〕38号文第七条等要求的书面声明，即：（1）清算组成员中的中介机构和个人被列入省高院管理人名册；（2）我院浙高法办发〔2013〕8号《关于建立省级管理人履职资料库的通知》于2013年8月30日下发后，未被列入省级管理人履职资料库名单的中介机构和个人没有跨地区执业的行为（非竞争性方式）；

(3)没有以担任清算组等法律顾问,又从债务人企业财产中取得管理人报酬等方式规避管理人指定规则的行为。各中院商事审判业务庭会同司法鉴定处对上述书面声明进行审核,审核情况及书面声明的电子版在4月30日前报省高院民二庭、司法鉴定处。

省高院也将适时对中介机构及其个人违规参与清算组活动行为进行检查。

2. 各级法院商事审判业务庭、司法技术管理部门要从推进企业破产审判工作实效和加强司法廉洁工作的高度,认识管理人指定工作的重要性。严格按照浙高法〔2013〕38号和浙高法鉴〔2014〕3号文件有关管理人指定规范的各项要求,坚持公开、公平、公正的原则做好管理人指定工作,相关工作方案不应和前述文件相冲突,实施中遇到的问题要及时向省高院报告。

3. 按照浙高法鉴〔2014〕3号文件要求,《管理人动态管理工作指引》的起草工作正在进行之中。为加强对问题的调研,同时也为了对各中级法院主持竞争方式指定管理人工作给予及时指导,对浙高法鉴〔2014〕3号文件下发后《管理人动态管理工作指引》出台前通过竞争方式指定管理人工作,省高院民二庭、司法鉴定处将就部分案件开展同步调研和监督指导(相关案件名单附后)。其中,竞争方式指定管理人工作的邀询函、工作方案应在实施前报省高院司法鉴定处、民二庭审查。为配合阳光司法工作,省高院将在《浙江法院网》(内网)上发布竞争方式指定管理人的信息,并在技术条件成熟后于近期在《浙江法院网》(外网)和中介机构门户网站上公布相关信息,自觉接受监督。

4. 中介机构和个人管理人报送《履职报告》和个案评价意见,是我院浙高法〔2013〕38号文第四条、第五条明确的要求,各中级法院司法鉴定处和商事审判业务庭要督促相关中介机构和个人按照文件要求做好报送工作,受理企业破产案件的法院也应做好对管理人的评价工作。经过督促,中介机构和个人管理人在4月20日前仍未报送材料的,将视情作出处理。

特此通知。

浙江省高级人民法院民事审判第二庭、司法鉴定处

2014年4月8日

关于强化司法职能推进企业兼并重组的意见

浙高法〔2014〕140号

本省各级人民法院：

为深入贯彻党的十八届三中全会精神，根据国务院《关于进一步优化企业兼并重组市场环境的意见》和最高人民法院《关于人民法院为兼并重组提供司法保障的指导意见》等规定，围绕省委省政府的工作部署，就强化司法职能推进企业兼并重组提出如下意见：

一、切实提高对企业兼并重组工作重要性的认识

企业兼并重组在调整优化产业结构、淘汰落后产能，化解过剩产能，促进经济转型升级方面具有重要作用，也是防范和化解企业资金链担保链风险、处置“僵尸企业”盘活要素资源的重要手段。各级法院要提高优化企业兼并重组市场环境重要性的认识，切实强化司法保障职能推进我省企业兼并重组工作。

二、坚持法治原则,平衡不同民事主体利益

要坚持法治思维和法治方式,实现企业兼并重组活动中国家政策和司法实践的有序协调和对接;要妥当把握参与兼并重组的企业、出资人、债权人、企业职工和公司高管等不同民事主体的利益平衡;要建立法院与政府主导的企业兼并重组协调机制和服务体系的工作协调,依法为协调机制的工作开展建言献策,落实审理、执行企业兼并重组案件和相关案件的政府公共服务和政策支持。

三、服务大局,重视法律效果和社会效果统一

围绕省委省政府"五水共治""三改一拆""四换三名""个转企、小升规、规改股、股上市"等转型升级工作"组合拳"及扩大有效投资行动、加快我省四大国家战略举措实施、支持浙商产业创新和企业资金链担保链风险、银行不良资产风险的防范和化解等专项工作部署,依法有序开展各项审判、执行工作,实现法律效果和社会效果的统一。

四、依法受理兼并重组相关案件

依法受理优化企业兼并重组市场环境过程中发生的涉及商事合同效力认定、股权转让、公司治理结构、投资权益确认、国有企业改革、公司解散和强制清算、民间借贷和通过多层次资本市场融资、职工权益维护、企业破产(含司法重整)等各类案件,无法定理由不得拒绝受理,不得拖延审理。上级法院要加强监督,对跨行政区划的重大企业兼并重组案件和相关案件,根据需要,依法提级管辖和指定管辖。涉及跨行政区划关联企业破产的,由共同上级法院征询有关地方政府和法院意见后,依法调整相关企业破产案件的地域管辖。

五、落实企业主体地位,树立平等保护意识

必须尊重企业主体地位,依法支持企业自主决策、自愿参与资产收购、营业

转让、营业租赁、公司合并和分立、股权收购、控制权收购、股份转让、司法重整和破产清算等形式的兼并重组活动，发挥市场在资源配置中的决定性作用。要落实国务院《关于促进市场公平竞争维护市场正常秩序的若干意见》的各项要求，确立在企业兼并重组中"法不禁止的，市场主体即可为；法未授权的，政府部门不能为"和"凡是市场主体基于自愿的投资经营和民商事行为，只要不属于法律法规禁止进入的领域，不损害第三方利益、社会公共利益和国家安全，政府不得限制进入"的理念，依法尊重企业参与兼并重组活动的意思自治和诉讼处分权。同时要树立平等保护意识，依法保障国有企业、集体企业、民营企业和外商投资企业参与企业兼并重组活动；要通过兼并重组典型案件的审理，推动我省地方国有企业改革和浙商回归工作的开展，提振企业家创业创新的信心，最大限度地激发非公经济的活力和创造力；要坚决克服司法领域的地方保护主义，通过长三角司法协作机制等工作机制的作用，依法协调、妥善处理跨省企业兼并重组中遇到的各种司法问题。

六、拓宽公司诉讼案件新思维，依法认定兼并重组行为效力

结合公司法修改和公司资本制度改革实际，依法审理企业兼并重组过程中的各类公司诉讼案件，妥当认定各类兼并重组合同性文件的效力；涉及兼并重组合同条款的权利义务的争议，合同法、公司法有不同规定的，优先适用公司法的规定；根据修改后公司法确立的注册资本认缴制的规定，合理认定企业兼并重组中的出资行为的效力和名义股东、实际出资人的相关权益；目标公司股东（含新出资人）之间签订包含有估值调整机制的协议内容的，如不存在违反法律、行政法规禁止性规定的其他情形的，应尊重当事人之间的意思自治，妥善认定其效力；通过股东知情权诉讼，公司股东会、董事会决议不存在、撤销和无效诉讼和公司合并协议等纠纷案件的审理，依法审查公司合并、分立行为的合法性，保护异议股东股权收购请求等合法权益，保护合并、分立公司债权人的合法权益；对企业兼并重组中符合公司法和物权法规定的资产转让、转投资和公司分立行为，不宜简单以违反企业改制中的"债务随企业资产转移原则"为由而确认无效。

七、依法保护金融债权

依法开展加快银行不良资产处置专项活动,严厉打击企业逃废债务,快审快执涉兼并企业重组的金融借款案件,降低商业银行等金融机构的并购贷款风险,合力防范和化解区域性企业资金链担保链风险,构建有利于推进企业兼并重组的良好的金融生态环境;通过司法职能的发挥,引导商业银行在风险可控的前提下,通过提高抵押率、实行信用贷款和年审制循环贷款、扩大中长期贷款等创新信贷方式积极稳妥地开展并购贷款业务;贯彻诉讼诚信原则,正确处理与企业重组相关案件的刑民交叉问题,妥善审理对于贷款已实际发生的,商业银行不主张借款人的行为构成贷款诈骗罪的金融借款合同纠纷案件;依法支持金融资产管理公司通过单向收购、打包收购等方式收购商业银行不良资产,盘活存量资产,推进企业兼并重组。

八、依法推进多层次资本市场的建设,激发资本活力

严格执行修订后的证券法、公司法,围绕"结构合理、功能完善、规范透明、稳健高效、开放包容的多层次资本市场体系"的改革目标和我省建设"中小企业金融服务中心"和"民间财富管理中心"的部署,推进中小企业在地方资本市场通过发行股票、企业债券、非金融企业债务融资工具、可转换债券等方式的直接融资渠道和定向权证等支付方式,为企业兼并重组提供有效的金融服务;妥善处理与企业兼并重组相关的上市公司收购和重大资产重组过程中的商事纠纷案件;落实国家进一步加强中小投资者合法权益保护的部署,完善虚假陈述、操纵市场、虚假陈述侵权行为损害赔偿的民事权利救济机制,依法惩处证券期货犯罪行为;支持和规范互联网金融活动;贯彻《温州市民间融资管理条例》,依法规范企业兼并重组中的定向债券融资和定向集合资金行为。

九、大力推进企业破产审判工作,促进资源优化整合

以简易审为抓手,推进企业破产审判工作,充分发挥破产程序的平台在推进

企业兼并重整过程中有效资源配置的作用；按照“差异化”处置理念，同等重视企业破产清算程序和破产重整程序的运用，通过“出售式重组”等方式，最大限度地盘活破产清算企业的生产要素资源；推进企业破产案件审理中落实政府的属地责任和公共服务、社会管理职能，实现国务院和地方政府出台的与企业兼并重组相关的金融服务、税收、土地管理、工商登记等领域政策在破产程序中的对接，积极争取有关部门的协调，重建成功实现破产重整企业的信用记录；发挥市场的决定性作用，推进通过区域性股权、产权、债权、金融资产和大宗商品交易平台，整合企业重整资源，积极探索合法合规开展破产程序中的资产证券化，有效隔离参与兼并重组企业的破产风险；完善破产案件管理人动态管理制度，继续探索区域性范围内有重大影响的企业破产案件竞争性方式产生管理人工作。根据需要，有序引进被所在辖区省级高级人民法院编入破产案件管理人名录并在我省设有分支机构的社会中介机构参与重大疑难复杂企业破产案件管理人的竞争。发挥金融资产管理公司、产业基金、财务顾问、交易平台等机构参与招募投资者等与破产重整相关的业务活动，合理界定相关机构与机构管理人的职责划分；适应浙商“走出去”战略的实际，总结我省境外上市企业破产案件的审判经验，稳步推进跨境破产中的司法协作。

十、强化知识产权审判，服务我省创新驱动战略

回应我省创新驱动发展战略的司法需求，综合运用知识产权司法救济手段，加大企业兼并重组中的知识产权保护力度；要规范企业兼并重组中对知识产权的评估管理；严格执行最高人民法院《关于审理因垄断行为引发的民事纠纷案件应用法律若干问题的规定》，依法审理企业兼并重组中涉及的各类垄断民事纠纷案件和反不正当竞争纠纷案件，规范市场竞争秩序，维护国家经济运行健康有序。

十一、强化行政审判，支持政府职能转变

密切关注深化行政审批制度改革加快政府职能转变的过程，认真研究取消和下放行政审批事项对企业兼并重组活动相关的行政审判工作的影响，依法审

查市场准入、行政审批、经营行为规范等方面的具体行政行为。涉企业兼并重组行政案件的审理中,要坚持监督与支持并重原则,促进实质性化解企业兼并重组中产生的争议。

十二、健全工作机制

各级法院要结合工作部署,建立和完善司法保障企业兼并重组的工作机制。省高院商事审判业务庭负责司法保障企业兼并重整的日常联络工作。重视通过发布参考性案例和其他典型案例等形式对下级法院司法保障企业兼并重组工作进行指导和监督;结合审判执行工作实际,针对存在的问题,适时向有关部门发送司法建议,推动健全企业兼并重组的协调机制和服务体系。

浙江省高级人民法院

2014年9月23日

关于进一步规范管理人动态管理若干事项的通知

浙高法鉴〔2014〕3 号

全省各中级人民法院司法鉴定处、商事审判业务庭：

我院《关于规范企业破产案件管理人工作若干问题的意见》（浙高法〔2013〕38 号）实施以来，管理人动态管理机制逐步完善，对推进市场化导向企业破产审判工作发挥了积极作用。但实践中也存在一些问题，主要是：（1）多数中级法院尚未按照浙高法〔2013〕38 号文件和《关于贯彻落实〈关于规范企业破产案件管理人工作若干问题的意见〉若干事项的通知》（浙高法鉴〔2013〕4 号）的要求建立竞争方式、随机方式指定管理人的工作规程。（2）建立省级管理人履职资料库以后，后续工作没有跟进。（3）管理人指定工作有待改进，一些中级法院辖区以清算组作为管理人的主要形式；管理人指定工作存在外部不正常干扰因素，个别中介机构在管理人指定中参与竞争、接受挑选的行为不规范，甚至以清算组法律顾问的形式规避管理人指定的制度；竞争方式指定管理人工作方式尚未常态化推进；随机方式指定管理人的方式不够透明。（4）管理人履职和报酬确定情况也亟待进一步规范。

近日，我们就进一步完善管理人动态管理工作的相关问题进行了研究，形成了基本共识，并致函浙江省律师

协会、浙江省注册会计师协会,就相关问题提出了会商意见。为落实工作部署,现将有关事项通知如下:

一、建立管理人履职资料库的相关工作

浙高法〔2013〕38号文件明确要分级建立管理人履职资料库,建立个案中对管理人履职的评价制度,管理人每年需提交《履职报告》。去年,我院《关于建立省级管理人履职资料库的通知》(浙高法办发〔2013〕8号)已确定将22家中介机构列入省级管理人履职资料库名单。各中级法院司法鉴定处、商事审判业务庭要根据浙高法〔2013〕38号文件第四条、第五条的要求,由辖区内中介机构和个人管理人在2014年3月31日前提交2013年度管理人《履职报告》和2013年审结案件中债权人会议对管理人(含清算组中入册中介机构和个人管理人)履职情况的评价意见,并在4月4日前将《履职报告》和评价意见报送我院司法鉴定处和民二庭。其中,列入省级管理人履职资料库名单的中介机构应报送《履职报告》和评价意见的原件和电子版,其他中介机构和个人管理人(包括温州市中级法院编制管理人名册的中介机构)报送《履职报告》和评价意见的电子版。

列入省级管理人履职资料库的中介机构提交的《履职报告》,除了符合浙高法〔2013〕38号文件第五条的要求外,还应包含以下内容:(1)管理人团队负责人和成员基本情况和履职情况;(2)管理人团队建设相关规程和团队建立后的主要业绩。业绩突出但未列入省级管理人履职资料库的中介机构也可以按照对列入省级管理人履职资料库名单的中介机构的要求提交《履职报告》,作为候补省级管理人履职资料库名单的参考依据。

各中介机构和个人管理人的《履职报告》等资料将在我院"浙江法院内网——企业破产审判动态栏目"公布,并适时在外网上公布。各中级法院在收到相关《履职报告》和个案中债权人会议的评价意见后,即行建立辖区内中介机构和个人管理人履职资料库。《履职报告》和个案中债权人会议的评价意见是履职资料库的重要内容,并作为对中介机构和个人管理人履职情况评价(包括省级管理人履职资料库动态调整)的参考依据。

二、协同制定《管理人动态管理工作指引》和竞争、随机方式指定管理人的工作规程

1. 根据法律、司法解释规定和浙高法〔2013〕38 号文件精神，我院拟在近期制定《管理人动态管理工作指引》（暂定名），请各中级法院积极协助、参与起草工作（可参照本通知第三部分即“《管理人动态管理工作指引》下发前规范管理人指定工作的注意事项”的相关内容）。现指定宁波中院、温州中院（司法鉴定处和商事审判业务庭合作）分别起草《管理人动态管理工作指引》的初拟稿，并在 5 月底前完成。

2.《管理人动态管理工作指引》下发后，各中级法院应结合浙高法〔2013〕38 号第八条的要求，制定辖区内竞争方式和随机方式指定管理人的工作规程。在我院《管理人动态管理工作指引》下发前，可以先行开展调研论证工作。

三、《管理人动态管理工作指引》下发前规范管理人指定工作的注意事项

1. 严格限定清算组管理人形式

（1）指定清算组为管理人，必须符合最高人民法院《关于审理企业破产案件指定管理人的规定》（法释〔2007〕8 号）第十八条的要求。该条第（一）项中的“有关规定”，应理解为法律和行政法规的规定，不包括地方政府的规章和其他文件、纪要等。

浙高法〔2013〕38 号文件第十四条中的“简易清算组”不属于需要产生管理人费用的清算组，可继续探索由此类简易清算组履行清算职责的实践。

（2）拟受理企业破产案件的法院认为确有必要按照法释〔2007〕8 号司法解释第十八条第（四）款规定指定清算组为管理人的，此类清算组只能履行浙高法〔2013〕38 号文件第十一条规制的临时管理人职责，企业破产程序启动后，应即在第一次债权人会议召开之前，通过竞争方式指定管理人。

前述情形，拟受理企业破产申请的人民法院依法指定清算组为临时管理人，不再报我院审批，但应在裁定受理企业破产案件并指定清算组为临时管理人后

五日内书面报省高院司法鉴定处备案。书面报告应说明指定清算组为临时管理人的理由、临时管理人职责范围和拟通过竞争方式指定管理人的具体方案,并附民事裁定书和清算组成员名单。有列入管理人名册的中介机构作为清算组成员的,还必须附有中介机构出具的不存在《企业破产法》第二十四条和法释〔2007〕8号司法解释第二十三条规定回避情形的书面声明。

对本通知下发前已经指定清算组履行临时管理人职责的企业破产案件,要加强对临时管理人履职规范性的监督,并按照浙高法〔2013〕38号文件第十一条第二款的要求启动管理人指定工作,尽可能通过竞争方式指定管理人。临时管理人履职和正式管理人指定的相关情况报我院司法鉴定处和民二庭备案。

2. 积极推进竞争方式指定中介机构管理人

(1)符合浙高法〔2013〕38号文件第八条第二款情形的企业破产案件、由清算组履行临时管理人职责的企业破产案件、中级法院移交基层法院管辖的案件,以及其他拟受理企业破产申请的基层法院认为应当通过竞争方式指定管理人的企业破产案件,应通过竞争方式指定管理人。

(2)通过竞争方式指定管理人,应符合浙高法〔2013〕38号文件第十条的要求。由中级法院向列入省级管理人履职资料库名单的中介机构和中级法院辖区内的中介机构发出询邀函,符合条件的中介机构在询邀函指定的期限(不少于八日)内回复报名参加竞争,期限届满时回复询邀函的中介机构多于5家的,即可启动后续工作。报名参加竞争的中介机构低于5家(不含本数)的,如有省级管理人履职资料库名单中的中介机构参加竞争,指定其中唯一的省级管理人履职资料库名单中的中介机构为管理人,如参加竞争的省级管理人履职资料库名单中的中介机构在2家(含本数)以上的,通过抽签方式确定管理人,未被选中的其他中介机构作为候补管理人。

报名参加竞争的中介机构超过7家的,应按照以下顺序确定7家参与竞争的中介机构:

A. 列入省级管理人履职资料库名单且分属于律师事务所和注册会计师事务所的中介机构以联合管理人形式参与竞争的;

B. 列入省级管理人履职资料库名单的中介机构与住所地在债务人企业所在县(含县级市、区)的中介机构以联合管理人形式参与竞争的;

C. 列入省级管理人履职资料库名单的中介机构单独参与竞争的;

D. 其他。

根据以上顺序产生的中介机构超过7家的,应通过抽签产生位列第7的参与竞争的中介机构。

3. 规范随机方式指定管理人工作

随机方式指定管理人,应符合浙高法〔2013〕38号文件第九条的要求。没有管理人履职经历的中介机构应自行选择列入省级管理人履职资料库名单的中介机构(不限于所在中级法院辖区)或中级法院辖区有管理人履职经历的中介机构组成联合管理人参与随机方式指定管理人的挑选。

四、推进管理人动态管理工作的司法公开

浙高法〔2013〕38号第二条第四款明确:"管理人动态管理的规范性文件、编制管理人名册、指定管理人(包括管理人回避、辞职和更换)等事项,应在人民法院和相关行业协会门户网站和其他媒体上公布"。这一要求,和阳光司法的工作部署是一致的。今年,要根据最高人民法院和我院阳光司法的工作部署,在企业破产审判工作中大力推进阳光司法建设。我院已在《浙江法院内网》首页设置企业破产审判栏目,下设审判监督、管理人动态管理和法律文书等子栏目,拟在试运行一段时间后,在近期将企业破产案件法律文书和与管理人动态管理相关的资料在外网公布。各中级法院司法鉴定处和商事审判业务庭在配合开展司法公开工作中,要把管理人动态管理工作的司法公开作为重要内容,并就相关问题与当地律师协会、注册会计师协会做好会商工作。

特此通知。

浙江省高级人民法院司法鉴定处
民事审判第二庭
2014年3月13日

关于审理公司强制清算案件若干问题的纪要

浙高法民二(2013)16号

为规范我省法院公司强制清算案件的审理,妥善保护债权人、股东和职工的合法权益,根据《中华人民共和国公司法》(以下简称公司法)、《中华人民共和国企业破产法》(以下简称企业破产法)及相关司法解释、司法政策,结合审判实践,就我省法院公司强制清算案件审理的相关问题纪要如下:

第一条　(受理审查)公司强制清算案件申请由债权人、股东根据《公司法》第一百八十四条、《最高人民法院关于适用若干问题的规定(二)》(以下简称公司法解释二)第七条和《最高人民法院关于审理公司强制清算案件工作座谈会纪要》(以下简称清算纪要)第三条等规定提交强制清算申请,由立案庭立案、编立“(××××)×法清(预)字第×号”案号后,商事审判庭及时接收立案庭移交的材料,依法作出是否受理强制清算申请的裁定。

商事审判庭应依法保障债权人、股东申请公司强制清算的权利,不得以法律、司法解释和清算纪要之外的理由不予受理强制清算申请,并应依法保障申请人不服不予强制清算申请裁定的上诉权,不得以被申请人的主要财产、账册、重要文件等灭失,或者被申请人下落不明导致无法清算等原因,裁定不予受理强制清算申请。

第二条 (针对已经注销公司的强制清算申请审查)有限责任公司注销前,履行清算义务是公司股东负有的法律责任,公司股东未经依法清算而申请注销公司登记,违反了公司法的规定。人民法院不宜受理针对此类形式上已经办理注销登记的公司的强制清算申请。公司股东等清算义务人的行为存在公司法解释二第十九条等规定的情形的,债权人可以依法提起民事诉讼。

第三条 (强制清算案件申请费的收取)强制清算案件的申请费收取适用清算纪要第20条、第21条的规定。在审查强制清算申请时,人民法院不应预收申请费。

第四条 (对债务数额有异议的权利救济)根据公司法解释二第十二条和清算纪要第31条规定,此类争议应由受理强制清算案件的人民法院审理。审理中,应依法促成债权人和清算组协商确认债权数额。

第五条 (受理审查阶段与破产程序的衔接)商事审判庭在审查强制清算申请阶段,发现被申请人具备企业破产法及其司法解释规定的破产原因的,应向申请人、被申请人释明,经债权人、债务人申请,依法受理企业破产(包括破产重整、破产和解和破产清算)申请。

第六条 (清算组成员的指定)商事审判庭在审查强制清算申请阶段,认为强制清算申请符合相关规定的,可以与申请人及相关利害关系人协商,在裁定受理强制清算申请的同时,指定有关人员组成清算组。确因客观原因,在裁定受理强制清算申请同时不能指定正式的清算组成员的,可以指定能够并且愿意参与清算的公司股东、董事、监事、高级管理人员和债权人组成临时清算组,并在受理强制清算申请一个月内指定正式的清算组成员。

前述临时清算组及其成员,经报请人民法院备案,可以专项或概括授权委托律师事务所、会计师事务所等社会中介机构的专业人员和其他适格人员或机构承担相关工作。

依照公司法解释二和清算纪要规定指定列入人民法院破产管理人名册的社会中介机构和个人为清算组成员的,应符合《最高人民法院关于审理企业破产案件指定管理人的规定》《浙江省高级人民法院关于规范企业破产案件管理人工作若干问题的纪要》和司法解释、本院的其他规范性意见的要求。

第七条　(强制清算程序中涉及财产保全、执行措施和衍生诉讼管辖的相关事项)受理强制清算案件后,不产生解除对被申请人财产保全和中止对被申请人财产执行的效力。为了依法顺利推进强制清算程序,受理强制清算案件的人民法院可以与采取财产保全措施和执行措施的人民法院和相关机构协商解决相关问题。

被申请人财产存在被隐匿、转移、毁损等可能影响依法强制清算情形的,人民法院可依清算组或者申请人的申请,对被申请人财产采取相应的保全措施。

受理强制清算申请后,就被申请人的权利义务产生争议的,应根据清算纪要第31条的规定,向受理强制清算申请的人民法院提起诉讼。

第八条　(受理强制清算申请后,强制清算程序与破产程序的衔接之一)清算组成员指定后,人民法院应指导清算组重视对被申请人是否具备破产原因的审查。根据清算纪要第32条、第33条、第34条和第35条的规定做好强制清算程序和破产程序(含破产重整、和解和清算程序)的衔接。

清算组在清理公司财产、编制资产负债表和财产清单前发现被申请人已经具备企业破产法规定的破产原因的,应及时向人民法院报告。经人民法院审查属实的,清算组应当依法对被申请人提起企业破产申请,被申请人的债权人和被申请人也可依法提出针对被申请人的企业破产申请。受理强制清算案件的人民法院商事审判庭应当依法裁定受理企业破产申请并裁定终结强制清算程序。

清理公司财产、编制资产负债表和财产清单后发现债务人具备破产原因的,清算组应当依法对被申请人提起企业破产申请,被申请人的债权人和被申请人也可依法提出针对被申请人的企业破产申请。受理强制清算案件的人民法院商事审判庭应当依法裁定受理企业破产申请并裁定终结强制清算程序。

人民法院指定的清算组在清理被申请人财产、编制资产负债表和财产清单时,发现被申请人财产不足清偿债务的,应适用公司法解释二第十七条的相关规定,引导债权人和清算组协商制作有关债务清偿方案。债权人对债务清偿方案不予确认或者人民法院不予认可的,清算组应当对被申请人提出破产申请,债权人、被申请人也可以依法提起破产申请。

前款所称破产原因,根据《最高人民法院关于适用若干问题的规定(一)》(以下简称企业破产法解释一)的相关规定确定,包括适用破产重整和破产和解程序的原因,不仅限于公司法第一百八十八条规定的"公司资产不足清偿债务"

的情形。

第九条　（强制清算程序与破产程序的衔接之二）人民法院在本纪要第六条明确的情形裁定受理企业破产申请的，可以按照《浙江省高级人民法院关于规范企业破产案件管理人工作若干问题的纪要》第十一条的要求，径行指定清算组为企业破产案件的临时管理人。

清算组成员及时发现和报告被申请人具备破产原因，是判断清算组成员依法履职和领取适当报酬的重要依据。清算组成员未及时发现和报告被申请人具备破产原因的，应依法承担相应法律责任，并不得承担后续企业破产案件中管理人的相关工作。

第十条　（强制清算程序与破产程序的衔接之三）审理强制清算案件中发现被申请人与其他企业法人存在关联公司人格混同情形，单独审理强制清算案件可能严重损害债权人利益，利害关系人已经将被申请人列为共同诉讼当事人的，应当裁定终结强制清算程序。

被申请人的关联企业进入破产程序，经审查，强制清算案件不宜单独审理的，应当裁定终结强制清算程序。

第十一条　（强制清算程序与破产程序的衔接之四）审理强制清算案件，要强化简易审理理念，尽可能在公司法解释二第十六条第一款规定的六个月内审结。因特殊原因无法在六个月内完成清算的，清算组应当根据公司法解释二第十六条第二款规定向人民法院申请延长，延长期限一般不超过三个月。受理强制清算案件的人民法院准予延长的，应向上级人民法院备案。上级法院对所辖人民法院超过六个月的强制清算案件要重点加强指导。

不能在人民法院同意延长的期限内完成强制清算的，债权人可以对被申请人提起破产申请，除被申请人根据企业破产法第六条规定在法定异议期限内举证证明其未出现破产原因外，应当裁定受理债权人的破产申请。

第十二条　（强制清算程序准用企业破产程序的规定）审理强制清算案件，可以根据清算纪要第9条的规定，参照适用企业破产法关于破产清算程序的规定。其中，财产的变价、分配可以参考《浙江省高级人民法院关于企业破产财产变价、分配若干问题的纪要》的相关操作要求。但是，专属于破产程序的规范不宜参照适用。

第十三条 (审理强制清算案件约束股东高管等利害关系人的非诚信行为) 审理强制清算案件,要强化诚信诉讼理念,依法约束被申请人股东、高级管理人员和其他利害关系人的非诚信行为,推进社会诚信体系的建设,案件审理过程中,要强化对债权人、清算义务人和清算组成员相关法律责任的释明工作。根据公司法及公司法解释二第十八条、第十九条、第二十条、第二十一条、第二十二条、第二十三条和清算纪要第39条等规定,依法审理追究被申请人股东、高级管理人员、实际控制人、清算组及其成员不诚信行为民事责任的相关案件。

浙江省高级人民法院

2013年12月31日

关于在审理企业破产案件中处理涉集资类犯罪刑民交叉若干问题的讨论纪要

浙高法民二〔2013〕7 号

2013 年 4 月 26 日 ~27 日，浙江省高级人民法院在丽水青田召开全省法院商事审判工作会议。会上，就妥善处理在审理企业破产案件中涉集资类犯罪刑民交叉的相关问题进行了研讨，形成了若干共识，现纪要如下：

一、坚持合法合规原则，正确适用企业破产法和相关法律、司法解释的规定，按照本院《关于服务金融改革大局依法妥善审理民间借贷纠纷案件的若干意见》的要求，以及本院与省检察院、省公安厅关于办理集资类刑事案件适用法律问题的工作纪要精神，妥善处理审理企业破产案件中涉集资类犯罪（以下简称涉嫌犯罪）刑民交叉的相关问题。

二、企业破产案件受理后，发现企业控股股东、实际控制人、法定代表人及其他企业高管（以下简称："企业股东及高管"）涉嫌犯罪的，可以将涉嫌犯罪的材料移交侦查机关，并根据企业破产法第十二条规定驳回企业破产申请。

下列情形，法院可以在驳回破产申请后重新审查对债务人企业的企业破产申请：

（1）犯罪行为经过侦查，公安机关撤销案件、公诉机关决定不予起诉或法院宣告被告人无罪的；

(2)负责涉嫌犯罪行为侦查、检察和审判机关认为刑事诉讼程序对法院审理企业破产案件不构成实质性影响,且刑事涉案财产与债务人企业的其他财产可以区分的;

(3)对涉嫌犯罪行为查处的刑事诉讼程序终结,债务人企业的相关财产未作为赃款赃物依法追缴的,或者债务人企业控制或名下的相关财产可以在企业破产程序中变价、分配的;

法院根据上述情形依法审查企业破产申请,发现债务人企业确无其他财产可供分配的,应根据企业破产法第一百二十条规定,在管理人提出请求后,裁定宣告债务人企业破产同时终结企业破产程序。

前款情形受理的企业破产案件,应另行编立案号。

三、在破产案件审理中的债务人企业或"企业股东及高管"涉嫌犯罪,且企业财产与以上相关个人财产高度混同的,法院可以结合债权人会议讨论意见,或者征询主要债权人和相关部门的意见后,裁定将债务人企业及"企业股东及高管"的财产合并处置。

四、在涉集资类案件刑事侦查终结后,未列入受害人范围的相关机构和个人可以以民间借贷债权人名义申报债权;列入集资犯罪受害人的,可作为破产债权人申报债权,同时给予受害人在破产程序中的临时表决权。

五、依法保护企业破产程序中普通民事债权与涉集资类犯罪受害人的债权。在申报债权时,应综合民间借贷与集资的本金、利息支付等情况,综合平衡破产程序中民间借贷债权与涉集资类犯罪被害人申报债权的数额,由管理人拟定申报方案,并经债权人会议表决通过。

前款情形,在拟定债务人企业民间借贷(涉集资类犯罪被害人)本息清偿标准时,可以征询政府有关部门的意见。

六、"企业股东及高管"的财产与企业财产高度混同,在适用合并处置的企业破产案件中,涉嫌犯罪的嫌疑人、被告人或单位具有破产程序中债务人的相应的法律地位。

经与涉嫌犯罪的侦查、检察和审判机关协商,被采取刑事强制措施的"企业股东及高管"可以在法律规定范围内参与企业破产程序。

受理企业破产案件的法院应与涉嫌犯罪的侦查、检察和审判机关沟通、协商,解决企业破产案件中向有关犯罪嫌疑人(被告人)调查、送达与破产程序相关的材料、法律文书的转递及要求其参加债权人会议等事项。

七、法院受理企业破产申请后，应与侦查、审判机关沟通协商，研究解决解除不属于刑事案件处理的破产企业财产的刑事查封、冻结措施等相关问题，由管理人在法院和债权人会议监督下做好解除刑事查封、冻结措施后破产财产的接收、管理和处分事务。

八、法院指导管理人在拟定破产财产变价、分配方案时，充分考虑相关涉嫌犯罪刑事诉讼程序的进程对破产程序的影响。

债务人企业被宣告破产后，涉嫌犯罪案件的刑事诉讼程序尚未终结的，管理人可以参照企业破产法第一百一十九条的规定，将登记为破产债权的犯罪受害人的分配额留存。

管理人根据企业破产案件和相关集资类犯罪刑事案件的情况，拟定针对以下财产的附条件的分配方案：

(1)解除刑事查封、冻结措施后交由企业破产程序分配的财产；

(2)刑事诉讼程序终结后追回的财产；

(3)不属于涉集资类犯罪赃款赃物，依法发还的债务人企业合法财产。

法院对前款情形的破产财产分配方案的合法性、合理性和可操作性进行审查，并依法作出裁定。

九、经法院批准的合并处置清算分配方案，应保留合并破产的“企业股东及高管”自身及其所抚养家属的生活必需费用。

“企业股东及高管”在刑事诉讼中退赔受害人损失和在企业破产程序中清偿债权人态度积极，没有隐匿财产的不诚实行为，得到债权人谅解的，经债权人会议讨论并由法院依法裁定的破产财产分配方案可以对前述相关人员的债务清偿责任作一次性确认或有条件减让、豁免。

十、在审理企业破产案件过程中，因债务人的犯罪行为而非法占有的不属于债务人的财产，可以在刑事判决生效后，依照企业破产法第三十八条之规定，由受害人以财产权利人的名义通过管理人取回。

十一、涉嫌集资类犯罪的担保人企业和涉嫌其他经济犯罪的企业刑民交叉问题的处理，可以参照本《纪要》的相关内容。

浙江省高级人民法院民事审判第二庭

2013 年 7 月 5 日

关于企业破产财产变价、分配若干问题的纪要

浙高法〔2013〕154号

根据《企业破产法》《民事诉讼法》和相关司法解释的规定，并结合我省市场化导向企业破产审判工作实际，就破产财产变价、分配的相关问题纪要如下：

一、破产财产的变价、分配，应遵循公正、效率和廉洁的工作目标，依法实现债权人利益最大化。

破产财产变价、分配的程序规范，适用企业破产法和相关司法解释，企业破产法没有规定的，适用民事诉讼法及相关司法解释。

特定破产财产的变价、分配，应符合国有资产管理等法律、行政法规的规定。

破产财产变价、分配的程序管理和实施，应遵循企业破产案件简易审和本院《关于企业破产案件简易审若干问题的纪要》的相关要求。

二、管理人根据企业破产法第二十三条、第二十五条第一款第（六）项、第二十七条、第一百一十一条、第一百一十五条和第一百一十六条等规定，在法院和债权人会议（含债权人委员会，下同）的监督下，勤勉尽责，依法管理和处分债务人财产、拟订破产财产变价方案和破产财产分配方案，执行经法院裁定认可的破产财产分配方案。

法院就涉及破产财产变价、分配的相关事项听取管

理人报告,指导、协调管理人执行破产财产分配方案等履职事项中遇到的问题,依法作出各项裁定。

裁定认可破产财产分配方案前的程序事项,由商事审判庭负责并依法作出相关事项的民事裁定;裁定认可破产财产分配方案后破产人有财产可分配的,由司法技术管理部门为主商商事审判庭指导、监督、协调管理人执行破产财产分配方案的相关工作,需要依法作出民事裁定的事项(包括依照企业破产法规定在企业破产程序终结后追加分配事项),由司法技术管理部门和商事审判庭法官共同组成合议庭进行审查。

前款情形作出的民事裁定,在企业破产程序终结前编立"(××××)×破(清分)字第×号"案号。企业破产程序终结后追加分配程序,编立"(××××)×破(清分追)字第×号"案号。

三、法院司法技术管理部门对破产财产分配方案执行期限进行管理。破产财产分配方案或管理人执行破产财产分配方案的工作安排应有执行期限的相关内容。自法院裁定认可破产财产分配方案至裁定终结破产程序的期间为破产财产分配方案执行期限,一般不超过一年。

根据主要债权人的提议,并经债权人会议讨论通过的破产财产分配方案或管理人拟定的执行破产财产分配方案的工作安排中,执行期限超过一年的,法院在作出裁定认可破产财产分配方案或听取管理人报告时,应要求债权人会议、管理人作出解释。债权人会议、管理人的解释符合债权人利益最大化或确实存在合理依据的,依法裁定认可破产财产分配方案或确认管理人拟定的执行破产财产分配方案的工作安排。

前款情形,应报本院备案,并督促管理人在执行期限内加快工作进程。

四、法院可以指导管理人加快破产财产变价方案和分配方案拟订的进程。必要时,管理人可以合并拟定变价方案和分配方案,并以一次分配为第一选择。

破产财产分配方案应对企业破产程序终结后的追加分配事项尽可能予以明确,以利于加快追加分配的进程。

经债权人会议确认的企业破产程序终结后追加分配事项的安排,依法对债权人和其他利害关系人具有拘束力。

五、对季节性商品、鲜活、易腐烂变质及易损易耗物等不宜保管的破产财产必须进行变价处置的,管理人经报请法院同意,在法院和已知主要债权人的监督下,可以进行紧急处置。管理人应在事后向债权人会议报告。

六、必要时,管理人可提请在法院和债权人会议监督下,将部分破产财产进行变卖处理,用以清偿破产费用和共益债务。

前款情形,变卖附着担保物权和其他优先清偿权利的破产财产的,应经相关权利人同意。

七、占债权比例三分之一以上债权人建议以非拍卖方式变价破产财产的,管理人可以将非拍卖方式和拍卖方式变价破产财产的方案(附两种方案的理由)提交债权人会议讨论,由债权人会议讨论并作出决议。

债权人会议对变价出售破产财产的方式存在较大争议,管理人可以向法院报告。法院结合管理人的意见向债权人会议作适当释明,由债权人会议依法作出决议。

八、非拍卖方式变价出售破产财产方案,应符合国有资产管理等法律、行政法规的规定,并具有可操作性。

非拍卖方式出售破产财产方案,包括但不限于通过内部竞价转让、协议转让或者直接变现等方式。

九、拍卖或者非拍卖方式出售破产财产,需要对全部财产或者部分财产确定价格的,经债权人会议决议不需要进行评估的,管理人制作的财产状况报告或提交债权人会议的相关文件应包含对破产财产的估价内容(并附估价的理由)。债权人会议依法表决通过包含管理人制作的财产状况报告或管理人参考市场行情确定的破产财产价格内容的破产财产变价方案。

债权人会议认为需要对全部或部分财产价格进行评估的,可以由管理人根据债权人会议的决议,由管理人委托案件所在地中级法院建立的"委托评估拍卖入选机构"中的评估机构进行评估,必要时也可委托本省其他中级法院建立的"委托评估拍卖入选机构"中的评估机构进行评估。

十、国有划拨土地的变价应按照企业破产法第一百三十三条、最高人民法院《关于破产企业国有划拨土地使用权应否列入破产财产等问题的批复》的规定执行。

国有划拨土地上附着的建筑物属破产财产的,法院应协调当地政府、破产企业的上级主管机关在收回国有划拨土地的同时,以建筑物的评估价格或市场价收回建筑物。

建筑物的变价方案应经债权人会议表决通过。债权人会议表决未通过的，由法院依法裁定。

十一、经债权人会议决议以拍卖方式变价出售破产财产的，且破产财产适宜由法院主持进行网络拍卖的，可由管理人申请法院根据本院《关于全面推进网络司法拍卖工作的通知》和相关工作规程，通过网络拍卖方式变价破产财产。

破产财产不适宜网络拍卖变价的，经债权人会议决议，由管理人委托案件所在地中级法院建立的“委托评估拍卖入选机构”中的拍卖机构进行拍卖，必要时也可委托本省其他中级法院建立的“委托评估拍卖入选机构”中的拍卖机构进行拍卖。

管理人与评估、拍卖机构签订委托评估、拍卖合同时，应要求评估、拍卖机构根据破产企业财务及企业资产的具体情况，确定评估、拍卖的时间，并可以将未按时完成评估、拍卖约定为合同解除的条件。

十二、管理人在接管债务人的财产及相关财务资料后，根据案件情况，确定需要对破产财产进行评估的，应立即委托评估机构进行评估。

评估基准日以后，破产企业发生财产变动的，由管理人制作财产状况报告进行补充说明。

法院在民事执行程序中的评估报告，在破产财产变价时仍在有效期内的，管理人可将该评估报告作为确定破产财产变价的依据，无须再行评估。债权人会议对评估报告有异议并有合理依据的除外。

十三、债权人会议可以决议，由管理人申请法院委托评估、拍卖破产财产。

前款情形，法院根据管理人的申请办理委托事项，适用最高人民法院《关于人民法院委托评估、拍卖工作的若干规定》和《浙江省人民法院实施〈最高人民法院委托评估、拍卖工作的若干规定〉细则（试行）》等委托评估、拍卖的规范性意见。

法院可根据管理人的请求同时选定评估、拍卖机构。

管理人根据债权人会议的意见，认为需要指定专业性较强的评估、拍卖机构的，应提交有关委托的专项报告，报请法院批准。

十四、拍卖情形下，破产财产变价分配方案应尽可能包含流拍情形处理的内容，提交债权人会议表决通过。

十五、在债权人人数较少、债权债务关系明确且数额清楚、破产财产权属清晰的破产清算案件中，管理人可以拟定包含将实物分配或折价抵给特定的债权人的变价方案内容，提交债权人会议表决通过。

浙江省高级人民法院

2013 年 7 月 5 日

关于企业破产案件简易审若干问题的纪要

浙高法〔2013〕153号

为提高企业破产案件的审判效率，推进市场化导向企业破产审判工作，在总结审判经验基础上，就企业破产案件简易审的相关问题纪要如下：

一、审理企业破产案件，要强化效率意识，在企业破产法的制度框架内，简化程序，缩短法定时限内时间，创新财产申报、核查、评估、拍卖方式，减轻企业破产案件债权人和其他利害关系人的经济负担，降低司法成本。

企业破产案件重整、和解和清算程序都可以实行简易审。

重大、疑难、复杂的企业破产案件，根据需要和可能，对具体的程序事项，也可以实行简易审。

实行《企业破产案件简易审工作方案》制度，债权申报期限、第一次债权人会议召开时间、债权人会议的形式和表决方式、相关程序事项的合并、送达方式和公告送达的适用范围、衍生诉讼及相关诉讼的工作安排等内容，均应体现简易审的要求，并记载于《企业破产案件简易审工作方案》。

积极推进企业破产案件简易审和银行不良资产核销工作的对接。

二、要结合企业破产案件的特点，在审判管理制度中探索建立企业破产案件审判质效的科学考评标准,完善企业破产案件流程的动态监控机制。

省高院民二庭商审判管理处等部门对全省各级法院企业破产案件简易审工作进行监督检查,及时总结经验。

三、法院在企业破产申请受理审查和审理的各个阶段,向债权人、债务人等利害关系人和管理人释明实行企业破产案件简易审的意义和具体案件相关事项实行简易审的程序安排。

债权人会议(含债权人委员会,下同)确认或认可的缩短期限、简化或合并手续及处分权利的事项,不违反法律禁止性规定的,法院应予认可。

法院指导、监督管理人在企业破产案件中勤勉履职,积极协助简易审工作,认真听取和采纳管理人在具体案件中对实行简易审相关问题的合理建议。

管理人支持、协助法院对企业破产案件实行简易审的工作业绩,应作为确定管理人报酬的重要依据,并录入《管理人履职资料库》中。

四、人民法庭可以审理企业破产案件,也可以与商事审判庭共同组成合议庭审理企业破产案件。

企业破产申请受理前,相关债务纠纷案件已进入执行程序并需要转化为破产程序的,执行部门要做好执行程序转破产程序的相关准备和协助工作,具体工作规程由本院另行制定。

五、设立企业破产案件内控审限,并录入审判流程管理系统。

中级法院受理的企业破产案件和基层法院受理的、采用竞争方式产生管理人的企业破产案件,以裁定受理后一年内审结为内控审限。

基层法院受理的其他企业破产案件,以裁定受理后六个月内审结为内控审限,其中采用简易清算组管理人形式的企业破产案件,以裁定受理后四个月内审结为内控审限。

未在内控审限内结案的企业破产案件,应在内控审限届满后五日内向本院备案。

六、下列情形,应及时向本院备案:

(1)企业破产重整案件,债务人或管理人未在法院裁定重整之日起六个月内提交重整计划草案的;或在第一次债权人会议上,代表的债权额占已登记债权总额二分之一以上的出席会议的债权人对适用企业破产重整程序持有异议,法院经审查决定继续企业破产重整程序的；

(2)企业破产和解案件，债务人未在法院裁定和解之日起三个月内提交和解协议草案的；

(3)企业破产清算案件，存在影响破产财产变价和分配的重大障碍情形的；

(4)法院根据企业破产法第八十七条规定强制批准重整计划草案的。

相关法院向本院报请备案时，应附书面报告。

本院根据报备情况，依法督促相关法院加快审理进程，指导、督查和协调案件审理中的具体问题。

七、对债权人或债务人提出的企业破产申请，立案庭应及时将申请材料移交商事审判庭审查，依法及时受理企业破产案件。

下列情形，法院经过合理评估后，可以参照本院《关于试行诉前登记制度的通知》的要求，进行企业破产申请的预登记：

(1)根据本院相关意见适用集中管辖措施化解和处置企业债务危机的；

(2)债务人是否构成破产原因存在不确定性，需要进行进一步论证的；

(3)商业银行启动信贷风险会商帮扶机制的；

(4)已经提出破产重整申请，但已知重要债权人等利害关系人对债务人进行重整存在较大意见分歧的；

(5)经法院释明，申请人同意法院进行企业破产申请预登记的；

(6)其他需要进行企业破产申请预登记的情形。

八、企业破产申请的预登记，由立案庭接收材料后交商事审判庭在五个工作日内完成，编立“(××××)×破(预登)字第×号”案号。

企业破产申请预登记期间，由占已知债权(含担保债权)总额二分之一以上主要债权人召集，可以比照企业破产法的相关规定建立债权人联络、协商机制并开展相关工作。

企业破产申请的预登记和预登记期间的相关工作，应单独装订案卷，录入审判流程管理系统。

九、预登记期间，法院应向债权人、债务人和相关利害关系人特别提示预登记期间的债务清偿行为不得违反企业破产法第三十一条、第三十二条和第三十三条等规定，必要时引导债权人、债务人和其他利害关系人制定债务人进入企业破产程序的预案。

债权人在预登记期间对债务清偿方案所做的不可翻悔的承诺,在债务人进入企业破产和解或重整程序后,相关承诺对承诺方仍然具有拘束力。

法院受理企业和解或重整申请后,可以以预登记期间(含集中管辖期间)形成的债务清偿方案或资产重组方案为基础,由债务人或管理人制定和解协议草案或重整计划草案,通过债权人会议予以确认。

十、适用集中管辖的企业破产申请预登记,可以在批准的集中管辖期限届满前三个月内进行。预登记可以由负责企业风险处置的政府工作机构提出,如部分债权人或债务人对申请无异议的,法院可以在预登记届满后裁定受理企业破产申请。

不适用集中管辖的企业破产申请预登记期限不得超过四个月。

预登记期间,影响妨碍受理企业破产申请的因素消除,债务人构成破产原因的,应及时裁定受理企业破产案件。

十一、法院受理企业破产重整申请,应向申请人释明企业破产清算的风险,对重整可行性通过听证会等形式进行必要的审查,涉及当地重大企业风险处置事件的企业破产重整申请,由审判委员会讨论决定,避免因不适当适用重整制度导致破产程序的拖延。

主要债权人、债务人等利害关系人对重整存在较大意见分歧,债务人持续经营前景存在明显不确定性的,法院依法不予受理企业破产重整申请。债务人构成破产原因的,告知申请人可以提起破产清算申请,或根据申请人的申请,依法裁定受理破产清算申请。

企业破产重整申请受理后,在召集第一次债权人会议时,应由申请人就企业重整的可能性进行说明,并由管理人或债务人制作企业破产清算预案。

第一次债权人会议上,占已登记普通债权人数和普通债权总额二分之一以上的债权人对适用企业破产重整程序持有异议的,经法院与异议人沟通后,认为异议债权人的理由成立,应及时裁定终止重整程序并宣告债务人破产。

终止重整程序并宣告债务人破产裁定,至迟应在裁定受理重整后十个月内作出,并报本院备案。

十二、积极引导适用破产和解程序处置小微企业债务风险。

小微企业构成破产原因,且在多个法院有债务纠纷案件正在审理和执行的,可以由共同上级法院协调,指定其中一个法院适用破产和解程序处置小微企业债务纠纷。

十三、法院在审查立案期间或受理后第一次债权人会议召开前提出《企业破产案件简易审工作方案》。该方案经征询债权人会议（或主要债权人）及其他利害关系人和管理人意见，即付实施。

《企业破产案件简易审工作方案》中的期限安排事项，涉及企业破产法规定的债权人、债务人和其他利害关系人的程序权益的，应经特定程序事项相关的债权人或其他利害关系人的认可。债权人会议可以在职权范围内依法安排相关程序事项。

十四、债务人或管理人未在法院裁定重整之日起六个月内提交重整计划草案，提出延期提交重整计划草案请求并有充分理由的，法院经征询债权人会议或主要债权人意见，可以裁定延期三个月提交重整计划草案。延期届满后，不再受理延期申请，依照企业破产法第七十九条等规定裁定终止重整程序并宣告债务人破产。

严格限定法院强制批准重整计划草案，确需要强制批准的，应提交审判委员会讨论决定。

十五、企业资金链担保链债务风险的化解和处置，可以根据实际需要，依法综合运用企业破产法规定的重整、和解和清算程序以及民事诉讼法规定的审判和强制执行程序。

前款情形，通过相关债权人会议表决等形式，法院可以适用关联企业合并重整。也可以在共同上级法院指导、协调下，对关联企业、互保企业分别适用企业破产程序和民事诉讼审理、执行程序。

十六、法院批准的重整计划草案、和解协议，可以包含债务人企业财产变价、分配的内容。也可以对企业进行合并、分立等相关问题作出安排。

涉及重整计划草案、和解协议的执行的相关内容包含不确定因素的，可以制定附条件的重整计划草案、和解协议。法院结合不确定因素发生或出现的可能性等因素，决定是否批准重整计划草案或认可和解协议。

十七、受理企业破产案件后，管理人应即依照企业破产法第十九条和司法解释的规定，通知相关法院和其他机关解除对债务人财产的保全措施，中止对债务人的执行程序。相关法院收到通知后应即办理解除保全措施、中止执行程序的手续。

相关法院若有异议,应在收到通知后五日内主动与受理企业破产案件的法院沟通协商。协商未果的,应报请共同上级法院协调处理。上级法院应在收到报请协调的请示后十日内启动协调。经协调,认为受理企业破产案件法院通知所提要求符合企业破产法规定的,应即指令相关法院办理解除保全措施、中止执行程序等手续。

十八、根据企业破产法第一百二十条第一款、最高人民法院《关于债权人对人员下落不明或者财产状况不清的债务人申请破产清算案件如何处理的批复》的规定受理的企业破产案件,依法宣告破产人破产时应同时作出终结破产程序的裁定,并办理结案手续。

企业破产案件的结案日,按照以下情形确定:

(1)驳回企业破产申请的民事裁定书签发之日,为企业破产案件(包括和解、重整和清算)结案日;

(2)批准重整计划草案的民事裁定书签发之日,为企业破产重整案件的结案日;

(3)认可和解协议的民事裁定书签发之日,为企业破产和解案件的结案日;

(4)认可破产财产分配方案的民事裁定书签发之日,为企业破产清算案件的结案日。

和解协议和重整计划由债务人执行,执行过程中需要商事审判庭作出民事裁定的,分别编立"(××××)×破(和执)字第×号"案号和"(××××)×破(重执)字第×号"案号。

法院依照企业破产法第九十三条、第一百零四条规定终止重整计划、和解协议的执行并宣告债务人破产的,适用破产清算程序,另行编立案号。

十九、企业破产清算案件中的破产财产分配方案,由管理人在法院和债权人会议的监督下执行。

破产财产分配方案执行期间,由法院司法技术管理部门会同审判部门监督、协调相关事项,需要作出民事裁定的事项,前述部门共同组成合议庭进行审查,编立"(××××)×破(清分)字第×号"案号。

浙江省高级人民法院

2013年7月5日

关于贯彻落实《浙江省高级人民法院关于规范企业破产案件管理人工作若干问题的意见》若干事项的通知

浙高法鉴〔2013〕4号

本省各中级人民法院司法鉴定处、商事审判业务庭：

为适应我省市场化导向企业破产审判工作的需要，我院于2013年2月20日印发了浙高法〔2013〕38号《关于规范企业破产案件管理人工作若干问题的意见》（以下简称《管理人工作意见》）现就贯彻落实《管理人工作意见》相关事宜通知如下：

1.《管理人工作意见》按照最高人民法院相关司法解释的要求和工作部署，总结了我省实施管理人制度的有益经验，在管理人动态管理机制、管理人的产生方式及组织形式和管理人报酬确定方面有若干创新内容。《管理人工作意见》对进一步推进我省市场化导向企业破产审判工作有积极意义。各中级人民法院司法鉴定处、商事审判业务庭要及时组织学习，加强工作中的沟通与配合，全面落实《管理人工作意见》。实施管理人制度中涉及廉政建设的相关问题，要按照《管理人工作意见》的要求，自觉接受监察部门的监督。

2. 按照《管理人工作意见》的要求，我院已经建立了与省律师协会、省注册会计师协会的会商机制。根据第一次会商达成的共识,省高院拟于4月下旬召开"企业破产审判与管理人工作新闻发布会"(暂定名);5月下旬举办全省管理人业务培训班;还将推动、支持以企业破产案件简易审为研讨主题的第二届"企业破产法与浙江实践"论坛在7月或8月份举办。会商中还对建立省级管理人履职资料库、建议省律师协会、省注册会计师协会起草制定管理人执业自律规范等问题达成了共识。《会商纪要》正式下发后,各中级人民法院司法鉴定处、商事审判业务庭要结合《会商纪要》内容,建立与当地律师协会、注册会计师协会的会商机制,具体要求:

(1)在省高院建立省级管理人履职资料库一月内,各中级人民法院建立辖区内管理人履职资料库,研究、制定本级管理人履职资料库的工作规程。

(2)在6月份前制定随机方式、竞争方式确定管理人工作规程,会商当地律师协会、注册会计师协会建立管理人报酬援助资金,并报省高院司法鉴定处、民事审判第二庭备案。

制定随机方式、竞争方式确定管理人工作规程,应听取辖区内基层人民法院的意见。我省宁波市等中级人民法院和天台县人民法院在省高院指导下,已分别先期开展了随机方式产生管理人、竞争方式产生管理人工作;湖州市中级人民法院在省高院指导下,制定了《关于管理人报酬保障和援助基金管理办法(试行)》,相关做法可供借鉴。

省高院对各中级人民法院制定随机方式、竞争方式确定管理人工作规程和建立管理人报酬援助资金工作给予指导,有特殊原因确不能在6月底前完成前述工作的,应事先向省高院报告并说明理由。

(3)支持和鼓励各中级人民法院协调当地财政部门建立管理人报酬保障资金。

(4)鉴于温州地区金融改革背景下企业破产审判工作的实际,同意由温州市中级人民法院司法鉴定处、民事审判第二庭先行举办辖区内管理人培训班,培训方案报省高院审核并实施后,培训经历作为省高院认可的管理人培训经历并记载于管理人《履职报告》。

3. 2012年4月6日,我院下发了浙高法〔2012〕80号《关于进一步规范破产案件管理人指定工作的通知》。《通知》明确将适时对管理人指定工作进行检查。为此,请各中级人民法院司法鉴定处会同商事审判业务庭结合落实《管理人工作意见》的调研,对辖区内两级法院2012年度受理的企业破产案件涉及管理人指定工作进行检查,检查报告于4月底前报省高院司法鉴定处。

浙江省高级人民法院司法鉴定处、民二庭

2013年3月13日

关于规范企业破产案件管理人工作若干问题的意见

浙高法〔2013〕38号

为公平、公正和高效审理企业破产案件，依法保护债权人、债务人和其他利害关系人的合法权益，确保企业破产案件管理人勤勉尽责，忠实履职，进一步推进我省市场化导向企业破产审判工作，根据《中华人民共和国企业破产法》、最高人民法院《关于审理企业破产案件指定管理人的规定》和《关于审理企业破产案件确定管理人报酬的规定》，结合我省企业破产案件审判实际，就规范企业破产案件管理人工作提出以下意见：

第一条 （管理人名册的编制）省高级人民法院依法组成评审委员会，分别编制社会中介机构管理人名册和个人管理人名册。

申请编入个人管理人名册的个人，必须符合《企业破产法》和最高人民法院《关于审理企业破产案件指定管理人的规定》（以下简称《破产管理人规定》）的相关要求，担任所在社会中介机构管理人团队的负责人并承担过有影响的企业破产案件的管理人工作。

管理人名册应注明管理人所属的中级人民法院辖区。

适时开展从律师事务所、会计师事务所之外的破产清算事务所等其他社会中介机构中编制管理人名册的工作。

第二条 （管理人动态管理机制的原则要求）省高级人民法院司法鉴定处商民二庭等部门指导、监督和负责管理人动态管理的相关工作；民二庭指导、监督和协调下级法院审理企业破产案件中涉及管理人工作的相关问题；监察室负责实施管理人制度中涉及人民法院廉政建设的相关工作。

各中级人民法院司法鉴定处商商事审判庭等部门指导、监督和负责辖区内管理人的动态管理工作，依法办理指定管理人等相关工作。

省高级人民法院相关部门与省律师协会、省注册会计师协会等社会中介机构行业协会建立管理人动态管理工作的会商机制。

管理人动态管理的规范性文件、编制管理人名册、指定管理人（包括管理人回避、辞职和更换）等事项，应在人民法院和相关行业协会门户网站或其他媒体上公布。

第三条 （分级建立管理人履职资料库）省高级人民法院协调、指导各中级人民法院建立辖区管理人履职资料库，统一管理、使用上述资料库，并在此基础上，选择工作业绩突出的社会中介机构管理人建立省级管理人履职资料库。

列入省级管理人履职资料库的管理人，可以跨中级人民法院辖区参与重大疑难企业破产案件管理人的竞争。

社会中介机构管理人团队的建设情况报告、对管理人履职实效的嘉奖和其他社会评价证明材料、个案中债权人会议对管理人工作的评价意见、人民法院对管理人监督重整计划执行等履职情况的评价意见、管理人定期提交的《履职报告》和参加管理人业务培训的证明材料是管理人履职资料库的重要内容。

省高级人民法院以管理人履职资料库为重要依据，结合管理人的履职情况，逐步建立管理人名册和省级履职资料库的动态调整机制。

第四条 （个案中对管理人履职情况的评价）企业破产程序终结前，管理人应向债权人会议（或债权人委员会，下同）述职，由债权人会议对管理人履职情况提出评价意见。

企业破产重整案件重整计划监督期届满时，管理人应向法院提交监督报告，全面、客观反映其监督重整计划执行的履职情况。人民法院综合重整计划执行情况、管理人监督报告并听取债权人代表、债务人及新出资人等利害关系人的意见，对管理人的履职情况作出评价。

受理企业破产案件的审判业务庭应将债权人会议和人民法院对管理人履职情况的评价意见向管理人反馈,并将评价意见留存管理人履职资料库。

第五条 (管理人提交《履职报告》)管理人应在每年三月底之前向所在辖区的中级人民法院提交上一年度的《履职报告》,《履职报告》应包括以下内容:

(1)管理人机构合并、分立情况;

(2)管理人工作团队建设情况;

(3)参加企业破产法制宣传的情况;

(4)担任管理人的情况,包括:案件名称和概况、收取管理人报酬、交纳管理人报酬援助资金、执行管理人自行回避制度、管理人工作的显著业绩及受到嘉奖和相关社会评价的情况;

(5)管理人履职过程中遇到的法律、政策适用的疑难问题及解决问题的建议;

(6)法院工作人员在指定管理人、审理企业破产案件中遵守廉政纪律的情况;

(7)其他需要报告的情况。

审理企业破产案件的人民法院和上级法院相关部门根据工作需要,可以要求管理人提交特定事项的情况报告。

第六条 (管理人培训)省高级人民法院会商省律师协会、省注册会计师协会等行业协会建立管理人定期业务培训制度。

第七条 (管理人类型及社会中介机构管理人作为清算组成员的指定)管理人原则上应由列入管理人名册的社会中介机构和个人担任。

依法且确有必要指定清算组为管理人的,清算组中的社会中介机构必须是中级人民法院辖区管理人名册的现行在册机构。

债务人企业进入破产程序之前,应根据《企业破产法》《破产管理人规定》和本意见的要求,由中级人民法院开展以随机方式或竞争方式产生社会中介机构清算组成员的相关工作。

第八条 (管理人指定方式的原则要求)基层人民法院管辖(包括上级人民法院指定管辖)的企业破产案件,可以采用轮候、抽签、摇号等随机方式产生管理人。

符合《破产管理人规定》第二十一条规定的企业破产案件、中级人民法院管辖的企业破产案件和基层人民法院管辖的在当地有重大影响的企业破产案件，采用竞争方式产生管理人。

基层人民法院管辖的其他破产案件，根据需要也可以采用竞争方式产生管理人。

受理企业破产申请的审判业务庭根据实际情况，对管理人形式（包括社会中介机构管理人、个人管理人和清算组管理人等）、管理人产生方式（包括随机方式、竞争方式）提出建议，经该院领导同意后，由中级人民法院司法鉴定处具体实施。

中级人民法院司法鉴定处、审判业务庭和监察室共同制定通过随机方式、竞争方式确定管理人的工作规程，报省高级人民法院备案并向社会公布。

第九条 （随机方式产生管理人）适用随机方式产生管理人的，应从中级人民法院的辖区管理人名册中产生管理人。

事实清楚、债权债务关系简单、债务人财产相对集中的企业破产案件，以及已知的债务人财产可能不足以支付管理人报酬和管理人执行职务费用的企业破产案件，中级人民法院可以根据基层人民法院的建议，在后者辖区或临近县（县级市和区）域的在册社会中介机构和个人中通过随机方式产生管理人。

第十条 （竞争方式产生管理人）适用竞争方式产生管理人的，由中级人民法院相关领导召集司法鉴定处、审判业务庭、监察室人员组成不少于7人的评审委员会（基层人民法院受理的企业破产案件，评审委员会应包括1至2名基层人民法院的院领导），在中级人民法院辖区及省级管理人名册中通过竞争方式产生管理人。参与竞争的社会中介机构不得少于5家。

中级人民法院制定以竞争方式产生管理人的具体工作方案，实施前需报省高级人民法院备案。

第十一条 （临时管理人的指定）因情况紧急，办理指定管理人手续可能影响企业破产案件依法及时受理的，且债务人企业已经组成符合《破产管理人规定》第十八条、第十九条规定的清算组的，受理企业破产案件的人民法院可以指定该清算组为临时管理人，承担人民法院指定范围内的管理人职责。

第一次债权人会议召开前，重要债权人向人民法院建议由临时管理人正式履行管理人职责的，人民法院应结合清算组的临时履职情况，决定启动管理人的指定工作，或将是否由清算组正式履行管理人职责的议案提请第一次债权人会议表决。第一次债权人会议表决同意清算组正式履行管理人职责的,经人民法院确认后,不再启动管理人指定程序,但应将确定管理人的情况报上级法院司法鉴定处备案。

临时管理人中的社会中介机构在破产程序前介入债务人企业风险处置和庭外和解谈判,出现违反法律和职业准则、损害债权人合法权益行为的,人民法院应及时停止其履职活动。

第十二条　(接受推荐方式产生管理人) 除《破产管理人规定》第二十二条规定的情形外,人民法院不得采用接受推荐方式产生中介机构管理人。

第十三条　(联合管理人的指定) 受理企业破产申请案件的人民法院,可以根据案件情况并听取主要债权人的意见,决定通过随机方式或竞争方式产生联合管理人。

联合管理人可以由律师事务所之间、会计师事务所之间或律师事务所、会计师事务所和个人管理人相互之间组成,联合管理人之间因履职行为对外承担连带责任。

社会中介机构管理人和个人管理人也可以以联合管理人的形式参加随机方式产生管理人的挑选和竞争方式产生管理人的竞争,但个人管理人不得与所在社会中介机构组成联合管理人。

新编入管理人名册的社会中介机构第一次申请参加随机方式产生管理人的挑选或竞争方式产生管理人的竞争,受理企业破产申请的人民法院可以要求其与已列入管理人名册并有管理人执业经验的社会中介机构联合接受挑选或参与竞争。

联合管理人被指定后,经协商产生联合管理人组长。

第十四条　(简易清算组) 对于基层人民法院受理的事实清楚、债权债务关系简单、债务人财产相对集中的企业破产案件,以及债务人财产可能不足以支付管理人报酬和管理人执行职务费用的企业破产案件,债权人在提出破产申请时承诺自行承担清算组费用,审判业务庭报请分管院长同意后,可以债权人推荐的名单为基础确定清算组成员并指定清算组为管理人。

第十五条　(管理人的更换) 根据《破产管理人规定》更换管理人的,已有依照法定程序产生的备选管理人的,由备选管理人担任管理人,无备选管理人的,债权人会议应就新管理人的产生方式形成决议。

审判业务庭认为前款中的债权人会议决议违法或者难以执行，需要由人民法院依职权启动管理人更换程序的，应提出产生新管理人的形式、指定方案以及符合案件特点的具体意见，经该院领导同意后，由中级人民法院启动管理人更换程序。

第十六条　（管理人的回避和重新指定管理人）指定的管理人（包括中介机构、个人管理人和清算组）与本案有《破产管理人规定》第二十三条、第二十四条规定情形的利害关系的，必须依法主动回避。受理企业破产案件的人民法院结合债权人会议的意见启动重新指定管理人程序。

第十七条　（对管理人履职的指导、监督）管理人根据《企业破产法》的规定勤勉尽责，忠实履职。人民法院依法支持、指导、监督管理人履行职责，协调管理人履职中的相关问题。

管理人应结合行业协会制定的管理人工作指引规范，制定履职的规范要求和具体企业破产案件中的相关制度。

第十八条　（管理人报酬的确定）受理企业破产案件的人民法院领导召集审判业务庭、司法鉴定处（对外委托部门）和监察室相关负责人，根据最高人民法院《关于审理企业破产案件确定管理人报酬的规定》等规定，依法初步确定、调整和确定管理人报酬方案和审查支付管理人报酬。

依法初步确定、调整和确定管理人报酬方案，应充分尊重债权人会议的知情、监督和表决权利，并听取管理人的意见。

经债权人会议或债权人会议授权的债权人委员会与管理人自愿协商合理确定的管理人报酬方案，人民法院应予认可。

第十九条　（企业破产重整案件中管理人报酬确定的特殊情形）经人民法院征询主要债权人同意或债权人会议决议，人民法院可以同意由债权人会议主持债务人企业重整的相关事宜，或委托金融资产管理公司和其他相关经营机构负责债务人企业重整的相关事宜。

前款情形下，管理人报酬应据实合理确定和支付。管理人是否管理债务人财产和营业事务、是否对引进战略投资者和制定重整计划草案具有实质性贡献以及是否依法履行监督重整计划执行的职责，是确定管理人报酬标准的重要因素。

第二十条　(金融资产管理公司、社会中介机构参加清算组工作的报酬)金融资产管理公司和依法指定的、编入管理人名册的社会中介机构作为清算组成员参加管理人工作,其工作报酬由受理企业破产案件的人民法院根据本《意见》第十八条的要求确定。

第二十一条　(已知的债务人财产可能不足以支付管理人报酬和管理人执行职务费用的企业破产推进)企业破产案件受理以后,发现债务人财产不足以支付管理人报酬和管理人执行职务费用的,如债权人、管理人和其他利害关系人愿意承担或垫付管理人报酬和管理人执行职务费用的,人民法院可予准许,依法推进企业破产进程。

前款情形的企业破产案件,可以从财政部门依法成立的管理人报酬保障资金和当地律师协会、注册会计师协会经依法批准设立的管理人报酬援助资金中提取部分款项,用于支付管理人报酬。

各中级人民法院按照最高人民法院的要求和省高级人民法院的部署,协调当地财政部门成立管理人报酬保障资金,会商当地律师协会、注册会计师协会建立管理人报酬援助资金。

使用管理人报酬保障资金和管理人报酬援助资金支付管理人报酬,应在听取债权人会议意见后,由受理企业破产案件人民法院的院领导召集审判业务庭、司法鉴定处和监察室负责人研究确定具体方案。

第二十二条　(管理人报酬支付的特定方式)企业破产程序终结前,债务人财产不足以支付管理人报酬和管理人执行职务费用的,经债权人会议确认,可以将债权人对债务人未知财产的追索权以及对公司股东、董事、实际控制人等相关责任人的民事请求权全部或部分转让给管理人,以折抵应予支付的管理人报酬和管理人执行职务费用。

按照前述请求权转让方式折抵管理人报酬和管理人执行职务费用的,债权人应审查管理人的勤勉尽责情况,并向管理人释明请求权不能实现的风险。

第二十三条　(《意见》适用的时间)本意见自发布之日起施行,法律、司法解释有新的规定的,适用法律、司法解释的规定。

浙江省高级人民法院
2013年2月20日

关于服务金融改革大局依法妥善审理民间借贷纠纷案件的若干意见

浙高法〔2013〕37号

近年来,我省民间融资市场活跃,民间借贷纠纷案件呈不断上升趋势。2009年9月8日,省高级人民法院下发《关于审理民间借贷纠纷案件若干问题的指导意见》,统一了案件裁判的基本思路。当前,我省金融改革步伐加快,自今年3月28日国务院批准设立温州市金融综合改革试验区后,对民间借贷纠纷案件的审理提出了新要求。为服务我省金融改革大局,贯彻落实最高人民法院《关于依法妥善审理民间借贷纠纷案件促进经济发展维护社会稳定的通知》和《关于人民法院为防范化解金融风险和推进金融改革发展提供司法保障的指导意见》,结合我省民间融资市场实际,就依法妥善审理民间借贷纠纷案件,提出如下意见:

1. 在金融改革的大背景下积极谋划民间借贷审判工作。坚持"能动司法、服务大局",强化审判职能作用,促进民间融资的阳光化与规范化。要积极发挥司法裁判的指引功能,引导更多的民间资金投向实体经济,促进浙江民间金融和民营经济融合互动、健康发展。要依法支持地方政府探索民间融资阳光化和规范化的改革举措,遏制民间融资中的高利贷化和投机化倾向,切实防范金融风险。要依法惩治集资诈骗、非法吸收公众存款等犯罪,维护国家金融秩序与社会和谐稳定。要贯彻落实诚实信用原则,防范和规制民间借贷纠纷案件中的虚假诉讼活动。注意把握好保护民间借贷当事人合法权益、查处非法集资等犯罪活动与维护企业合法权益及职工生计的利益平衡,既要坚决防止因司法行为不当影响企业生产经营活动,又要合理引导债务人企业通过破产程序依法保护自身的合法权益,在司法主导的企业破产程序中公平清偿包括民间借贷债务在内的债务,通过破产重整或和解程序实现企业再生。

2. 妥善区分生活消费性民间借贷纠纷案件和涉企经营性民间借贷纠纷案件,正确适用法律和司法政策。审理生活消费性民间借贷纠纷案件,要更加强调"调解优先,调判结合"的工作原则,注重发挥中介组织、行业协会的作用,加强诉调对接,完善多元化纠纷解决机制。审理涉企经营性民间借贷纠纷(包括企业之间的借贷纠纷),要充分考虑纠纷发生的背景情况、当地民间融资市场的交易习惯,注意交易的商事性特征,加强对借贷事实的审查,正确处理法律适用和政策考量的关系,把握民间借贷纠纷和非法集资活动的界限,依法妥善化解矛盾纠纷。

审理涉企经营性民间借贷纠纷案件中,借款人按照约定给付出借人的利息超过借贷行为发生时中国人民银行公布的同期同档次贷款基准利率四倍,出借人要求超出部分折抵本金的,人民法院可视情予以支持。

3. 对接党政部门主导的民间融资协同处置机制,合力化解涉嫌非法集资等犯罪活动的涉企民间借贷纠纷。人民法院要配合党政部门主导的民间融资协同处置机制开展化解民间借贷风险、解决民间借贷纠纷的相关活动,依法建言献策,促进处置工作合法合规。要加强与协同处置机制的工作协调,经协同处置机制甄别相关民间融资行为涉嫌经济犯罪的,人民法院暂不受理民间借贷纠纷,由协同处置机制协调先行对涉嫌经济犯罪行为进行查处;经协同处置机制甄别不属于涉嫌非法集资等犯罪的民间融资纠纷,人民法院应依法受理。审理中发现相关民间融资行为涉嫌非法集资等犯罪,或当事人一方主张涉嫌犯罪而要求移送的,根据相关司法解释和《浙江省高级人民法院关于审理民间借贷纠纷案件若干问题的指导意见》第三十七条的规定,区分个案的具体情形,分别采取全案移送并裁定驳回起诉、继续审理、中止诉讼等方式处理。

4. 依法受理企业破产申请,通过破产程序平台协调民间借贷纠纷和非法集资活动交织的相关问题。企业构成破产原因,企业及其相关人员涉嫌非法集资等犯罪活动，经征询协同处置机制和有关部门的意见，依照《企业破产法》和最高人民法院《关于适用〈中华人民共和国企业破产法〉若干问题的规定(一)》的规定，人民法院应依法受理对企业的破产申请。

受理前述企业破产申请后，应根据法律和有关司法政策的要求，妥善处理民间借贷纠纷和非法集资活动交织的相关问题，可由有关职能部门对涉嫌非法集资等犯罪活动先行查处，再通过破产程序平台，集中解决民间借贷纠纷，公平清偿民间借贷债务。民间借贷纠纷和涉嫌非法集资等犯罪活动可以分别处理的，在做好相关协调工作的前提下，分别依照《企业破产法》的规定集中解决民间借贷纠纷和查处涉嫌非法集资活动。

受理企业破产申请后，对追究债务人刑事责任的财产保全措施和执行程序，要依法解除保全、中止执行。

5. 依法确认民间融资备案登记材料对相关借贷事实的证明力。要依法保护金融改革中民间借贷登记服务中心等机构开展的登记、公证、结算、法律咨询等活动。借贷双方在登记服务中心等机构备案登记的借款合同、汇款凭证、借贷登记申请表等材料，是证明借贷双方存在借贷合意和实际发生借贷关系的重要证据，对上述材料中载明的借贷主体、借款期限、利率、违约责任等事实，一般应予确认。

要依法支持在金融改革中建立健全民间融资监测体系，并可通过该体系形成的民间融资综合利率指数，作为判断当地民间借贷纠纷案件利息偿付合理性的参考因素。

6. 稳妥认定夫妻共同债务。要依照《中华人民共和国婚姻法》及其司法解释认定夫妻共同债务，防止夫妻通过离婚等形式恶意逃废应共同承担的债务。同时也要防止不适当地认定夫妻共同债务。

7. 强化对借贷主体的审查，依法打击防范虚假诉讼。要强化对融资性担保公司、咨询公司、投资公司等以个人名义从事民间借贷活动合法性的审查。严格规制公务员参与高利借贷行为，坚决惩处以民间借贷名义，利用公权力聚敛钱财的不法不廉行为。对有职业放贷人参与的民间借贷案件，要严格审查其提供证据的效力，综合款项交付凭证、支付能力、当地交易习惯、当事人陈述的交易经过等判断借贷事实。要切实注意防范、制裁虚假诉讼，对原被告之间不存在实质性诉辩对抗，但涉及第三人利益的案件，不能仅凭原被告自认确定案件事实，仍应严格、谨慎审查借款事实是否实际发生。对夫妻离婚期间出现的以一方名义对外出具的借条、欠条,要严格审查债务的真实性,防止当事人虚构债务,不当分得财产。发现有虚假诉讼嫌疑的,要及时依职权或提请有关部门调查取证,查清案件事实。

8. 审慎把握涉刑民交叉民间借贷案件的实体处理。民间借贷纠纷和涉嫌非法集资等犯罪可以分别处理的,生效刑事判决认定的民间借贷事实,对尚未审结的民间借贷纠纷案件的事实认定具有拘束力。民事判决、调解书生效后,民间借贷当事人及相关人员的行为因涉嫌非法集资等犯罪被职能机关查处的(包括人民法院作出生效刑事判决),不宜轻易受理对生效民事案件的再审申请和提起审判监督程序推翻生效民事案件对借贷合同效力的确认。对已经提起的涉及担保人民事责任的再审申请和适用审判监督程序的案件,要区分刑事被告人本人担保与第三人担保,担保合同是否存在无效事由等情形,在考量债务人、担保人、债权人各自过错的基础上,按照《担保法》第五条、最高人民法院《关于适用〈中华人民共和国担保法〉若干问题的解释》第八条的规定,确定担保人应当承担的责任。

9. 加强司法建议和司法宣传工作。要充分发挥司法建议的风险预警和推动社会矛盾化解的作用,在审判工作中关注、研判各类市场主体特别是融资性担保公司、典当行、小额贷款公司等民间资本运作机构的潜在风险,视情向金融机构和监管部门发出司法建议,帮助查堵漏洞,防范风险。要通过召开新闻发布会、公布典型案例、发布调研报告和审判业务文件等多种途径,加强司法宣传,积极扩大案件处理的社会效果,向企业和社会公众提示借贷风险,促使融资主体自觉履行法定义务。

10. 优化民间借贷审判工作机制。要及时掌握涉诉企业债务情况,通过建立涉诉企业信息专报、案件受理台账等制度,确保法院内部信息畅通。对民间借贷案件审理中发现的热点、难点问题,要有针对性地进行专项调研,不断增强工作的前瞻性和研判能力。加强与公安、银行、工商、金融办等相关部门征信系统的对接与交流,积极参与金融风险防控体系建设。延伸司法服务,参与社会征信平台和信息共享机制建设,切实维护社会经济金融秩序的稳定。

浙江省高级人民法院

2013 年 2 月 20 日

关于进一步规范破产案件管理人指定工作的通知

浙高法〔2012〕80号

本省各级人民法院：

近年来，我省企业破产工作正积极稳步推进，成效显著，破产管理人在企业破产案件审理中发挥了积极的作用。同时也发现，有的法院在管理人指定工作中，存在一些不够规范的做法。为推动我省市场化导向企业破产审判工作的开展，规范破产案件管理人指定工作，现就有关事项作如下通知，请在工作中遵照执行。

1. 各级人民法院要切实提高依法指定管理人工作重要性的认识。企业破产案件指定破产管理人，应严格执行《企业破产法》《最高人民法院关于审理企业破产案件指定管理人的规定》和廉洁司法制度的各项要求，依法通过随机方式、竞争方式产生管理人。各中级人民法院司法鉴定处依法办理产生管理人的手续。

2. 人民法院审判业务庭在审查企业破产案件申请时，可以根据案件的具体情况提出产生管理人方式的建议。一般企业破产案件，应通过轮候、抽签、摇号等随机方式产生管理人，监察部门应参与过程监督；符合《最高人民法院关于审理企业破产案件指定管理人的规定》第二十一条规定的企业破产案件和其他重大疑难企业破产案件，由中级人民法院审判委员会专职委员主持，组织司法鉴定处、审判业务庭和监察室相关人员成立评审委员会,通过竞争方式产生管理人。

3. 企业破产案件符合《最高人民法院关于审理企业破产案件指定管理人的规定》第十八条规定的,经我院司法鉴定处同意,可以指定清算组临时履行管理人职责,临时管理人在人民法院的指定范围内开展工作。企业破产程序开始后,应即依法按照随机方式或竞争方式产生管理人(确有必要,依法可以继续采用清算组形式)。管理人正式产生后,原清算组应即向管理人移交工作。

前款情形,事先参加清算组的列入管理人名册的社会中介机构(含社会中介机构成员),如不存在《最高人民法院关于审理企业破产案件指定管理人的规定》第二十三条规定的不宜担任管理人的情形,可以列入通过随机方式或竞争方式产生管理人的备选名单。

4. 除《最高人民法院关于审理企业破产案件指定管理人的规定》第二十二条规定的金融机构破产案件外,人民法院不得采取接受推荐方式产生中介机构管理人。

5. 对于有关单位和人员推荐相关中介机构为管理人(包括列为清算组成员)的,应要求其出具书面推荐意见并附理由。如推荐的理由存在合理性,经审判业务庭、司法鉴定处和监察室共同研究并报院领导同意,可以将相关中介机构列入通过随机方式或通过竞争方式产生管理人的备选名单。

6. 我院正在研究制定《关于规范企业破产案件管理人工作若干问题的意见》,并将适时对管理人指定工作进行检查。

浙江省高级人民法院

2012年4月6日

关于审理涉财务风险企业债务纠纷案件若干问题指导意见

浙高法〔2010〕13号

为化解企业债务风险，挽救危困企业，规范市场主体退出机制，围绕“调结构促转型”的工作重心，促进我省经济社会平稳较快发展，根据《最高人民法院关于正确审理企业破产案件为维护市场经济秩序提供司法保障若干问题的意见》（法发〔2009〕36号）、《浙江省高级人民法院关于充分发挥司法职能保障经济平稳较快发展的指导意见》（浙高法〔2009〕1号）等规定，结合我省实际，就审理涉财务风险企业债务纠纷案件若干问题提出以下意见：

一、坚持能动司法、服务大局的指导思想。要充分认识发挥审判职能，审理好涉财务风险企业债务纠纷案件的重要性。在党委领导下，努力配合政府做好涉财务风险企业债务纠纷案件中的维稳工作，依法保护债权人、职工、股东和其他财务风险企业关系人的合法权益，最大限度地维护企业生产力，努力实现法律效果与社会效果的统一。

二、坚持合法合规原则。依法配合、支持政府开展涉诉企业风险化解工作。在法律、行政法规无明确规定的情况下，可参照适用不与法律原则抵触的商事惯例、金融业务规则。在政策适用、措施制定、协调沟通等工作中坚持原则性与灵活性相统一,既妥善化解风险,促进案结事了,又杜绝违法违规操作,抵制和防止地方保护主义。

三、坚持利益平衡原则。要充分认识涉财务风险企业债务纠纷案件利益主体众多的特点,尽力实现各方利益最佳平衡。在充分维护债权人合法权益的同时,依法确定应优先保障或合理兼顾的利益。

四、坚持"调解优先"原则。注重运用司法调解、案外协调、和解等方式解决涉财务风险企业债务纠纷,通过审判职能的发挥,深入推进社会矛盾化解。结合《浙江省高级人民法院、浙江省司法厅关于进一步加强诉调衔接机制建设的若干规定》(浙高法发〔2009〕8 号)相关规定,进一步加强诉调对接机制建设,积极争取地方政府、金融监管部门参与协调涉财务风险企业债务纠纷,并结合案件特点尝试发挥商会、行业协会等社会组织参与涉财务风险企业债务纠纷的调解。

五、坚持区别对待原则。继续运用集中管辖的方式审理涉地方行业龙头或骨干企业的债务纠纷案件。结合涉财务风险企业股权结构、债务结构、偿债能力、生产要素及发展前景等因素,适用不同的案件审理程序:对尚未构成破产原因,且企业债权债务结构复杂、优势资产突出、政府扶持力度大的企业,可适用非破产程序审理相关企业债务纠纷案件;对符合结构调整及转型升级需要,发展前景较好的企业,可适用破产重整或破产和解程序解救危困企业;对产能落后、挽救无望的企业,依法适用破产清算程序退出市场。

对涉诉中小企业,应根据《国务院关于进一步促进中小企业发展的若干意见》(国发〔2009〕36 号)的精神,通过适用破产和解、重整程序,尽力化解企业债务风险,提高中小企业公司治理水平,推进产业整合。

六、注重执行程序、强制清算程序和破产程序之间的协调与衔接。根据《最高人民法院关于人民法院执行工作若干问题的规定(试行)》(法释〔1998〕15 号)第 89 条和《最高人民法院关于正确审理企业破产案件为维护市场经济秩序提供司法保障若干问题的意见》第 17 条至第 19 条的规定,对执行中发现涉财务风险企业法人财产不足清偿全部债务的,可告知当事人申请企业破产;结合《最高人民法院关于审理公司强制清算案件工作座谈会纪要》(法发〔2009〕52 号)相关规定,在审理案件中发现涉财务风险企业符合强制清算条件的,应及时引导当事人启动强制清算程序,清算过程中发现企业财产不足清偿债务但又无法达成债务清偿方案的,引导清算组申请启动破产程序;根据《中华人民共和国企业破产法》

第七十条第二款、第九十五条等规定，做好破产清算程序和重整、和解程序之间的协调与衔接。包括集中管辖案件在内的企业债务纠纷案件，可以根据案件审理进程中的具体情况，分别适用破产重整、和解和清算程序。

七、妥善审理涉财务风险企业民间借贷纠纷案件。根据《浙江省高级人民法院关于审理民间借贷纠纷案件若干问题的指导意见》（浙高法〔2009〕297号）相关规定，正确处理涉财务风险企业民间借贷纠纷案件的相关问题。对企业因资金周转困难向民间融资，不构成集资诈骗、非法吸收公众存款等犯罪的，可以继续审理民间借贷纠纷案件。

八、合理运用法律规定的合同解除制度。对合同成立后客观情况发生了涉财务风险企业在订立合同时无法预见的、非不可抗力造成的不属于商业风险的重大变化，继续履行合同对合同当事人明显不公平或者不能实现合同目的的，应根据《最高人民法院关于适用〈中华人民共和国合同法〉若干问题的解释（二）》（法释〔2009〕5号）第二十六条和《关于当前形势下审理民商事合同纠纷案件若干问题的指导意见》（法发〔2009〕40号）第1条至第4条等规定，经当事人申请，根据公平原则，结合案件的实际情况决定是否变更或解除合同。企业风险的形成原因，可以作为审查合同变更或解除理由的依据。

进入破产程序的涉财务风险企业，适用《中华人民共和国企业破产法》第十八条等相关规定处理合同解除问题。

九、积极引导银企合作。贯彻落实《最高人民法院关于为维护国家金融安全和经济全面协调可持续发展提供司法保障和法律服务的若干意见》（法发〔2008〕38号），依法保护国有金融债权，并结合我省实际，积极引导银企合作。可通过调解、和解等方式，争取银行合理回应涉财务风险企业延期还贷的要求。对于银行与企业协商达成的偿债安排，可根据当事人的请求，通过司法判决的形式予以确认。根据具体情况，金融机构可以参与对涉财务风险企业债务清偿承诺的后续监督工作。

十、妥善处理涉财务风险企业商事纠纷和经济犯罪交织问题。要正确处理商事纠纷和涉嫌经济犯罪交叉问题，对审理中发现涉嫌集资诈骗、非法吸收公众存款等经济犯罪，或者当事人一方主张涉嫌犯罪要求移送的，应根据《浙江省高级人民法院关于审理民间借贷纠纷案件若干问题的指导意见》第三十七条等规定，结合案件具体情况，分别适用相关措施。必要时可根据《浙江省高级人民法院关于规范民商事案件中法官释明的若干规定》(浙高法〔2009〕419号)相关规定,通过妥当释明,引导当事人向公安机关报案。对一些有影响、争议大的案件,可以和当地政府和公安、检察机关进行沟通,通过协调取得共识后推进案件审理进程。

十一、延伸职能参与政府主导的涉财务风险企业重组工作。可采取加快案件调解进程、提出司法建议、参与讨论重组方案、通过司法程序处置资产等方式,依法配合推进企业重组。需要对相关涉财务风险企业适用财产保全措施的,可根据《浙江省高级人民法院关于充分发挥司法职能保障经济平稳较快发展的指导意见》第3条等规定,尽量采用动态保全等手段,保障企业经营和风险处置、企业重组工作的顺利进行。

十二、积极参与化解企业担保链风险。按照浙江省人民政府办公厅转发浙江省经济贸易委员会、中国银行业监督管理委员会浙江监管局《关于做好行业龙头企业资金链安全保障工作的若干意见》(浙政办发〔2008〕58号)的要求,依法积极配合政府和金融监管部门对企业担保链风险的化解工作。及时总结"担保企业部分承担,债权银行部分让利,重组企业部分注入,政府部分扶持"等有益经验,对政府为化解担保链风险牵头成立担保公司实施的担保行为,可在诉讼中予以确认。

十三、依法支持政府垫资化解企业债务风险。对于政府为维持涉财务风险企业生存、维护社会稳定而设立维稳基金、为企业垫资支付职工工资、收购劳动债权、引入战略投资者等行为,要依法予以支持。进入破产程序的涉财务风险企业,政府在支付职工工资、收购劳动债权等方面的垫资可列为共益债权,在破产程序中优先受偿。

十四、规范涉财务风险企业破产重整计划草案的起草、批准和监督。指导管理人起草涉财务风险企业破产重整计划草案;重视重整计划草案在法律、经济、财务和技术上的可行性分析,根据具体情况,重整计划草案应分别包括债务重整、股权重整和公司治理结构、发展战略等内容。重整计划草案立足于在债权人会议或债权人授权的债权人委员会通过,尊重和保障反对重整计划草案的债权人和出资人的合法权益。

债权人会议或债权人授权的债权人委员会未能通过重整计划草案的,可休会协商后再行表决。对未能在债权人会议上通过而需要提请强制批准的重整计划草案,要根据《最高人民法院关于正确审理企业破产案件为维护市场经济秩序提供司法保障若干问题的意见》第 7 条的规定作出是否批准的决定。

涉财务风险企业明显利用关联关系损害其他债权人利益的,可以尝试通过审慎适用关联企业实质合并破产制度,具体可通过审查各关联企业是否存在混同的财务报表、关联企业间资产和流动资产的合并程度、关联企业间的利益统一性和所有权关系等因素,评估合并破产重整是否有利于增加企业重整成功的可能性,确定是否采用合并破产重整措施。采取关联企业实质合并破产重整的,重整计划草案可结合关联债权衡平居次的法理,平衡关联企业破产时各方利益的冲突。

重整计划草案经裁定批准后,应根据具体情况开展对重整计划实施的监督,帮助或参与协调解决涉财务风险企业重整过程中的具体法律问题和帮扶措施。

十五、明确新出资人的法律地位。鼓励以债转股等形式转换债权、引入新出资人,降低企业负债率,完善公司治理结构。在批准重整计划草案前应考虑新出资人的意见。在设立出资人组表决重整计划草案时,应给予新出资人相应的表决权,积极支持新出资人在破产重整程序中为企业解困所做的工作。

十六、充分发挥管理人的积极作用。根据《最高人民法院关于正确审理企业破产案件为维护市场经济秩序提供司法保障若干问题的意见》第 11 条的规定,明确商事审判机构和司法技术辅助工作部门在确定管理人类别、产生方式和具体案件管理人选定的工作职责分工。适时总结中介机构担任涉财务风险企业破产管理人的经验。通过培训、召开经验交流会等方式提高管理人制定和执行重整计划草案的能力。加强对管理人履行职务过程中的指导和监督,可以根据破产管理人的申请,制定破产案件中特定问题的指引规则。妥善协调涉财务风险企业处置工作组、管理人、新出资人、债权人会议主席的工作关系。

十七、营造诉讼诚信机制,严格涉财务风险企业相关民事责任制度。涉财务风险企业的董事、监事、高级管理人员、股东、实际控制人等相关人员存在怠于履行清算义务、抽逃资金、逃避债务和其他违法行为的,应根据《最高人民法院关于适用〈中华人民共和国公司法〉若干问题的规定(二)》(法释〔2008〕6 号)、《最高人民法院关于债权人对人员下落不明或者财产状况不清的债务人申请破产清算案件如何处理的批复》(法释〔2008〕10 号)和《最高人民法院关于审理公司强制清算案件工作座谈会纪要》的规定,依法承担清偿债务、赔偿等民事责任。对因清算义务人的原因影响破产清算顺利进行的,在裁定终结清算程序后,债权人可另行提起诉讼,由企业股东、董事、实际控制人等继续承担企业债务的清偿责任。

十八、完善涉财务风险企业债务纠纷案件审理的内部工作机制。根据需要建立指导涉财务风险企业债务纠纷案件审理的工作机构和相应的风险预警机制、联动机制、资金保障机制配套的案件审理工作机制。完善涉财务风险企业债务纠纷案件审理的报备、考核等配套机制,积极探索能够客观反映审理涉财务风险企业债务案件工作量的科学考评标准。根据《最高人民法院关于人民法院接受新闻媒体舆论监督的若干规定》(法发〔2009〕58 号)的要求,建立与新闻媒体及其主管部门沟通联络机制,对可能对案件审理和企业重组重整等造成影响的报道,及时作出处置。合理配置司法人力资源,加强对法官审判业务和公共危机管理、企业购并等内容的培训。有条件的法院可设立专门的合议庭负责审理破产案件。

上级人民法院要通过编写指导性案例和典型案件经验材料、建立案件受理和审理进程报告制度、纠正不当裁判行为、协调相关案件等形式,加强对下级法院审理涉财务风险企业债务纠纷案件的监督指导。

浙江省高级人民法院

2010 年 1 月 11 日

四、浙江省与破产相关的其他文件

浙江省人民检察院第六检察部、浙江省破产管理人协会《关于建立破产债权申报中虚假诉讼线索移送处置工作机制的会议纪要》

浙检六部〔2020〕8号

依法审理好破产案件对于推动高质量发展、深化供给侧结构性改革,营造稳定公平透明可预期的营商环境,具有十分重要的意义。近年来我省破产案件数量位居全国前列,并在不少方面进行了工作创新。但另一方面,虚假申报破产债权的行为层出不穷,已经成为破产案件办理中不容忽视的现象,严重影响管理人正常履职,损害相关当事人的合法权益,妨害破产案件审理秩序。为准确适用法律,有效防范处置破产债权申报中的虚假诉讼,浙江省人民检察院第六检察部与浙江省破产管理人协会经调研、协商,决定探索建立破产债权申报中虚假诉讼线索移送、处置工作机制,现纪要如下:

一、省破产管理人协会在动态管理平台上开设"虚假申报破产债权"线索归集端口,协会各会员单位按照"经过民事诉讼""仲裁或公证债权文书""其他虚构债权"三种情况,通过端口向协会提交相关案件线索。

二、省破产管理人协会每月月底前将收集到的"经过民事诉讼""仲裁或公证债权文书"两类虚假诉讼线索向省检察院第六检察部移送。如情况紧急或一段时间内线索集中的,可即时向省检察院第六检察部移送。

协会各会员单位发现前款所列两类虚假诉讼线索,可在报省破产管理人协会的同时,向当地检察机关民事检察部门移送。

三、省检察院第六检察部在接到省破产管理人协会移送的案件线索后,要立即转交给各有管辖权的下级检察院,并对线索办理情况跟进了解。

四、为提高办案效率,省破产管理人协会或协会会员单位在向检察机关移送线索时,应列明认定虚假诉讼的事实和理由;需要检察机关依职权调查的,应列明需调查收集证据的名称、内容、原因及明确的线索。

五、检察机关应及时向移送线索的省破产管理人协会会员单位反馈案件办理情况和结果。省检察院第六检察部每季度向省破产管理人协会书面反馈移送线索的办理结果。

六、对“其他虚构债权”的情况,省破产管理人协会可定期进行分析,省检察院第六检察部可会同省院相关部门按照省高院、省检察院、省公安厅和省司法厅《关于防范和打击虚假诉讼的若干意见》开展相关工作。

七、省检察院第六检察部和省破产管理人协会定期召开联席会议,总结交流工作情况,不断完善工作机制。双方并在业务培训、理论研讨等方面相互支持。

浙江省人民检察院第六检察部

浙江省破产管理人协会

2020年5月25日

国家税务总局浙江省税务局《关于支持破产便利化行动有关措施的通知》

浙税发〔2019〕87 号

国家税务总局浙江省各市、县（市、区）税务局，省局局内各单位：

为全面落实《浙江省优化营商环境　办理破产便利化行动方案》（浙高法〔2019〕139 号），发挥税收职能作用，推动破产便利化行动，优化营商环境，现就全省税务系统做好破产便利化行动税收支持工作通知如下：

一、进入破产程序的企业可申请非正常户暂时解除

已经被认定为非正常户的纳税人进入破产程序后，管理人可以凭人民法院受理破产案件的裁定书、指定管理人的决定书，向主管税务机关申请非正常户暂时解除。税务机关在税收征收管理系统中作“受理破产”标识后可对未办结事项进行处理，已经形成的欠税在解除非正常户状态时可暂不处理。对人民法院受理破产案件前发生的税收违法行为应当给予行政处罚的，税务机关应当依法作出行政处罚决定，将罚款及应补缴的税款按照《企业破产法》和最高人民法院的有关规定进行债权申报、依法受偿和相关后续处理。

二、对进入破产程序企业的发票供应

在企业破产程序中因履行合同、处置财产或者继续营业确需使用发票的,管理人可以纳税人名义到主管税务机关申领发票。税务机关对历史欠税尚未清偿的破产企业应严格控制发票供应量,并督促纳税人就新产生的纳税义务足额纳税。

三、酌情给予有关地方税收政策支持

依法进入破产程序的纳税人纳税确有困难的,税务机关可以应管理人的申请,按照《房产税暂行条例》第6条和《城镇土地使用税暂行条例》第7条的规定,酌情减免其房产税和城镇土地使用税。对于从事国家限制或不鼓励发展的产业的纳税人,不予办理房产税和城镇土地使用税的困难减免。

四、税款和滞纳金受偿顺序可按人民法院裁判文书执行

因企业破产程序中欠缴税款和滞纳金的债权性质和清偿顺序不同,税务机关依法受偿欠缴税款和滞纳金办理入库时,可按人民法院裁判文书执行。

五、推进破产清算终结后的税务注销便利化

管理人在向市场监督管理部门申请企业注销登记前应当持破产终结裁定书向税务部门办结税务注销手续。对于税务机关依法参与破产程序,税收债权未获完全清偿但已被法院宣告破产并依法终结破产清算程序的纳税人,管理人持人民法院终结破产程序裁定书申请税务注销的,税务机关应当按照有关规定核销死欠后,即时予以税务注销。

六、支持破产重整企业纳税信用修复

重整计划执行完毕后,应重整企业申请,税务机关可参照“新设立企业”对其

纳税信用等级进行重新评定。按照重整计划依法受偿后仍然欠缴的滞纳金和罚款，自重整计划执行完毕时起，可不再纳入《关于对重大税收违法案件当事人实施联合惩戒措施的合作备忘录（2016 版）》（发改财金〔2016〕2798 号）规定的违法行为评价指标，依法及时解除重整企业及相关当事人的惩戒措施，保障重整企业正常经营和后续发展。

国家税务总局浙江省税务局

2019 年 9 月 30 日

浙江省人民政府办公厅《关于进一步推动企业兼并重组的实施意见》

浙政办发〔2019〕2号

各市、县(市、区)人民政府,省政府直属各单位:

为进一步推动企业兼并重组,促进企业做强做优,经省政府同意,现提出如下实施意见:

一、总体要求。践行新发展理念,聚焦聚力高质量、竞争力、现代化,坚持政府引导、企业主体、市场运作原则,支持企业兼并重组,做强做优,提升企业综合实力和核心竞争力,促进资源优化配置和产业转型升级,推动我省经济高质量发展。

二、适用范围。适用在省内发生的,且符合我省产业政策导向,有利于提升产业竞争力,具有合理商业目的的企业兼并重组。

三、加强产业政策引导。同一设区市范围内的企业兼并重组,可以合并被兼并重组企业的用水、用能和排污总量。兼并高耗能行业企业,须制定产能等量或减量置换方案,实施排污总量、产能总量的等量或减量置换。被兼并重组企业原来享受的高新技术企业、省级重点企业研究院、资源综合利用等优惠政策,兼并重组后仍符合相关条件的,经有关主管部门审核确认后,可由实施兼并重组企业按规定继续享受。

四、加大财税支持。在省内发生的有利于优化产业结构的重大并购活动，当地政府可给予奖励。兼并重组后企业实施的研发创新、技术改造、“两化”融合等符合产业政策的项目，当地政府可给予资（补）助和奖励。在资产重组过程中，通过合并、分立、出售、置换等方式，转让全部或者部分实物资产，以及与其相关联的债权、债务和劳动力的，其中涉及的货物、不动产、土地使用权转让行为符合条件的不征收增值税。兼并重组后存续企业的性质、适用税费优惠条件及纳税渠道未发生改变的，可按规定继续享受兼并重组前该企业剩余期限的税收优惠政策。

五、落实土地政策。被兼并重组企业的房产和土地等权证资料不全的，在符合产业导向、布局规划、项目建设、工程质量、消防安全的前提下，可按有关规定补办规划、用地等相关手续，依法办理不动产权证。在符合城镇控制性详细规划、不改变土地用途的前提下，兼并重组后企业扩大生产性用房，或通过新建、扩建工业厂房，经批准提高现有工业用地容积率的，不再增收土地价款，城市基础设施配套费在 2019 年 12 月 31 日前按现行收费标准的 70% 征收，但建成后转让的除外。对企业兼并重组过程中涉及需要开发建设的，按照相关规定可重新约定开发利用要求。

六、提升金融服务。各地要鼓励商业银行积极开展并购贷款，扩大并购贷款规模，合理确定贷款期限。对被兼并重组企业银行债务以及重组中划转的贷款，鼓励金融机构给予利率优惠。积极支持符合条件的企业通过发行优先股、定向发行可转换债券等方式筹集兼并重组资金。支持有条件的市、县（市、区）设立兼并重组基金，引导资产管理公司、股权投资基金、产业投资基金等机构参与企业兼并重组，向企业提供融资及顾问、咨询等金融支持。

七、妥善安置职工。各地要指导兼并重组企业及时为在职职工缴纳或接续基本养老、医疗等社会保险，引导与企业解除劳动关系的职工办理续保缴费，做好因兼并重组而解除或终止劳动关系的职工失业登记，确保符合条件的失业人员及时领取失业保险金。被兼并重组企业拖欠职工的各项费用应在实施兼并重组前予以结清，不足部分由实施兼并重组企业清偿。被兼并重组企业因退出土地从政府土地储备机构取得的土地补偿费，可用于企业职工安置。对依法缴纳失业保险费并采取有效措施稳定职工队伍的兼并重组企业，按规定给予稳定岗位补贴，所需资金从失业保险基金中列支。

八、支持企业化解风险。积极鼓励主业突出的优质企业，对同行业中面临阶段性困难的企业开展兼并重组。鼓励相关政府产业基金参与化解企业风险的兼并重组业务。

九、强化服务和管理。健全企业兼并重组工作推进机制,统筹协调企业兼并重组中的重大问题,由省经信厅牵头做好协调服务工作。各地、各部门要严格按照兼并重组的有关法律法规政策,加强对企业兼并重组行为的监督和管理,有效防范和打击内幕交易、市场操纵、恶意收购及借兼并重组之名偷逃税款、逃废债务等行为,依法保护各方合法权益。各地要强化企业并购前的指导、并购中的协调和并购后的服务,提高企业并购的质量。兼并重组过程中,建设项目的性质、规模、地址、采用的生产工艺或者防治污染、防止生态破坏的措施未发生重大变动且符合相关规定的,环评、安评、能评、排污、施工等文件无须重新报批。要宣传推广企业兼并重组典型做法和经验,营造良好舆论氛围和社会环境。

本实施意见自2019年2月15日起施行。省政府已公布的有关政策与本实施意见不一致的,以本实施意见为准;实施过程中,国家出台新的规定,按新规定执行。

浙江省人民政府办公厅

2019年1月15日

浙江省人民政府办公厅《关于加快处置“僵尸企业”的若干意见》

浙政办发〔2017〕136号

各市、县(市、区)人民政府,省政府直属各单位:

为全面贯彻党的十九大精神,认真落实党中央、国务院和省委、省政府关于深化供给侧结构性改革的决策部署,坚持市场导向和法治方式,更好发挥政府作用,加快推进处置“僵尸企业”,实现市场出清,盘活存量资产,优化资源配置,促使经济高质量发展,经省政府同意,现提出如下意见。

一、强化倒逼机制

1. 加强环保执法。加强对“僵尸企业”污染源日常环境监管,增加执法检查频次和抽查比例。对超过污染物排放标准或者超过重点排放总量控制指标排放污染物,情节严重的,依法责令停业、关闭。

2. 加强安全执法。依据有关规定及时公布企业安全生产不良记录黑名单信息,对经停产、停业整顿,仍不具备法律、行政法规、国家标准或者行业标准规定的安全生产条件的“僵尸企业”,依法予以关闭。

3. 加强信贷管理。各金融机构债权人委员会对“僵尸企业”授信、用信应有效管控。

4. 加强企业综合评价。依法公正开展企业综合评价工作,对评价结果为最后一档的企业,停止各类财政补贴,并依法依规加大资源要素差别化政策实施和整治淘汰力度。

二、减轻税费负担

5. 实行担保代偿损失税前扣除。担保企业为“僵尸企业”代偿款项,符合税法规定条件的,代偿损失在税前扣除。

6. 规范司法拍卖交易双方纳税义务。买受人缴纳契税和印花税,出卖人缴纳增值税、城市维护建设税、教育费附加、地方教育附加、土地增值税、印花税等,在拍卖款中预留或扣除出卖人需要承担的相关税费。

7. 完善不动产过户手续。对在司法处置不动产过程中,债务人无法联系或拒不配合,导致无法开具增值税发票的,在司法拍卖成交后,根据法院向不动产所在地主管地税机关出具的意见,以及《国家税务总局关于契税纳税申报有关问题的公告》(税务总局公告 2015 年第 67 号)有关规定,办理不动产过户手续。法院受理破产申请后处置破产财产的,税务部门不预征企业所得税。

三、加大财政支持

8. 设立应急转贷资金。有条件的市、县(市、区)政府要设立企业应急转贷资金,降低企业转贷成本和风险。

9. 保障司法工作经费。各级司法机关在处置“僵尸企业”过程中发生的合理工作经费,财政部门应给予保障。

四、实施分类处置

10. 鼓励兼并重组。对产品有市场,但经营不善的企业,积极引导上市公司、行业龙头企业或担保企业,实施企业兼并重组。

11. 引导重整和解。对生产经营良好但受担保牵累的企业,引导其主动向法院申请破产重整或和解,提高债务清偿率,切断担保链风险。

12. 依法破产清算。对无法重新恢复生产的“僵尸企业”,依法破产清算,推进资源要素重新流动。

13. 妥善安置职工。根据“僵尸企业”不同处置方式,依法分类妥善处理职工劳动关系。将“僵尸企业”退出需安置人员依法依规纳入社会保障体系,做好就业培训和再就业工作。

14. 降低资产处置难度。对符合相关要求、具备独立分宗条件的“僵尸企业”工业用地,经“僵尸企业”处置工作协调机构审核,报当地政府备案后,允许分割转让。项目实际投资未达出让合同约定开发投资总额25%的土地,区别不同情形通过政府收储或法院拍卖方式处置,拍卖后待开发投资总额达到法定要求时,依法办理不动产登记。

五、支持法院提高审判效率

15. 完善执行案件移送破产审查及执行与破产衔接机制。落实《最高人民法院关于执行案件移送破产审查若干问题的指导意见》(法发〔2017〕2号),规范执行与破产衔接工作模式和流程,促成案件通过破产程序,强制“僵尸企业”退出市场,盘活存量资产,实现“腾笼换鸟”。企业登记主管部门根据法院出具的终结破产程序的裁定等相关法律文书,对破产企业予以注销。

16. 简化破产案件审理模式。支持法院对“僵尸企业”破产案件缩短审理期限的工作:一般案件在6个月内审结,简单案件在3个月内审结;对于无任何财产或仅有少量财产且符合条件的破产案件,一般在裁定受理后2个月内审结。债务承担意愿好、讲诚信的担保企业,因涉诉厂房被查封、账户被冻结,如因转贷需要,经法院和债权人同意临时启封。

17. 探索预重整机制。探索在诉讼调解对接工作框架内开展预重整工作,对担保链复杂、社会影响大、符合实施破产重整的企业,可由有关地方政府会同相关债权人和破产案件管理人,对企业破产重整、和解方案进行预审和完善,缩短审理期限。

18. 依法依规办理不动产过户。对破产财产中的不动产处置后需要办理过户手续的,凭经债权人会议通过的或法院裁定的破产财产中不动产变价方案等资料,由破产案件管理人与受让人共同提出申请,国土资源部门按照相关规定办理不动产过户。

19. 加强破产案件管理人队伍建设。推动成立破产案件管理人协会,支持在破产案件较多的法院成立破产案件管理人工作办公室,推动将具有相应能力的中介机构编入破产案件管理人名册。

六、合力整治逃废债

20. 彻查资金流向。人民银行协调相关金融机构,依法配合法院、公安机关对"僵尸企业"有关资金流向进行调查,追回赃款和已被转移资产,堵查漏洞,保护金融债权,维护金融秩序稳定。

21. 建立惩戒制度。加强失信人名单库建设,根据法院和金融机构提供的名单,把失信情节严重或有履行能力但拒不履行生效法律文书确定义务的企业和个人,纳入失信人名单库,适时在媒体上公布。

22. 坚决打击恶意逃废债行为。对逃废债的企业予以重点打击,对非法吸收公众存款、骗取贷款、违法实施票据承兑和挪用资金等犯罪行为,依法及时予以处理,震慑不法分子。

七、完善工作机制

(一)加强组织领导。"僵尸企业"处置工作由省经信委牵头负责。各市、县(市、区)要建立由政府牵头,经信、公安、财政、国土资源、建设、税务、金融工作、人民银行、银监等部门和单位参加,与法院密切联动的机制。"僵尸企业"处置任务繁重的市、县(市、区)要集中人员、集中精力,限期完成目标任务。

(二)明确责任分工。省级有关部门和单位要认真研究"僵尸企业"处置工作中的新情况、新问题,及时制订实施支持"僵尸企业"处置工作的政策措施,切实指导和推动各地科学认定、加快处置"僵尸企业"工作。各市、县(市、区)政府和法院联动机制成员单位要在职责分工范围内,结合实际采取管用的措施,并做好经验推广等工作。

(三)强化信息共享。"僵尸企业"处置工作牵头部门要会同各成员单位共同探索建立"僵尸企业"档案数据库,并将列入处置工作计划和法院受理企业破产申请的“僵尸企业”名单,及时通报各成员单位,进一步完善处置工作信息共享机制。

(四)加强考核督查。将“僵尸企业”处置工作纳入年度相关考核内容,定期开展督促检查,对没有完成年度处置工作目标任务的予以通报,并限期整改。

浙江省人民政府办公厅

2017 年 12 月 6 日

浙江省促进企业兼并重组工作部门联席会议办公室、浙江省高级人民法院、浙江省经济和信息化委员会《关于成立省级“僵尸企业”处置府院联动机制的通知》

浙并购办〔2016〕8号

省级有关单位：

为落实《浙江省人民政府关于加快供给侧结构性改革的意见》（浙政发〔2016〕11号）、《浙江省供给侧结构性改革去产能行动方案（2016－2017年）》（浙政办发〔2016〕79号）和《关于处置“僵尸企业”的指导意见》（浙并购办〔2016〕4号）以及省预防和化解行政争议工作第八次联席会议精神要求，加强府院联动，积极稳妥推进“僵尸企业”处置工作，建立省级“僵尸企业”处置府院联动机制（以下简称府院联动机制）。

一、府院联动机制主要职责

（一）贯彻落实中央和省委省政府关于推进企业破产审判和积极稳妥处置“僵尸企业”的决策部署，协调推动企业破产审判工作顺利进行，适用破产机制倒逼企业规范经营，使破产重整后的企业能尽快盘活重生、破产清算后的企业能尽快市场出清。

（二）推动企业破产审判体制机制创新，逐步建立预重整司法备案制度，探索破产案件快速审理模式，加快破产案件审判进度，积极发挥破产管理人、资产管理公司、清算公司等第三方专业机构作用，促进企业破产审判市场化常态化。

（三）建立破产企业审判制度化沟通协调机制，发挥政府各相关部门和法院的职能作用，协调解决地方政府和法院提交的破产企业审判涉及的产权瑕疵、债务处理、职工安置、税收优惠、信用修复、企业注销、金融机构参与、破产费用保障以及刑民交叉、打击逃废债等重点难点问题。

（四）建立涉及破产企业和“僵尸企业”信息共享机制，定期监测评估法院和政府部门涉及破产企业和“僵尸企业”的相关信息，及时报送省人民政府和属地市、县（市、区）人民政府，定期通报全省企业破产审判和“僵尸企业”处置工作情况，汇总编发典型案例，总结推广有效做法和经验。

（五）研究解决府院联动机制成员单位提出需要由府院联动机制协调解决的问题。

二、府院联动机制成员单位及其职责

府院联动机制由省高院、省经信委、省发改委、省科技厅、省公安厅、省财政厅、省人力社保厅、省国土资源厅、省环保厅、省建设厅、省国资委、省地税局、省工商局、省质监局、省统计局、省国税局、省金融办、人行杭州中心支行、浙江银监局、省检察院等20个部门和单位组成，具体成员名单见附件。省高院和省经信委分管领导担任府院联动机制共同召集人，各成员单位指定其相应处室主要负责人为府院联动机制成员；府院联动机制联络处设在省高院民二庭和省经信委政策研究室，负责办理有关具体事务。根据工作需要，可邀请其他部门单位参加。

（一）省高院职责：牵头建立府院联动机制，召集召开府院联动机制协调会，统筹汇总提出法院系统在企业破产处置中需要政府部门协调解决的问题，研究解决企业破产处置中需要法院系统解决的问题，推动企业破产审判体制机制创新，每季度通报有关破产审判方面的司法文件、工作制度和重大案件受理、审理、执行情况和相关破产管理人信息，梳理通报破产企业审判典型案例。

（二）省经信委职责：牵头建立府院联动机制，召集召开府院联动机制协调会，统筹汇总提出各地、各部门在企业破产处置中需要法院系统协调解决的问题，协调企业破产审判中需要政府部门协调解决的问题，每季度通报“僵尸企业”处置工作相关情况，每季度汇总分析通报法院和政府各部门涉及“僵尸企业”和破产企业等相关信息，组织编写发布“僵尸企业”处置典型案例。

（三）省发改委职责：牵头推动钢铁行业去产能工作。

（四）省科技厅职责：研究制订和落实破产企业和“僵尸企业”处置过程中涉及的高新技术企业、省级重点企业研究院、继续承担省级科研项目等优惠政策的延续享用政策。

（五）省公安厅职责：积极开展打击恶意逃废债行动，依法查处涉嫌犯罪案件，加强防逃控逃工作，努力追赃挽损。

（六）省财政厅职责：推动、指导各地安排企业破产相关专项经费。

（七）省人力社保厅职责：研究制订破产企业和“僵尸企业”处置职工安置相关政策，牵头做好破产企业和“僵尸企业”处置过程中职工的劳动关系处理和就业安置工作，每季度通报连续 1 年以上欠薪、欠费企业情况。

（八）省国土资源厅职责：研究制订和落实破产企业和“僵尸企业”处置土地管理相关策。

（九）省环保厅职责：指导地方各级环保部门做好破产企业和“僵尸企业”处置过程中涉及的环评等变更手续，制订和落实通过有偿使用和市场交易取得的排污权指标继承使用等政策。

（十）省建设厅职责：研究制定和落实破产企业和“僵尸企业”处置中涉及的有关城乡规划和房屋交易等政策。

（十一）省国资委职责：推动、指导省属国有破产企业和“僵尸企业”处置工作，不定期汇总分析省属国有破产企业和“僵尸企业”处置工作情况。

（十二）省地税局职责：宣传和落实破产企业和“僵尸企业”处置的税收优惠政策，完善落实破产重整企业在引入战略投资人后办理税务变更政策，每季度公告欠税企业情况。

（十三）省工商局职责：研究落实破产企业和“僵尸企业”注销登记政策。

（十四）省质监局职责：研究制订和落实破产企业和“僵尸企业”处置中涉及的生产许可、资质证明等的变更登记政策。

（十五）省统计局职责：每季度报送已退出规模以上工业企业库，或者在库企业中资产负债率超过100%且连续亏损1年以上中疑似“僵尸企业”的企业名录。

（十六）省国税局职责：牵头宣传和落实破产企业和“僵尸企业”处置的税收优惠政策，完善落实破产重整企业在引入战略投资人后办理税务变更政策，支持金融机构加快破产企业和“僵尸企业”不良贷款核销，每季度通报连续1年以上欠税企业情况。

（十七）省金融办职责：组织开展打击逃废债行动，加强对破产企业和“僵尸企业”处置的金融协调。

（十八）人行杭州中心支行职责：完善落实破产企业和“僵尸企业”在引入战略投资人后人民银行征信系统修复政策，引导金融机构参与破产程序的积极性，每季度通报涉贷出险企业情况，每半年度通报涉贷企业逃废债情况，依法、依规支持相关单位查控破产企业和“僵尸企业”账户资金流向，配合开展打击逃废债务行动、防范不合理的对外投资和转移资产行为。

（十九）浙江银监局职责：推动银行业金融机构参与企业破产处置，督促银行业金融机构对符合一定条件的“僵尸企业”及时组建银行业金融机构债权人委员会，督促落实浙江银行业联合惩戒逃废金融债务行为的有关要求，对“僵尸企业”的逃废债行为依法采取联合惩戒措施。

（二十）省检察院职责：建立健全惩治虚假诉讼的协作机制，开展打击逃废债行动。

三、工 作 规 则

府院联动机制协调会议原则上每半年召开一次全体会议，必要时可根据工作需要，不定期召开全体会议或部分成员单位会议。

浙江省促进企业兼并重组工作部门联席会议办公室

浙江省高级人民法院

浙江省经济和信息化委员会

2016年10月31日

浙江省促进企业兼并重组工作部门联席办公室等十三个部门《关于处置“僵尸企业”的指导意见》

浙并购办〔2016〕4号

各市、县(市、区)人民政府,省级有关单位:

为贯彻落实中央和省委经济工作会议精神以及《浙江省人民政府关于加快供给侧结构性改革的意见》(浙政发〔2016〕11号)要求,积极稳妥处置“僵尸企业”,加快实现市场出清,结合我省实际,现提出如下指导意见。

一、总体要求

(一)指导思想。牢固树立创新、协调、绿色、开放、共享五大发展理念,按照“分类处置、协同处置、依法处置、有序处置、属地处置”的原则,运用法治思维和法治方式,积极稳妥处置“僵尸企业”,切实减少无效低端供给,加快盘活存量资产;有效化解“资金链、担保链”风险,修复经济发展动力;建立健全市场化退出长效机制,为促进市场充分竞争、推动经济转型升级奠定基础。

(二)主要目标。建立健全优胜劣汰机制,通过“兼并重组一批、债务重组一批、破产重整一批、破产清算一批”等处置方式,实现“僵尸企业”市场出清。2016年,争取处置“僵尸企业”450家以上;到2018年,全省“僵尸企业”基本实现市场出清,企业市场化退出长效机制基本健全。

二、主要任务

(一)因地制宜界定“僵尸企业”口径。“僵尸企业”主要是已停产半停产、连年亏损、资不抵债、靠政府补贴和银行续贷存在的企业。结合实际,我省“僵尸企业”主要是指连续1年以上停止生产经营活动且未缴增值税,或者资产负债率超过100%且连续三年以上亏损且主要靠政府补贴维持生产经营,或者连续3年以上欠薪、欠税、欠息、欠费,或者陷入“两链”风险导致资不抵债且解套无望、长期停产且复产无望、已有投资但投产无望的规模以上工业企业。各地可结合实际确定辖区内“僵尸企业”的界定口径。

(二)深入排查“僵尸企业”实情。深入开展调查摸底和风险评估,建立单个“僵尸企业”档案数据,依法理清“僵尸企业”的债权债务、资产产权、形成“僵尸企业”原因以及需安置职工等情况。由省促进企业兼并重组工作部门联席会议办公室牵头,建立法院、发改、经信、国资、司法、统计、税务、工商、人民银行、银监、供电等部门涉及“僵尸企业”信息共享机制,加强跟踪监测和分析预警。

(三)分类有序处置“僵尸企业”。结合各地实际,联合开展分类评估,可把“僵尸企业”细分为“兼并重组类”“债务重组类”“破产重整类”“破产清算类”企业,分批分类开展处置工作。要引导上市企业和行业龙头企业通过产权转让、资产置换等方式,兼并重组一批“僵尸企业”,尽快盘活有效资产。对“债务重组类”企业,建立债权人会商制度,发挥金融资产管理公司等作用,通过担保替换、平移代偿、授信聚拢等方式,快速收缩担保圈,促进一批“僵尸企业”债务重组,尽快帮助其恢复生产。对“破产重整类”企业,要尽可能推进出售式重整,维护核心商业渠道和大部分职工就业。对“破产清算类”企业,各级政府要停止各种财政补贴和不同形式的保护,各债权银行要协同加快不良贷款处置,法院要依法实行简易破产程序(包括预重整)加快破产清算一批“僵尸企业”,注重在破产清算案件中保护企业的营运价值,尽快实现市场出清。

(四)妥善安置“僵尸企业”职工。支持兼并重组、债务重组后的新企业更多吸纳原“僵尸企业”职工,采取协商薪酬、灵活工时、培训转岗等方式,稳定现有工作岗位。确需与职工解除劳动关系的,应依法支付经济补偿金,偿还拖欠职工在岗期间的工资,补缴欠缴的社会保险费用,并做好社会保险关系转移接续等工作。对“僵尸企业”处置后的失业人员,要实施再就业帮扶,切实做好属地企业信访维稳工作。

(五)严厉打击逃废债行为。开展打击恶意逃废债行为专项行动,对出现故意隐匿和转移资产、假倒闭、假破产、伪造租赁合同、刻意脱保、“失联”乃至逃逸等恶意逃废债行为的,依法采取联合惩戒措施,防止出现“边帮扶、边逃债”现象。凡有非法转移资产,恶意欠薪、欠息、欠税、欠费现象,法定代表人或企业主外逃或无法联系,从事高利民间借贷等情况的企业,均列入省逃废债黑名单,并予以公布。实行法院失信人名单及金融机构逃废债黑名单联动制裁,限制其出入境、高消费以及动产、不动产过户变更,不得享受政府财税政策,不得进入政府采购与工程招投标。

(六)建立健全市场化退出机制。充分发挥市场在资源配置中的决定性作用,全面深化以亩产效益为导向的资源要素市场化配置改革,以企业综合评价排序结果为依据,利用实施用能、用地、用水、排污权等资源要素差别化价格政策措施和各类安全、环保、质量、能耗等强制性标准,加快倒逼“僵尸企业”退出。支持有条件的法院设立清算与破产案件审判庭,或设立审理破产案件的专门合议庭,对符合条件的企业,及时启动司法程序,探索破产案件简化审理模式,缩短案件审理期限。加快区域性产权、股权交易市场建设,建立“僵尸企业”产权、股权、金融资产交易信息平台,简化企业产权、股权交易的评估、转让、登记等程序,加快“僵尸企业”产权、股权市场化交易。

三、加大政策支持

(一)落实税收政策。落实好国务院以及财政部、国家税务总局已经出台的有关促进企业兼并重组(包括破产重整)的税收优惠政策。凡符合企业所得税特殊性税务处理条件的,按以下政策进行处理:对“兼并重组类”企业,对交易中股权支付部分暂不确认有关资产的转让所得或损失;对“债务重组类”企业,如债务重组确认的应纳税所得额占该企业当年应纳税所得额50%以上,可以在5个纳税年度的期间内,均匀计入各年度的应纳税所得额;发生债权转股权业务的,对债务清偿和股权投资两项业务暂不确认有关债务清偿所得或损失。对“破产清算类”企业,按照企业注销清算相关规定进行税务处理,清算所得可依法弥补以前年度亏损。“僵尸企业”引进战略投资人后,企业可向主管税务机关申请纳税信用补评或复评。

(二)完善金融政策。落实好中国人民银行等八部委出台的有关支持工业稳增长调结构增效益的金融政策。鼓励银行业金融机构加强与地方政府以及同业间会商协作,依法支持法院主导的破产重整等司法程序,积极争取上级行适当下放处置决策权限。积极处置银行不良资产,支持银行业金融机构用好用活清收、转让等处置方式,加快处置进度。“僵尸企业”引进战略投资人后,企业可申请在企业征信系统的大事记信息中添加引进战略投资人的相关信息,展示信用状况的改善。

(三)完善土地管理政策。通过“退二优二”提高容积率的,不增加收缴土地价款。通过“退二进三”兴办商务和信息服务、研发设计、文化创意、物品储运、鲜活农产品销售等服务业的,可保留其工业用途不变,经城乡规划、国土资源部门批准后使用,并按规定缴纳国有土地年租金。对工业用地用于商服并分割销售的,可按幢或层作为最小分割单元销售,分割销售的建筑面积不得超过再开发后总建筑面积的30%,房产证和土地使用权证可按相应分割单元办理,并在土地出让合同中予以约定。土地相关历史遗留用地问题按照《浙江省人民政府关于全面推进城镇低效用地再开发工作的意见》(浙政发〔2014〕20号)执行。鼓励各地设立工业用地集中收储专项资金,对“僵尸企业”处置退出后司法拍卖流拍的土地进行集中收储。

(四)完善财政政策。把“僵尸企业”处置工作纳入省政府对市、县(市、区)政府“腾笼换鸟”工作考核内容,成效明显的设区市、县(市、区)予以财政资金奖励。有条件的市、县(市、区)可安排企业破产相关专项经费,建立多渠道筹资机制,制定相关管理办法,专项用于解决“僵尸企业”破产启动和资金周转、援助问题。

四、加强组织保障

(一)加强组织领导。各市、县(市、区)政府要高度重视“僵尸企业”处置工作，切实承担属地处置的主体责任，建立处置“僵尸企业”工作协调机制，制定处置“僵尸企业”实施方案，有序扎实推进处置工作。要高度重视“僵尸企业”处置过程中的维稳工作，坚持标本兼治、综合施策，防止经济领域问题传导引发社会问题。“僵尸企业”处置主体要根据有关规定，认真组织开展社会稳定风险评估，有效落实相应措施。各市要在7月底前将处置“僵尸企业”工作实施方案报省促进企业兼并重组工作部门联席会议办公室。

(二)加强府院联动。各市、县(市、区)政府要主动与法院建立府院联动机制(或协调机制)，积极对接最高人民法院和省高院有关市场化、法治化、常态化破产审判工作的部署。充分发挥企业破产法作为风险防范和处置法、企业营业和要素资源配置重整法和债权人债务人合法权益救济法的制度功能，支持法院依法独立行使审判权，协调研究破产审判中涉及的维稳、公共服务和社会管理职能，协调处理“僵尸企业”处置中刑民交叉等问题。积极发挥破产管理人、律师事务所、会计师事务所等作为第三方专业机构作用，探索资产管理公司、清算公司等从事企业风险处置的托管重组业务和参与破产管理人工作。切实落实企业破产法第一百二十一条的规定，对破产管理人持人民法院终结破产程序的裁定书办理破产企业注销登记的，应予以办理。

(三)加强统计通报。各市、县(市、区)政府及时做好本辖区内“僵尸企业”处置工作的情况统计，于每季度结束后5个工作日内，将本季度“僵尸企业”处置工作进展情况统计表，逐级报送省促进企业兼并重组工作部门联席会议办公室汇总后报省政府督查室。省促进企业兼并重组工作部门联席会议办公室将根据需要做好各地工作进展情况通报。省属国有“僵尸企业”处置工作进展情况报送省国资委。

(四)加强宣传引导。加强企业破产法及相关法律的学习、宣传和普及。支持诸暨市、乐清市、温岭市、永康市、金华经济技术开发区开展供给侧结构性改革试点，帮助研究解决相关问题。通过组织召开现场会、编印工作简报、主流媒体宣传等多种形式，宣传各地推进“僵尸企业”处置工作的有效做法和典型案例，营造积极稳妥推进“僵尸企业”处置工作的良好氛围。

浙江省促进企业兼并重组工作部门联席办公室等十三个部门

2016年6月16日

浙江省人民政府办公厅转发浙江银监局《关于浙江银行业分类帮扶困难企业指导意见的通知》

浙政办发〔2015〕112号

各市、县(市、区)人民政府,省政府直属各单位:

浙江银监局制定的《浙江银行业分类帮扶困难企业的指导意见》已经省政府同意,现转发给你们,请结合实际,认真贯彻实施。

浙江省人民政府办公厅

2015年11月5日

浙江银行业分类帮扶困难企业的指导意见

为引导我省银行业金融机构切实提高对困难企业分类帮扶的针对性和有效性,积极探索企业信用风险化解方式,促进实体经济和金融平稳发展,特制定如下指导意见。

一、指导思想

深入贯彻落实中国银监会和省委、省政府关于银行业支持实体经济发展的有关文件精神和决策部署,坚持支持实体经济与防控金融风险并重,帮扶困难企业与维护银行债权并举,提升银行业金融机构以法治思维和法治方式帮扶我省困难企业的能力,盘活存量资源,优化资源配置,支持新常态下实体经济持续平稳发展。

二、工作机制

(一)困难企业协同帮扶机制。紧密依托各级地方政府,构建政府牵头、银监引导、协会会商、企业自救、银行帮扶"五位一体"的困难企业协同帮扶机制。在发现企业重大信用风险隐患或企业突发信用风险时,由地方政府牵头组织,有关各方共同研判风险,协同帮扶行动。

(二)企业风险监测报告机制。各级银监部门要加强对辖区内企业整体信用风险的监测分析,向地方政府通报辖区内企业整体信用风险及变化趋势。各银行业金融机构要做好授信客户资金链、担保链风险监测工作,重点关注授信银行多、融资金额大、担保关系复杂、生产经营不正常的企业;要建立企业突发风险报告制度,在企业出现影响信贷资金安全的突发风险事件时,及时向地方政府和银监部门报告,提出风险处置建议,提请地方政府协调处置。

(三)困难企业分类帮扶机制。在地方政府牵头组织下,由政府相关部门、银监、银行业协会及相关债权银行等共同参与,对主动提请帮扶救助的困难企业和银行业金融机构报告的出险企业进行逐户会诊,划分为扶持类、挽救类和退出类等三类企业,进行分类帮扶。

1. 扶持类企业。是指自身整体经营正常且有发展前景,但因涉及担保链等意外突发事件而出现暂时性资金紧张的企业。相关银行业金融机构协商一致后,要对此类企业采取相应帮扶措施。

2. 挽救类企业。是指主业经营基本正常,但由于过度投资或担保链风险传导造成资金紧张的企业。在地方政府牵头组织并督促困难企业落实积极自救、不逃废银行债务、接受银行资金监管等相关承诺后,各债权银行要会商达成共识，给予此类企业合理支持，力促困难企业主业恢复正常经营，渡过难关。

3. 退出类企业。是指不符合产业发展政策，属于淘汰落后产能行业，且从其实际经营情况看挽救无望的企业。对此类企业，相关债权银行要协同有序退出。

三、帮扶方法

在当地政府的牵头组织和配套扶持政策的支持下，各地银行业协会要充分发挥协调职能，依法协调相关债权银行统一行动，积极运用多种帮扶方法，形成综合帮扶机制，稳妥做好困难企业分类帮扶工作。

（一）银团贷款法。对自身经营良好、有发展前景，但受突发事件影响出现暂时性资金紧张，且涉及债权银行较多、融资金额较大、风险波及范围较广的困难企业，各地银行业协会要在地方政府牵头组织下，积极与主债权银行共同协调其他债权银行采取统一行动。在协商一致的基础上，将存量贷款转化为银团贷款，增强银银、银企互信，避免恐慌性抽贷、压贷。

（二）延缓追偿法。对于受担保链源头企业风险影响，暂时资金紧张但生产经营基本正常、具备长期偿债能力且信用状况良好的担保企业，在地方政府协调企业书面承诺履行担保责任，各债权银行经会商达成共识，对担保企业采取必要的司法程序后，在执行时效内延缓申请法院执行，给予担保企业代偿宽限期。

（三）授信聚拢法。对于受外部因素影响造成经营及还贷出现不确定性的企业，相关授信银行对企业经营及还贷能力的判断存在较大差异的，各地银行业协会要在地方政府牵头组织下，做好相关授信银行的会商协调工作。鼓励对企业前景看好的主要授信银行采取新增授信置换其他银行的授信，压缩授信银行家数，使银行授信归集于一家或少数几家银行，减少授信银行由于处置策略差异导致的内耗，降低帮扶协调的难度。

（四）担保替换法。各债权银行要积极支持地方政府充分发挥政府性融资担保机构的作用。由政府性融资担保机构为银行的债务企业提供信用保证，替换原有担保企业的保证责任，原有担保企业为政府性融资担保机构提供反担保。通过政府性融资担保机构的介入，重新确立银行、债务企业、担保人的债权债务关系，有效化解担保链风险。

（五）外部收购法。对于因跨行业投资、盲目投资而引发自身主营业务收入不足以覆盖贷款本息,但可以通过出售有效资产降低损失的困难企业,相关债权银行可在地方政府牵头协调下,通过引入外部资金,借助第三方对企业进行收购重组,以遏制担保链风险向外蔓延。

(六)平移代偿法。担保链风险源头企业生产经营状况恶化、难以救助的,对履约能力较强且有履约意愿的担保企业,在地方政府给予配套扶持政策的基础上,债权银行可按担保企业代偿责任金额对其增加相应授信额度,并给予利率、收费等服务优惠,快速收缩担保链层级结构和企业数量,使有经营能力的企业走出困境。

(七)企业重组法。对于已出险的重大担保链中经营实力较强、帮扶前景较好的风险源头企业,由地方政府牵头,各债权银行会商,将担保债权及其他外部债权转为企业的内部股权,通过债务剥离、资产重组以及配套政策扶持等方式,以企业有盈利能力的核心业务为基础组建新的公司主体,开展经营并承接原银行债务,控制风险向外扩散。

(八)破产退出法。对严重资不抵债,或明显缺乏偿债能力,或虽然具有一定偿债能力、能以资抵债但信用记录恶劣的企业,由债权银行共同协商,及时提出破产清算申请。

四、工作要求

(一)高度重视,充分认识帮扶困难企业工作的重要性。各银行业金融机构要从我省经济金融长远发展大局出发,充分认识帮企业就是帮银行、化风险就是促发展,牢牢把握服务实体经济这一中心,切实履行社会责任,增强与企业同舟共济、共渡难关的意识,帮助困难企业走出困境。

(二)加强联动,切实增强帮扶困难企业工作的协同性。要在地方政府的牵头组织下,加强联动,增强困难企业帮扶工作的协同性。各级银监部门要指导当地银行业协会加强同业间沟通与协作,加强对会员银行特别是异地授信银行帮扶工作落实情况的跟踪督促,对分类帮扶工作成绩突出的机构可实施监管政策正向激励。各地银行业协会要进一步完善会商帮扶机制,协调相关债权银行在资产保全、法律诉讼等方面步调一致,履行事先达成的帮扶承诺,避免单边行动造成整体帮扶陷入被动;积极配合地方政府开展相关工作,争取财政、公安、税务、工商、法院等部门的支持。各债权银行要在地方政府牵头组织下,建立行领导牵头、各部门参与、分支机构上下联动的帮扶工作体系，督促被帮扶企业真实反映生产经营、资金流向等情况，积极开展瘦身自救，采取各种措施化解风险。

（三）分类施策，不断提高困难企业帮扶工作的有效性。各银行业金融机构要客观真实评估困难企业风险状况，在地方政府的牵头组织下，实施差异化的企业帮扶措施；要因地制宜、因企施策，积极运用银团贷款法等帮扶方法，同时大力创新其他有效的帮扶方法，丰富完善分类帮扶“工具箱”；要将提升企业潜能与化解资金链、担保链风险有机结合，推动困难企业通过重组、强强联合或以强带弱等模式走出困境。各分支机构要积极争取上级行适当下放帮扶决策权限，提高帮扶工作效率。

（四）守住底线，妥善处理帮扶企业与打击逃废债的关系。各银行业金融机构要主动配合地方政府坚决打击恶意逃废债行为，加强同业信息共享，对出现故意隐匿和转移资产、假倒闭、假破产、伪造租赁合同、刻意脱保、“失联”乃至逃逸等恶意逃废债行为的企业和个人，依法采取联合惩戒措施，防止出现“边帮扶、边逃债”现象。对于涉嫌犯罪的，依法移送司法机关追究刑事法律责任。对公安机关因侦查工作需要，依法查询或调取证据的，银行业金融机构要依法提供，不得无故隐匿或拒绝提供。

（五）科学问责，妥善处理调动基层帮扶困难企业积极性与防范道德风险的关系。各银行业金融机构要树立并落实逆经济周期管理理念，按照实事求是的原则，指导分支机构加强对困难企业帮扶，建立简明、易操作的风险问责制度。既要明确在处置企业风险和帮扶困难企业过程中尽职免责的条件，给基层经营行适度的风险容忍度；又要明确失职追责的要求，防止基层经营行个别员工滋生道德风险。

（六）依法合规，妥善处理企业破产重组过程中分类帮扶与依法维权的关系。各银行业金融机构在分类帮扶困难企业工作中，应充分考虑《企业破产法》规定的担保物权保护和撤销权等对资产安全有重大利益关联的制度对制定分类帮扶方法的影响，避免因分类帮扶措施不符合《企业破产法》的规定，而在司法程序中被法院撤销等情形的发生；应依法支持法院主导的破产重整等司法程序，在司法程序中支持对困难企业的帮扶，依法维护担保债权等合法财产权益。

浙江省人民政府办公厅

2015 年 11 月 12 日印发

浙江省金融办、中国人民银行杭州中心支行、中国银监会浙江监管局《关于防范化解企业资金链、担保链风险促进经济平稳健康发展的实施意见》

浙金融办〔2014〕51号

各市、县(市、区)人民政府,省级有关单位:

为有效防范和及时化解企业资金链、担保链风险,加强困难企业帮扶,改善经济金融生态环境,进一步做好省政府办公厅《关于有效化解企业资金链担保链风险,加快银行不良资产处置的意见》(浙政办发〔2013〕113号)的实施,确保经济持续平稳健康发展,经省政府同意,提出以下实施意见:

一、合力攻坚克难,确保经济金融大局稳定

(一)建立完善政银企合力处置的组织协调机制。各地政府要从维护区域经济金融稳定和促进经济转型升级的大局出发,按照"提振信心、增强互信、坚守诚信、合力帮扶、平稳处置"的要求,加强组织领导,特别是重点区域应建立力量精干、协调有力的企业帮扶及风险处置的专门工作领导小组,形成政银企协作共渡难关的合力。

要运用法治思维和法治方式，兼顾各方合法利益，发挥市场的决定性作用和更好发挥政府作用，把涉险企业的风险化解在“快处置、少损失、防蔓延、保稳定”的可控状态，把尚未爆发的风险隐患防控在萌芽状态，确保不发生区域性、系统性风险。

（二）勇于承担政银企协作处置化解的职责。省金融办、人行、银监等省级有关部门要加强企业资金链、担保链风险化解和银行不良资产处置组织协调工作；各地政府要切实承担起区域企业资金链、担保链风险化解的属地责任，守土有责，勇于担当，积极协调，加强政策和信息的互通共享，维护社会和谐稳定，最大限度化解企业风险、减少企业及银行损失和消除不稳定因素；银行机构要勇于承担社会责任，树立服务实体经济的大局意识，主动让利，加强创新，优化服务，与困难企业共渡难关；困难企业要主动承担主体责任，及时真实反映生产经营及财务状况，不瞒不逃不转移，积极开展自救，配合监管协调，努力走出困境。

二、坚持分类处置，切实加大困难企业帮扶力度

（三）加强企业风险的监测排查。各地政府要加强本地企业运行风险监测，重点排查涉及产能过剩、盲目多元扩张、负债率高或民间借贷依存度高、户籍和资金移居国（境）外的企业，全面摸底本地欠薪、欠税、欠息、欠费“四欠”企业风险状况，形成困难企业分类名单，实施名单动态监测管理，加强综合整治，做到对风险企业“早发现、早介入、早处置”。

（四）建立企业分类帮扶清单制。各地政府要建立政府主导的企业帮扶直通平台，债权银行或符合帮扶标准的涉险企业可通过平台提出帮扶申请，提高重大风险应急帮扶的启动时效。各地政府风险处置领导小组要及时受理，组织相关债权银行共同对企业进行审计评估，第一时间掌握企业的资产负债、盈利前景、自救方案等情况，决定是否实施同进共退协调帮扶机制，形成帮扶清单。对列入帮扶清单的企业，风险处置领导小组要协调银行根据企业情况制定帮扶方案，明确政银企合力化解的具体措施，加强帮扶机制与司法程序的协调和对接，协同化解企业风险，力争“帮扶一户、帮成一户”。

（五）建立主办行制度强化会商帮扶约束机制。对列入帮扶清单的企业，由贷款最多的银行牵头，与企业签订帮扶协议，协调各债权银行统一行动，做到不

抽贷、不压贷、不缓贷,在信贷配置、利率优惠、手续简化等方面给予最大支持。各地政府风险处置领导小组要协同银行业协会,加强对银行特别是异地银行帮扶落实情况的跟踪监测,强化协议的执行纪律,督促债权银行建立帮扶方案执行台账,督促企业真实反映生产经营、资金流向等情况,积极开展瘦身自救,采取资产重组、存量盘活、收缩对外投资等方式化解风险,对执行不力的企业加强惩戒,切实提高帮扶实效。

(六)有效隔离担保链风险传导。在处置过程中对担保关系复杂、易引发连锁反应的企业,各地政府风险处置领导小组要协调银行机构摸清担保关系链条,明确帮扶的担保企业名单和帮扶措施,各债权银行要尽力支持优质担保企业的正常经营,坚持"以时间换空间"的思路,通过运用适当的救助方式化解担保链风险。不简单向担保企业平移贷款,不简单以涉担保圈为由提高担保企业授信标准、附加抵押担保条件或压减贷款规模,阻断风险扩散蔓延。

(七)创新贷款模式加强帮扶化解。大力推行"二次抵押"登记,允许抵押物余值部分再次办理抵押登记,科学合理评估抵押物抵押价值,盘活企业资产价值。银行机构要积极创新贷款抵质押方式,拓展股权质押、仓单质押、海域使用权抵押等多种形式的贷款业务,积极探索贷款期限和还贷方式创新,大力推广实施贷款年审制等适合企业生产经营特点的还款方式。大力发展信用贷款,注重第一还款来源,回归信贷本源。

三、加强政策支持,提升困难企业帮扶带动效应

(八)探索推行信用保证基金运作模式。各地政府要根据本地企业实际情况,建立和完善国有出资的企业信用保证基金或政策性担保公司,充分发挥政策性担保和再担保机构的帮扶导向作用。对列入帮扶清单的企业,由信用保证基金或政策性担保公司为银行的帮扶贷款提供一定比例的担保,待企业运作正常后,信用保证基金或政策性担保公司的担保关系及时退出。对发展前景较好、资金暂时困难的企业,也可由政府风险引导基金或产业基金跟进投资,降低企业经营风险。

(九)有效发挥政府应急转贷资金作用。各地政府要根据当地企业资金转贷需求,建立和完善政府应急转贷专项资金,根据急需、必须和守信、快转的原则,

为帮扶企业提供转贷服务，待银行向企业发放全部贷款后必须予以归还。要完善转贷办法，实行转贷资金封闭运作、专款专用，依法保障转贷资金在司法重整程序中共益债权的地位，确保资金安全，切实缓解企业转贷难问题。

（十）加强土地财税等政策扶持。对列入帮扶清单的企业，在土地政策、财政税收、工商变更、资产转让等方面可予以适当帮扶。在企业土地产权明晰的前提下，可由当地政府收购收储，在风险可控前提下可提前支付部分收储成本；在涉及有抵押权登记的债权转让时，依法直接办理抵押权变更登记，为企业风险处置提供便利；贯彻落实国家和省有关清费减负优惠政策，巩固企业减负成果，帮助企业渡过难关。

（十一）鼓励企业实施兼并重组。落实《国务院关于进一步优化企业兼并重组市场环境的意见》（国发〔2014〕14 号），搭建企业兼并重组公共信息服务平台，通过市场机制引入上市公司、龙头企业对涉险企业进行兼并重组、司法重整。对困难企业兼并重组涉及的资产评估增值、债务重组收益、土地房屋权属转移等给予政策支持。鼓励银行机构积极稳妥地开展并购贷款业务，对困难企业兼并重组实行综合授信，改善对企业兼并重组的信贷服务。鼓励证券公司开展兼并重组融资业务，各类财务投资主体可以通过设立股权投资基金、创业投资基金、产业投资基金、并购基金等形式参与兼并重组。

四、加快不良贷款处置，提升金融服务实体经济能力

（十二）提升不良贷款管控水平。银行机构要摸清重点领域、重点行业和重点客户的风险情况，切实加强贷款全流程管理和内部控制，坚持“有保有控、区别对待”的差别化授信政策，防止“一刀切”式的抽贷、停贷、压贷造成企业资金链断裂，形成新的不良贷款。实行企业授信总额联合管理，避免期限错配、多头授信、过度担保，确保信贷资金回归实体。

（十三）加大不良贷款清收和核销力度。银行机构要完善不良贷款处置程序和流程，灵活采取自主处置与市场转让等方式，积极盘活存量资产。在不良贷款清收过程中，地方政府要积极配合，保护银行合法权益。银行机构要对符合要求的呆账损失及时进行确认，按照财政部《金融企业呆账核销管理办法（2013 年修订版）》（财金〔2013〕146 号）有关规定，积极争取上级行支持，加大不良贷款核销

力度,稳步解决不良贷款和拨备余额“双高”问题。

(十四)加快不良贷款处置进度。鼓励资产管理公司发挥好不良资产处置功能,开展银行不良资产收购业务,采取兼并重组、清收追偿等手段处置银行不良资产。支持法院系统进一步简化立案、送达、保全、审理程序,推行企业破产案件简易审机制,发挥破产预登记的作用,必要时在企业帮扶前采取破产预登记等措施。推动有条件的地方法院成立专门从事金融审判业务的合议庭。加大金融债权案件执行力度,创新执行方式,依法制裁各类规避执行、对抗执行行为,提高金融债权受偿率。加强对企业破产清算涉及的劳资、民间借贷纠纷等问题的协调化解,支持解决破产案件清算资金不足的问题,为企业破产清算创造有利条件。

五、严厉打击企业逃废债务,构建良好金融生态环境

(十五)建立逃废债企业黑名单制度。各地政府要高度重视和严厉打击企业逃废债行为,对具有故意隐匿、转移资产和“假倒闭”、“假破产”等恶意逃废债行为的企业,要列入黑名单,建立法院、政府有关部门和银行机构的联合制裁机制,加大惩处力度,加强逃废债典型案例曝光,共同约束恶意逃废债行为,保护合法金融债权。对确因经营风险陷入困境的企业,允许其依法申请破产、重整,在破产程序中协商债权清偿事宜,积极发挥破产程序揭露逃废债权违法行为的作用。

(十六)完善企业逃废债管控机制。各地政府要监测涉险企业的土地、房产、股权等权属的登记、变更、转让、过户、抵押等事项,限制企业通过股权转让、房地产过户、资产租赁、资产转移等手段逃废债务。加强出入境管理,严格管理存在风险苗头企业的法定代表人、高管等出国(境)审批手续,限制高消费行为。对于担保人举报或主张借款人构成贷款诈骗、骗取贷款等犯罪问题,公安、检察、法院要开展案件会商研究,以会议纪要、法律适用意见等形式出台具体操作规定,统一办理标准。公安部门要严格按照法律法规依法启动立案侦查程序,妥善处理民、刑法律关系交织问题,依法查处违法犯罪行为。引导银企在签订贷款合同时对房屋租赁关系作出承诺,对存在租赁关系疑点的案件加重当事人举证责任,解决“虚假租赁”逃废债问题。

(十七)加强社会信用基础建设。各地政府要加快搭建企业综合信息共享平台,推动地方、行业信用信息系统建设及互联互通,逐步消除“信息孤岛”。构建

信息共享机制,在保护涉及公共安全、商业秘密、个人隐私等信用信息的基础上,依法使各类社会主体的信用状况透明、可核查,重塑良好的社会信用环境。加大守信者保护和失信者惩戒力度,对兼并重组、司法重整成功的企业,引导其重建良好信用记录。培育和规范信用服务市场,完善信用评级体系,形成全社会共同参与建设信用体系的合力。

(十八)加大舆论宣传引导力度。保障媒体监督权和知情权,引导新闻媒体对企业风险化解处置进行客观报道和正面宣传,严禁歪曲报道和恶意炒作,防止不实报道引发过度恐慌从而加大风险化解难度,努力打造有利于维护地方金融市场秩序、优化区域发展环境的良好舆论氛围。

浙江省金融办　人行杭州中心支行　中国银监会浙江监管局

2014 年 7 月 3 日

浙江省人民政府办公厅《关于有效化解企业资金链担保链风险加快银行不良资产处置的意见》

浙政办发〔2013〕113号

各市、县(市、区)人民政府,省政府直属各单位:

为有效防范和及时化解金融风险,维护区域经济金融稳定,提升金融服务实体经济的能力和水平,促进经济转型升级,经省政府同意,现就有效化解企业资金链、担保链风险,加快银行不良资产处置,提出如下意见:

一、进一步增强经济金融稳定发展的紧迫感和责任感

(一)高度重视区域金融稳定工作。各级政府、各有关部门和银行机构要从促进经济金融平稳发展和维护区域稳定的大局出发,高度重视企业资金链、担保链风险化解工作。要按照"统筹协调、属地负责,银行支持、企业自救,积极应对、依法处置"的原则,政银企携手,多措并举,加快化解和处置金融风险,促进金融与实体经济协调发展,维护经济金融稳定。要运用法治思维和法治方式化解处置金融风险,支持法院依法独立行使审判权,发挥司法保障作用。

二、积极应对和妥善处置企业资金链、担保链风险

（二）加大风险企业分类处置力度。各级政府要发挥综合协调作用，科学评估涉险企业的类别，组织相关部门和银行机构，形成联动协调处置机制。对主业经营良好、暂时出现资金链紧张，或由于涉及担保、个别银行机构抽贷造成资金周转困难的企业，要协调银行机构统一行动，尽量不抽贷、不压贷、不缓贷，灵活办理企业转贷，不搞“一刀切、急刹车”。对过度融资、杠杆率高引发风险但产品有市场、有品牌、影响大的企业，要及早介入，采取行政协调、破产和解与重整、司法集中管辖、企业瘦身、市场重组等手段，加大救助力度。对于产能过剩、救助无价值的企业，要大力推行破产清算，发挥市场优胜劣汰功能。

（三）有效化解担保链风险传导。对出现多头授信、担保链条复杂的风险企业，各级政府要协调银行机构摸清担保关系链条，以核心风险企业为中心，按照“切割处理、降低风险、因圈施策、存优汰劣”的工作原则，制定总体处置方案，分类灵活快速处置，阻断风险蔓延。鼓励融资性担保机构、再担保机构积极参与企业担保链解困。支持法院完善金融债权差异化处置工作机制与途径，加强对担保链风险的司法化解，以时间换空间的方式帮扶优质担保企业正常生产。银行机构要加强与借款人、担保人的诉前协商，审慎处理担保代偿问题，采取关联企业债务平移、分期偿付、转移债务至担保方等方式化解担保代偿风险。对担保企业积极履行代偿责任的，银行机构要在利率优惠、利息减免、付息时间、信用评估及信贷资产风险分类等方面给予最大支持。

（四）健全风险企业帮扶机制。各级政府对帮扶企业实行“名单制”管理，采取“一企一策”予以帮扶解困。加大政府应急周转资金使用力度，鼓励采取企业应急转贷服务、行业应急互助资金等帮扶措施，缓解企业的资金周转；创新财产保全工作机制，建立帮扶企业绿色通道，支持企业盘活土地、房产等不动产，大力推行房地产顺位抵押工作。银行机构要积极落实企业突发信贷风险会商帮扶工作机制，在当地政府协调下统一应对、妥善处置。企业要积极开展生产自救，采取资产重组、债权转股、存量盘活、收缩对外投资等方式，积极化解风险。

三、切实构建企业资金链、担保链风险防控机制

(五)强化银行机构多头授信、过度授信风险防控。银监部门要引导和督促银行机构完善信贷管理机制,探索实行企业授信总额联合管理,推行主办行制度,大力推动银团贷款,从源头控制企业多头融资、过度融资、盲目融资。引导银行机构按照统一授信、适度授信原则,加强贷款全流程管理,注重客户对资金的真实需求,科学合理设定授信额度和贷款期限,避免期限错配、多头授信、过度授信带来的资金链风险,确保信贷资金回归实体。

(六)加强银行授信担保链风险管理。加强对担保贷款业务的检查督导,引导银行机构更加关注借款人资金实际需求、担保人资格能力和关联担保的风险控制等,杜绝撮合不知情信贷客户之间相互担保或指令信贷客户为其他企业提供担保行为。引导银行机构加强对授信担保贷款的比例控制,保持担保贷款的适度规模,回归信贷本源,注重第一还款来源,切实改变过度依赖担保的做法;积极创新贷款方式,加强对信贷产品、抵(质)押方式的创新和推广,大力发展信用贷款。

(七)加强风险监测与预警。各地要加强对企业运行情况的监测,密切关注企业投资、负债、对外担保等情况,对银行贷款依存度高、民间融资依存度高、生产经营不正常的企业进行重点跟踪,及时发现企业可能发生的资金链断裂等苗头性、趋势性问题,尽量做到早发现、早介入、早解决。要加强企业资金链、担保链风险信息沟通和处置协调工作,遇到重大风险问题应及时向上级部门报告。银监部门要及时向当地政府及有关部门通报企业资金链风险情况。银行机构要建立健全企业信贷客户资金链风险监测机制,加强对风险的监测与预警。

四、加快银行不良资产处置

(八)加快银行不良资产清收和核销。银行机构要创新清收模式,加强与专业催收公司合作,实施不良贷款外包清收模式,加大不良资产的清收力度。财税部门和银行机构要积极向上争取不良资产核销政策,对符合核销条件的不良资产,尽快确认损失、核销呆账。对小微企业和涉农企业不良贷款核销,要给予特

殊支持,简化核销程序,实行税前扣除。各有关部门要加大政策支持力度,将破产案件的有关裁定书纳入呆账核销依据范围,在处置不良资产过户过程中按有关规定落实相关税收优惠政策,简化呆账核销取证手续,提高核销效率。

(九)推动银行不良资产收购处置。深化不良资产收购处置工作,采用不良资产单项处置、打包处置、债权转让、资产重组、诉讼拍卖等方式,加快处置银行不良资产。鼓励国家四大金融资产管理公司浙江分支机构发挥优势,承担社会责任,兼顾各方利益,积极参与银行不良资产的收购处置。加大政府各类资源整合力度,积极发挥省级资产管理机构作用,联合四大金融资产管理公司以及各类金融企业,推进银行不良资产处置进程,提高不良资产处置效率。

(十)加快银行不良资产司法处置。支持全省各级法院依法处置银行不良资产。对银行机构起诉的金融债权案件,要及时受理,畅通不良资产处置渠道。进一步简化立案、送达、保全、审理程序,支持银行机构用好实现担保物权案件特别程序等法律手段,为高效便捷实现金融债权提供保障。对银行机构申请债务人企业破产的,推行企业破产案件简易审机制,缩短审理周期。加大金融债权案件执行力度,创新执行方式方法,依法制裁各类规避执行、对抗执行行为,提高金融债权受偿率。加强企业破产、执行等程序与不良资产核销的衔接,为银行机构加快核销不良资产提供便利。对于有市场前景的困难企业确有帮扶必要的,加强银企合作,采取诉讼调解、破产和解与重整、执行和解等手段,加快化解企业资金链风险。

(十一)严厉打击逃废债行为。各级政府要重视金融债权保全工作,发挥部门联动作用,严厉打击企业逃废债行为,采取加强出入境管理、限制股权转让等措施,防止逃废债行为发生。有关部门要加强合作,有效解决“虚假租赁”逃废债问题。建立逃废债企业及企业主黑名单制度,加大对逃废债典型案例的曝光力度。银行机构对逃废债企业及其主要负责人进行信贷控制。

五、大力改善经济金融稳定发展环境

(十二)加强组织协调。建立由省金融办、省法院以及公安、经信、财政、税务、工商、人行、银监等部门参与的省级协调机制,组织协调全省企业资金链、担保链风险化解和银行不良资产处置工作。各市、县(市、区)成立相应的协调机制,具体负责做好本地区企业风险监测、清理化解、银企对接、资产处置、维护稳定和舆情引导等工作。各有关单位要按照各自职责,密切配合,加强协作,形成工作合力。

(十三)加大政策支持力度。落实国务院及省委、省政府促进小微企业发展的有关政策、措施,探索财政扶持中小微企业发展的办法,优化中小微企业相关专项资金的使用结构和方向。积极实施和完善银行机构小微企业贷款风险补偿政策、担保机构风险补偿政策、中小企业扶持资金政策等,探索发展中小微企业发展基金,促进我省中小企业健康发展。贯彻落实国家和省有关清费减负优惠政策,巩固企业减负成果,减轻破产重整企业的税负。支持依法编入名册的律师事务所、会计师事务所等社会中介机构履行破产管理人职责。支持解决破产案件清算资金不足的问题。

(十四)维护良好的社会信用环境。各级政府要搭建企业综合信息共享平台,整合注册登记、人才技术、纳税缴费、劳动用工、用水用电、节能环保等信息资源,加快建立企业信用征集体系、评级发布制度和信息通报制度。重塑良好的社会信用,加大对企业不诚信行为的惩戒力度。加强对企业经营者金融风险和诚信教育,引导企业经营者专注主业、回归实业,牢固树立理性投融资、理性担保、诚实守信的发展理念。加快推进"个转企、小升规、规改股、股上市"工作,推动民营企业建立与现代金融相匹配的现代企业制度,规范企业经营行为。加大对金融风险化解处置的正面宣传力度,防止不实报道和恶意炒作。严守不发生系统性区域性风险底线,切实维护地方金融市场秩序,为经济金融稳定发展营造良好环境。

浙江省人民政府办公厅

2013 年 8 月 21 日

图书在版编目(CIP)数据

浙江法院破产审判十年探索：2010～2020／徐建新主编. -- 北京：法律出版社，2021
ISBN 978 -7 -5197 -5813 -4

Ⅰ. ①浙… Ⅱ. ①徐… Ⅲ. ①破产—审判—案例—浙江—2010 -2020 Ⅳ. ①D927.550.229.192.4

中国版本图书馆 CIP 数据核字(2021)第 157593 号

浙江法院破产审判十年探索(2010～2020)
ZHEJIANG FAYUAN POCHAN SHENPAN SHINIAN TANSUO(2010～2020)

徐建新 主 编
鞠海亭
王雄飞 副主编
任一民

策划编辑 沈小英
责任编辑 沈小英 毛镜澄
装帧设计 汪奇峰

出版发行 法律出版社
编辑统筹 法治与经济出版分社
责任校对 晁明慧
责任印制 吕亚莉
经　　销 新华书店

开本 710 毫米×1000 毫米 1/16
印张 30　**字数** 553 千
版本 2021 年 8 月第 1 版
印次 2021 年 8 月第 1 次印刷
印刷 中煤(北京)印务有限公司

地址:北京市丰台区莲花池西里 7 号(100073)
网址:www.lawpress.com.cn
投稿邮箱:info@lawpress.com.cn
举报盗版邮箱:jbwq@lawpress.com.cn

销售电话:010 -83938349
客服电话:010 -83938350
咨询电话:010 -63939796

书号:ISBN 978 -7 -5197 -5813 -4
定价:168.00 元
凡购买本社图书,如有印装错误,我社负责退换。电话:010 -83938349